国家骨干高职院校项目建设成果

U0863028

Zonghe Yunshu Zuoye Guanli

综合运输作业管理

唐振武 熊 青 主 编
戴豪赣 主 审

人民交通出版社股份有限公司
China Communications Press Co.,Ltd.

序

PREFACE

为配合国家骨干高职院校建设，推进教育教学改革，重构教学内容，改进教学方法，在多年课程改革的基础上，江西交通职业技术学院组织相关专业教师和行业企业技术人员共同编写了“国家骨干高职院校重点建设专业人才培养方案和优质核心课程系列教材”。经过三年的试用与修改，本套丛书在人民交通出版社股份有限公司的支持下正式出版发行。在此，向本套丛书的编审人员、人民交通出版社股份有限公司及提供帮助的企业表示衷心感谢！

人才培养方案和教材是教师教学的重要资源和辅助工具，其优劣对教与学的质量有着重要的影响。好的人才培养方案和教材能够提纲挈领，举一反三，而差的则照搬照抄，不知所云。在当前阶段，人才培养方案和教材仍然是教师以育人为目标，服务学生不可或缺的载体和媒介。

基于上述认识，本套丛书以适应高职教育教学改革需要、体现高职教材“理论够用、突出能力”的特色为出发点和目标，努力从内容到形式上有所突破和创新。在人才培养方案设计时，依据企业岗位的需求，构建了以岗位需求为导向，融教学生产于一体的工学结合人才培养模式；在教学内容取舍上，坚持实用性和针对性相结合的原则，根据高职院校学生到工作岗位所需的职业技能进行选择。并且，从分析典型工作任务入手，由易到难设置学习情境，寓知识、能力、情感培养于学生的学习过程中，力求为教学组织与实施提供一种可以借鉴的模式。

本套丛书共涉及汽车运用技术、道路桥梁工程技术、物流管理和交通安全与智能控制等27个专业的人才培养方案，24门核心课程教材。希望本套丛书能具有学校特色和专业特色，适应行业企业需求、高职学生特点和经济社会发展要求。我们期待它能够成为交通运输行业高素质技术技能人才培养中有力的助推器。

用心用功用情唯求致用，耗时耗力耗资应有所值。如此，方为此套丛书的最大幸事！

江西省交通运输厅总工程师 胡钊芳

2014年12月

前言
FOREWORD

随着全球经济一体化和信息技术的迅速发展,社会生产、物资流通、商品交易及其管理方式正在发生深刻的变化。现代物流业在扩大就业、促进生产、拉动消费、调整产业结构、转变经济增长方式和增强国民经济竞争力等方面发挥着重要作用,已经成为一个国家综合竞争力的重要标志之一。在我国,物流基础战略地位也日益显现出来,发展现代物流业已成为各级政府和各类企业高度重视的热点问题,物流业的快速发展亟须大量理论基础扎实、实践动手能力较强的物流管理技术技能型人才。

运输作为物流系统的重要功能要素,是物流产业的血脉。综合运输作业管理作为物流管理专业的核心课程之一,对学生理清物流运输体系、科学合理地选择运输方式、熟悉运输业务流程与运输过程组织技能要点具有较好的教学指导意义。

本书以物流运输企业作业内容为背景,从运输实际作业和管理过程的角度,依照典型工作任务流程,以核心工作岗位责任为主要学习任务,以运输业务职业新人的成长过程为学习轨迹。全书共设五个模块,除管道运输业务外,从道路运输、铁路运输、航空运输、水路运输、多式联运等几种方式由接触得从多到少、由组织运作从易到难进行递进式设置。每个学习模块由多个学习任务构成,各学习任务的编写内容包括案例导入、任务分析、任务实施、延伸阅读、模块练习五部分。在任务分析的基础知识部分,本书还大量运用了图片、案例资源、知识链接等内容,立足"看得懂、学得会、用得上",讲最基本、最重要及有利于提高学生技能的知识;在任务实施部分提供了实训目的、实训准备、实训内容、实训步骤、实训评价等栏目,进一步帮助学生完成运输任务的模拟操作练习。

本书内容设置尽量结合企业工作实际,学习任务内容循序渐进,基础作业任务立足于操作技能训练与实施,运输决策与管理部分注重学生可持续发展能力的引导与提升。学习过程设计便于理论与实践结合,体现学中做、做中学的理念,符合高等职业院校的教学特征。

本书由江西交通职业技术学院的唐振武、熊青担任主编,由江西长运股份有限公司副总经理、高级经济师戴豪赣担任主审。编写人员分工如下:江西交通职业技术学院熊青编写模块一;江西交通职业技术学院孙浩静编写模块二;江西交通职业技术学院安礼奎编写模块三;江西交通职业技术学院闵秀红编写模块四;江西交通职业技术学院唐振武编写模块五。全书由唐振武与熊青共同负责统稿、总纂工作。

杨莉、张黎参与了本书的编写及图文整理工作。

本书在编写过程中，参考了大量文献资料及网络资源，引用了众多专家学者的研究成果，并列于书后的参考文献之中，在此向有关作者一并表示诚挚的谢意。由于现代物流业与交通运输业的不断发展，各种新的理论与见解不断出现，有待于进一步探讨与研究，另因作者水平有限，书中难免有不妥之处，恳请广大读者批评指正，以臻完善。

作 者

2014 年 12 月

目 录

CONTENTS

模块一　道路货物运输作业管理

学习导语

运输是国民经济运行的基础，是物流最基本的功能和关键性的活动。而道路运输以其"点多、线长、面广，机动、灵活，能实现门到门"的特点为优势。各级物流从业人员掌握货物运输管理专业知识，运用基本的管理理论和管理方法，有利于运输工作水平和工作效率的提高。本模块按货物托运—受理—承运—到达交付等业务流程，介绍对应的任务，使同学们掌握相关环节操作流程与步骤要点。

故事分享

专业轿车运输

（来源：锦程国际物流集团　发布时间：2014 年 8 月 14 日）

2013 年 12 月，公司接到客户委托运输一辆凯迪拉克 SUV，从大连运到上海。公司根据客户的车型选择适运笼车。在确认好费用与时间后，客户给我公司填了托运单。因客户离接车地址不远，客户带上了身份证、行驶证及接车人的相关信息将车运至我公司指定接车地点。车辆送到以后，业务人员和托运人当场对车的外观和随车物品进行检查与核对，双方确认后，签订了托运合同并在合同中标注了保险金额，随即安排装车运输。

因大连到上海需经北京中转，全程一般 3 ~ 5 天。此次运输过程中我公司大连、北京、上海三家公司通力协作，全程与驾驶员、客户保持联系，最终仅用了 4 天就运至上海，并安排驾驶员把车辆停到公司指定的停车场。之后我们通知了接车人带上相关手续前来提车，业务人员对接车人的相关信息进行审核，同时接车人也对车辆进行了检查验收，双方确认无误后，最终完成了车辆的交接。因车辆及时、安全的到达客户手中，客户对公司的服务相当满意。

思考题：

1. 运输任务中如何进行关键点的确定？
2. 托运、交付手续办理的要点有哪些？

学习目标

通过本模块的学习，期望达到下列目标：

1. 专业能力

（1）会分析客户需求及货源情况，能根据企业资质及实际情况确认可否受理。

（2）能洽谈与签订道路运输合同或填写托运单及运输费用的计算。

（3）能选择适合的运输作业车型。

（4）能进行运输装卸方案的选择。

(5)能进行运输线路的优化，分析比较确定最终的运输方案。

(6)掌握途中运输作业环节的组织要点。

(7)知道运输到达环节的验收要点，确认货物交付手续的办理。

(8)熟悉运输安全与服务质量管理内容及商务事故的处理。

2. 社会能力

(1)通过分小组活动，培养学生的团队协作精神。

(2)通过规范文明操作实训，培养良好的职业道德和安全环保意识。

(3)通过分小组讨论、选代表上台陈述，学生及老师评述，培养学生的沟通能力。

(4)注重学生积极思考、耐心细致、竞争意识、责任意识等职业素质的培养。

3. 方法能力

(1)通过查阅资料、文献等，培养个人自学能力和获取信息的能力。

(2)通过模块化的任务单元活动，提高学生分析问题、解决问题的能力。

(3)结合任务实施，制订实施计划，培养工作方法能力。

(4)能独立利用多种资源完成道路货物运输作业组织实施的学习任务。

学习模块描述

运输业务专员接到客户的货运需求，递交给学员一个承托任务，要求根据运输需求选择运输工具，制订运输计划，优化运输线路，落实装车、途中运输作业环节，并将到达交付环节的信息及时告知客户，在到达交付后经客户确认，将相关单证进行归档处理。

模块图解

学习模块的具体任务设置如图 1-1 所示。

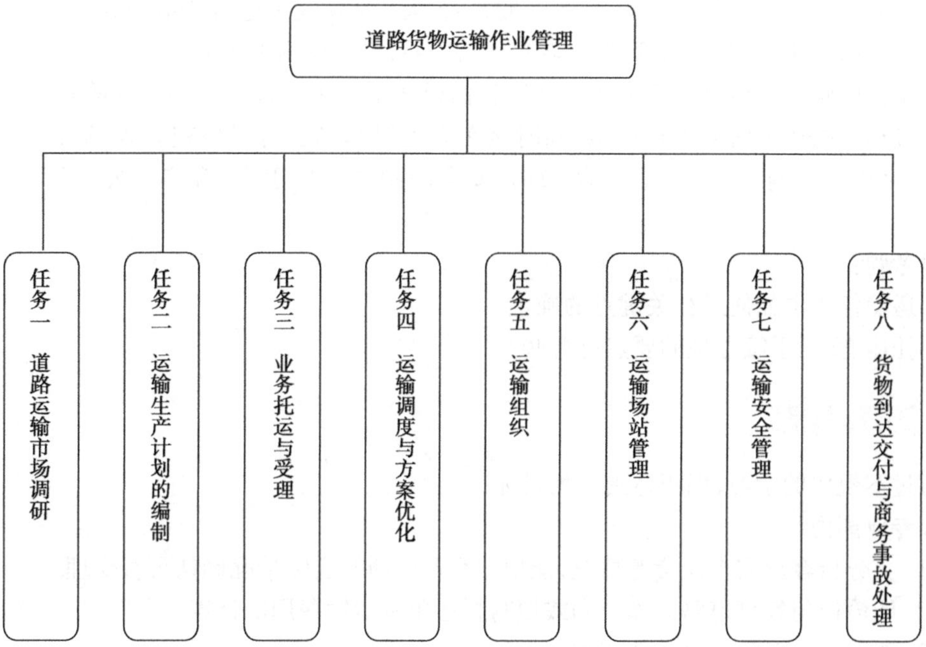

图 1-1　模块一任务分解图

任务一　道路运输市场调查

法规导入

交通运输部《关于交通运输推进物流业健康发展的指导意见》（节选）

交规划发〔2013〕349 号

……

三、主要任务

1. 加快完善交通基础设施

不断完善综合运输通道和网络。大力推进综合运输体系建设，着力改善交通基础设施薄弱环节，全面加快内河水运和重要通道的铁路、民航建设，加快国家公路网建设，提升通道和网络的综合运输能力。强化国际运输通道和口岸交通基础设施建设。

加快推进物流节点设施建设。加快推动铁路、公路、水路、民航站场枢纽等物流节点建设。研究提出支持物流节点建设的政策措施。制订和完善货运枢纽（物流园区）发展规划，强化规划实施和评估。

优化并加强集疏运体系建设。重点推进高等级公路与港口、铁路货运枢纽、大型机场、大型物流园区的衔接。积极促进铁路与主要港口及具备条件的综合物流园区的衔接。

2. 大力创新发展先进运输组织方式

积极推进多式联运发展。深入推进铁水联运、空陆联运，积极发展滚装运输、驮背运输和江海直达运输。加强多式联运设施设备技术标准、信息资源、服务规范、作业流程等方面的有效对接，加快培育多式联运承运人，推动货物运输的"无缝衔接"和"一单制"。加强煤炭、矿石、粮食等重点战略物资多式联运体系建设。

加快发展甩挂运输。开展渤海湾、长江沿线等重点区域的滚装甩挂运输、公铁联运甩挂运输、跨区域网络化甩挂运输、甩挂运输联盟等示范工程。

3. 有效提升运输装备技术水平

提升标准化、专业化、清洁化水平。积极推进厢式、冷藏、散装、液罐等专用车型的推广应用，鼓励发展滚装等专用船舶。推动修订相关法规标准，大力发展标准化载货汽车。

4. 着力优化市场主体结构

培育龙头骨干企业。引导传统货运企业扩大经营规模和服务范围，拓展经营网络，对符合资质条件的大型运输企业在设立分支机构、增设经营网点等方面提供便利条件。鼓励具备一定条件的企业向综合物流服务商转型发展。支持港航企业延伸服务链，向全球或区域物流经营人转变。促进铁路货运企业向现代物流转型，支持国内民航运输企业拓展国际和国内民航快递等物流业务。引导邮政、快递企业做大做强，提升服务能力和水平。

鼓励中小企业联盟发展。鼓励中小企业通过联盟、联合、兼并等方式实现资源整合，扭转市场主体过散、过弱的局面，提高企业竞争力和市场抗风险能力。

5. 积极推进信息化建设

加快推进交通运输物流公共信息平台建设。加快推进跨区域、跨行业平台之间的有效对接，实现铁路、公路、水路、民航信息的互联互通。深入推进东北亚物流信息服务网络建设。依托平台开展物流园区信息联网工程建设。

推进行业信息系统建设。加快完善铁路、公路、水路、民航、邮政等行业信息系统,推进互联互通,增强一体化服务能力。

6. 加快推动重点领域物流发展

提升传统运输枢纽的物流服务能力。引导铁路和公路站场、港口、机场加快转型升级,支持由传统运输和装卸业务向现代物流服务功能延伸。

支持农村物流发展。开展不同区域的农村物流试点示范,因地制宜探索农村物流差异化发展模式。

推进城市配送发展。开展城市配送试点工程,鼓励发展共同配送、统一配送、夜间配送等配送模式,探索城市配送的管理方式。

支持和规范快递业发展。制订实施快递与电子商务、制造业协同发展意见,促进信息沟通、标准对接和业务联动。

加强危险品运输监管。重点支持具有公共服务属性的危险品专业物流园区发展。研究节假日危险品运输安全监管对策。

引导冷链运输健康发展。支持农产品冷链物流的发展,将经济适用的农产品温控设施建设与农村三级物流服务体系建设相结合。

规范大件运输管理。修订《超限运输车辆行驶公路管理规定》和《道路大型物件运输管理办法》,严格市场准入条件,统一运输过程中各环节、车辆、装备、服务等标准规范。

7. 切实改善发展环境

健全相关法律法规。尽快出台综合运输法规体系建设的实施意见,统筹和引导各种运输方式优势互补,协调发展。

推进诚信体系建设。依据《"十二五"国家政务信息化工程建设规划》,加快交通运输诚信体系建设,着力推进与公安、工商、税务、金融等部门诚信系统的有效对接和信息共享,建立行业许可、市场信用、市场监测等体系,完善社会诚信管理制度。

四、保障措施

1. 加强组织领导

进一步完善部门协同机制,加强部门联动,协调解决物流业发展中面临的重点和难点问题。积极推动在各级政府层面建立交通运输推进物流业发展的组织体系,建立相应协调机制,加快形成多方协同推进的工作格局。

2. 完善统计体系

开展行业物流相关统计理论和方法研究等基础工作,完善货类、货量、货值、流向、运价和行业贡献等统计指标,着手建立健全相关统计调查制度和信息管理制度。注重对物流发展中出现的新问题、新情况、新趋势的跟踪研究,加强物流运行的监测、分析和评价。

3. 加大政策支持

重点加强物流枢纽、物流信息化、运力结构调整、农村物流、多式联运、零担快运、中小企业联盟等方面的政策研究,鼓励先行先试、典型引领。积极争取中央和地方财政支持,加强财政资金的引导和带动作用,鼓励和规范民间资本进入物流领域。

4. 注重人才培养

注重物流专业人才的培养,鼓励高等院校、科研院所加强物流专业学科及研发中心建设。支持校企合作，引导高校和科研机构与国内外著名企业联合建立物流综合培训和试验基地，多渠道培养复合型物流高端人才。加强从业人员素质教育，保障合法权益，稳定物流队伍。

5. 发挥协会作用

强化相关行业协会行业自律、协调和服务等职能，充分发挥在政策建议、规范市场行为、统计与信息发布、交流与合作、资质评定和人才培训、标准制修订等方面的积极作用，成为政府与企业联系的桥梁和纽带。

……

法规思考：

1. 运输对我国国民经济起哪些作用？
2. 运输与物流业之间的关系怎样？
3. 有哪些因素促使了2013年中国运输需求量的增长？

任务分析

任务准备

(1)货源调查表；

(2)运力调查表；

(3)多媒体教室(含可供学生网查资料的电脑、多媒体教学设备、课件和动画等教学资料)。

任务目标

(1)了解运输市场的类型、组成及特征；

(2)能按货物运输企业的常规要求进行货源、运力调查；

(3)熟悉货流的构成要素，会分析流量与流向、流时、流距与货物种类间的关系。

基础知识

一、现代运输体系

1. 运输的定义

根据物流国家标准《物流术语》(GB/T 18354—2006)，运输是指用专用运输设备将物品从一地点向另一地点运送。其中包括集货、分配、搬运、中转、装入、卸下与分散等一系列操作。

2. 运输的功能

运输主要提供物品移动和短时储存两大功能。

(1)物品移动。运输的目的就是以最短的时间、最低的成本将物品按照托运人的要求，运送到规定地点，交给指定的收货人。运输的主要功能是产品在价值链中实现空间位置移动，运输创造了空间效用和时间效用。

(2)短时储存。运输的另一功能是对物品在运输期间进行短时储存，就是将运输工具(如车辆、船舶、飞机与管道等)作为临时的储存设施设备。

3. 综合运输系统

交通运输是一个非常复杂的庞大系统，具有极强的基础性和社会性特征。综合运输体系的形成依靠政府的力量进行推动，在政策、规划、技术标准、信息传输、经营规则以及管理体制上进行统一的协调和宏观调控，避免各种运输方式或部门各自规划、分散建设、自成体系，最终导致系统效率低、成本高、资源浪费；尤其是对综合运输枢纽的建设以及信息化等技术标准的制定，需要从综合运输体系的发展战略上进行统一的规划与指导。

综合运输体系是指各种运输方式在社会化的运输范围内和统一的运输过程中，按其技术经济特征组成，既分工协作又有机结合，还连续贯通，同时布局合理，并由铁路、公路、水路、航空和管道等多种运输方式及其线路、站场等组成的综合体系。综合运输体系在充分发挥各种运输方式的优势基础上，重点解决干线交通运输，同时加快与其连接的次干线和支线网络的建设，提高路网密度，形成层次结构合理的网络系统，适应地区经济、农村经济和城市化发展的需要。

从交通运输行业管理的角度来看，推进现代物流发展，应从物流业发展的总体需要出发，立足交通运输工作实际，重点围绕干线运输、农村物流、城市配送三大重点，突出集约化、专业化、信息化三大关键，抓住枢纽站场、骨干企业、中小物流企业联盟三大环节。

二、运输在物流中的作用

物流是物品从供应地到接收地的实体流动过程，通过运输、储存、装卸、包装、流通加工、配送、信息处理等基本物流活动，实现创造物品的空间效用和时间效用。物流系统的两项最主要的功能，分别通过运输和储存来实现，因此，运输和储存被看成是物流系统的两大支柱。随着技术进步和管理水平的提高，现代物流系统通过储存创造时间效用的功能正在弱化，而且合理地组织运输，特别是实现准时制（JIT）配送，对这种弱化趋势起到了促进作用，因而使运输在物流系统中的重要地位更加突显。

1. 运输是构成物流网络的基础

生产和消费是物流的源泉。就生产而言，从原材料的采购开始，便要求有相应的供应物流活动，所采购的原材料通过长途或短途运输运送到位，以保证生产的顺利进行；在生产过程中，又有原材料、半成品的物流过程，以实现生产的流动性、延续性。部分余料、不合格物品的返修、退货及周转使用的包装容器等，而形成的逆向物流及无利用价值需处理的废弃物物流。就消费而言，无论是生产性消费还是生活性消费，还是政府消费、个人消费，产品经过工业企业制造出来以后，都要经过空间移动才能到达消费者。可见物流始终伴随着生产和消费的全过程，而整个物流过程的实现，则始终离不开运输环节。

2. 运输功能在物流系统中处于核心地位

在社会化大生产条件下，产品生产和消费在空间位置上的矛盾不但不会消除，反而会随着经济全球化进程的深入不断扩大，从而使得运输业务的需求不断增加。我国仍处在工业化和城市化的加速阶段，物流需求总体规模依然保持较快增幅。

知识链接

物流业发展现状（节选）

（2014 年 10 月 4 日国务院）

“十一五”时期，我国经济社会发展取得新的巨大成就，产业结构升级加快，人民生活不断改善，2010 年中国已成为仅次于美国的世界第二大经济体。

物流业是融合运输、仓储、货代、信息等产业的复合型服务业,是支撑国民经济发展的基础性、战略性产业。

全国社会物流总额2013年达到197.8万亿元,比2005年增长3.1倍,按可比价格计算,年均增长11.5%。物流业增加值2013年达到3.9万亿元,比2005年增长2.2倍,年均增长11.1%,物流业增加值占国内生产总值的比重由2005年的6.6%提高到2013年的6.8%,占服务业增加值的比重达到14.8%。物流业吸纳就业人数快速增加,从业人员从2005年的1780万人增长到2013年的2890万人,年均增长6.2%。

3. 运输合理化是物流系统合理化的关键

物流合理化是指在物流各子系统合理化的基础上形成的最优物流系统,即系统以尽可能低的成本创造更多的空间效用、时间效用与形质效用;或者从物流承担的主体来说,以最低的成本为用户提供更佳优质的物流服务。运输是各功能的基础与核心,直接影响着其他物流子系统,只有运输合理化,才能使物流系统结构更加合理,总体功能更优。

知识链接

运输业向综合物流发展

综合物流对运输业提出如下要求:

(1)运输安全:货损货差的杜绝和减少。

(2)运输高效:运输速度和运输量的提高。

(3)运输准确:误送率下降。

(4)运输及时:JIT(Just in Time)。

(5)运输服务:仓储、流通加工的组合。

(6)运输保障:货物跟踪。

三、运输市场的构成与特征

1. 运输市场的构成

运输交易与一般商品交易不同,一般商品交易只涉及买方和卖方,而运输交易往往受到四方的影响。物流运输市场是多层次、多要素的集合体。物流运输市场的构成可分为以下4个方面:

(1)物流运输服务需求方是指物流运输服务的需求者,如居民、生产企业、销售企业等。

(2)物流运输服务供给方是指提供物流运输服务的经营者,包括公路运输企业、铁路运输企业、航空运输企业、水路运输企业等。

(3)中介方是指在物流运输服务需求方与物流运输服务供给方之间,起到连接作用的服务性的个人及组织,如货运代理公司、经纪人、信息咨询公司等。

(4)政府方是指与运输有关的政府机构和各级交通运输管理部门。政府方代表国家和公众利益对物流运输市场进行监督、管理、调控,包括交通运输部、各省交通运输厅等主管部门,以及财政、金融、税务、海关、工商、物价等部门和机构。

在物流运输市场中,需求方、供给方、中间方直接从事着客货运服务的生产和交换活动,属于市场行为主体。政府方以管理、监督、调控者的身份出现,不参与市场主体的决策过程,主要通过经济手段、法律手段、必要的行政手段,制定物流运输市场运行的一般准则,起到规范物流运输市场的作用,并约束各个市场主体的行为,使物流运输市场运行有序化。

2. 运输市场的特征

运输市场是整个市场体系中的一个重要组成部分,由于运输生产过程、运输需求过程及运输产品的特殊性,物流运输市场除具有一般商品市场的共性外,也具有区别于其他商品市场的特殊性,它具有第三产业服务性市场的特征,主要表现如下:

(1)运输产品的生产、交换、消费的同步性。在其他商品市场上,商品的生产、交换和消费过程都是相对独立存在的,商品的购买、出售、消费构成一个整体循环过程,并分为相对独立的三个阶段。而运输市场则不同,运输产品的生产过程和消费过程是合而为一的。在运输生产过程中,劳动者不是作用于运输对象,而是作用于运输工具。随着运输工具的场所变化而改变所在位置的,由运输所创造的产品在生产过程中同时被消费。

(2)运输市场的非固定性。运输市场所提供的运输产品具有服务性产业的特点,不像工农业产品市场可以在约定地点进行现场交易,完成商品的交换过程,而运输市场很难使运输交换过程在固定的约定地点完全实现。运输活动在开始提供时只是一种"承诺",即以运单或运输合同等作为契约保证,随着运输生产过程的进行,通过一定时间和空间的延伸,在运输生产过程结束时,才将货物位移的实现所带来的运输劳务全部提供给运输需求者。而整个市场交换行为,并不局限一时一地,具有较强的广泛性、连续性和区域性。

(3)运输需求的多样性及波动性。运输活动以运输劳务的形式服务于社会,服务到运输需求的各个单位、组织或个人。由于运输需求者的经济条件、需求习惯、需求趋向等多方面存在的差异,从而使运输需求呈现多样性的特点。另外,由于货物运输需求量会随季节而波动。特别是水果、蔬菜等产品,正是由于运输产品无法储存的特点,运输供需平衡难以实现,因此呈现较大的波动性。

知识链接

货运特性表现

(1)安全性要求:要求在提供运输服务的同时,保证货物完好无损。

(2)便利性要求:要求托运货物、提取货物容易且方便。

(3)及时性要求:按时或迅速将货物送达目的地。

(4)经济性要求:要求在满足客户运输服务的情况下,做到经济实惠。

四、运输需求与运输供给

1. 影响货物运输需求的主要因素

(1)经济发展水平。货物运输需求是派生需求,其大小决定于经济发展水平。各国在不同经济发展阶段对运输的需求在数量和质量上有很大差别。一个国家的货物运输需求取决于国家的经济发展水平,取决于物质产品产出的多少。从西方发达国家的交通运输发展过程看,工业化初期,开采业和原材料对大宗、散装货物的需求急剧增加;机械加工工业发展时期,原材料运输继续增长,但增长速度放缓,而运输需求开始多样化,对运输速度和运输质量的要求有所提高;进入精加工工业时期,经济增长对原材料的依赖明显减少,运输需求在数量上的增长速度放慢,但运输需求越发多样化,在方便、及时、低损耗等方面的需求越来越高。

(2)国民经济产业结构和产品结构。首先,生产不同产品所引起的厂外运量(包括所有原材料、辅料、能源、半成品和产成品等的运量)差别很大,例如生产1t棉纱引起厂外运量约2.5~3t,生产1t水泥引起4~5t,生产1t钢引起7~8t,而生产1t铜则会引起50~100t厂外运量。再者,不同的产业构成,在运输需求的量与质上要求不同。

(3)运输网的数量和质量。交通运输网布局和质量,直接影响线路货物的吸引范围和各线路的通过能力及需求的适应程度。滞后的交通运输业会影响生产发展,抑制货物运输需求。

(4)运价水平的变动。运输需求对运价水平的变动是有弹性的,尽管不同旅客和货物的需求价格弹性值有差别,总起来说,运价水平下降时运输需求上升,而运价水平上涨时运输需求会受到一定抑制。

(5)国家经济政策和经济体制的改变。我国经济在改革开放以前是高度集中的计划体制,社会经济中的产品交流主要是通过计划分配来实现的;而经济体制改革以来,在竞争和追求效益的机制作用下,产品在市场上相对自由地流动,商品交换的范围迅速扩大,交换频率大大增加,因此运输需求也必然相对旺盛。

2. 影响货物运输能力供给的主要因素

(1)经济发展状况。一个国家或地区的经济状况直接影响着运输供给的发展,影响到对运输工具的建设要求。综观世界各国运输的发展,经济发达的国家,其运输业也相当发达;而经济相对落后的发展中国家,其运输业也相对落后,运输供给短缺。国家或地区的经济实力越强大,越可能将更多的国民收入投入到运输基础设施建设和运输设备制造中去,从而促进运输供给的发展。

(2)科技发展。科学技术是推动社会发展的第一生产力。运输工具的发展,离不开科技的发展,科学技术对于提高运输生产效率、降低运输成本、提高运输服务质量和提高生产的组织管理水平起着重要作用。科学技术的应用对提高运输供给量、运输供给能力起到推动作用。

(3)政治与军事因素。运输业是一个国家的重要基础产业,不仅关系到国家经济的发展、政治的稳定,也关系到国防的巩固。运输政策是影响运输供给的重要政治因素,它的制定需要从经济、政治、军事及国际社会方面进行考虑。如我国近几年在运输基础建设方面投资很大,使运输供给能力迅速增加。

(4)价格因素运输价格是影响运输供给的重要因素之一,在其他因素不变的情况下,运输价格同运输供给量呈相同方向的变化。价格上升,刺激运输供给量增加;价格下降,运输供给量相对减少。因此,价格因素能在一定程度上起到调节运力的作用。

五、货源调查

1. 基本概念

(1)货源:指在一定时期内,能够产生一定品种和数量的货运需求的源点称为货源。

(2)货源调查:指运用一定的科学的方法,将调查区域内报告期内的货源原始资料按调查目的进行审核、汇总与初步加工，使之系统化和条理化，并以集中、简明的方式反映调查区域内货源总体情况的过程。

货源调查是货源组织工作的基础，也是运输企业编制生产计划的重要环节。商品生产和流通是通过市场来调节和分配的，货源和货流的变化是经济环境和交通条件变化引起的商品生产和供求关系变化的反映。摸清经济区域内生产制造业的发展情况和商贸、物资流通情况及地区货物运输需求的数量及质量特征，掌握货源和货流的变化情况及其规律性，有利于运输企业准确的市场定位，更好地满足货主的需要，增强竞争力，提高经营效益。

2. 调查要素

(1)货源调查对象。调查区域内的涉及货物进出的各类经营与规模不同的企业都是货源调查的对象。货物运输企业不仅要重视生产性企业的货源调查，而且还要重视从事商品流通和销售企业的货源调查，因后者的货源变动更能反映该地区的市场变化。

货源调查应同该地区的运输市场调查紧密结合起来。摸清该地区运输市场的供给能力和供给特征，以便确定运输企业的目标市场和营销策略。在运输市场调查中，不仅要注重传统大宗原材料、能源和初级产品的运输市场调查，而且还要重视高运价率、高附加值货物的运输市场的调查。由于这类货物对运输质量和时效要求更高，因此，运输企业也可以获得更大的经济效益，这类货源也是运输市场竞争的焦点。

可将道路运输货物的拥有者、管理者或委托管理者作为货源调查对象，逐一对其货物类别、流量、流向、流时及流距等进行调查分析，以成为运输企业编制生产计划的依据。

知识链接

常用货源调查的方法

货源调查是将统计分析手段运用在货物运输市场运输需求调查中的体现。货源调查是获取货源第一手资料的最根本方法。根据运输企业性质和生产任务以及调查目的和要求，在对调查对象进行初步分析的基础上，实际工作中常用以下调查方法：

1. 全面调查

一般是在编制下达年度计划之前进行对该区域的物资生产、流通情况的概略性质的调查，因为在货源调查时，大部分生产企业需要运输的货物数量并没有落实，往往只是一个计划，而计划的实现也要受许多主客观因素的影响，特别是经济形势和市场变化的影响，不可避免地要发生波动，因此，更详细的货源调查应在编制月度运输生产和营销计划时进行重点调查。

2. 专题调查

专题调查是不定期的一种带有研究性质的典型调查。主要针对类别货物和季节性货物的运输进行专题调查和研究，注重开拓和发展货物运输的新产品和新的经济增长点。

3. 重点调查

对调查区域内运输影响较大或运量较大的物资单位、港口、厂矿企业进行的调查，通过重点调查巩固和发展企业的运输优势，为保证在市场变化的形势下，企业货源和货流的相对稳定和均衡提供保障。

(2)调查的内容主要有：

①调查区域内资源分布与开发，以及农业、制造业、商业、建筑业、采掘业、旅游业等发展情况。

②现有货主的地区分布和数量。

③货主的类别、规模、基本经济情况。

④货物数量品种、方向、时间、运距及其变化规律。

⑤货主的托运习惯、托运的动机和心理。

⑥货主对运输企业服务的满意和信赖程度。

⑦货主的潜在要求。

3. 调查的流程

货源调查是由一系列收集和分析相关数据的步骤组成。调查的步骤一般按如下程序进行：

(1)准备阶段：

①建立货源调查小组。根据需要确定调查人数，成立调查小组，选一人为组长。组长负责整个货源调查工作。

②确定调查目标。明确本次货源调查所要解决的问题，调查中的要求。

③设计调查方案。确定本次货源调查的对象、调查的时间、调查的预算、调查的进度以及采用的调查方式和方法；确定信息收集方法，设定调查指标并制成货源调查表等；分配组员任务，分工合作。

(2)调查阶段：按所选方法实施调查，注意辨别信息真伪。

(3)研究阶段：整理资料，对资料进行核对，归类，分析资料，得出结论或验证假设。

整理资料遵循的一般原则有：

①真实性原则：是整理资料的最根本要求。

②准确性原则：描述事实要准确，特别是数据。

(4)总结阶段：撰写调查报告，包括标题、导言、主体部分、结尾等。

4. 调查表

调查表就是运用科学的方法系统地搜集、记录、整理和分析有关货源的信息资料，从而了解调查区域货源发展变化的现状和趋势，为运输企业经营决策、生产计划提供科学的依据而制定的表格化文件。调查表设计得是否完善，直接影响到调查效果。

(1)调查表通常由以下4部分构成：

①被调查者的基本情况：包括被调查者名称等。

②调查内容本身：是指所调查的具体项目，它是调查表最重要的组成部分。

③调查表说明：有的调查表需要对其内容如填表目的和要求、被调查者注意事项、交表时间等进行说明。

④编号：有些调查表需要编号，以便分类归档，汇总统计。

(2)调查表设计一般要经过以下几个步骤：

①确定调查表调查的主题和调查项日。

②设计调查表，包括调查表结构的确定、所提问题设计、备选答案设计、提问顺序设计以及调查表的版面格式等。

③小范围的试答和修改。

④定稿、付印。

六、货流与货流图

1. 货流(Cargo Flow)

货流是指货物在一定时间内,沿某一运输线路向同一方向的流动。

2. 货流分类

货物分类是根据不同的需要,对货流进行不同的分类。常见的分类方法有:

(1)按货流方向,可把每条运输线路上的货流分为往、返两个方向,也可称上行和下行方向。

道路货物通常以实际方位标示货流方向。两个方向中,货流密度相对大的称主要货流方向。

(2)按货流种类分类。我国道路货物目前已由过去的13类扩大到17类21种。

(3)按经由区域,可以把货流分为区内货流(起运点和卸货点均在同一区域内)、区间(或区际)货流(只有起运点或卸货点在该区)和过境货流(只由本区的线路经过)。

(4)按照时间序列,可把货流分为历史货流、现状货流和规划货流(含近期货流和远景货流)。前两类是交通运输调查的结果,后者则是对经济和交通运输发展和布局的预测,是区域或城市运输规划的依据。

3. 货流要素

通过货流要素掌握货流的规律性,可以合理组织货运工作。货流要素包括货物种类、流量、流向、流距及流时。具体含义如下。

(1)货物类别指货物种类、品名。

(2)流量(运量)是指货物流动(运送)的数量,以吨表示。

(3)流向是指货物流动的方向,即地理走向。

(4)流距(运距)是指货物由起动地至卸货地之间的距离,以千米表示。

(5)流时是指货物流动(运送)的时间。

法规链接

汽车货物运输规则(节选)

(交通部令1999年第5号)

……

第三节　货物种类

第十五条　货物在运输、装卸、保管中无特殊要求的,为普通货物。普通货物分为三等。

第十六条　货物在运输、装卸、保管中需采取特殊措施的,为特种货物。特种货物分为四类。

第十七条　货物每立方米体积质量不足333千克的,为轻泡货物。其体积按货物(有包装的按货物包装)外廓最高、最长、最宽部位尺寸计算。

……

4. 货源调查表

货源调查表是用以表示一定区域内各个货流起运点和到达点之间货运量的联系,通常有分品种或多品种货流表两种表格。分品种表格如表1-1所示。

货 源 调 查 表　　　　表 1-1

被调查单位：　　　　　　填表时间：　年　月　日　　　　　　调查人员：

货源数量			非运输量				运输线路			运输量		托运量					
货物名称	年产量	期末库存量	进货量	当地供销量	期末库存量	其他	起点	终点	距离	运量	周转量	t	t·km	一季度	二季度	三季度	四季度
										吨(t)	吨公里(t·km)						
对运输部门的意见和要求																	

货流表是货物运输调查的成果，主要用途是汇总调查资料和绘制货流图。

5. 货流图

货流图即将货流的诸要素标在地图或示意图中，即为货流简图，如图 1-2 所示。货物品种可用不同标示图案或颜色表示，纵坐标表示货物的流量 Q，分顺向与反向表示流量对应的不同流向，上横坐标表示线路某段长度的流距 L。

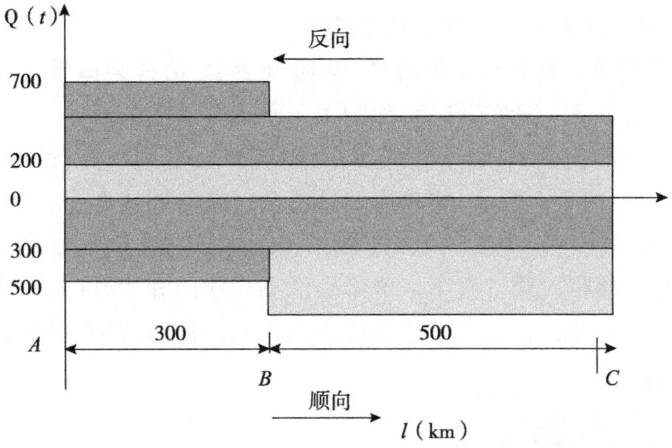

图 1-2　货流图

货流图可以是一种品名的，也可以是多种品名的货流图。它同货流表一样，是概括、明晰地表示货流的工具，而且比货流表能更直观、更形象地反映区域生产布局和运输联系，因而在区域和城市的现状调查和规划设计中具有重要意义。

知识链接

货流图的引申含义

1. 货物周转量(P)

通常指一定数量的货物(Q)被运送一定距离(L)所完成的运输工作量，以吨千米表示。其计算公式：$P = Q.L$(t · km)。

2. 货流密度

货流密度也称为货流强度、运输密度，是指运输线路上某一点的货运量。若该线路上各路段的货流量不同，可计算全线路的平均货流密度(D)，其数值等于各路段货流量(Q_i)与相应运距(L_i)乘积的总和与全线路距离(L)之比，即 $D = \Sigma Q_i L_i / \sum L_i$(t · km/km)。货流密度则用来具体反映运输线路负担运量的程度。

货流的有序性，即货流合理化，也是客观存在的，因为社会经济活动从整体上考察是有序的。货流合理化与社会经济相关因素之间存在着固有的相互依存、相互制约的内在联系，称为货流规律。它是运输经济理论、交通地理理论、货流规划理论和流通理论等相关学科的主要研究对象之一。掌握和运用货流规律，用以指导货物运输的组织工作，将产生一定的社会效益和较大的经济效益。

七、运力调查

1. 运输工具类型

汽车是公路运输的主要运载工具，是指由本身的动力驱动(不包括人力、畜力)，装有驾驶装置的，在固定轨道以外的道路或自然地域上运输客、货或牵引其他车辆的车辆。汽车是物流领域完成道路运输任务的主要物流技术装备。

(1)普通拦板式货车。具有整车重心低、载质量适中，适合装运百货和杂品。在装卸过程中，可以将侧面拦板放下，方便装卸货，如图 1-3 所示。

(2)厢式货车。在物流领域，由于厢式货车结构简单，利用率高，适应性强，是应用前景最广泛的一种车型。如图 1-4 所示，厢式货车具备全封闭的厢式车身，以及便于装卸作业的车门。封闭式的车厢可使货物免受风吹、日晒、雨淋，将货物置于车厢内，能防止货物散失、丢失，安全性好。且小型厢式载货汽车一般带有滑动式侧门和后开门，货物装卸作业非常方便。厢式货车由于小巧灵便，无论大街小巷可长驱直入，可以真正实现“门到门”的运输。

图 1-3　普通栏板式货车

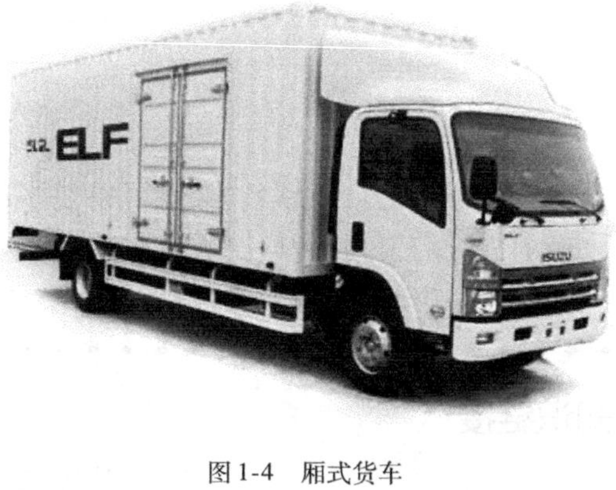

图 1-4　厢式货车

(3)自卸车。俗称翻斗车，装有液压举升机构，能将车厢卸下或使车厢倾斜一定角度，货物依靠自重能自行卸下的专用运输车辆，如图 1-5 所示。自卸车在土木工程中，常与挖掘机、装载机、带式输送机等工程机械联合作业，提高工作效率，构成装、运、卸生产线，用于土方、砂石、散料的装卸运输工作。

(4)罐式车。装有罐状容器，密封性强，且通常带有工作泵，一般用于运输液体、气体或粉状物质，如图 1-6 所示。

图 1-5　自卸车

图 1-6　罐式车

(5)仓栅式车。具有仓笼式、栅栏式结构的车厢,用于运输散装颗粒食物、畜禽等货物的专用汽车,如图 1-7 所示。

图 1-7　仓栅式车

(6)汽车列车。汽车列车(combination of vehicles)是由汽车或牵引车和挂车组成的车列。挂车有全挂车(图 1-8)和半挂车(图 1-9)两种。

图 1-8　全挂车

图 1-9　半挂车

采用汽车列车运输是提高经济效益最有效而简单的技术手段。它具有快速、机动灵活、安全等优势,可方便地实现区段运输、甩挂运输、滚装运输。

(7)冷藏保温车。冷藏保温车(图 1-10)是运送鱼、肉、鲜果、蔬菜等易腐货物的专用车辆。这些货物在运送过程中需要保持一定的温度、湿度和通风条件,因此保温车的车体装有隔热材料,车内设有冷却装置、加温装置、测温装置和通风装置等,具有制冷、保温和加温 3 种性能。

(8)集装箱运输车。专门用于集装箱运输,主要在港口码头、铁路货场与集装箱堆场之间的运输。其特点是简化装卸作业,节省包装费用,减少货损货差,降低整个运输成本,如图 1-11 所示。

图 1-10　冷藏保温车

图 1-11　集装箱运输车

2. 运力统计

根据车型情况统计运输企业能提供的运输能力的大小。具体内容如表 1-2 所示。

运力(符合标准车辆)统计表　　表 1-2

填报单位:(盖章)　　填报时间:　　年　月　日

序号	车号	车辆品牌/型号	吨位数	购置时间	车辆技术等级	车辆类型	经营范围
总计							

通过运量与运力数据的对比,分析运输需求与运输供给,合理调配车辆完成运输任务。

任务实施

【任务实施一】

1. 实施目的

了解区域内货源分布情况,合理选择货物运输网络的发展模式(是走专线经营还是网络化、规模化,建直营站点还是加盟站点)。

2. 实施内容

将学校所在地的区域或选择经济技术开发区作为调查范围,根据调查区域内货源分布情况,设计几种货源调查表,分别调查如下内容:

(1)货物现有货主的在区域内的分布和数量;

(2)货主的类别、规模、基本经济情况;

(3)货物数量、方向、时间、运距及其变化规律;

(4)货主的托运习惯、托运的动机和心理;

(5)货主对运输企业服务的满意和信赖程度;

(6)货主的潜在要求。

3. 实施步骤

(1)调查“××产品”货物市场货源情况,包括客户的服务需求,设计调查表并实地走访,获得货源货流信息。

(2)讨论并确定市场开发调研的全部工作内容。包括:实际调查市场、宣传资料编印、广告刊登\网络接单、下单、设立收货网点、组建市场开发部等。

(3)确定组织货源的具体方法:设立代办点、网上接单等。

(4)制定营销人员的管理办法。业务员的货源业绩考核方法及相关的管理制度,包括业务定位、业务操作流程与标准、业务范围、收货权限、奖罚标准等。

某货物运输公司制定的货源调查表式样,如表1-3~表1-7所示,仅供参考。

货 源 调 查 表 表1-3

被调查单位: 填表时间: 年 月 日 调查人员:

货源量			非运输量				运输量											公路(铁路)托运量					
货物名称	年产量	期末库存量	进货量	当地供销量	期末库存量	其他	运输线路			t	t·km	其中						t	t·km	一季度	二季度	三季度	四季度
							起	止	距离			铁路(t)	水运(t)	公路									
														t	t·km	其中自运量							
																t	t·km						
对运输部门的意见和要求																							

货源调查汇总表 表1-4

填表时间: 年 月 日 汇总人员:______

货源量			非运输量				运输量											公路(铁路)托运量					
物资单位	年产量	期末库存量	进货量	当地供销量	期末库存量	其他	运输线路			t	t·km	其中						t	t·km	一季度	二季度	三季度	四季度
							起	止	距离			铁路(t)	水运(t)	公路									
														t	t·km	其中自运量							
																t	t·km						
对运输部门的意见和要求																							

道路运输托运量分线运量表 表 1-5

线别:______ 填表时间: 年 月 日 汇总人员:______

上(下)行																
编号	物资单位	货名	运输线路			全月运输量		其中								备注
			起点	止点	里程	t	t · km	一季度		二季度		三季度		四季度		
								t	t · km	t	t · km	t	t · km	t	t · km	
合计																

× × 区货物分类运量调查汇总表 表 1-6

填表时间: 年 月 日 汇总人员:____________

运输方式		运输量		货物分类																
		t	t · km	煤炭及制品	石油天然气	金属矿石	钢铁	矿物性建材	水泥	木材	非金属矿石	机械及设备	化肥农药	化工原料	盐	有色金属	轻工医药	粮食	农林牧渔品	其他
铁路																				
水运																				
航空																				
汽车	自运																			
	托运																			
合计																				

大宗货源市场调查表 表 1-7

企业名称:____________________

表 号: 制表单位: 有效期至:

<table>
<tr><td rowspan="4">基本情况</td><td>业务领域</td><td colspan="4">□1 工业 □2 批零 □3 建筑 □4 亿元市场</td></tr>
<tr><td>企业性质</td><td colspan="4">□1 国有 □2 外企 □3 合资 □4 民营 □5 其他</td></tr>
<tr><td>年营业额</td><td colspan="2">万元</td><td>年物流总货运量</td><td>t/TEU</td></tr>
<tr><td>年物流总费用</td><td colspan="2">万元</td><td>物流成本占总成本比重</td><td>%</td></tr>
<tr><td rowspan="2">货物需求</td><td rowspan="2">仓储需求</td><td>总需求面积(m^2)</td><td></td><td>其中自有仓储面积(m^2)</td><td></td></tr>
<tr><td>主要需求类型(可多选)</td><td colspan="3">1 立体库□ 2 保温库□ 3 货架库□ 4 多层库□ 5 普通库□ 6 其他 □</td></tr>
</table>

续上表

货物需求	原料运输	货物种类	年货运量(t/TEU)		起始地	运输方式	自运比重
			t	TEU			
	产品运输（工业、批发、亿元市场）	货物种类	年货运量(t/TEU)		目的地	运输方式	自运比重
			t	TEU			

货物供应	企业物流外包情况	1. 全部外包 □ 2. 部分外包 □ 3. 不外包 □ 4. 其他情况 □			
	采取物流外包的企业请填以下内容				
	物流外包环节（可多选）	1 运输 □ 2 仓储 □ 3 配送 □ 4 流通加工 □ 5 供应链优化 □ 6 其他 □			
	物流供应商选择	主要考虑因素			
		1	服务价格	2	个性化服务
		3	安全、时效性	4	企业资信
		5	风险承担能力	6	信息化水平
		7	其他		
		请按重要程度排序（重要因素排前）：			

物流供应	供应商评价	评价项目	评分(1～5) 注： 1-不满意； 2-较不满意； 3-存在不足但可以接受； 4-比较满意； 5-非常满意
		1. 缩短货物流转时间	
		2. 降低经营成本	
		3. 可提供个性化、配套物流服务	
		4. 货损货差现象减少	
		5. 较好组织上下游供应链衔接	
		6. 可提供金融等增值服务	
		7. 其他（请予以说明）	

不采取物流外包的企业请填以下内容		
自营物流主要原因	1	货物运输时效性、安全性无法保证
	2	无法提供满足企业要求的个性化物流服务
	3	物流外包成本较高
	4	延续性的物流自营操作模式暂时无法改变
	5	涉及本企业核心竞争力,无法建立相互信任的合作关系
	6	其他原因
	请按关注度排序(关键原因排前):	
未来是否考虑物流外包		□1 会　　□2 不会
对物流现状的评价	评价	□ 1. 高效的　□ 2. 仅能满足基本运输需求　□ 3. 较不满意　□ 4. 很不满意
	建议	1. 应进一步降低物流成本; 2. 应注重提升一体化服务能力; 3. 应加强个性化服务能力; 4. 应注重运输安全性和实效性 请按关注度排序:
对政府物流产业政策的建议		1. 应加强对物流经营秩序的监管,打击不法经营; 2. 应提供信息化平台,提高物流业信息化程度; 3. 应消除地区壁垒,降低物流成本; 4. 应加大对物流外包的扶持,推动制造、物流“两业联动”; 5. 其他 请按关注度排序:

填表人:　　　　　　　　　　　　　　　　联系电话:

【任务实施二】

1. 实训目的

认识运输市场,了解其组成及总结运输市场的特征。

2. 实训内容

(1)调查问卷设计合理,调查内容真实,填写认真;

(2)对本组调研的运输市场的特征分析正确。

3. 实训步骤

(1)以小组为单位,设计一份调查问卷;

(2)确定要调研的道路、铁路、航空、水路运输市场,并取得相关运输市场管理方的许可;

(3)将学生分为6人组,每个小组选一名组长;

(4)将道路、铁路、航空、水路和管道运输市场的调研任务分配给不同的小组;

(5)教师对学生调研进行安全教育、布置调研的任务;

(6)给学生一份调查问卷的范例,学生根据本组的调查任务设计一份调查问卷;

(7)以小组为单位完成调研运输市场的特征分析;

(8)每组派一位代表对此次调研的过程及成果制作成幻灯片,与其他组进行分享。

4. 实施评价

训练评价的方式有教师评价、小组内部成员评价和第三方评分组成员评价3种,建议教师评价占60%权重,小组内部成员评价占20%的权重,第三方评分组成员评价占20%的权重。将三者综合起来的得分为该生在该项目的评价分,如表1-8所示。

实 施 评 价 表 表1-8

考评人		被考评人	
考评地点			
考评内容	货源调查		
考评标准	具体内容	分值(分)	实际得分
	学习、工作态度	15	
	沟通与团队合作	15	
	设计调查表的情况	15	
	调查中的表现及统计结果	25	
	撰写调查报告情况	30	
合计		100	

任务二 货物运输运行作业计划的编制

案例导入

驹马物流:“不挣钱”的最后一公里配送

(来源:中国物流与采购网 由万联网转载)

当货运企业不挣货运的钱,它靠什么生存?四川的驹马物流,城市配送业务起家,做的就是“不挣钱”的生意。

1. 专注城市配送

城市零担货运的现状是:所托运货物到达城市周边,客户却需要付出高于干线运费多倍的配送费用。

零担货运遭遇“城市堡垒”,一方面,零担货量过于小批量、多批次,送货点不集中导致配送成本高;另一方面,货物到了城市周边,“走不进”、“走不动”也阻碍了货物的配送。零担货运的“老大难”,驹马物流总经理白如冰,这位“80后”的小伙如何突破?

“有次在西安看到带顶灯的城市货的,我认为这种模式不错,让我看到了城市配送业务的前途,随后我们借鉴了城市货运的模式,并做了一些创新。”白如冰告诉运联传媒记者,“初生牛犊不怕虎,我就选择了城市配送,并且只做城市配送。”

2. 轻资产的城市配送

驹马物流成立于2011年,2012年才开始正式运营,经过两年,驹马物流已初具规模,目前拥有138辆城市货运车,主要客户为京东、天猫、苏宁易购、海尔商城等电商企业,以及沃尔玛、全家、711等商超企业。

驹马物流把客户进行定制化项目管理,每个客户都有相对固定的车辆为其提供运输服务。白如冰认为,固定的线路、固定的车辆、固定的驾驶员,能有效保证服务质量。

驹马物流是一家轻资产的企业,目前管理人员20余人,车辆由个体车主来购买。“轻资产是驹马物流的亮点,这样我们既能减少资金投入,又能较好的管理驾驶员。”白如冰对运联传媒记者说。

3. 不赚货运钱

货运企业挣货运差价，在当今被认为天经地义。或许是刚进入这行业，白如冰才会有不挣货运差价的思考和想法，那么驹马物流如何获得利润，白如冰认为现在有 4 个利润点：

(1) 车辆集中采购的利润。驹马物流团购买车，可以与车辆制造商协商车辆优惠政策，车辆的差价，是驹马物流的利润之一。

(2) 购车金融的利润。在重卡市场，一般制造商会提供金融服务，而轻卡由于价格较低，制造商提供的购车金融还不够完善，这时银行贷款成了车老板买车的首要选择。“很多个体车老板没有注册公司，也没有可抵押的资产，所以在银行贷款较难，而驹马物流就可以解决这些问题。”白如冰说，“不仅如此，银行还会给予驹马物流较为优惠的车贷利率。”

(3) 车辆维修及零配件集中采购的利润。物流业务与车辆售后业务相辅相成，获得利润最大化。

(4) 车体广告的利润。流动的车辆，是最好的广告载体。驹马物流的车辆可以为客户喷涂广告，这也是现在的利润点之一。

除了以上 4 个利润点，目前驹马物流还在积极挖掘新的利润点，但是始终坚持不挣货运的差价。

4. 驾驶员创业计划

客户（如京东、沃尔玛等）给驹马物流的运费，驹马物流会直接交给车老板，使得车老板获得较高的利润，给车老板营造良好的生存环境，白如冰在公司提出了“驾驶员创业计划”：

(1) 把驾驶员变成车老板。如 20 万元的车辆，驾驶员只需首付 5 万元就可以拿车从事货运，每月从挣得的利润中扣除购车分期费用，2 年后，车辆就归驾驶员所有。白如冰介绍，驹马物流里的单个车老板每月最高可挣 1 万多。

(2) 帮助车老板与货主谈判。驹马物流不仅可以为车老板提供货源，还可以以公司名义，帮助车老板与货主谈判。

(3) 鼓励、支持车老板完成创业计划。对于有积极性的车老板，如果无法支付购车首付费用，驹马物流还可以对这类车老板予以支持，对于有发展想法的车老板，还鼓励他们把车队规模做大。

虽然现在驹马物流的业务大部分在成都，但白如冰对未来很充满信心，他的梦想是通过模式复制，把驹马物流做向全国，形成全国性的城市配送体系。

案例思考：

1. 城市配送的关键点是什么？
2. 如何找到企业的利润点？
3. 驾驶员创业计划的核心是什么？

任务分析

任务准备

(1) 运输任务相关数据描述。

(2) 运输指标的理解与计算。

(3) 多媒体教室（含可供学生网查资料的电脑、多媒体教学设备及动画等教学资料）。

任务目标

(1)了解货物运输车辆运行作业计划的任务和作用;

(2)熟悉货物运输车辆运行作业计划的类型;

(3)学会货物运输车辆运行作业计划的编制。

基础知识

无论是单位还是个人,做任何事情都应该有个打算,也就是 PDCA 循环中的 P,即计划。有了它可以减少工作中的盲目性,同时有利于工作进度的掌握。

一、货物运输运行作业计划

1. 货物运输运行作业计划的作用

货物运输运行作业计划的作用是将运输生产中所规定的各项任务,按照月、旬、日以至工作班,具体、合理地分配到各基层生产单位,保证企业按日、按期均衡地完成运输任务,不断提高运输效率,完成生产计划中各项技术经济指标。

2. 货物运输作业计划的类型

根据其执行时间的长短通常可分为以下几种:

(1)长期运行作业计划。适用于经常性的运输任务,即稳定性的货运。通常其运输线路、起讫地点、运输量及货物类型等都比较固定。

(2)短期运行作业计划。对于货运起讫地点较多、流向复杂、货种也比较繁多的货运任务,可对之编制周期为 3 日、5 日、10 日等的作业计划。

(3)日运行作业计划。主要在货源多变、货源情况难以早期确定和临时性任务较多的情况下采用,确定车辆每日应完成的运次和工作量。

(4)运次运行作业计划。通常适用于临时性或季节性、起讫地点固定的短途大宗货运任务。安排方法是根据货物性质、运距长短、道路情况、装卸条件等,确定车辆每班应完成的运次和工作量。

二、车辆运行作业计划的编制

1. 计划编制的原则

(1)符合各项方针、政策与法规。

(2)综合平衡的原则。要把单位内的各部门、各工作环节相互联系、相互协调构成一个有机整体,齐心协力,共同完成运输生产计划。

(3)注重市场调研。了解运输服务地区经济发展情况,客户的需求资料,掌握货物运输的发展变化规律,以便有针对地安排运输生产计划。

(4)正确处理运输需要和运输能力的矛盾。要做好运输生产任务同运输设备能力、物资供应、劳动力之间的平衡,各项运输效率指标之间的平衡。

(5)尽量均衡、直达等合理运输,促进生产布局的改善和各种运输方式协调发展。

2. 计划编制步骤

(1)根据确定的货源资料、有关运输任务以及已被核准的运输合同,填写货源汇总分日运送计划表,如表 1-9 所示。

(2)编制货物运输量计划表。如表 1-10 所示。

货源汇总分日运送计划表 表 1-9

年　月　日至　日

线别	托运单号	发货单位	起运点	收货单位	品名	包装	运距(km)	托运吨数	分日达送计划										剩余物资	
									日		日		日		日		日		吨数	处理意见
									吨数	车号	吨数	车号	吨数	车号	吨数	车号	吨数	车号		
合计																				

①货运量。指报告期内运输车辆实际运送的货物质量。计算单位:吨。

$$货运量=\frac{货物周转量}{计划货物平均运距}$$

或

$$货运量=\sum 每运次货物质量$$

②货物周转量。指报告期内运输车辆实际运送的每批货物质量与其相应运送距离的乘积之和。计算单位:吨公里。

计算公式为:

$$货物周转量(t\cdot km)=\sum(每批货物质量\times 该批货物的运送距离)$$

××运输企业货物运输量计划表 表 1-10

指标	计算单位	上年实绩	本期计划					本期计划为上期实际(%)	备注
			全年	一季	二季	三季	四季		
货物运量									
货物周转量									

(3)编制出车能力计划,如表 1-11 所示。

出车能力计划表 表 1-11

年　月　日至　日

班组	车号	吨位	保修日期		上次保修至( )已行驶里程数	完好车日	备注
			保修类别	起止日期			

(4)报相关部门核准车辆运行作业计划,如表 1-12 所示。

××车辆 5 日运行作业计划 表 1-12

年　月　日至　日

日期	车辆运行作业计划内容	运量(t)	周转量(t·km)	执行情况检查
1				
2				
3				
4				
5				

指标		工作率(%)		车日行程(km)		里程利用率(%)		实载率(%)		运量(t)		周转量(t·km)		说明
	计划													
	实际													

三、车辆指标

运输运行作业计划的编制,关键在于各项效率指标的确定。由于各项效率指标是相互联系、相互作用的,因此,必须注意各项效率指标之间的相互协调。汽车运输工具运用计划的各项效率指标有:总车日、平均车辆数、平均总吨位、平均吨位、车辆完好率、车辆工作率、完好车日、工作车日、送达速度、营运速度、技术速度、平均每日出车时间、平均车日行程、总行程、里程利用率、重驶行程、空驶行程、载重行程周转量、吨位利用率、拖运率、平均运距、货运量、货物周转量、单车产量及车吨产量。各项效率指标的相互关系,如图1-12所示。

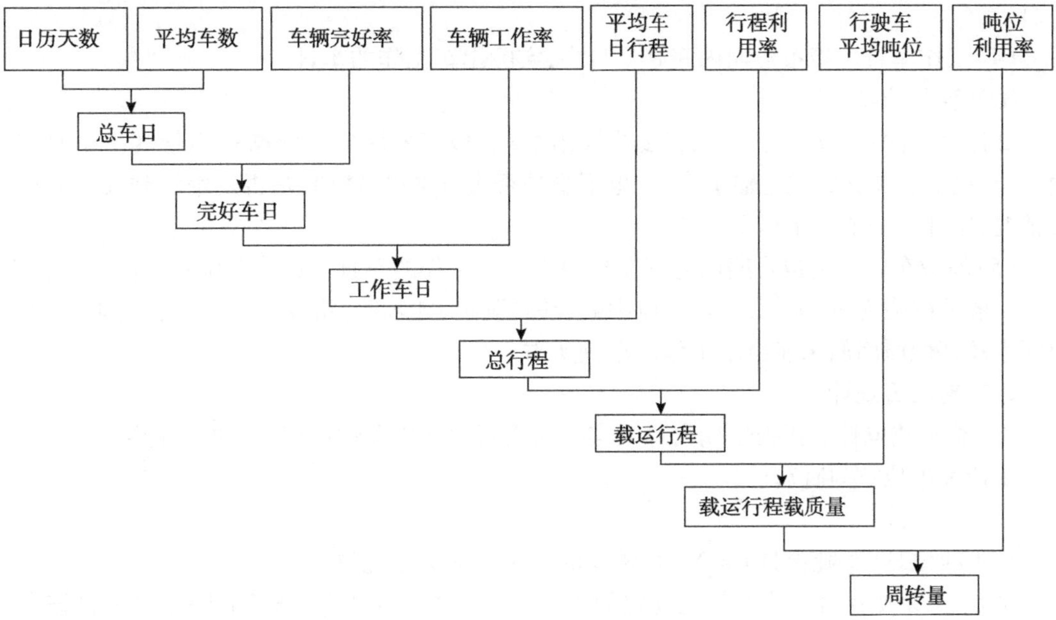

图1-12 车辆运用计划各项效率指标的关联关系

1. 车日统计指标

车日指标是从动态方面反映汽车运输企业保有车辆数量的指标。一辆车在运输企业保有一日,即为一个车日。由于汽车在运输企业可能处于运输生产过程中的各个不同环节,如运行环节、待客货环节、修理和维护环节,或等待维护和修理环节等,因而可以有不同的车日指标以反映车辆的运用状态。

(1)总车日。指报告期内每天在用营运车辆的累计数。计算单位:车日。

①计算方法:一辆营运车辆,不管其技术状况是否完好,每保有一天即计为一个车日。在报告期内,营运车辆无增减变化时,总车日为营运车数乘上报告期日历日数。营运车辆发生增减变化时,新增车辆以落籍并取得有关证件之日起开始计算;报废车辆自批准之日起不再计算。

②计算公式:

总车日 = $\sum$(每辆在用车辆 × 相应在用车日)

例如:某企业报告期有汽车500辆,全部投入营运,报告期日历日数为30天,报告期内未发生车辆增减、调出、调入变化。企业每辆车在这一报告期就是30个总车日,500辆在报告期共计 $30 \times 500 = 15000$ 总车日。

在报告期若发生车辆的增减变化，可根据规定按各辆车分别计算总车日，再汇总成为报告单位的报告期的总车日数。

(2)完好车日。指报告期内总车日中，营运车辆技术状况完好，不需要进行修理或维护即可参加运输的车日，包括实际出车工作及由于各种非技术性原因而停驶的车日。

①计算单位：车日。

②计算公式：

完好车日 = 总车日 - 非完好车日

(3)非完好车日。指报告期内总车日中，因技术状况不好不能出车的车辆所占的车日，包括正在进行或等待进行维护、修理的车辆及待报废车辆所占的车日。计算单位：车日。

(4)工作车日。指报告期内完好车日中，实际出车工作的车日。

①计算单位：车日。

②计算方法：一辆营运汽车，只要当天出过车(以签发路单为依据)，不管其出车时间长短，出车班次多少和完成运输量多少，也不管是否进行维护、修理，是否发生停驶或中途抛锚等情况，均计为一个工作车日。

(5)停驶车日。指报告期内完好车日中未出车工作的车日。计算单位：车日。

一般是因为无客、无货，燃料供应中断，缺驾驶员，缺轮胎，路线障碍，以及风、雨、雪等气象因素及其他原因而未能出车工作的车辆所占车日。

2. 车吨位日统计

(1)总车吨位日。指报告期内每天实际在用营运载货车辆标记吨位的累计数。

①计算单位：车吨位日。

②计算公式：

总车吨位日(车吨位日) = ∑(每辆车的总车日 × 标记吨位)

例如：某企业 4 月 1 日有标记吨位为 4t 的解放 CA-10B 货车 200 辆，则 4 月 1 日该企业有 200 × 4 = 800 车吨位日。若 4 月该企业未发生车辆及吨位的增减变化，则该企业 4 月份有 200 × 30 × 4 = 24000 车吨位日。

汽车的车吨(客)位日是在总车日的基础上消除了车辆变动的影响，又消除了车辆吨(客)位大小对生产能力的影响因素。它反映了可供使用的以每日吨(客)位为计量单位的生产能力，使得总车吨(客)位日描述的各企业的生产能力在不同企业或同一企业的不同时期以及据此计算的设备效率指标具有更广泛的可比性。

(2)平均车数。指报告期内平均每天所拥有的车辆数。

①计算单位：辆。

②计算公式：

平均车数(辆) = 总车日 ÷ 日历天数

例如：某企业 4 月 1 日有车 500 辆，4 月 11 日调入 10 辆车，并于 11 日办理了手续，4 月 20 日报废 2 辆车，当天即办理手续没有参加运输，以后至月末未发生车辆增减变化。求总车日及平均车辆数。

则该企业 4 月份平均车辆数为：

总车日数 = 500 × 30 + 10 × 20 - 2 × 10 = 15180 车日

平均车数 = 15180 ÷ 30 = 506 辆

(3)平均总吨位。指报告期内平均每天所拥有的载货车辆的总吨位。

①计算单位:吨位。

②计算公式:平均总吨位(吨位)=总车吨位日÷日历天数

例如:某企业4月1日有车200辆,其中150辆为4t解放牌汽车,50辆为5t东风牌汽车,4月11日购入50辆标记吨位为5t的东风车辆,同时报废10辆标记吨位为4t的解放牌汽车,直至月末再未发生车辆增减变化。则4月份的平均总吨位和平均吨位如下:

总车吨日 $=4\times150\times30+5\times50\times30+5\times50\times20-4\times10\times20=29700$ 车吨日

平均总吨位 $=29700\div30=990$t

(4)平均吨位。指报告期内平均每天所拥有的载货车辆的平均核定吨位。

①计算单位:吨。

②计算公式:

平均吨位=平均总吨位÷平均车辆数

接上例中的数据,则平均车数=总车日 $\div30=226.7$ 辆

平均吨位 $=990\div226.7=4.37$t

3.行程利用指标

道路运输企业运用汽车实现货物(或旅客)在空间上的位移,车辆运行里程的长短,是反映运输能力使用程度的一个重要方面。

(1)总行程(总车公里)。指报告期内车辆在实际工作中所行驶的总里程数,不包括为进行维护、修理而进出保修厂及试车的里程。计算单位:车公里。

汽车的行驶里程,应根据行车路单上的行程记录或实际行程统计。在运输生产过程中,因故绕道或进行循环运输,出车后未到达装、卸货地点,因故返回,其行程均按实际行驶里程计算。

(2)载运行程(重车行程)。指报告期内总行程中车辆载有客、货(不论是否满载)的行驶里程。计算单位:车公里。

(3)空驶行程(空车行程)。指报告期内车辆总行程中空车行驶的里程,包括回空和调车等无载运行的里程。计算单位:车公里。

(4)里程利用率。指报告期内载运行程在总行程中所占的比重。

①计算单位:%。

②计算公式:

里程利用率(%)=载运行程÷总行程×100%

提高里程利用率是提高车辆运用效率,降低运输成本的重要途径之一。

(5)空驶率。指报告期内空驶行程在总行程中所占的比重。

①计算单位:%。

②计算公式:

空驶率(%)=空驶行程÷总行程×100%

(6)总行程载货量。指报告期内在用载货车辆的总行程载运能力。

①计算单位:吨位公里。

②计算公式:

总行程载货量(吨位公里)=∑(单车总行程×标记吨位)

总行程载货量表示在汽(挂)车全部行驶里程中可能实现的最大运输能力,即车辆在规定技术条件下按标记吨(客)位运行可能完成的最大运输工作量。

(7)载运行程载货量(重车行程载货量)。指报告期内在用载货车辆的载运行程载运能力。

①计算单位:吨位公里。

②计算公式:

载运行程载货量(吨位公里) = Σ(单车载运行程 × 标记吨位)

例如:某运输企业报告期有 CA-10B 车 40 辆,标记吨位为 4t,完成总行程 240000km,其中 200000km 为重车里程,另有东风牌汽车 10 辆,标记吨位为 5t,完成总行程 70000km,其中 60000km 为重车千米。则该企业的总行程载货量及重车行程载货量为:

总行程载货量 = Σ[总行程 × 标记吨(客)位] = 240000 × 4 + 70000 × 5

= 1310000 吨位公里

重车行程载货量 = Σ[重驶行程 × 标记吨(客)位] = 200000 × 4 + 60000 × 5

= 1100000 吨位公里

4. 时间利用指标

(1)完好率。指报告期内完好车日在总车日中所占比重。

①计算单位:%。

车辆完好率表明在报告期内,技术状况良好可随时出车进行运输工作的车辆的情况,是反映车辆的技术状况、车辆管理、运用和修理、维护工作质量的指标。

②计算公式:

完好率(%) = 完好车日 ÷ 总车日 × 100%

= (总车日 - 非完好车日) ÷ 总车日 × 100%

= (工作车日 + 停驶车日) ÷ 总车日 × 100%

(2)非完好率。指报告期内非完好车日在总车日中所占的比重。

①计算单位:%。

②计算方法:

非完好率(%) = 非完好车日 ÷ 总车日 × 100% = 1 - 完好率

(3)工作率。指报告期内工作车日在完好车日中所占的比重,用以反映车辆的利用程度。

①计算单位:%。

②计算公式:

工作率(%) = 工作车日 ÷ 完好车日 × 100%

= (完好车日 - 停驶车日) ÷ 完好车日 × 100%

车辆工作车日与车辆停驶车日之和为车辆完好车日。可见,工作率增加必须提高完好率和减少停驶车日。

对工作车日的时间利用情况还可以用以下统计指标来反映。

(4)平均每车出车时间。指汽车平均每一个工作车日的出车时间。

①计算单位:小时。

②计算公式:

平均每车出车时间(h) = 总出车时数 ÷ 工作车日数

由于车辆只要当天出过车参加营运性运输,不管出车时间长短,即计一个工作车日。所以必须设置平均每日出车时间这一指标,才能进一步说明车辆时间的利用程度。平均每日出车时间可看作车辆工作率指标的一个辅助指标,它受企业工作制度和车辆运行组织工作水平的影响。

(5)出车时间利用系数。指在出车时间中车辆运行时间所占的比重。

计算公式:

出车时间利用系数 = 运行时间 ÷ 出车时间

式中,运行时间和出车时间,可以是一定时期内的运行时间和出车时间总数,也可以是平均每个工作车日的运行时间和出车时间。

在车辆的出车时间内,包括车辆运行时间和车辆停歇时间。车辆停歇时间指车辆装卸货物及等待装卸货物(或旅客上、下车及等待上、下车)的时间、技术业务作业时间以及其他停歇时间。提高出车时间利用系数必须压缩各种停歇时间,特别是要消除不必要的停歇时间,如车辆运行中排除机械故障时间和驾驶员不遵守作业制度任意延长休息时间等。

5. 速度利用指标

(1)技术速度。是指车辆在运行时间内平均每小时行驶的里程。

①计算单位:千米/小时。

②计算公式:

技术速度(km/h) = 总行程 ÷ 运行小时数

技术速度实际上是车辆的行驶速度。汽车动力性能,道路条件(如路面、宽度、坡度、弯道、视线等),所运货物的特征,行车密度,车辆载质量等客观因素以及车辆维护质量和驾驶员的熟练程度等都对技术速度有影响。为了提高运输效率,必须在许可的条件下提高技术速度。

(2)营运速度。是指车辆在出车时间内,平均每小时行驶里程。

①计算单位:千米/小时

②计算公式:

营运速度(km/h) = 总行程 ÷ 出车时间

营运速度不仅受技术速度的影响,还取决于运输组织工作、运输距离和装卸停歇时间等因素。在一定的技术速度下,营运速度与出车时间利用系数成正比。其相互之间的关系为:

营运速度 = 技术速度 × 出车时间利用系数

(3)平均车日行程。指报告期内平均每一个工作车日车辆所行驶的里程,是车辆速度性能利用与出车时间利用的综合性指标。

①计算单位:车公里。

②计算公式:

平均车日行程(车公里) = 总行程 ÷ 工作车日

= 营运速度 × 平均每日出车时间

= 技术速度 × 出车时间利用系数 × 平均每日出车时间

6. 载重能力利用指标

(1)吨位利用率。指报告期内载货汽车自载换算周转量与其载运行程载货量的比值,用以反映载运行程载货量利用程度。

①计算单位:%。

②计算公式:

吨位利用率(%)= 自载换算周转量 ÷ 载运行程载货量 ×100%

例如:某运输企业报告期有 10 辆货车,标记吨位为 4t,报告期共完成货物周转量 9.6 万 t · km,并因带客完成旅客周转量 4 万人 km。总行程 4 万 km,其中 3 万 km 为重车行程。旅客周转量按 10 人 km 折为 1t · km 计算,则重车载质量利用率为:(9.6 +4 ÷10) ÷(3 ×4) × 100% =83.3%。

(2)实载率。指报告期内车辆自载换算周转量占其总行程载货量的比重,用以反映总行程载货量利用程度。

①计算单位:%。

②计算公式:

实载率(%)= 自载换算周转量 ÷ 总行程载货(客)量 ×100%

= 里程利用率 × 吨位利用率

7. 牵引能力利用指标

为了充分发挥车辆牵引能力,在组织汽车运输生产过程中,常用主车拖带挂车,以提高车辆的使用效率,降低运输消耗。

拖运率是指报告期内挂车完成的换算周转量占自载及拖载换算周转量的比重,用以反映拖载运输水平。

①计算单位:%。

②计算公式:

拖运率(%)= 拖载换算周转量 ÷ 自载及拖载换算周转量 ×100%

8. 运输能力综合利用指标

车辆运输能力的综合利用指标反映的是运输设备在单位工作时间内能生产出多少什么样"产品"。这种以单位日历时间或报告期单位设备来计算的"产量",能充分地反映设备的综合利用程度。

(1)单车产量。是指在报告期平均每辆车所完成的换算周转量。计算单位:吨千米。

在一定的条件下,单车产量的高低与运输企业完成的周转量多少有关。周转量完成的多少与企业车辆在时间、速度、行程、载货量以及货物(旅客)运送的平均距离有关。所以,单车产量集中地反映了车辆在时间、速度、行程、载货量等方面的综合利用效率。

(2)车吨产量。是指报告期平均每个吨位所完成的换算周转量。

(3)车公里产量。是指报告期平均每单位(t · km)所完成的换算周转量。

9. 运输计划的编制方法

运输计划的编制方法有顺编法和逆编法两种。

(1)顺编法是以"可能性"为出发点,即根据各项效率指标可能达到的水平为依据来确定可能完成的运输工作量。

①确定各项运输工具运用效率的质量指标计划值;

②逐项计算各项数量指标;

③计算出运输工作量的计划编制方法。

当这样计算的运输工作量能满足运输量计划要求时,即可根据此编制运输工具运行作业计划。如果计算的运输工作量同运输量计划的相关指标有较大差异时,特别是在低于运输量计划时，则应调整好各项效率指标。若反复调整仍不能符合运输量计划的要求，就只能修改运输量计划或修改运输工具计划。

(2)逆编法是根据运输量计划和运输工具计划的要求来确定运输工具各项运用效率质量指标的计划编制方法。它是以“需要”为出发点，通过确定运输工具各项运用效率质量指标来编制运输计划。编制运输工具运用计划时需注意，确定运输工具各项运用效率指标要反复测算。

任务举例

某汽车货运公司某年第一季度运输量计划中确定的计划货物周转量为7290000t·km，货运量为91125t，车辆计划中确定的营运车辆数为100辆，额定载质量为5t，完好率为95%，工作率为85%～90%，平均车日行程为180～200km，里程利用率为65%～75%，重车载质量利用率为90%～100%，拖运率为30%。编制车辆运用计划。

解：采用逆编法编制车辆运用计划

主车产量＝7290000×(1－0.3)＝5103000t·km

总车吨位日＝100×90×5＝45000车吨位日

车吨位日产量＝计划期主车完成周转量÷计划期总车吨位日＝5103000÷45000＝113.4t·km

即第一季度每一个车吨位日必须完成113.4t·km的周转量才能完成运输量计划。

车吨位日产量还可由下式计算，即

车吨位日产量＝车辆工作率×平均车日行程×里程利用率×重车载质量利用率

现在需要确定这4项指标分别达到什么水平才能使车吨位日产量达到113.4t·km。

然后拟定了4个组合方案，如表1-13所示。

4个组合方案 表1-13

组合方案	车辆工作率(%)	平均车日行程(km)	里程利用率(%)	重车载质量利用率(%)	车吨位日产量(t·km)
一	85	190	70	107	115
二	87	190	75	98	121
三	90	185	70	97.4	114
四	88	185	68	102	113

这4个方案是综合考虑前期统计资料、本期预测资料及其他相关因素后确定的。如选择了第三个方案，按此方案确定的4项指标值计算可完成的周转量为：

运输工作量＝90×100×5×0.9×185×0.7×0.974×1 ÷(1－0.3)＝7297695t·km

经测算出的总周转量7297695t·km，大于运输量计划中的7290000t·km，应该可以保证完成第一季度的运输任务。而编制该季度的车辆运用计划过程如表1-14所示。

车辆运用计划表 表1-14

指标		单位	计算过程	计划值
主车	营运车日	车日	100×90	9000
	平均车辆数	辆		100
	平均总吨位	t	9000×5/90	500
	平均吨位	t		5

续上表

指标		单位	计算过程	计划值
主车	完好率			100%
	工作率			90%
	工作车日	车日	9000×90%	8100
	平均车日行程	km		185
	总行程	km	8100×185	1498500
	里程利用率			70%
	重车行程	km	1498500×70%	1048950
	重车行程载质量	t·km	1048950×5	5244750
	重车载质量利用率			97.4%
	货物周转量	t·km	5244750×97.4%	5108387
挂车	拖运率			30%
	货物周转量	t·km	5108387×0.3/(1-0.3)	2189309
主挂车综合	货物周转量	t·km	5108387+2189309	7297696
	平均运距	km	729000/91125	80
	货运量	t	7297696/80	91221.2
	单车季产量	t·km	7297696/100	72977
	车吨季产量	t·km	7297696/100/5	14595.4
	车公里产量	t·km	729769/1498500	4.87

任务实施

1. 实施目的

通过训练，正确理解货物运输生产计划的意义，能够进行货物运输有关生产指标的计算，并能够进行货物运输生产计划的制定工作。

2. 实施内容

(1)某运输企业11月1日收到A公司南昌到郑州的服装200箱(每箱30kg)，B公司南昌到九江的显示器200台(每箱40kg)，C公司南昌到武汉的电子仪器100台(每箱25kg)，三批货物均要求3天内到达。另外该物流运输企业每日可收到南昌到郑州的普通货物15t。请编制货源汇总分日运送计划表。

(2)某运输企业11月1日有赣A36001～赣A36010的10辆8t的运输车辆，本月赣A36005车计划11月2日做二级维护1天，赣A36008计划11月20日做二级维护1天，请编制出车能力计划。

(3)请根据第1题，第2题的资料，编制某运输企业11月1日的车辆运行作业计划。

3. 实施步骤

(1)了解车辆运用计划中车辆运用效率指标的要求。

(2)运输任务情况及客户的具体需求信息采集和分析，收集货运起讫点、流向、流量、流时等资料。

(3)了解车队驾乘人员出车情况及近期培训安排等信息。

(4)了解运距、道路交通情况和气象情况。

(5)调查装卸货地点现场条件及装卸能力等信息。

(6)了解车队运力情况:现有车辆的技术状况,维护修理及报废车辆,确定减少的数量;再根据运输任务信息、运输距离、道路情况等情况,确定需要的车辆类型及数量。

(7)编制车辆运行作业计划,明确车队的具体作业任务:

①货源汇总,编制货物分线运量表。

②逐车编制车辆运行作业计划。

③根据货物类型和性质选配适宜车辆,选择行驶路线、运行周期。

④计算运量、周转量及工作率、车日行程、里程利用率、实载率等效率指标。

⑤核准车辆运行作业计划,交付运行调度组织执行。

4. 实施评价

实施评价内容,如表1-15所示。

实施评价表 表1-15

考评人		被考评人	
考评地点			
考评内容	货运计划的编制		
考评标准	具体内容	分值	实际得分
	学习、工作态度	15	
	沟通与团队合作	15	
	编制车辆运行作业计划的依据是否全面:货源信息、车队运力情况、装卸能力、路况气象、车辆运用效率指标要求	15	
	车型、运行时间与货物类别、性质等是否适宜	25	
	车辆运行效率指标是否满足车辆运用计划的要求	30	
合计		100	

任务三　道路运输业务托运与受理

法规导入

《关于加强道路货物运输受理环节安全管理工作的通知》

(交通运输部　交运发〔2011〕414号)

为贯彻落实《道路运输条例》等国家有关法律法规,加强道路货物运输受理环节安全管理工作,增强反恐安全防范措施,遏制重大安全事故发生,现将有关工作通知如下:

一、加大监管力度,严格执法、监督到位

货物受理工作是道路货物运输业务的第一个环节,也是保证道路货物运输安全的第一道关口。做好受理环节安全管理工作是在新形势下加强反恐安全防范工作,防止发生恶性破坏事故,确保人民生命财产安全的重要措施。各地交通运输管理部门要高度重视,强化各项工作措施,建立健全监督检查机制,督促道路货物运输经营者严格执行货物受理环节的验

视工作，坚决依法查处不认真履行安检责任、不严格执行验视等安全制度的道路货物运输经营者。

对于新申请从事道路货运站(场)、零担运输、客运行包(物品)托运经营的，道路运输管理部门要加强对申请人安全生产制度和安全保障能力的审核。申请人应当制订货物受理环节的验视制度，配备必需的安全检测设备，确保运输安全。对于无道路运输经营许可证从事道路货物运输经营的，道路运输管理部门要依法查处，同时，积极配合工商部门，查处无营业执照的道路货物运输经营者。

二、加强源头管理，做好货物受理环节安全管理工作

道路货物运输经营者要按照国家有关行政法规的要求，建立健全货物受理环节的验视制度，切实加强对各类禁运物品、违禁物品、危险物品的检查、甄别和处置，坚决堵塞安全管理漏洞。

货运站(场)要严格执行市场准入制度，严禁无证无照的道路货物运输、货运代理等经营者进入站场内经营。有条件的大型站场要设置大型安检仪，防止危险货物等进站(场)上车。零担运输企业在受理托运的货物时，要对货物进行开箱(包)验视。对整车运输的批量货物应根据公安部等7部局《关于加强物流、寄递渠道安全监管工作的通知》(公治〔2009〕475号)的要求，对可疑货物进行开箱(包)检查，确保托运的货物与运单填写的货物一致，防止托运人将禁运物品、违禁物品、危险物品和限运货物、凭证运输货物谎报或者匿报为普通货物。

客运站对旅客随身携带的行包、物品要严格履行安检责任。二级以上的客运站必须配备安检仪，有条件的可以配备单独的托运行包、物品安检仪，没有安检仪的客运站应当做到每件行包、物品都进行开箱(包)验视。客运站应当配备与旅客流量相适应的安检人员。开展行包、物品托运的客运站要核对托运人的有效身份证件。对不能确定安全性能的物品(如机电装置、粉末、不明金属、装有不明气体或液体的密闭装置等)或寄件人拒绝验视的，不予承运。

为了保证货物按托运人的要求，安全、准确、及时送到收货方，道路货物运输经营者和货物托运人还应当按照《合同法》的要求，签订道路货物运输合同。道路货物运输合同，可以采用原交通部颁布的《道路货物运输及站场管理规定》(交通部令2005年第6号)所推荐的道路货物运单。签订运输合同时，应当核对并登记托运单位的有效证明、个人的有效身份证件，建立健全货运托运人、运输合同信息的可追溯机制，运输合同要留存半年以上，以备查询。

道路货物运输经营者不得运输法律、行政法规禁止运输的货物，在受理法律、行政法规规定限运、凭证运输的货物时，应当查验并确认有关手续齐全有效后方可运输。

三、落实安全监管责任，明确安全主体责任

各级交通运输管理部门要按照“谁许可、谁负责”的原则，加强对道路货物运输经营者经营行为、安全管理责任的监督检查，认真落实道路货物运输安全生产监管责任。

道路货物运输经营者，要切实承担起安全生产管理主体责任，将安全管理责任落实到每一个岗位、每一名员工；要教育员工增强安全意识，提高业务技能，对承运物品实行验视、登记制度要落实到职工的岗位责任制当中，并将落实情况与职工绩效考核挂钩。

四、大力开展安全宣传，抓好教育培训

各级交通运输管理部门要进一步提高反恐防范安全意识，大力开展安全宣传工作，强化对道路运输经营者和从业人员的安全教育培训。一是通过召开座谈会、印发宣传材料等多种形式，使从事道路零担运输、客运行包、小件快运的经营者，特别是货运站（场）经营者明确其安全责任、义务，提高守法经营的自觉性。二是要充分利用广播、电视、报纸、网络等媒体和制作标语等多种形式，使托运人、承运人深入了解货物受理环节做好验视工作的重要意义。三是加强道路货物运输从业人员的培训教育，在从业资格培训、考试和继续教育等环节，将货物受理环节安全管理作为重要内容。

法规思考：

1. 谈谈你对受理工作重要性的认识。

2. 如何按受理的要求在实际操作中落实到位呢？

任务分析

任务准备

（1）熟悉相关法规，主要法规如下：

①《中华人民共和国道路运输条例》（2012 年修订）；

②《道路货物运输及场站管理规定》（2012 年部颁 1 号令）；

③《汽车货物运输规则》（1999 年部颁 5 号令）；

④《汽车货运理货员国家职业标准》（人力资源和社会保障部、交通运输部，2009 年）；

⑤《汽车运输调度员国家职业标准》（劳动和社会保障部、交通运输部，2007 年）；

⑥《物流行业职业标准》（国家发展与改革委员会，2003 年）。

（2）了解道路货运企业的业务范围。

（3）多媒体教室（含可供学生网查资料的电脑、多媒体教学设备、课件和动画等教学资料）。

任务目标

（1）掌握道路货物运输的业务流程；

（2）熟悉货物运输合同的主要条款；

（3）熟知货物运单填写的注意事项；

（4）会正确填写货物运单；

（5）能进行道路货物整车、零担及特殊物品的运输业务操作流程模拟。

基础知识

（1）托运：在货物运输中货物托运人向运输企业提出运送货物的要求称为托运。

（2）受理：运输企业接受货物运输的行为称为受理。

一、整车货物运输的托运与受理

托运人一次托运的货物在 3t（含 3t）以上，或虽不足 3t，但其性质、体积、形状需要一辆 3t 以上车辆执行道路货物运输的，称为整车货物运输。

整车货物运输特点：一个托运人；实现门到门的运输；托运人负责装卸车；中间环节少，操作方便。

1. 整车货物运输作业流程

整车货物运输作业流程如图1-13所示。

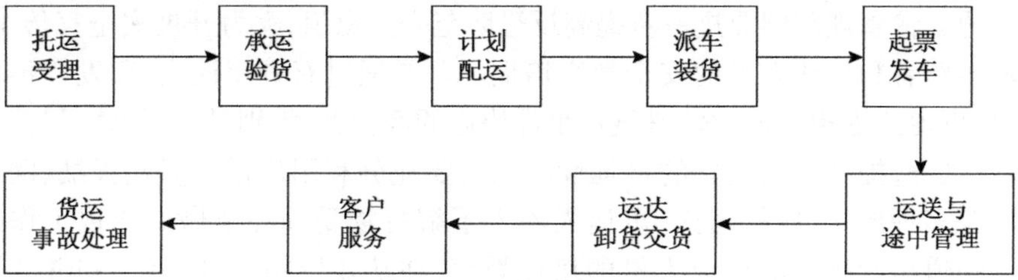

图1-13　整车货物运输作业流程

2. 整车货物运输受理工作程序

整车货运业务受理方法：

(1)签订运输合同。

①概念。运输合同是承运人将旅客或者货物从起运地点运输到约定地点，旅客、托运人或者收货人支付票款或者运输费用的合同。

法规链接

汽车货物运输规则(节选)

(交通部令1999年第5号)

……

第三条　本规则下列用语的含义：

(一)承运人，是指使用汽车从事货物运输并与托运人订立货物运输合同的经营者。

(二)托运人，是指与承运人订立货物运输合同的单位和个人。

(三)收货人，是指货物运输合同中托运人指定提取货物的单位和个人。

(四)货物运输代办人(以下简称货运代办人)，是指以自己的名义承揽货物并分别与托运人、承运人订立货物运输合同的经营者。

(五)站场经营人，是指在站、场范围内从事货物仓储、堆存、包装、搬运装卸等业务的经营者。

(六)运输期限，是由承托双方共同约定的货物起运、到达目的地的具体时间。未约定运输期限的，从起运日起，按200km为1日运距，用运输里程除每日运距，计算运输期限。

(七)承运责任期间，是指承运人自接受货物起至将货物交付收货人(包括按照国家有关规定移交给有关部门)止，货物处于承运人掌管之下的全部时间。本条规定不影响承运人与托运人就货物在装车前和卸车后对承担的责任达成的协议。

(八)搬运装卸，是指货物运输起讫两端利用人力或机械将货物装上、卸下车辆，并搬运到一定位置的作业。人力搬运距离不超过200m，机械搬运不超过400m(站、场作业区内货物搬运除外)。

第二十四条　汽车货物运输合同采用书面形式、口头形式和其他形式。书面形式合同种类分为定期运输合同、一次性运输合同、道路货物运单(以下简称运单)。汽车货物运输合同由承运人或托运人本着平等、自愿、公平、诚实、信用的原则签订。

……

②货运合同的内容：

a. 定期货物运输合同应包含下列基本内容：

ⓐ托运人、收货人和承运人的名称(姓名)、地址(住所)、电话、邮政编码；

ⓑ货物的种类、名称、性质；

ⓒ货物质量、数量或月、季、年度货物批量；

ⓓ起运地、到达地；

ⓔ运输质量；

ⓕ合同期限；

ⓖ装卸责任；

ⓗ货物价值,是否保价、保险；

ⓘ运输费用的结算方式；

ⓙ违约责任；

ⓚ解决争议的方法。

b. 一次性运输合同、运单应包含以下基本内容：

ⓐ托运人;收货人和承运人的名称(姓名)、地址(住所)、电话、邮政编码；

ⓑ货物名称、性质、质量、数量、体积；

ⓒ装货地点、卸货地点、运距；

ⓓ货物的包装方式；

ⓔ承运日期和运到期限；

ⓕ运输质量；

ⓖ装卸责任；

ⓗ货物价值,是否保价、保险；

ⓘ运输费用的结算方式；

ⓙ违约责任；

ⓚ解决争议的方法。

法规链接

汽车货物运输规则(节选)

(交通部令1999年第5号)

……

第二十七条　定期运输合同适用于承运人、托运人、货运代办人之间商定的时期内的批量货物运输。

一次性运输合同适用于每次货物运输。

承运人、托运人和货运代办人签订定期运输合同、一次性运输合同时,运单视为货物运输合同成立的凭证。

在每车次或短途每日多次货物运输中,运单视为合同。

汽车货物运输合同自双方当事人签字或盖章时成立。当事人采用信件、数据电文等形式订立合同的,可以要求签订确认书,签订确认书时合同成立。

……

(2)填写托运单。货物托运单(无论整车、零担、联运)是承、托双方订立的运输合同或运输合同的证明,其明确规定了货物承运期间双方的权利、责任。

①托运单的主要作用表现在以下几个方面:

a. 托运单是道路运输部门开具货票的凭证;

b. 托运单是调度部门派车、货物装卸和货物到达交付的依据;

c. 在运输期间发生的运输延滞等运输商务事故时,是判定双方责任的原始记录。

托运单样本如表 1-16 所示。

货物运输托运单 表 1-16

<table>
<tr><td colspan="11">××运输公司货物托运单
托运人(单位): 经办人: 电话: 地址: 托运单编号:
发货人: 地址: 电话: 装货地点:
收货人: 地址: 电话: 卸货地点:
付款人: 地址: 电话:
约定起运时间: 约定到达时间: 需要车种:</td></tr>
<tr><td>货物名称及规格</td><td>包装形式</td><td>件数</td><td>体积</td><td>件重(kg)</td><td>保险价格</td><td>保价价格</td><td>货物等级</td><td>计费项目</td><td>计费质量</td><td>单价</td></tr>
<tr><td></td><td></td><td></td><td></td><td></td><td></td><td></td><td></td><td>运费</td><td></td><td></td></tr>
<tr><td></td><td></td><td></td><td></td><td></td><td></td><td></td><td></td><td>装卸费</td><td></td><td></td></tr>
<tr><td></td><td></td><td></td><td></td><td></td><td></td><td></td><td></td><td></td><td></td><td></td></tr>
<tr><td></td><td></td><td></td><td></td><td></td><td></td><td></td><td></td><td></td><td></td><td></td></tr>
<tr><td>合计</td><td></td><td></td><td></td><td></td><td></td><td></td><td>计费里程</td><td></td><td></td><td></td></tr>
<tr><td>托运人记载事项</td><td colspan="2"></td><td colspan="2">付款人银行账号</td><td colspan="2">承运人记载事项</td><td colspan="3"></td><td>承运人银行账号</td></tr>
<tr><td>注意事项</td><td colspan="7">1. 托运人请勿填写栏内项目。
2. 货物名称应填写具体品名,如货物品名过多,不能在托运单内逐一填写,必须另附货物清单。
3. 保险或保价的货物,在相应价格栏中填写货物声明价格</td><td colspan="2">托运人签章
年 月 日</td><td>承运人签章
年 月 日</td></tr>
<tr><td colspan="11">[说明]
1. 填在一张货物托运单内的货物必须是属于同一托运人,对于拼装分卸货物,应将拼装或分卸情况在托运单记事栏内注明。易腐蚀货物、易碎货物、易溢漏的液体、危险货物与普通货物,以及性质相抵触、运输条件不同的货物,不得用同一张托运单托运。托运人、承运人修改运单时,须签字盖章。
2. 本托运单一般一式四联:第一联受理存根,第二联托运人留存,第三联结算凭证,第四联收货人存查。</td></tr>
</table>

②托运单填写内容及要求。

法规链接

汽车货物运输规则(节选)

(交通部令 1999 年第 5 号)

……

第二十九条 未签订定期运输合同或一次性运输合同的,托运人应按以下要求填写运单:

(一)准确表明托运人和收货人的名称(姓名)和地址(住所)、电话、邮政编码;

(二)准确表明货物的名称、性质、件数、质量、体积以及包装方式;

（三）准确表明运单中的其他有关事项；

（四）一张运单托运的货物，必须是同一托运人、收货人；

（五）危险货物与普通货物以及性质相互抵触的货物不能用一张运单；

（六）托运人要求自行装卸的货物，经承运人确认后，在运单内注明；

（七）应使用钢笔或圆珠笔填写，字迹清楚，内容准确，需要更改时，必须在更改处签字盖章。

第三十条　已签订定期运输合同或一次性运输合同的，运单由承运人按第二十九条的规定填写，但运单托运人签字盖章处填写合同序号。

……

注意区分

货物保险与货物保价运输

货物运输有货物保险和货物保价运输两种投保方式，采取自愿投保的原则，由托运人自行确定。

货物保险又称货运保险，是以运输途中的货物作为保险标的，保险人对由自然灾害和意外事故造成的货物损失负责赔偿责任的保险，是针对流通中的商品而提供的一种货物险保障。开办这种货运险，是为了使运输中的货物在水路、铁路、公路和联合运输过程中，因遭受保险责任范围内的自然灾害或意外事故所造成的损失能够得到经济补偿，并加强货物运输的安全防损工作，以利于商品的生产和商品的流通。

法规链接

汽车货物运输规则（节选）

（交通部令1999年第5号）

……

第十九条　货物保险由托运人向保险公司投保，也可以委托承运人代办。

第二十条　货物保价运输是按保价货物办理承托运手续，在发生货物赔偿时，按托运人声明价格及货物损坏程度予以赔偿的货物运输。托运人一张运单托运的货物只能选择保价或不保价。

第二十一条　托运人选择货物保价运输时，申报的货物价值不得超过货物本身的实际价值；保价运输为全程保价。

第二十二条　分程运输或多个承运人承担运输，保价费由第一程承运人（货运代办人）与后程承运人协商，并在运输合同中注明。承运人之间没有协议的按无保价运输办理，各自承担责任。

第二十三条　办理保价运输的货物，应在运输合同上加盖“保价运输”戳记。保价费按不超过货物保价金额的7‰收取。

保价运输是指运输企业与托运人共同确定的以托运人声明货物价值为基础的一种特殊运输方式，保价就是托运人向承运人声明其托运货物的实际价值。凡按保价运输的货物，托运人除缴纳运输费用外，还要按照规定缴纳一定的保价费。

……

③填写托运单注意事项：

托运的货物品种不能在一张运单内逐一填写的，应填写“货物清单”。样表如表1-17所示。

货 物 清 单 表1-17

起运地点： 运单号码：

编号	货物名称及规格	包装形式	件数	新旧程度	体积	质量(kg)	保险、保价价格
备注							

托运人： 承运人(签章)： 年 月 日

法规链接

汽车货物运输规则(节选)

(交通部令1999年第5号)

……

第三十二条 托运货物的名称、性质、件数、质量、体积、包装方式等，应与运单记载的内容相符。

第三十三条 按照国家有关部门规定需办理准运或审批、检验等手续的货物，托运人托运时应将准运证或审批文件提交承运人，并随货同行。托运人委托承运人向收货人代递有关文件时，应在运单中注明文件名称和份数。

第三十四条 托运的货物中，不得夹带危险货物、贵重货物、鲜活货物和其他易腐货物、易污染货物、货币、有价证券以及政府禁止或限制运输的货物等。

第三十五条 托运货物的包装，应当按照承托双方约定的方式包装。对包装方式没有约定或者约定不明确的，可以协议补充；不能达成补充协议的，按照通用的方式包装，没有通用方式的，应在足以保证运输、搬运装卸作业安全和货物完好的原则下进行包装。依法应当执行特殊包装标准的，按照规定执行。

第三十六条 托运人应根据货物性质和运输要求，按照国家规定，正确使用运输标志和包装储运图示标志。使用旧包装运输货物，托运人应将包装上与本批货物无关的运输标志、包装储运图示标志清除干净，并重新标明制作标志。

第三十七条 托运特种货物，托运人应按以下要求，在运单中注明运输条件和特约事项：

(一)托运需冷藏保温的货物，托运人应提出货物的冷藏温度和在一定时间内的保持温度要求；

(二)托运鲜活货物，应提供最长运输期限及途中管理、照料事宜的说明书。货物允许的最长运输期限应大于汽车运输能够达到的期限；

(三)托运危险货物，按交通部《汽车危险货物运输规则》办理；

(四)托运采用集装箱运输的货物，按交通部《集装箱汽车运输规则》办理；

(五)托运大型特型笨重物件，应提供货物性质、质量、外廓尺寸及对运输要求的说明书；承运前承托双方应先查看货物和运输现场条件，需排障时由托运人负责或委托承运人办理；运输方案商定后办理运输手续。

第三十八条 整批货物运输时，散装、无包装和不成件的货物按质量托运；有包装、成件的货物，托运人能按件点交的，可按件托运，不计件内细数。

第三十九条　运输途中需要饲养、照料的有生物、植物，尖端精密产品、稀有珍贵物品、文物、军械弹药、有价证券、重要票证和货币等，托运人必须派人押运。

大型特型笨重物件、危险货物、贵重和个人搬家物品，是否派人押运，由承托双方根据实际情况约定。

除上述规定的货物外，托运人要求押运时，需经承运人同意。

第四十条　需派人押运的货物，托运人在办理货物托运手续时，应在运单上注明押运人员姓名及必要的情况。

第四十一条　押运人员每车一人，托运人需增派押运人员，在符合安全规定的前提下，征得承运人的同意，可适当增加。押运人员须遵守运输和安全规定。

押运人员在运输过程中负责货物的照料、保管和交接；如发现货物出现异常情况，应及时做出处理并告知车辆驾驶人员。

……

(3)货物受理

①短期或临时的整车货物受理方法。

a. 上门受理；

b. 驻地受理；

c. 现场受理；

d. 异地受理；

e. 预约受理；

f. 站台受理；

g. 通过电话、传真、网络等方式受理登记。

②长期或稳定的整车货物受理方法。

当前，运输市场上长期或稳定的整车货运需求主要来自生产制造企业，即产前的原材料供应与产后的成品销售物流。

a. 参与生产企业的招投标；

b. 接受货主企业委托；

c. 运输企业主动营销。

运输企业无论通过哪种受理方法获取整车运输项目，都需要制定投标书或运输方案建议书，获得企业认可后，方可进行运输合同的签订环节。

③货物受理注意事项，可参照以下法规。

法规链接

汽车货物运输规则(节选)

(交通部令1999年第5号)

……

第四十二条　承运人受理凭证运输或需有关审批、检验证明文件的货物后，应当在有关文件上注明已托运货物的数量、运输日期，加盖承运章，并随货同行，以备查验。

第四十三条　承运人受理整批或零担货物时，应根据运单记载货物名称、数量、包装方式等，核对无误，方可办理交接手续。发现与运单填写不符或可能危及运输安全的，不得办理交接手续。

第四十四条　承运人应当根据受理货物的情况，合理安排运输车辆，货物装载质量以车辆额定吨位为限，轻泡货物以折算质量装载，不得超过车辆额定吨位和有关长、宽、高的装载规定。

第四十五条　承运人应与托运人约定运输路线。起运前运输路线发生变化必须通知托运人，并按最后确定的路线运输。承运人未按约定的路线运输增加的运输费用，托运人或收货人可以拒绝支付增加部分的运输费用。

第四十六条　货物运输中，在与承运人非隶属关系的货运站场进行货物仓储、装卸作业，承运人应与站场经营人签订作业合同。

第四十七条　运输期限由承托双方共同约定后应在运单上注明。承运人应在约定的时间内将货物运达。零担货物按批准的班期时限运达，快件货物按规定的期限运达。

第四十八条　整批货物运抵前，承运人应当及时通知收货人做好接货准备；零担货物运达目的地后，应在24h内向收货人发出到货通知或按托运人的指示及时将货物交给收货人。

第四十九条　车辆装载有毒、易污染的货物卸载后，承运人应对车辆进行清洗和消毒。因货物自身的性质，应托运人要求，需对车辆进行特殊清洗和消毒的，由托运人负责。

……

(4)运输费用的计算。按质量托运的货物一律按实际质量(含货物包装、衬垫及运输需要的附属物品)计算，以过磅为准。由托运人自理装车的，应装足车辆额定吨位，未装足的，按车辆额定吨位收费。统一规格的成包成件的货物，以一标准件质量计算全部货物质量。散装货物无过磅条件的，按体积和各省、自治区、直辖市统一规定质量折算标准计算。接运其他运输方式的货物，无过磅条件的，按前程运输方式运单上记载的质量计算。拼装分卸的货物按最重装载量计算。

法规链接

汽车货物运输规则(节选)

(交通部令1999年第5号)

……

第七十四条　汽车货物运输价格按不同运输条件分别计价，其计算按《汽车运价规则》办理。

第七十五条　汽车货物运输计费质量单位，整批货物运输以吨为单位，尾数不足100kg时，四舍五入；轻泡货物每立方米折算质量333kg。

第七十六条　汽车货物运输计费里程按下列规定确定：

(一)货物运输计费里程以km为单位，尾数不足1km的，进为1km。

(二)计费里程以省、自治区、直辖市交通行政主管部门核定的营运里程为准，未经核定的里程，由承托双方商定。

(三)同一运输区间有两条(含两条)以上营运路线可供行驶时，应按最短的路线计算计费里程或按承托双方商定的路线计算计费里程。拼装分卸从第一装货地点起至最后一个卸货地点止的载重里程计算计费里程。

第七十七条　汽车货物运输的其他费用,按以下规定确定:

(一)调车费,应托运人要求,车辆调出所在地而产生的车辆往返空驶,计收调车费。

(二)延滞费,车辆按约定时间到达约定的装货或卸货地点,因托运人或收货人责任造成车辆和装卸延滞,计收延滞费。

(三)装货落空损失费,因托运人要求,车辆行至约定地点而装货落空造成的车辆往返空驶,计收装货落空损失费。

(四)排障费,运输大型特型笨重物件时,需对运输路线的桥涵、道路及其他设施进行必要的加固或改造所发生的费用,由托运人负担。

(五)车辆处置费,因托运人的特殊要求,对车辆改装、拆卸、还原、清洗时,计收车辆处置费。

(六)在运输过程中国家有关检疫部门对车辆的检验费以及因检验造成的车辆停运损失,由托运人负担。

(七)装卸费,货物装卸费由托运人负担。

(八)通行费,货物运输需支付的过渡、过路、过桥、过隧道等通行费由托运人负担,承运人代收代付。

(九)保管费,货物运达后,明确由收货人自取的,从承运人向收货人发出提货通知书的次日(以邮戳或电话记录为准)起计,第四日开始核收货物保管费;应托运人的要求或托运人的责任造成的,需要保管的货物,计收货物保管费。货物保管费由托运人负担。

第七十八条　汽车货物运输的运杂费按下列规定结算:

(一)货物运杂费在货物托运、起运时一次结清,也可按合同采用预付费用的方式,随运随结或运后结清。托运人或者收货人不支付运费、保管费以及其他运输费用的,承运人对相应的运输货物享有留置权,但当事人另有约定的除外。

(二)运费尾数以元为单位,不足一元时四舍五入。

第七十九条　货物在运输过程中因不可抗力灭失,未收取运费的,承运人不得要求托运人支付运费;已收取运费的,托运人可以要求返还。

第八十条　出入境货物运输、国际联运汽车货物运输的运价,按有关规定办理。整批货物运费的计算公式:

整批货物运费(元)=吨次费(元/t)×计费质量(t)+整批货物运价[元/(t·km)]×计费质量(t)×计费里程(km)+货物运输其他费用(元)

其中,整批货物运价按货物运价价目中的价格计算。

……

二、零担货物运输的托运与受理

道路零担货物运输,指的是托运人一次托运的货物不足3t(不含3t)的零担货物。按件托运的零担货物,单价体积一般不小于0.01m^3(单件质量超过10kg的除外),不大于1.5m^3;单件重量不超过200kg;货物长度、宽度、高度分别不超过3.5m、1.5m和1.3m。

道路零担货物运输的主要特点是一票托运量小、托运批次多,托运时间和到站分散,一辆货车所装货物往往由多个托运人的货物汇集而成,并由几个收货人接货。

案例引入

快递实名制　物流防火墙

（日期：2014 年 12 月 22 日　来源：山西日报）

在网购便利、物流发达的今天，快递已成为一种购物方式，但快递包裹安全问题也随之而来。新年伊始，太原市快递实行全行业实名收寄，除信件、已有安全保障机制的协议客户快递、通过自助邮局等交寄的物品外，一律要求寄件人出具有效身份证件并登记相关身份信息。

在现实条件下，寄件人只需交钱填单即可轻松邮递物件，这为收件人被伤害等事件埋下隐患。从很大程度上而言，如今的快递业务员并没有识别复杂危险品、爆炸品的能力，或只是为了机械地提高业务量而忽视了安全问题。而且，通过物流寄递一些违禁物品，寄件人往往都是匿名或假名，警方取证比较困难。快递实名制，不仅能对非法托运违禁物品的违法者产生威慑力，而且为物流安全增加了一道防火墙。

快递实名制，无论是从保护消费者的角度来讲，还是从维护社会公共安全的角度来说，都有存在的必要。但是，由于快递从业人员流动性非常大，按照快递企业现在松散的管理模式，身份信息如果被蓄意收集，那消费者隐私被泄露的风险将增加。另外，许多网络卖家也抱怨，只是填写身份证号码，估计就要写到手抽筋。

任何新事物的兴起，都会经过从质疑到认同的过程，快递实名制也是如此。就像火车票实名制在几年前刚提出时，购票旅客在实施初期很不习惯，但随着时间的推移，乘客们都已习惯了“买票乘车要带身份证”这项规定。

当然，在快递实名制实施的同时，还有很多问题亟须解决。比如，怎样用技术手段确保寄收件人的身份信息不被泄露，怎样用合理的机制补偿快递企业成本提升，怎样强化行业监管体系，用完善的制度约束快递员……这些都需要有关部门认真研究。

网友“MAGIbrush”说：“快递‘实名制’能否达到实效，需要我们大家共同的努力。”毕竟，安全问题大于天。为了安全，大多数人都愿意多走一步程序，增添一份安心。

道路零担物流的基本环节是：营业网点收货或上门取货→中心库区集中、分拣→专线方向配货装车→专线运输→到达各中转站（网络点）→进一步分拣→保管货物或二次运输→客户取货或上门送货。

1. 零担货物运输作业流程

零担货物运输一般作业流程，如图 1-14 所示。

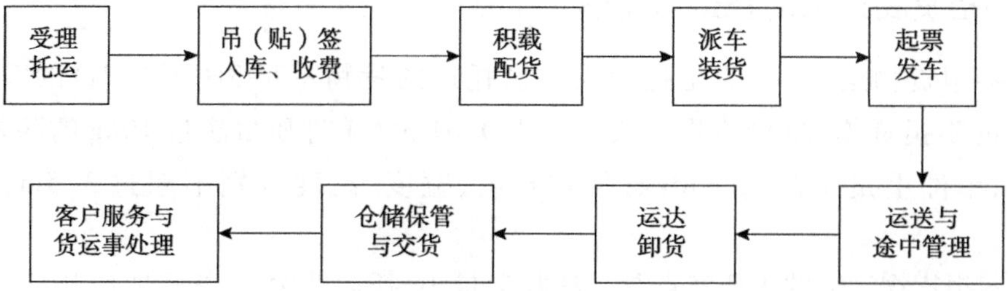

图 1-14　零担货物运输一般作业流程

2. 零担货物运输作业内容

(1)受理托运。

①操作内容:托运人填写托运单、运单审核制作员审核制作托运单,验货员验货。

②操作要求:托运受理是零担货运业务的首要环节,它是指零担货物承运人根据经营范围内的线路、站点、运距、中转车站、各车站的装卸能力、货物的性质以及运输限制等业务规则和有关规定接受托运零担货物、办理托运手续。

(2)随时受理制。对托运时间没有具体规定,在营业时间内,发货人可将货物送到货运站或其网点办理托运,对小件物品还提供上门取件的服务,为发货人提供便利。

货运站或网点接货作业中应注意的问题:

对零担货物的验视环节很重要,验收入库是车站对货物履行运输责任的开始。把好验收关,才能有效杜绝货损货差错。

验收时必须逐件查收,按指定货位堆放,零担货物仓库应严格划分货位,一般可分为待运货位、急运货位、到达待交货位等。堆码整齐,经复点无误后在托运单上注明货位,经办人签章后生效。零担仓库的货位配置可根据通道位置,分成一列式排列和双列式排列。此外零担货物仓库要具备良好的通风能力、防潮能力、防火和灯光设备及安全保卫能力。

知识链接

随时受理制的步骤与要点

(1)调度告知客户送货地址、联系电话及进门要求并定时跟踪。

(2)客户将货物送达后,调度根据货物的实际情况(体积、质量、品项、发货人信息、收货人信息、结费方式、保险等信息)填写运单,并要求客户在运单上签字确认所有条款。

(3)信息统计员根据实际情况收取预付运费,并将运单的客户留存联交给客户。

(4)客户与现场业务进行货物、运单的交接,现场业务核查单货是否一致,审核质量、体积,并查验货物状况是否符合运输条件、无误后,在交接单上签字确认。

(5)现场业务根据货物目的地、运单号、件数等信息正确填制标签,并将标签贴在货物之上,然后把货物堆放在指定位置。

(6)录单员将运单信息录入信息系统,并将录完的运单交予调度。

①客户送货上门方式,其操作流程如图 1-15 所示。

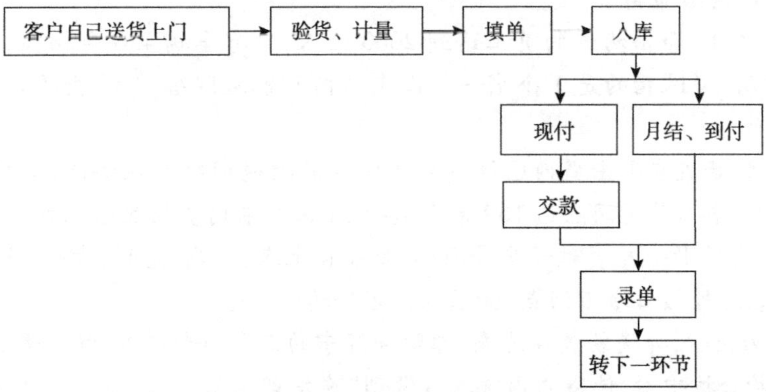

图 1-15 客户送货上门方式下的操作流程图

②零担货物验收入库的注意事项：

a. 未办理托运手续的物品，一律不准入库；

b. 进行验视核对，以票对货，票票不漏；

c. 仔细核对托运单与货物，遵循照单验收入库的原则；

d. 一批货物一般不应堆放两处；

e. 按货物流向，放在指定的货区进行堆码。

案例引入

奔腾物流："会分钱"的区域零担网络企业

（来源：运联传媒　由万联网转载）

一部电话一部车，在1997年，邢氏兄弟就开始了奔腾物流的创建之路。

到2013年，奔腾物流形成以零担货物运输、仓储、货物中转为基础，以代收货款、代签回单等为增值服务，年营业额突破2.1亿元。

奔腾物流总经理邢尚文认为，奔腾物流是一家"会分钱"的企业，利益分配机制是公司的核心竞争力。

1. 三次转型

在奔腾物流内部，有特殊的会议模式，"每个岗位的负责人在内部会议上，必须提出问题和改进措施，否则会被扣除奖金。"邢尚文说。

由于这种举措，使得奔腾物流经历了三次转型。回看这三次转型，邢尚文认为是很成功的。

2004年，由固定工资制改为了浮动工资制，奔腾物流对员工工资采用固定工资加绩效的模式，增强了基层员工的工作积极性。

2006年，奔腾物流在业务模式上做出了重大改革，让出部分利益，将直营网点转为业务承包网点，提升了网点经营者开拓当地市场的积极性。

2012年，奔腾物流把所有网点转变为加盟模式，并斥资做信息化改革，加强了企业竞争力。

2. "1+*N*"网络布局

截至2013年，奔腾物流的员工达到2000余人，自有车辆450余辆，在网络上形成"1+*N*"的布局。"1"指的是1个省——山东省内的配送网络，"*N*"指的是从山东到外埠的*N*条干线。

目前，奔腾物流在山东省内已经建立了完善的配送网络。在济南、潍坊、济宁建立三大集散中心，省内营运网点达160余个，实现了山东省内货物配送无盲区。

2013年，奔腾物流投资铺设省外网络，目前在上海、河北、昆明、贵州、北京、石家庄、太原等建立各省外核心城市网点，开通以上省外物流线路。

以"快"为核心，奔腾物流在济南、潍坊和济宁的三大集散中心，加上青岛、菏泽和临沂的大型货物分拨中心，使得省内货物可做到"夕发朝至"。

同时，奔腾还与中国农业银行和上海浦发银行合作推出代收货款即时打款业务，使得代收货款全部经由银行发放，并且48h内回款，从根本和源头上解决了客户对代收货款安全的担忧。

3. 六大经营战略

根据不同的客户需求及客户对公司的贡献程度，奔腾物流制订客户需要的项目管理方案，以“五化”的方式指导公司业务活动，即：关系合同化、服务个性化、功能专业化、管理系统化、信息网络化。

根据这“五化”及零担物流的发展特点，奔腾物流形成以下六大企业经营战略措施。

(1)资源战略。深入分析企业经营资源的基础状况，正确选择零担物流发展方向，积极探索企业资源的有效配置方式，促进公司发展速度；认真分析研究企业资源的可持续发展问题，确保公司健康有序的发展；以供应链管理重构业务流程，构筑零担物流发展优势，把握资源置换方式，不断提高资源产出效益。

(2)人力资源发展战略。积极实行“以人为本”的管理理念，以员工为中心，完善激励机制，不断提高员工满意度；实施人才培养战略，建设一支适应公司发展需要的结构合理、适岗胜任、敬业协作、富有活力的高素质员工队伍。

(3)营销战略。树立“以提高客户满意度为导向”的营销理念，围绕客户需求设计产品组合，制定相应的价格策略；确定各区域的布局及进入市场的顺序，大力开拓山东市场，完善山东区域乡镇网络；努力构筑差异化品牌，开展市场推广及品牌宣传活动；完善服务体系，通过对客户，对合作伙伴，对公司内部员工的服务改进来提升公司整体服务水平。

(4)服务战略。根据企业的实际需要，设计和提供个性化物流服务理念；关注市场需求变化，提供保障企业产品服务质量的服务措施；深刻理解企业特别是中小企业的物流规律，建立完善的物流运作与管理服务效益。

(5)品牌战略。强化“奔腾物流”品牌建设，充分发挥公司品牌效应，以获取良好效益；严格制定各项质量标准，将“诚信、安全、准确、快捷”的品牌理念灌输到公司每一位员工及加盟商；并且强化物流技术与管理人员素质培训，建立优秀的物流人才队伍，确保企业名牌战略的实现。

(6)信息化战略。广泛采用信息技术，加快科技创新和标准化，通过网络平台和信息技术将企业经营网点有效链接，建立内部第三方物流信息管理系统，加强货物实施跟踪、有效控制、全程管理及代收货款的监控功能。

“在管理的过程中，我们坚持以人为本，爱我们的员工。在对待人才方面，我们尊重知识，注重才能，在满足组织需要的前提下，给予其充分发挥才能的平台，让员工共享公司发展的成果，实现组织价值和个人价值双赢的局面。”邢尚文说。

(3)预约申请制。发货人事先向货运站提出申请货物进站，货运站再根据各个发货方向及站别的运量，分别按指定日期对货物集结，组成零担班车，即现在的物流班线或称专线运输。

网点上门取货方式的操作流程如图1-16所示。

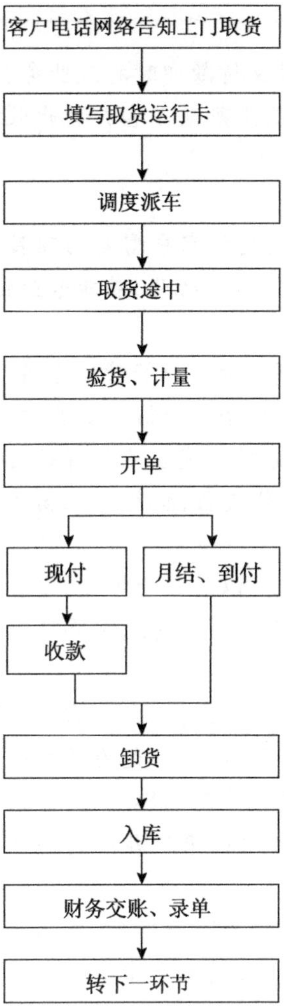

图1-16　网点上门取货流程图

①客服了解客户的发货信息，货物的品名、体积、质量、目的地等信息。

②调度根据网点提货车的拥有与使用情况、货物情况、提货时间，安排人员与车辆。

③驾驶员领取调度部门开具的派车单。

④提货车到达客户指定的提货地址，人员核实货物信息，查验货物并填制运单。

⑤结款或到付方式。

3. 托运受理操作要求

托运人填写零担货物托运单，如图1-17所示。填写要求同整车货物运输。

(1)审核开单员、录单员制作托运单的作业内容。

①检查运单货物填记：对托运人提出的货物运单逐项检查、填记是否齐全、更改处是否盖章；检查有无托运人签章。

②检查到站：检查到站站名填写是否正确；检查是否符合到站营业办理限制，有无停止受理命令；检查到站所属省、市、自治区与收货人地址是否相符；检查是否符合卸车站起重能力。

③确认品名：检查货物品名填写是否明确具体，有无办理限制。

④审查凭证：检查凭证运输的证明文件是否符合规定；检查证明文件是否在货物运单内注明。

⑤检查其他内容：检查货物件数、包装质量；检查托运人、收货人的名称、地址、邮政编码、电话号码是否详细、具体、清晰；检查货物外形尺寸填记是否符合零担办理条件；加盖受理日期戳，对个人物品随到随批。

上述检查无误，完成运单所有内容填写，并录入电脑。

(2)验货员验货的作业内容。

①复查货物运单：检查“受理”章有无漏盖和指定进站日期和库区等有关戳记；将货物运单的记载内容与进站计划表核对。

②检查货物：按照货物运单记载的货物名称、件数与现货核对，并按规定开包检查，普通零担货物中不得夹带危险、禁运、限运和贵重物品；个人物品包装、编号、名称与清单核对；检查有无危险货物，是否符合按一批托运的规定；检查是否符合运输包装规定；检查按包装试运办理的货物是否符合试运协议的包装要求；检查笨重货件上是否标明货物质量、起吊位置，重心点和体积(长×宽×高)。

③检查货签标记：检查货签标记的填记是否与货物运单相符，粘贴是否牢固齐全；检查与货物性质无关的旧标签、旧标记、旧标志是否撤除。

4. 吊(贴)签入库与收费

(1)操作内容：司磅员验货过磅，填写货物标签；吊签入库人员安排货物搬运入库；定价员确定货物运价;收款(兼开发票)员填写零担货物运输货票,收取运杂费。

(2)操作要求:司磅员过磅量方,填写货物标签,具体作业内容如下:

①确定货物质量:按规定检查衡器,对货物进行过磅量方,过磅量方后的质量、体积填记在运单适当栏内,加盖经办人的图章。货物重量分实际质量、计费重量和标定质量。

②对托运人确定质量的货物,发现不符按规定纠正处理。

③按一批办理、分项填记的货物应分项过磅量方。

××公司物流货物托运书

为方便您发货,请托运人用正楷准确填写以下项目

(粗线框内由承运人填写)　　　　货运单号________

<table>
<tr><td>始发站</td><td colspan="5"></td><td colspan="2">目的站</td><td colspan="2"></td></tr>
<tr><td rowspan="2">收货单位或个人全称及其经办人姓名</td><td colspan="6" rowspan="2"></td><td rowspan="2">联系电话</td><td colspan="2">固话:区号------号码</td></tr>
<tr><td colspan="2">手机:</td></tr>
<tr><td>收货人地址</td><td colspan="9">省　　市　　区　　镇</td></tr>
<tr><td colspan="7">运输方式:□汽运　□空运　□其他</td><td colspan="3">声明保价运输金额(应等于实际价值)</td></tr>
<tr><td colspan="7">提货方式:□网点自提　□机场自提　□送货</td><td colspan="3">¥</td></tr>
<tr><td colspan="7">运费支付方式:□现付　□欠款　□到付</td><td colspan="3" rowspan="3">其他约定</td></tr>
<tr><td colspan="7">是否信息反馈:□回签　□短信　手机号码______</td></tr>
<tr><td colspan="7">代收货款:□需要</td></tr>
<tr><td>品名</td><td>包装</td><td>件数</td><td>毛重(kg)</td><td>计费质量</td><td colspan="2">运价</td><td colspan="3">货物尺寸</td></tr>
<tr><td></td><td></td><td></td><td></td><td></td><td colspan="2"></td><td colspan="3" rowspan="3"></td></tr>
<tr><td colspan="7">包装费用 ______大写______ 元</td></tr>
<tr><td colspan="7">过磅人签字:　　　年　　月　　日</td></tr>
<tr><td colspan="10">托运人(甲方)与承运人(乙方)作如下约定:
甲方已仔细阅读本书背面的运输合同,乙方已提示甲方注意,并按甲方的要求进行了说明,甲方确认认合同的每一个条款没有免除乙方责任,加重甲方责任,排除甲方主要权利的内容,并自愿在下方签名确认此合同。</td></tr>
<tr><td colspan="5">托运单位的货物</td><td colspan="5">托运个人的货物</td></tr>
<tr><td>托运单位全称</td><td colspan="4"></td><td colspan="2">托运人姓名</td><td colspan="3"></td></tr>
<tr><td>经办人</td><td colspan="4"></td><td colspan="2" rowspan="2">身份证号码</td><td colspan="3" rowspan="2"></td></tr>
<tr><td>身份证号码</td><td colspan="4"></td></tr>
<tr><td>联系电话</td><td colspan="4">手机:</td><td colspan="5">固话:　区号------　号码</td></tr>
<tr><td>托运人地址</td><td colspan="9">省　　市　　区　　镇</td></tr>
</table>

图1-17　××公司物流货物托运书样本

④按运单号给每一项货物填写货物标签、标志。

知识链接

吊签入库人员扣、贴标签具体作业要求

1. 扣、贴标签、标记

各种标签、标记的拴挂、粘贴符合要求，无错漏。

零担货物的货签应使用坚韧的材质制作，货签内容、规格必须符合统一的格式。每件货物使用2枚货签，分别粘贴、钉固于包装的两端。不宜粘贴或钉固时可使用拴挂方法。

为确保货物运输安全，针对货物性质的不同，货件应有不同要求的图式标志，标志图形必须符合相关的国家标准。危险零担货物还须使用危险货物包装标志。

2. 组织货物入库

首先将接收后的货物按到站或中转范围送入指定货位，堆码时要标签向外，箭头向上，同一票货物要在同一库位；其次检查验收后的货物是否全部进入货位；接着在货物运单上填写货位号，验收日期并签章；最后签证装卸工作单。

零担货物仓库应严格划分货位，一般可为待运货位、急运货位、中转货位、到达待交货位。各个货位应标明发运方向或到达方向，以方便装货和客户提货。零担货物仓库要有良好的通风、防潮、防火和灯光设备，注意保持仓库整洁。露天堆放货物要有安全防护措施，要下垫上盖。注意把好仓库保管关，有效地杜绝货损货差。

3. 核算运价

汽车零担货物运输费用由运价和杂费组成。汽车零担货物运输的杂费项目，主要有包装费、标签费、保管费、装卸费、中转包干费、保价费、快件费等，按《汽车运价规则》办理。

零担货物运输以kg为单位，按实际质量（含货物本身包装，衬垫及运输需要的附属物品）计算，以过磅为准。

起码计费质量为1kg，尾数不足1kg时，四舍五入。

零担运输轻泡货物以货物包装最长、最宽、最高部位尺寸计算体积，按每立方米折合333kg计算质量。

汽车货物运输计费里程以公里为单位，不足1km的，四舍五入；计费里程以省、自治区、直辖市交通主管部门核定的营运里程为准，未经核定的里程，由承运、托运双方商定。

同一运输区间有两条以上营运路线可供行驶时，应按最短的路线为计费里程。

如因自然灾害、货物性质、道路阻塞、交通管理需要绕道行驶时，应以实际行驶里程为计费里程。

拼装分卸从第一装货地点起至最后一个卸货点止的载重里程计算。

零担货物运费（元）=计费质量（kg）×计费里程（km）×零担货物运价（元/kg/km）+货物运输其他费用（元）

其中，零担货物运价按货物运价价目中的价格计算。运费以元为单位，运费尾数不足1元时，四舍五入。

任务实施

【任务实施一】

1. 实施目的

熟悉多角色(如业务受理员、填单员、计费员、验货员、收费员等)的工作内容与流程。

2. 实施内容

(1)模拟某个道路货物运输企业的业务部;

(2)业务洽谈及运费计算环节;

(3)业务受理(查验货物等)环节;

(4)托运(签合同或填写托运单)环节;

(5)缴费环节。

3. 实施步骤

零担货运营业站点的设置及业务办理:

(1)了解道路零担货运经营模式有哪些,货运业发展现状及存在问题,发展趋势。

(2)了解开办道路零担运输业务的条件,形成零担站点筹建工作初步书面文件。

成立一个营业部网点,包括网点名称、人员岗位设置和责任、配备的货车和仓库、经营理念、发展计划等内容。

(3)对零担货物运输网络的发展模式进行选择。

专线经营还是网络化、规模化,建直营站点还是加盟站点。

(4)讨论、头脑风暴等方法设计并形成零担运输产品的服务品牌。

(5)设计及填写相关单据、表格。

托运单、装车单、派车单、运输合同(格式合同)、货物标签、货物出入库单等单据和表格。

(6)做好角色(如业务受理员、填单员、计费员、验货员、收费员等)分配,可以多次进行模拟演练,每次可变换不同的角色。

4. 实训评价

训练评价(如表 1-18 所示)的方式有教师评价、小组内部成员评价和第三方评分组成员评价 3 种,建议教师评价占 60% 权重,小组内部成员评价占 20% 的权重,第三方评分组成员评价占 20% 的权重。将三者综合起来的得分为该生在该项目的评价分。

实 施 评 价 表 表 1-18

考评人		被考评人	
考评地点			
考评内容	货物受理与托运		
考评标准	具体内容	分值(分)	实际得分
	学习、工作态度	15	
	沟通与团队合作	15	
	受理查验货物执行情况	15	
	不同角色间流程衔接与落实情况	25	
	零担货物运输网络的发展模式与产品的服务品牌形成设计	30	
合计		100	

【任务实施二】

1. 实施目的

熟悉运输企业托运单必设的主要栏目。

2. 实施内容

模拟某运输企业设计并填写一份格式托运单。

3. 实施步骤

工作任务 1 不稳定的整车客户货运业务受理

(1)填写运单。

①填写承运日期和到达日期。

②填写托运人、收货人的单位地址、姓名、联系方式;联系人的电话或传真。

③填写货物信息:名称、件数、包装、质量、体积。

④填写货物清单(若货物品名多、规格多等情况)

(2)货物查验及内容审批与认定,计算运费,填写运费、杂费等。

(3)提醒托运人注意限额赔偿条款。

(4)填写保险、保价信息:保价运输、申明价值、保价费。

(5)填写结算方式:已付、到付、签单付费等。

(6)提醒托运人注意相关约定条款。

(7)填写备注栏:相关文件、特约事项等。

(8)编定运单号,托运人、承运人签字盖章。

工作任务 2 长期稳定的整车客户货运业务受理

(1)与客户沟通,通过电话、传真、邮件等方式。

(2)做书面记录:发货人和收货人联系方式;货物名、数量、质量、规格、有无特殊要求;装货地、卸货地全称;发车时间、到货日期等详细信息。

(3)将客户发货信息传给调度员、运输、财务等部门。

4. 实施评价

训练评价(如表 1-19 所示)的方式有教师评价、小组内部成员评价和第三方评分组成员评价 3 种,建议教师评价占 60% 权重,小组内部成员评价占 20% 的权重,第三方评分组成员评价占 20% 的权重。将三者综合起来的得分为该生在该项目的评价分。

实施评价表 表 1-19

考评人		被考评人	
考评地点			
考评内容	托运单的填写		
考评标准	具体内容	分值(分)	实际得分
	学习、工作态度	15	
	沟通与团队合作	15	
	与客户的沟通情况	15	
	运费的计算	25	
	托运单的填写规范情况	30	
合计		100	

任务四　运输调度与方案优化

案例导入

UPS:大数据玩法　配送车辆只能右转

(来源:21 世纪商业评论　由 www.10000link.com 转载)

一、UPS“车流经济学”的左转是血流,右转是现金流

总部位于美国亚特兰大全球最大的包裹快递公司 UPS,5 个工作日在全球的送件量就能达到 15.8 亿件,之所以达到如此高效的节奏,UPS 拼的不是货车速度,而是靠一个简单的规定:货车不能向左转。

面对每天马路两边来往不绝的车辆,你看到的可能是出行的疲累,而有些企业,却会兴奋不已。

比如,将车流转化为信息流,是比较流向的生财的办法。汽车企业开发一个车流导航系统,让车主轻松避免交通堵塞,汽车因此大卖;科技创业企业,开发一个打车软件,既让乘客更方便更有趣地打到车,也让驾驶员提高收入,“得移动互联网入口得天下”。

这里,还有一种更“威武”的办法:将车流转化成现金流。实践者正是全球最大的快递公司 UPS。

UPS 因高效闻名世界,5 个工作日在全球的送件量就能达到 15.8 亿件。而保证 UPS 完成这海量派件任务工作量的奥秘,并不是什么新技术,而是公司在 2004 年就启用的一项新政策——要想多派件,快速到达任何目的地的正确方法是尽量避免左转。

此后,UPS 的驾驶员会宁愿绕个圈也不要往左转,听着些许荒唐,因为左转而绕远路的费时和耗油真的可以忽略不计吗?根据 2010 年的数据显示,因为执行尽量避免左转的政策,UPS 货车在行驶路程减少 2.04 亿的前提下,多送出了 350000 件包裹。

UPS 这个项目的工程师解释表示,全球大部分国家的道路交通是实行左驾右行政策的,当货车与相反方向的车辆交叉行驶时,会导致货车在左转道上长时间等待,不但增加油耗,而且发生事故比例也会上升。

于是,工程师给不同区域的货车驾驶员绘制了“连续右转环形行驶”的送货路线图,帮助驾驶员选择最适合的道路,长期固定执行这个路线图后,效益也慢慢呈现出来了。

为印证这一点,美国《流言终结者》节目曾做了一个测试,派两辆送货汽车去同一个地方送货,一辆沿着正常道路行驶,另一辆则跟随不左转的 UPS 送货汽车,结果证明,UPS 的行驶方案虽有些费时,但更加节油环保。不过,在具体行驶中,UPS 送货车也会偶尔左转,好比在车流量低的居民区,保证驾驶员的行车便捷迅速。

自启动这项规定之后,UPS 就设定了相关的部门来跟进货车,定时追踪送货卡车的性能表现。根据这些跟踪数据,面对日趋激烈物流业,UPS 也进一步优化了自己的业务,包括减少公司已有的 9.6 万辆货车、降低数百辆飞机的燃油消耗,通过缩减停车场货车间距离和后视镜相互重叠等办法充分利用空间。

一个简单拒绝左转弯的规定,让 UPS 这样的快递公司实现了高效出货率,不仅带来了可

观而且流转更快的现金流，同时还因为对环境做出了贡献，企业形象也得到了加分。

……

提到创新和改革，企业第一时间想到的可能还是借助科技力量，而 UPS 不左转的案例意义，好比给了我们一个提醒，思维的创新其实并不比科技技术的创新弱。

事实上，UPS 基于城市车流数据分析而提出右转的线路图，其实也是一份针对公共交通环境提出的优化解决方案，既可以让每一辆车自觉扮演维持马路秩序的角色，又可以在不增加成本反而提高效率的前提下，一定程度上帮助解决汽车尾气排放问题。

二、两点之间哪条路线最短？看 UPS 如何用大数据优化送货路线

在任何一天中，UPS 的驾驶员都有许多条快递路线可以选择。

或者换个说法——UPS 的驾驶员在任何一天中，可以选择的快递路线的数目都是令人难以想象的。这绝不是夸张。

这家快递公司的驾驶员一般每天要送 120 ~ 175 次货。在任何两个目的地之间，都可以选择多条路线。显然，驾驶员和 UPS 想要找到其中最有效率的那条。不过如此一来，事情就变得复杂了。

UPS 利用组合数学的算法得出，以上所述的情景中所有可能的线路的总数，是一个 199 位的数字。这一数字甚至大过了换算成纳秒单位的地球年龄。

UPS 的流程管理高级总监杰克·里维斯表示："这数字太大了，令人难以想象。你只能从分析学上得出一个概念。"

对 UPS 而言，这是一项庞大的挑战。不过他们有强烈的动力去实现路线最优化：如果每位司机每天少开 1mi，公司便能省下 5000 万美元。

这家位于亚特兰大的公司是如何做的？他们研发了一个名为 Orion 的系统，这是道路优化与导航集成系统（On-Road Integrated Optimization and Navigation）的缩写，也是希腊神话中猎户座的名字。如果说现在有什么大数据分析学上的成就的话，那就是它了。Orion 的算法诞生于 21 世纪初，并于 2009 年开始试运行。该系统的代码长达 1000 页，可以分析每种实时路线的 20 万种可能性，并能在大约 3s 内找出最佳路线。

里维斯表示："起初，数学家们认为可能需要 15min 才能算出结果。所以他们很高兴。"

UPS 正在公司全部的 5.5 万条北美快递线路上装配这一系统。到 2013 年底，Orion 已经在大约 1 万条线路上得到使用，这让公司节省了 150 万加仑燃料，少排放了 1.4 万 t^3 的二氧化碳。公司计划在 2017 年彻底实现该计划。

根据高德纳研究公司（Gartner）的分析师斯维特拉娜·西库勒的说法，有两个"很不起眼的"行业正在受到大数据的冲击：一个是运输业，其中包括 UPS 这类物流公司；另一个是农业。

西库勒相信这一冲击会波及很大范围。西库勒表示，可以看看通商航运业的例子：澳大利亚海事安全局（Australian Maritime Safety Authority）提供了实时的港口活动信息，船只可以据此改变航速，节省燃料，让港口服务费降到最低。海事局还使用了地理围栏（一种动态的数字定位区域）来触发和自动计算这些费用。她说："通过公开数据，这一切都是透明的。"

西库勒表示，导致这种转变的不仅仅是大数据技术，移动设备和云计算在其中也扮演了重要角色。

她解释说："在收集信息、给司机实时提供数据上，移动性起到了重要作用。这不仅是指

移动设备,还包括货车、飞机和轮船上的感应器。”

在提高运营效率的压力下,UPS 在 20 世纪 90 年代为驾驶员引入了手持设备。里维斯表示:“我们必须在智能手机和网络通信出现前就发明它们。”2008 年,公司在运货汽车上安装了 GPS 追踪系统,而 Orion 则建立在这一基础上。

尽管想要取代在大陆上川流不息的汽车快递不是件容易的事——总之,在亚马逊(Amazon)的无人机快递正式得到使用前是这样——但云计算的兴起让初创公司更容易接触到之前只有大型企业才能拥有的尖端技术。UPS 理应走在前面。

里维斯表示:“对我来说,这就是分析技术和大数据的未来——不仅仅是告诉你发生了什么,还能告诉你将要发生什么,如何实时纠正它们。如果有个系统可以智能到预测你的问题,并在它发生前予以解决,那它就像福尔摩斯一样了。看起来像千里眼,但实际上不是。”

“把它变成现实还需要一段时间。不过这就是未来的景象。”

案例思考:

1. 运输与配送的调度组织要点有哪些不同?

2. 运输线路优化的调配方法是什么?

3. 配送方案优化的关键在哪里?

任务分析

任务准备

(1)运输任务资料;

(2)运力拥有情况;

(3)多媒体教室(含供学生网查资料的电脑、多媒体教学设备、课件和动画等教学资料)。

任务目标

(1)掌握车辆调度的基本原则、方法;

(2)能够合理地进行车辆的调度;

(3)掌握图上作业法,优化车辆运行线路。

基础知识

一、基本概念

一个完整的运输过程包括以下 4 个环节:

1. 运输准备过程

运输准备过程,是指在运送货物进行运输之前所做的各项技术性准备工作,包括车型的选择、线路的优化、装卸设备的配置以及运输过程的装卸工艺方案的设计等。

2. 基本运输过程

基本运输过程是运输生产过程的主体,是指直接组织货物,从甲点至乙地点完成货物空间位置移动的生产活动,包括起运点装货、车辆途中运行、终点卸货等作业环节。

3. 辅助运输过程

辅助运输过程是指为保证基本运输过程的正常进行而必需进行的各项辅助性生产活

动。主要包括运输车辆、装卸设备、基础设施的维护及修理作业，以及有关商务事故的预防、处理工作和费用的结算工作等。

4. 运输服务过程

运输服务过程是指贯穿于基本运输过程和辅助运输过程中的各项服务性工作，如行车燃料、润料及配件的供给，配送货物的包装、储存及保险业务等。

二、运输调度工作

运输调度工作是通过车辆运行作业计划和调度命令，将企业内部的各个生产环节，特别是车站、车队、停车场、装卸等部门做出合理安排，使其在时间、空间上平衡衔接，组成一个动作协调的整体，以保证运输生产的连续性和均衡性。

1. 运输调度工作程序（图 1-18）

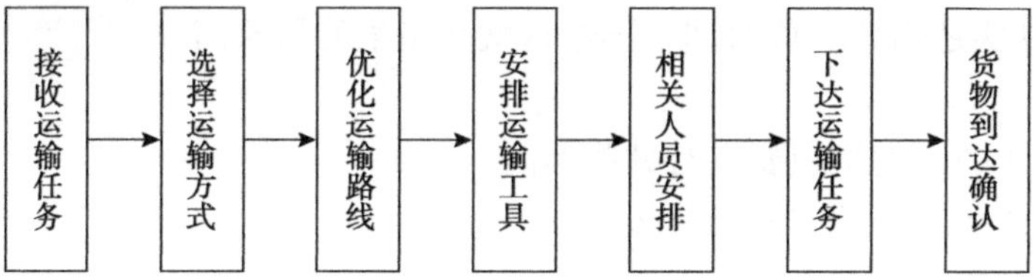

图 1-18　运输调度工作程序

2. 运输调度工作内容

《汽车运输调度员国家职业标准》中对汽车运输调度员的职业功能规定是：市场调查与预测分析、编制运行计划、实施运行计划、监督检查、信息资料管理。其工作内容有以下 5 个方面：

（1）市场调查与预测分析。

①对货主需求进行调查，分析市场变化，进行近期市场预测。

②对货运车辆情况进行调查，制订车辆配置方案。

（2）编制运行计划。

①收集路况信息、车辆信息、货源信息，编排和调整普通货物运输计划。

②确定特种货物的流量、流向、流时、所需的运输车辆、货物运输要求，编制特种货物的运输计划和车辆配置计划。

③进行短期货流测算，接洽、签订特种货物运输合同。

④编制抢险、救灾等重点物资的运输计划，制订突发自然灾害时的物资运输应急预案，编制国际货物运输计划。

⑤编制货物运输年度计划、年度货运车辆更新配置计划、提出等级货运站设置建议。

（3）实施运行计划。

①根据货运计划调度车辆，根据临时变化调整车辆。

②现场指挥车辆，处理现场发生的意外事件。

③根据货运计划和经营许可范围选配车型，提出车辆维修保养建议。

④比较运行线路的里程、路况、流量信息，选定运行线路。

⑤根据运输要求选定危险货物运输车辆，按照规定的线路、时间组织危货运输。

⑥优化货运线路、优化货运车辆车型档次结构。

⑦实施抢险、救灾等特殊时期的运输计划，处理突发事件。

(4)监督检查。

①查验证件：驾驶证、车辆行驶证、道路运输证、运行车辆完好证明、车辆保险标志、驾驶、押运、装卸人员从业资格。

②安全监督：超载、超限、装卸、车况。

(5)信息资料管理。

①运输单证管理、填写行车记录、统计分析车辆动态和计划执行情况。

②采集货运车辆动态信息并进行分析，报告货源、运价、车辆、道路变化等重要信息。

③通过卫星定位系统实时监控车辆动态、采集信息，并进行分析。

④使用计算机调度管理系统进行调度作业。

⑤整理数据，编写分析报告。

3. 调度人员工作职责

调度人员主要工作职责细化如表1-20所示。

调度人员工作职责细化表

表1-20

工作内容	工作职责细化	工 作 目 标
车辆调度	1. 根据运输任务制订合理的出车计划，准确快捷地调度企业的自有车辆	车辆调配合理，运送任务能按时完成
	2. 合理安排出车，制订车辆的检修保养计划，保证出车安全	车辆维护按计划完成
车辆行驶跟踪	1. 对在途货车进行实时跟踪	及时了解货车行驶的真实情况
	2. 驾驶人员在运输途中反映车辆出现异常时，监控人员应及时发现并掌握运行异常情况及程度，分析产生的原因并报告上级领导	车辆在途异常情况应得到及时处理
出车情况记录	1. 负责记录车辆的出车及异常情况，以及运输单证的汇总整理	保证行车路单等凭证及行车日志完整率
	2. 妥善保管车辆及驾驶人员出车记录，作为奖惩、升迁的依据	出车记录保管完整

4. 调度工作的“三熟悉、三掌握、两了解”

调度人员通过调查研究，对客观情况必须做到“三熟悉、三掌握、两了解”。

(1)三熟悉。

①熟悉车辆的一般技术性能和技术状况、车型、吨位容积、车身高度、自重、使用性能、拖挂能力、技术设备、维修计划、自编号与牌照号，驾驶员姓名。

②熟悉汽车运输的各项规章制度的基本内容。

③熟知营运指标完成情况。

(2)三掌握。

①掌握运输路线、站点分布、装卸现场的条件及能力等情况并加强与有关部门的联系。

②掌握货物流量、流向、货种性能、包装规定，不断地分析研究货源物资的分布情况，并能加强有关部门的联系。

③掌握天气变化情况。

(3)两了解。

①了解驾驶员技术水平和情绪波动、个性、特长、主要爱好、身体状况、家庭情况等。

②了解各种运输单据的处理流程。

调度部门编制车辆运行计划,仅仅是调度工作的开始,更主要的是要保证车辆运行计划的全面实施。在运输生产过程中,调度员既是运输生产的参谋,又是车辆运行的指挥员;既是驾驶员的勤务员,又是宣传员。驾驶员必须听从调度员的指挥。

在行车作业中,驾驶员遇到各种障碍,调度员可以从组织上、技术上给予帮助,消除障碍。凡是作业计划被打乱,不能及时完成任务的,调度员可以适当采取措施,调剂运力,恢复正常运行;如果车辆发生故障,也可与调度员联系派车修理。调度员还可以将道路、货源、现场、装卸等变化及时通知驾驶员,以免造成不必要的损失。驾驶员在行车中必须听从调度员的指挥,驾驶员还应将行车中发生的千变万化的情况,及时反映给调度部门,以进一步完善货运计划。

三、车辆调度方法

车辆调度的方法有多种,可根据客户所需货物、配送中心站点及交通线路的布局不同而选用不同的方法。简单的运输可采用定向专车运行调度法、循环调度法、交叉调度法等。

当车辆在目的地卸货完毕后,安排车辆空驶到其他地点装货,而不直接回出发地的调度方法,它比专车调度提高了里程利用率,如图 1-19 所示。

在图 1-19 循环调度法中,A、B、C 三个货运点,$A \rightarrow B$ 重载,$B \rightarrow C$ 空驶,$C \rightarrow A$ 重载。循环调度里程利用率 $=(20+25)\div(20+30+25)=60\%$,而专车调度里程利用率仅 50%。

(1)交叉循环调度法。公司甲有货从 A 到 D,公司乙有货从 B 到 C,其线路形成交叉型,如图 1-20 所示。若采用分散调度,则两公司的里程利用率各为 50%;若统一用车,采用交叉循环调度,从甲公司 A 地出发,运输线路为:$A \rightarrow D \rightarrow B \rightarrow C \rightarrow A$,则里程利用率可达 70.1%。

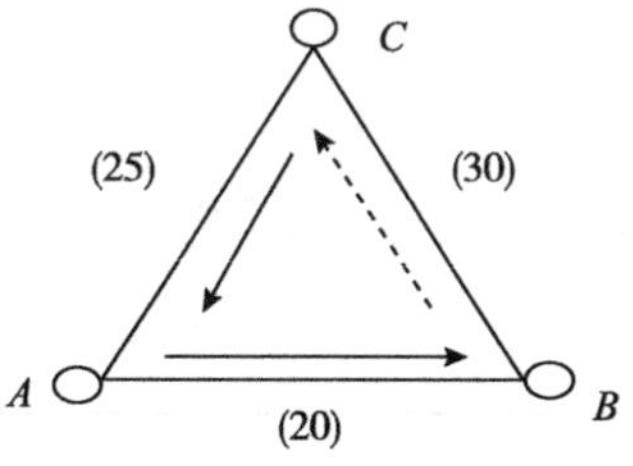

图 1-19 循环调度法

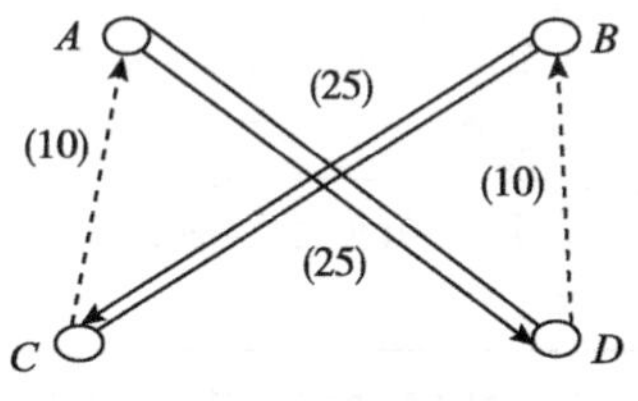

图 1-20 交叉循环调度法

(2)里程节约法。节约里程法在《储配方案优化设计与实施》中已有讲解,因此该方法的详细解题过程在此不再累赘。

四、图上作业法

通常浪费运力的不合理现象有两种:一种是对流现象;另一种是迂回运输。所谓对流,就是在一段路线上有同一种物资往返运输。所谓迂回,就是成圈(构成回路)的道路上,从一点到另一点有两条路可行,一条是小半圈,另一条是大半圈。如果选择的路线的距离大于全回路总路程的一半,则就是迂回运输。线性规划中的图上作业法,可以帮助我们避免物资调动工作中的对流和迂回现象。运用线性规划理论可以证明,一个运输方案,如果没有对流和迂回,它就是一个运输力最省的最优方案。

1. 图上作业法基本知识

(1)图上作业法的常用符号。为了表达方便,交通网络常使用下列符号:

①“○”货物装车点，即空车接受点；

②“×”货物卸车点，即空车发出点；

③“⊗”货物装卸点，即空车收发点；

④“——→” 重车流向线，“……→”空车流向线；

⑤“$\xrightarrow{(\times\times)}$”某段流向线的公里数；

⑥“△”车场位置，即驻车点。

（2）线形分类。根据交通图的点和线的关系，图上作业法把各种线形归纳为道路不成圈（无圈）和道路成圈两类。

道路不成圈，就是没有回路的“树”形路线，包括直线（实际上是曲线）、丁字线、交叉线、分支线等。直线为图上作业法的基本路线，不论何种线形，都要采取一定的办法，把它化为一条直线的运输形式，以便画出流向线。无圈的流向图，只要不存在对流，该流向图就是最优流向图。

道路成圈，就是形成闭合回路的“环”状路线，包括一个圈（有三角形、四边形、多边形）和多个圈。成圈的流向图要达到既没有对流，又没有迂回的要求，才是最优流向图。

2. 交通图“树”状图上作业法

任何一张交通线路图，其线路分布形状可为分成圈和不成圈两类。对于不成圈的交通线路图，也称“树”状交通线路图，根据线性规划原理，物资调拨或空车调运线路的确定可依据“就近调空”原则进行。

对于“树”状交通线路图，只要初始方案中不出现对流情况，即是最优方案。如根据图 1-21 所示的要求，我们按就近调运原则就可得到如图 1-22 所示的调运方案，其运力消耗最少，即吨位公里数最小，所以为最优方案。

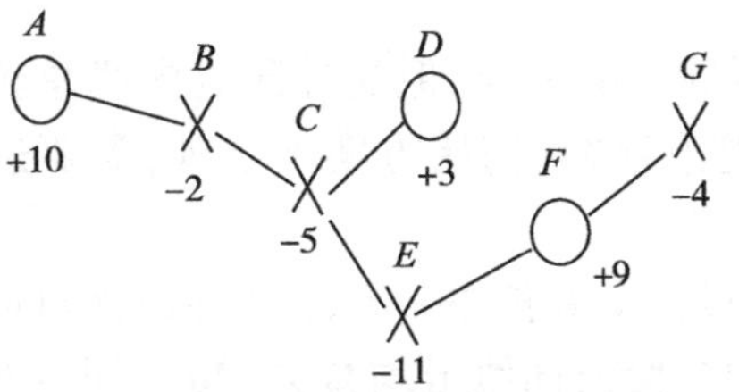

图 1-21　物资调拨示意图

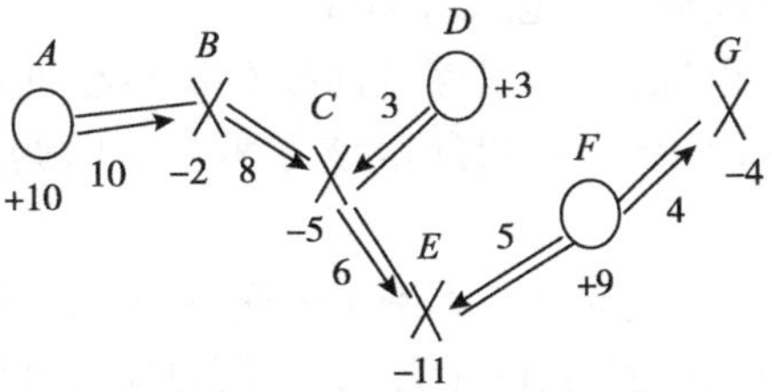

图 1-22　最优方案

3. 交通图含圈的图上作业法

对于成圈的交通线路图，只要先假设某两点间线路“不通”，将成圈问题简化为不成圈问题考虑，这样就可得到一个初始的调运方案。然后对这个方案进行判断及进一步作优化处理。

例如，某地区物资供销情况如图 1-23 所示，现要求得出物资调运的最优方案，具体可分为以下几个步骤进行：

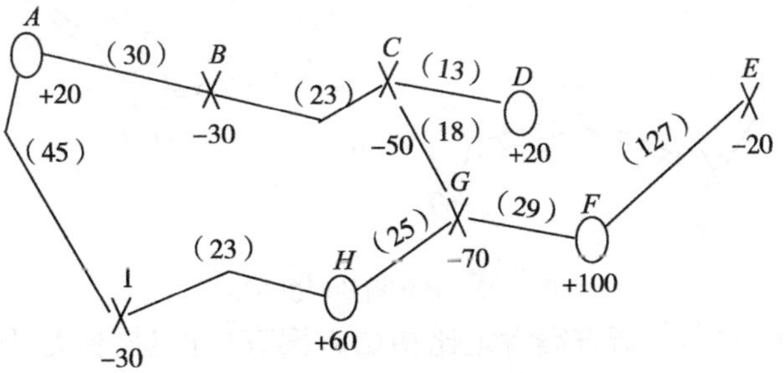

图 1-23　某区域物资需求情况

(1)判断区域调运任务是否为平衡问题。计算总需求量与总供给量。若总需求量不等于总供给量,则假设一供应点(当供<求时)或一需求点(当供>求时)。

(2)去边。几个圈去几条边,将成圈的交通线路图转化为"树"状交通线路图。

(3)做出初始方案。按"树"状交通线路图的"就近调运"原则进行。

本例中假定剪掉 *A*—*B* 段,然后,根据"就近调拨"的方法,即可得到如图 1-24 所示的物资调运初始方案。

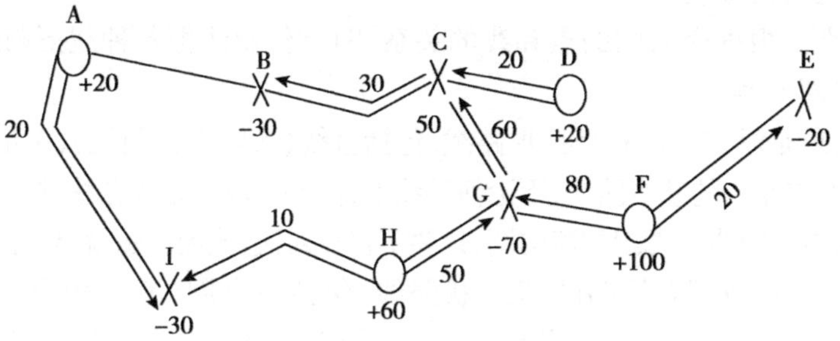

图 1-24 初始方案

(4)检查初始方案。本例中物资对流情况实际上是不会存在的,关键问题是要检查里、外圈流向线的总长,看其是否超过全圈(即封闭回环线路)长度的 1/2。

本例中的检查结果是:

①全圈长为:45 + 23 + 25 + 18 + 23 + 36 = 170km

②半圈长:170 ÷2 = 85km

③外圈流向线总长:45 + 25 + 18 + 23 = 111km

④里圈流向线总长:23km

由上可知,虽然里圈流向线总长不超过全圈周长的一半,但是外圈流向线总长却超过了(即 111 >85),可以断定该方案有迂回调拨现象存在,初始方案不合理,需要进行优化处理。

(5)调整流向图。本例中外圈流向线总长超过了全圈长的一半,应着手缩短外圈。外圈流向线中最小流量 *A*—I 为"20",所以应在外圈的各段流向线上均减去"20",同时在里圈的各段流向线及原来没有流向线的 *AB* 段分别加上"20",这样就得到了图 1-25 所示和表 1-21 所示的新的物资调拨方案。

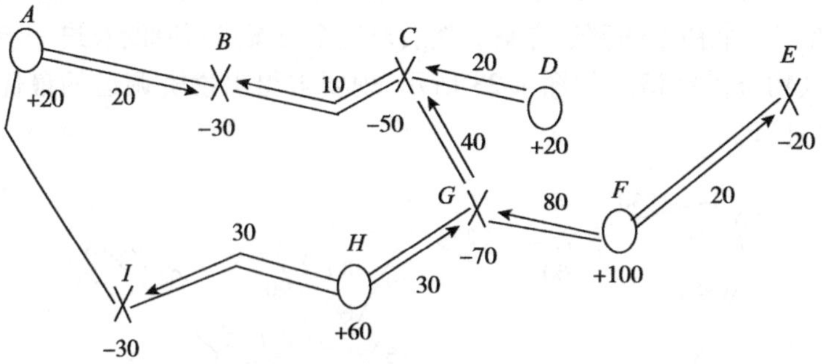

图 1-25 调整后的调拨方案

(6)检查调整后的方案。新方案肯定比初始方案有所改进,但是仍须对它加以检查,直到满足所要求的检查结果,才能得到最优的物资调拨方案。

本例对新方案检查情况如下：

①外圈流向线总长：$25+18+23=66$km

②里圈流向线总长：$23+36=59$km

由上可知，里、外圈流向线总长均没超过全圈周长的一半，所以调整后的新方案是最优物资调拨方案，如表1-21所示。

调整后方案平衡表　　表1-21

收点 发点	*B*	*C*	*E*	*G*	*I*	发量(t)
A	20					20
D		20				20
F	10		20	70		100 及时
H		30			30	60
收量(t)	30	50	20	70	30	200

(7)方案比较。前后两个方案中运力消耗情况计算如下：

第一方案：

$45\times20+23\times30+60\times18+29\times80+127\times20+20\times13+50\times25+23\times10=9270$t·km

第二方案：

$20\times36+10\times23+20\times13+30\times23+30\times25+20\times127+80\times29+40\times18=8230$t·km

第二方案比第一方案节约：$9270-8230=1040$t·km

上述例子只是说明了一个圈的情况，如有几个圈情况时，则应逐圈检查并调整，直到每一个圈都能符合要求，此时才能得到物资调拨的最优方案。

在运输生产活动中，各流向上的物资是不平衡的，有的地区进多出少，另一些地区却进少出多。这样有些地方在车辆卸货后就无货可载，车辆必须放空到其他地方去，而另一些地方情况正好相反。这些空车如何调运才能使空车行驶里程最少，其实质就是一个与物资调拨相类似的问题，区别在于这里所需调拨的不再是物资，而是空车。所以，图上作业法在此要解决的问题是，在完成既定货运任务的前提下，如何组织循环运输以求最低限度的空驶里程。

五、车辆调度程序

1.发布调度命令

发布调度命令应先详尽了解现场情况，正确、完整地填写及核对，并及时下达调运单。

因此，不论是本地送货，还是长途行车作业，运营成本上的节约都可以通过以下途径达到：

(1)增加每辆车所装载的货物质量，但不能超载。

(2)合理安排运输路线，避免迂回行驶。

(3)保持按计划的日常性的送货，避免特殊的送货。

(4)尽量安排回程货，减少空载。

(5)与客户协调，使无效等待时间最小化并满足驾驶员工作时间方面的法律规定。

2. 登记调度命令

调度员在发布命令时应先在调度安排表内登记,然后发布。发、收调度命令时,需填记调度安排表,如表 1-22 所示。

调 度 安 排 表 表 1-22

月日	发出时刻	命 令			复核人姓名	受令人姓名	调度员姓名	阅读时刻
		号码	受令及抄知处所	内容				

3. 交付调度命令

调度员向驾驶员、车队长发布调度安排。接受调度安排的驾驶员或单位在整个完成任务的过程中翔实填写车辆使用情况登记表,如表 1-23 所示。

车辆使用登记表 表 1-23

车牌号码: 驾驶员姓名:

发车时间	出发地点	发前里程数	发前油表读数	事 由	返回后里程数	返回后油表读数	证明人签名

任务实施

1. 实施目的

学会多方案间的分析比较,按成本最小原则判断优化方案。

2. 实施内容

设计优化总运费或周转量最小的调运路线。

3. 实施步骤

(1)确定发货点及每个发货点的运出量,确定收货点及每个收货点的收货量。

(2)计算总运出量和总收货量,若二者不等,虚设发货点或收货点,使之平衡。

(3)画出运输作业图,确定初始调运方案,判断是否最优。

(4)沿总运费减少的方向调整上述调运方案,直到总运费不能减少为止。

(5)调整后确定合理调运方案。

(6)根据最终调运图描述最优方案。

4. 实施评价

训练评价的方式有教师评价、小组内部成员评价和第三方评分组成员评价 3 种,建议教师评价占 60% 权重,小组内部成员评价占 20% 的权重,第三方评分组成员评价占 20% 的权重。将三者综合起来的得分为该生在该项目的评价分,如表 1-24 所示。

实 施 评 价 表 表 1-24

考评人		被考评人	
考评地点			
考评内容	调运方案的优化		
考评标准	具体内容	分值(分)	实际得分
	学习、工作态度	15	
	沟通与团队合作	15	
	安排初始调运方案的原则与步骤	20	
	对初始调运方案的判断与优化方法	35	
	根据最终调运图描述最优方案	15	
合计		100	

任务五 运 输 组 织

案例导入

德邦快递:优势与挑战并存

(来源:中国网 2014 年 9 月 26 日)

近日,“德邦快递来了”的宣传画被摆在了德邦物流官网的醒目位置。中国公路零担物流巨头德邦物流高调宣布启动电子商务德邦快递业务。

据报道,在过去的两三年时间里,德邦物流一直在筹备快递业务,此次德邦快递首批开通北、上、广、深及西部部分城市共计 13 个城市,目前主要还在用原有的零担物流的运作体系试水快递。在人员配备方面,德邦统一对公司愿意从事快递业务的零担业务一线员工,进行了快递员从业资格认证的培训,其德邦快递业务上线后即进行正式的业务转岗。同时,部分营业部将腾出部分仓储空间供快递使用。

诚然,德邦快递之前作为一家零担物流企业,进军快递行业面临着跨行经验不足、平台搭建欠缺、资金投入挑战、快递同行竞争等困难,但就当前电商快递行业现状以及德邦物流商业模式延伸而言,笔者认为德邦物流选择电商快递业的机遇远远大于挑战。

德邦物流进军快递行业十分值得期待。问题尚存,但优势明显,德邦快递能否吃到电商快递行业的一块蛋糕,还要看其对快递行业的“诚意”和自身信心如何,到最后是“精诚所至,金石为开”,还是“蜻蜓点水,不了了之”,都取决于德邦快递自己。

案例思考:

1. 运输组织方法的选择。

2. 运输组织中的具体要求与要点。

任务分析

任务准备

(1)货源情况;

(2)运力拥有情况;

(3)驾驶员情况;

(4)交通线路及自然气候条件;

(5)多媒体教室(含可供学生网查资料的电脑、多媒体教学设备、课件和动画等教学资料)。

任务目标

(1)掌握运输合理化的基本原则与方法;

(2)了解不合理运输的形式;

(3)能够合理地进行车辆的组织,落实途中运输。

基础知识

一、运输合理化的五要素

1. 运输合理化的意义

(1)充分利用运输能力,提高运输效率,促进各种运输方式合理分工,以最小的社会运输劳动消耗,及时满足国民经济的运输需要。

(2)使货物走最合理的路线,经最少的环节,以最快的时间,取最短的里程到达目的地,从而加速货物流通,既可及时供应市场,又可降低物资部门的流通费用,加速资金周转,减少货损货差,取得良好的社会效益和经济效益。

(3)充分发挥运输工具的效能,节约运力和劳动力。否则,不合理运输将造成大量人力、物力、财力浪费,并相应地转移和追加到产品中去,人为加大了产品的价值量,提高产品价格,从而加重需求方的负担。

2. 运输合理化的五要素

运输合理化,是由各种经济的、技术的和社会的因素相互作用的结果。影响物流运输合理化的因素主要有:

(1)运输距离——短。运输活动中,运输时间、运输货损、运费、车辆周转等运输的多个技术经济指标,都与运输距离有一定比例关系,运输距离长短是运输合理与否的一个最基本因素。因此,物流公司在组织商品运输时,首先要考虑运输距离,尽可能实现运输路径优化。

(2)运输环节——少。由于运输业务活动,需要进行装卸、搬运、包装等多项工作活动,多一个环节,就会增加运费和总费用。因此,减少运输环节,尤其是同类运输工具的运输环节,对合理运输起到促进作用。

(3)运输时间——省。"时间就是金钱,效率就是生命",运输速度快就将产生更大的经济效益;运输不及时,容易失去销售良机,造成商品积压、脱销,尤其是国际贸易。运输时间过长,还不利于运输工具及货主资金的周转。

(4)运输工具——对。各种运输工具都有其使用的优势范围,对运输工具进行选择优化,需根据不同的商品特点,分别比较不同类型及载重吨位的运输工具,以最佳的运输线路合理选择运力,最大程度发挥所选运输工具的作用。

(5)运输费用——低。运费在全部物流费用中占很大比例,是衡量物流经济效益的重要指标,也是组织合理运输的主要目的之一。

上述因素,既相互联系,又相互影响,有的还相互矛盾。运输时间省了,费用却不一定低,这就要求我们应进行综合分析,寻找最佳方案。在一般情况下,运输时间省,运输费用低,是考虑合理运输的关键,因为这两个因素集中体现了物流过程中的效率与效益。

二、不合理运输形式

物流中的运输不合理是指不注重经济效果,造成运力浪费、运费增加、货物流通速度降低、货物损耗增加的运输现象。物流经理应在实际工作中尽量避免,力争使其出现的概率降低到零。物流运输不合理的表现主要有以下几种类型。

1. 对流运输

对流运输是指同一种货物,或彼此间可以互相代用而又不影响管理、技术及效益的货物,在同一线路上或平行线路上作相对方向的运送,而与对方运程的全部或一部分发生重叠交错的运输形式称为对流运输。它主要有以下两类形式:

(1)显性对流运输。即在同一运输路线上的相向运输,如图1-26所示。

(2)隐性对流运输,即违反近产销原则。在平行路线上朝着相对方向上的运输,如图1-27所示。

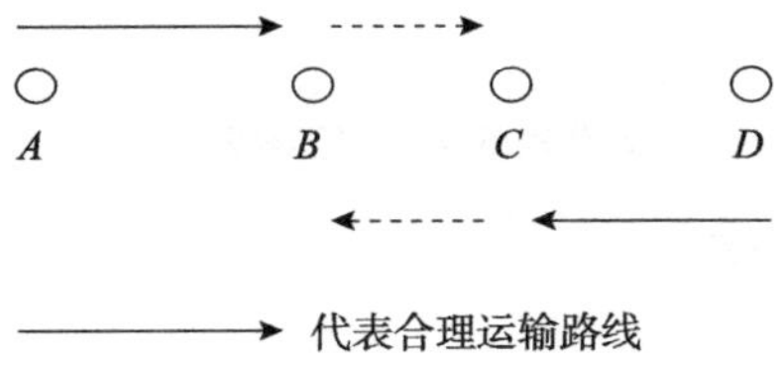

图1-26　显性对流运输

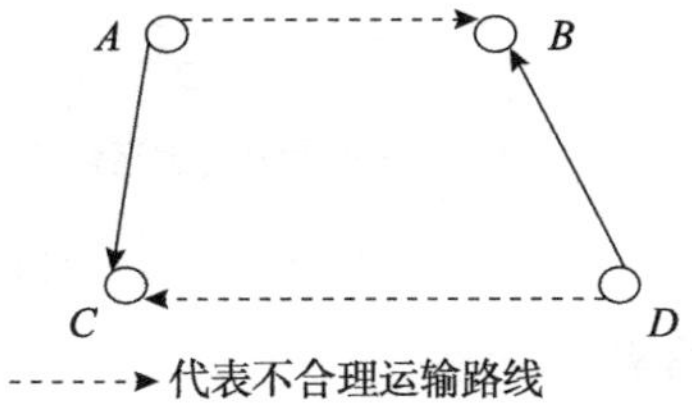

图1-27　隐性对流运输

2. 迂回运输

迂回运输是指存在货物运输时绕道(因道路、气候等条件除外)运物的不合理运输形式。由于增加了运输路线,延长了货物在途时间,造成了运输能力的极大浪费,如图1-29所示。

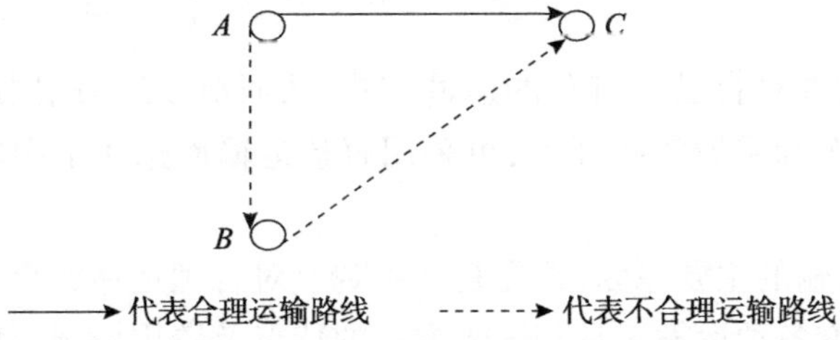

图1-28　迂回运输

3. 倒流运输

倒流运输是指货物从销售地向产地或其他地点向产地倒流的不合理运输形式。倒流运输将导致运力的浪费、增加运费开支等,如图1-29所示。

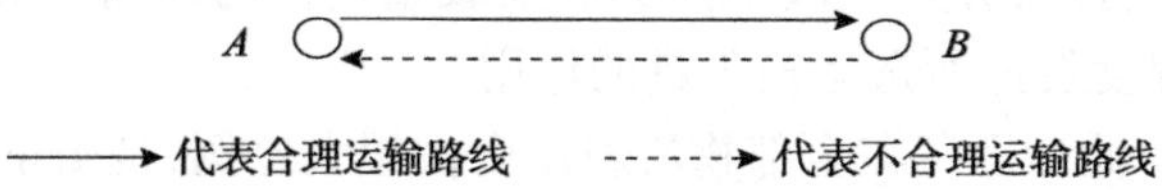

图 1-29　倒流运输

4. 重复运输

重复运输是指一种货物本可直达目的地,但因仓库等物流节点设置不当或计划不周使其在中途卸下,然后再重复装运送达目的地的运输形式。重复运输导致运输环节增加、浪费运输设备和装卸能力,延长了运输时间,增加了运输费用,如图 1-30 所示。

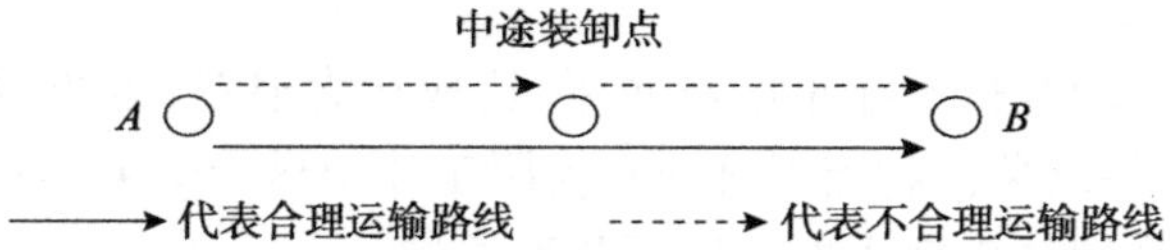

图 1-30　重复运输

5. 过远运输

过远运输是指相同质量、价格的货物采购时舍近求远的不合理运输形式。即销地应由距离较近的产地购进所需相同质量和价格的货物,但却从远距离的地区运来;或者是产地就近供应,但却调到较远的消费地的运输现象。过远运输延长了货物运程和在途时间,导致了运力的浪费,增加运输费用,如图 1-31 所示。

图 1-31　过远运输

6. 无效运输

无效运输是指被运输的货物杂质过多,使运输能力浪费于不必要的物资运输。

7. 运力选择不当

运力选择不当是指未考虑各种运输工具的优劣势而没有正确选用运输工具,造成不合理现象。常见的有:大宗货物的弃水走陆;铁路、水路大型船舶的过近运输;运输工具承载能力选择不当。

8. 托运方式选择不当

货主在托运货物时没有选择对自己最有利的运输方式,从而造成运力浪费以及费用支出加大。例如,有条件选择整车却采取零担托运;可采用直达运输而选择了中转运输,或应中转运输却选择了直达运输。

分析造成工作中不合理运输的主要原因,首先是在主观上对合理运输的重视不够,不了解所需货物的货源分布,不研究各种运输工具和运输方式的特点及费用情况;其次是受自然条件和地理因素的影响。

三、运输合理化途径

运输合理化是一个系统分析过程,常采用定性与定量相结合的方法,对运输的各个环节和总体进行分析研究。运输合理化的有效措施主要有以下几点：

1. 合理选择运输方式

各种运输方式都有各自的使用范围和不同的技术经济特征，选择时应进行比较和综合分析，首先，要考虑运输成本的高低和运送速度的快慢甚至还要考虑商品的性质，数量的大小，运距的远近，货主需要的缓急及风险程度。

2. 合理选择运输工具

根据商品的性质、数量，选择不同类型、额定吨位及对温度、湿度等有要求的运输车辆。

3. 正确选择运输线路

运输线路的选择，一般应安排直达、快速运输，尽可能缩短运输时间，否则可安排沿路和循环运输，以提高车辆的容积利用率和车辆的里程利用率，从而达到节省运输费用，节约运力的目的。

4. 通过配载，提高运输工具的吨位利用率、实载率

配载是指将去往同一运输路线且适合拼装的货物同车装运，提高运输工具实际运载质量。这样可以充分利用运输工具的载重能力，减少空驶和不满载行驶的时间，从而求得运输的合理化。

5. 进行必要的流通加工

有不少产品由于产品本身形态及特性问题，很难实现运输的合理化，因此，针对货物本身的特性进行适当加工，就能够有效解决合理运输的问题，例如将农产品先在产地进行粗加工，然后再运输至精加工或销量大的加工地。

四、运输组织环节

1. 发货交接

车辆到达发货地点，发货人交付货物时，驾驶员应负责点数、监装，发现包装破损、异状，应提出更换或整理的异议。如发货人给予更换或整理，则应在发货单上说明，并要在《交运物品清单》上签字。《交运物品清单》样表如表1-25所示。

交 运 物 品 清 单 表1-25

发站： 货票第 号

序号	包装	详细内容			件数或尺寸	质量	规格
		物品名称	材质	新旧程度			

托运人签章： 承运人签章： 年 月 日

2. 货物装车

货物装卸中主要有6点注意事项：

(1)货物运输中的质量事故，很多是在装卸作业过程中和由于装卸作业质量不好而在运输过程中发生的。货物承运人应监装监卸，使装卸质量得到保证，并尽量压缩装卸作业时间。

(2)要严格遵守到车时间的规定。现实中，在许多情况下，由于承运人的车辆不按时到达装货现场，而导致发生一系列问题。托运人也要及时装车，不能一拖再拖，否则也会造成很大的损失。

(3)有些货物装载时需要衬垫、加固，必须照章做到，所需费用由托运人承担。货物运到后，衬垫材料和加固材料交给收货人。

(4)防止货物装卸时的混杂、污染、散落、漏损、砸撞。严禁有毒、易污染物品与食品混装，危险货物与普通货物混装。

(5)装车货物应数量准确，捆扎牢固，做好防丢措施；卸货时点交清楚，码放、堆方整齐，标志向外，箭头向上。

(6)装车前、卸货后，对车厢进行检查和清扫。因货物性质要求，装车前、后需对车辆进行特殊清洗、消毒的，必须达到规定要求，所需费用由托运人负担。

知识链接

一、监 督 装 车

装运货物要合理使用运输工具，运输工具的种类要适合货物的种类。对怕湿、怕雨淋、易被盗和易燃货物，应采取防湿、防雨、防盗和防火措施。装货时要做到不错装、不漏装、巧装、满载，防止偏载、超载、集重、倒塌、坠落、超限等现象。毒品专用车和危险品专用车不得用于装普通货物。

对装卸人员的监督：装卸货物时，装卸人员要按正确、合理的操作规程进行，严防过失行为出现，杜绝野蛮装卸。

二、装卸、搬运安全操作规程

(1)严格遵守工厂的各项安全规定。装卸袋装原料及有挥发性液体、易燃易爆、有毒、酸、碱类物料时，应配备必要的防护用品。

(2)工作前应认真检查所用工具是否完好可靠。不准超负荷使用。

(3)装卸时应做到轻装轻放，重不压轻，大不压小，堆放平稳，捆扎牢固。

(4)人工搬运、装卸物件应视物件轻重配备人员。杠棒、跳板、绳索等工具必须完好可靠。多人搬运同一物件时，要有专人指挥，并保持一定间隔，一律顺肩，步调一致。

(5)堆放物件不可歪斜，高度要适当。对易滑动件要用木块垫塞。不准将物件堆放在安全道内。

(6)用机动车辆搬货物时，不得超载、超高、超长、超宽。要有可靠措施和明显标志。

(7)装车时，随车人员要注意站立位置。车辆行驶时不准站在物件和前栏板之间。车未停妥不准上下。

(8)装运易燃易爆危险化学物品严禁与其他货物混装。要轻搬轻放，搬运场地不准吸烟。车厢内不准坐人。

(9)装卸时，应根据吊位变化，注意站立位置。严禁站在吊物下面。

3. 货物途中运送

车辆在运送货物过程中，一方面，调度人员应做好线路车辆运行管理工作，掌握各运输车辆工作进度，及时处理车辆运输过程中临时出现的各类问题，保证车辆日运行作业计划的充分实施；另一方面，驾驶人员应及时做好运货途中的行车检查，既要保持货物完好无损、无漏失，又要保持车辆技术状况完好。

(1)途中作业涉及的岗位人员有：运输经理、运输业务主管、车辆调度、客服员、信息员、驾驶员、现场业务员、押运员等。

(2)作业内容及操作标准：车辆离开发货地点后，在运输途中发生的货物跟踪、整理、交接、换装、临时性保管等作业。

①跟踪及处理。调度、客服或现场业务员通过货运 GPS 系统或电话，定时了解车、货在途信息，若发生问题，如前方修路、车辆事故、货物损坏、天气变坏、不能按时到达等意外情况，及时通知项目主管，由项目主管与发货人、收货人沟通，做出处理意见。

②整理及反馈。驾驶员在货物运输途中，定时停车检查货物及车辆情况，如发现货物捆绑松动、货物撒漏、加固材料折断或损坏、货车篷布遮盖不严等情况出现，或发现车辆技术状况不良，有可能危及行车安全和货物完好时，应采取及时措施，对货物进行整理或换装，若自行无法解决要将异常情况及时向跟踪人员反馈。若发生调换车辆，要登记备案。

③装卸、换装、保管作业。为了方便货主，整车货物运输允许途中拼装或分卸作业。为保证货物运输的安全与完好，便于划清相关方的运输责任，驾驶员之间、驾驶员与站务人员之间，应认真办理交接检查手续。一般情况下，交接双方可按货车现状及货物装载状态进行，必要时可按货物件数和质量交接，如接收方发现有异状，由交出方编制记录备案。

(3)运输途中的注意事项：

①在运输途中，驾驶员或押运人员要经常检查车内货物，尤其是要防止货物由路途不平、车辆颠簸造成的松动。如有异常情况，要及时解决。

②如果遇上交通堵塞、交通事故，可能会延误到达目的地的时间，要通过电话、手机通知公司或直接通知客户，以便采取措施。

③如果是拼装货物，途中有不同的卸货点，要特别注意不要误卸货物，否则造成的损失是很大的。

④遇上大雨、大雪等恶劣天气，以保护货物为首要任务。

⑤如果是冷藏运输，途中还需要维持和记录冷藏机的温度。

五、运输组织形式

1. 多(或双)班运输

多班运输，是指在昼夜时间内的车辆工作超时一个班以上的货运形式。组织双班运输的基本方法是每辆汽车配备两名左右的驾驶员，分日、夜两班轮流行驶。它也是提高车辆生产率的有效措施之一，但要注意安排好驾驶员的劳动休息和学习时间，同时也考虑到定车、定人和车辆维护修理作业。

2. 定点运输

定点运输是指按发货点固定车队、专门完成固定货运任务的运输组织形式。在组织定点运输时，除了根据任务固定车队外，还实行装卸工人、设备固定和调度人员固定在该点等工作。实行定点运输，可以加速车辆周转、提高运输和装卸工作效率、提高服务质量，并有利于行车安全和节能。定点运输组织形式，既适用于装卸地点比较固定集中的货运任务，也适用于装货地点集中而卸货地点分散的固定性货运任务。

3. 定时运输

定时运输是指运输车辆按运行作业计划中所拟定的行车时刻表来进行工作。在汽车行车时刻表中规定：汽车从车场开出的时间、每个运次到达和开出装卸地点的时间及装卸工作时间等。由于车辆按预先拟定好的时刻表进行工作，也就加强了各环节工作的计划性，提高了工作效率。要组织定时运输，必须做到各项定额的制定和查定工作，包括：车辆出车前的准备工作时间定额，车辆在不同运输路线上重、空载行驶时间预估以及不同货种的装、卸工作时间定额等。同时还应合理确定驾驶员的休息和用餐等生活时间，加强货源调查和组织工作，加强车辆调度和日常工作管理以及装卸工作组织等。

4. 甩挂运输

甩挂运输，是指利用汽车列车甩挂挂车的方法，以减少车辆装卸停歇时间的一种拖挂运输形式。在相同的运输组织条件下，汽车运输生产效率的提高取决于汽车的载质量、平均技术速度和装卸停歇时间 3 个主要因素。实行汽车运输列车化，可以相应提高车辆每运次的载重量，从而显著提高运输生产效率。采用甩挂运输时，需要在装卸货现场配备足够数量的周转挂车，在汽车列车运行期间，装卸工人预先装（卸）好甩下的挂车，列车到达装（卸）货地点后先甩下挂车，装卸人员集中力量装（卸）主车货物，主车装（卸）货完毕即挂上预先装（卸）完货物的挂车继续运行。

采用这种组织方法，就使得整个汽车列车的装卸停歇时间减少为主车装卸停歇时间加甩挂时间。但需要注意周转挂车的装卸工作时间应小于汽车列车的运行时间间隔。甩挂运输一般只适用于装卸能力不足、运距较短、装卸时间占汽车列车运行时间比重较大的往复式运输条件下采用，并根据运输条件的不同而组织不同形式的甩挂运输。

5. 联合运输

联合运输（即各种运输方式的直达联合运输），是指以车站、港口或供需企业为中心，按照货物运输的全过程中多种运输工具组织成一条龙，将货物从生产地一票运到消费地。其主要优点是：

（1）压缩车船等运输工具的停留时间，提高港站的通过能力，节省运力和降低运输成本；

（2）可以减少货物运输的中间环节，加速物资周转，节约运输费用。

以汽车为主体的货物联合运输，是汽车运输企业与产销部门之间的运输协作或汽车运输与其他运输方式之间的协作，以满足社会生产和人们生活的需要，组织联合运输的有关部门应首先做好货源调查工作，掌握货源及货流规律，然后根据运输任务的要求和运输工具的特点以及道路情况，合理选配和安排各种运输工具及运输任务，并组织好各种运输工具的衔接。

6. 集装箱运输

集装箱运输，是指把一定数量的货物集中于一个便于运输、搬运、装卸、储存的集装箱内来进行货物运送的运输组织形式。汽车运输除了可独立承担集装箱运输任务外，在集装箱多式联运工艺流程中也是处于第一个和最后一个运输环节。集装箱运输的经济性主要集中表现在“门到门”运输，但它的最终实现只能通过汽车运输才能予以保证，是不可缺少的运输衔接环节。因此，汽车运输是铁路、水路集装箱运输最有效的集散方式。

7. 零担货物运输

零担货物运输组织工作要比整车货运复杂得多。零担货运的营运组织形式主要划分为固定式和非固定式两大类。

(1)固定式零担货物运输的组织

固定式零担货物运输一般靠固定式零担班车完成。固定式零担班车通常也称为汽车零担货运班车,这种零担货运班车一般是以营运范围内零担货物流量、流向,以及货主的实际要求为基础组织运行。运输车辆主要以厢式专用车为主,实行定车、定期、定线、定时运行。零担货运班车主要采用以下几种方式运行:

①直达式零担班车。直达式零担班车是指在起运站将各个发货人托运的同一到站且性质适宜配载的零担货物,同车装运后直接送达目的地的一种货运班车。其货运组织形式如图 1-32 所示。

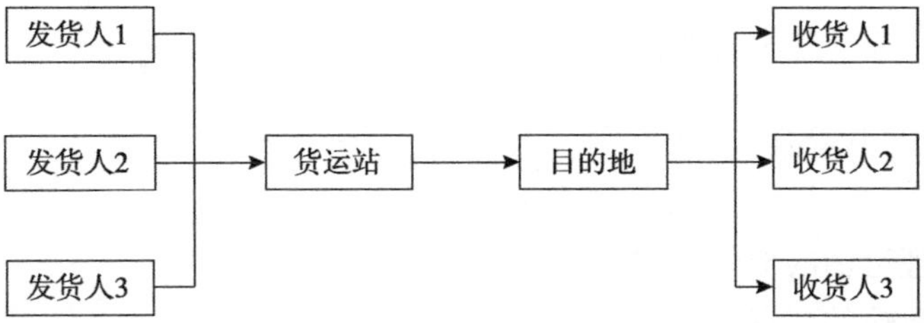

图 1-32　直达式零担班车货运组织图

②中转式零担班车。中转式零担班车是指在正式起运站将各个发货人托运的同一线路、不同到达站且性质允许配载的各种零担货物,同车装运至规定中转站,卸后复装,重新组成新的零担班车运往目的地的一种货运班车。其货运组织形式如图 1-33 所示。

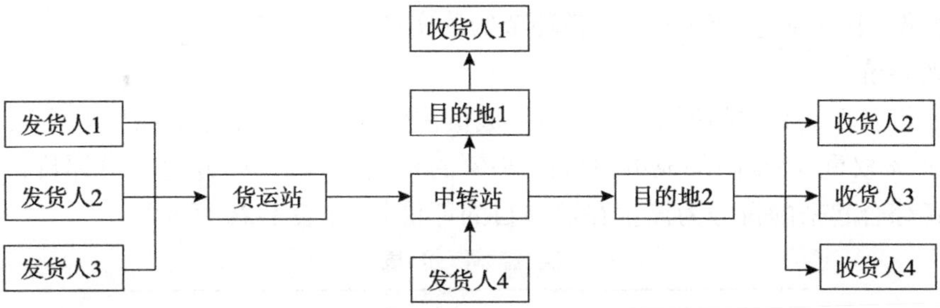

图 1-33　中转式零担班车货运组织图

中转零担车具体组织分为落地法、坐车法、过车法 3 种。

③沿途式零担班车。沿途式零担班车是指在起运站将各个发货人托运同一线路不同到达站且性质允许配装的各种零担货物,同车装运后,在沿途各计划停靠站卸下或装上零担货物再继续前进,直至最后终点站的一种货运班车。其货运组织形式如图 1-34 所示。

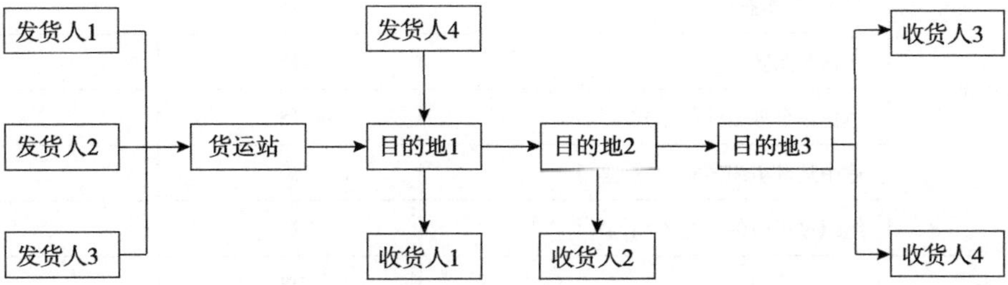

图 1-34　沿途式零担班车货运组织图

在上述3种零担班车运行模式中，以直达式零担班车最为经济，是零担货运的基本形式。这一形式具有无法替代的特点：

a. 避免了不必要的换装作业，节省了中转费用，减轻了中转站的作业负担。

b. 减少了货物在中转站作业，有利于运输安全和货物完好，减少事故，确保质量。

c. 减少了在途时间，提高了零担货物的运送速度，有利于加速车辆周转和物资调拨。

d. 在仓库内集结待运时间少，充分发挥仓库货位的利用程度。

(2)非固定式零担货物运输的组织

非固定式零担货运的完成是通过非固定式零担车的组织来实现的。非固定式零担车是指按照零担货流的具体情况，临时组织而成的一种零担车，通常在新辟零担货运线路或季节性零担货物线路上使用。

任务实施

1. 实训目的

如何合理组织途中运输。

2. 实训内容

(1)熟悉不合理运输的形式；

(2)合理组织运输的要点。

3. 实训步骤

(1)了解道路运输企业运输安全生产标准化的16项指标；

(2)搜集选定参观企业的相关资料；

(3)选择典型的货运企业进行实地查看；

(4)道路运输企业进行组织生产各环节的落实情况。

4. 实训评价

训练评价。方式有教师评价、小组内部成员评价和第三方评分组成员评价三种，建议教师评价占60%权重，小组内部成员评价占20%的权重，第三方评分组成员评价占20%的权重。将三者综合起来的得分为该生在该项目的评价分，如表1-26所示。

实 施 评 价 表 表1-26

考评人		被考评人	
考评地点			
考评内容	途中运输组织要点		
考评标准	具体内容	分值(分)	实际得分
	学习、工作态度	15	
	沟通与团队合作	15	
	掌握不合理运输的形式	15	
	途中运输组织要点	30	
	组织过程中的注意事项	25	
合计		100	

任务六　运输场站管理

法规导入

道路货物运输及站场管理规定(节选)

(2005 年 6 月 16 日交通部发布，2008 年 7 月 23 日第一次修正,2009 年 4 月 20 日第二次修正,2012 年 3 月 14 日第三次修正)

货运站经营管理

第四十二条　货运站经营者应当按照经营许可证核定的许可事项经营,不得随意改变货运站用途和服务功能。

第四十三条　货运站经营者应当依法加强安全管理,完善安全生产条件,健全和落实安全生产责任制。

货运站经营者应当对出站车辆进行安全检查,防止超载车辆或者未经安全检查的车辆出站,保证安全生产。

第四十四条　货运站经营者应当按照货物的性质、保管要求进行分类存放,危险货物应当单独存放,保证货物完好无损。

第四十五条　货物运输包装应当按照国家规定的货物运输包装标准作业,包装物和包装技术、质量要符合运输要求。

第四十六条　货运站经营者应当按照规定的业务操作规程进行货物的搬运装卸。搬运装卸作业应当轻装、轻卸,堆放整齐,防止混杂、撒漏、破损,严禁有毒、易污染物品与食品混装。

第四十七条　货运站经营者应当严格执行价格规定,在经营场所公布收费项目和收费标准。严禁乱收费。

第四十八条　进入货运站经营的经营业户及车辆,经营手续必须齐全。

货运站经营者应当公平对待使用货运站的道路货物运输经营者,禁止无证经营的车辆进站从事经营活动,无正当理由不得拒绝道路货物运输经营者进站从事经营活动。

第四十九条　货运站经营者不得垄断货源、抢装货物、扣押货物。

第五十条　货运站要保持清洁卫生,各项服务标志醒目。

第五十一条　货运站经营者经营配载服务应当坚持自愿原则,提供的货源信息和运力信息应当真实、准确。

第五十二条　货运站经营者不得超限、超载配货,不得为无道路运输经营许可证或证照不全者提供服务;不得违反国家有关规定,为运输车辆装卸国家禁运、限运的物品。

第五十三条　货运站经营者应当制定有关突发公共事件的应急预案。应急预案应当包括报告程序、应急指挥、应急车辆和设备的储备以及处置措施等内容。

第五十四条　货运站经营者应当建立和完善各类台账和档案,并按要求报送有关信息。

法规思考:

1. 货运站规范经营的重要性？

2. 货运站如何加强管理，使其自身及参与的经营者规范经营？

任务分析

任务准备

(1)某货运站的布局图；

(2)近三年完成的运量与周转量情况；

(3)多媒体教室(含可供学生网查资料的电脑、多媒体教学设备、课件和动画等教学资料)。

任务目标

(1)熟悉道路货物运输场站的功能、作用；

(2)分析货运站功能分区，识别货运站布局的优劣；

(3)了解货运站车辆流动轨迹与货流运动轨迹；

(4)能够画出场站的货物流与车流的流动轨迹；

(5)掌握场站管理的要点。

基础知识

一、基本概念

道路货物运输站(场)(以下简称"货运站")，是指以场地设施为依托，为社会提供有偿服务的具有仓储、保管、配载、信息服务、装卸、理货等功能的综合货运站(场)、零担货运站、集装箱中转站、物流中心等经营场所。

知识链接

申请从事货运站经营的条件

来源：道路货物运输及站场管理规定(交通运输部令2012年第1号)

第七条　申请从事货运站经营的，应当具备下列条件：

1. 有与其经营规模相适应的货运站房、生产调度办公室、信息管理中心、仓库、仓储库棚、场地和道路等设施，并经有关部门组织的工程竣工验收合格；

2. 有与其经营规模相适应的安全、消防、装卸、通讯、计量等设备；

3. 有与其经营规模、经营类别相适应的管理人员和专业技术人员；

4. 有健全的业务操作规程和安全生产管理制度。

随着物流概念的兴起和政府、企业对物流的重视，很多货运站场改称物流中心，引起了一些概念混淆。现在大至一个城市或区域的行业的货物周转中心，小至一个生产或运输企业的仓库都被称为物流中心，造成了物流中心的泛滥，而按国家标准定义，真正能被称为物流中心并不多。

那么，应如何申请办理货运站资格呢？

申请从事货运站经营的，应当向县级道路运输管理机构提出申请，并提供以下材料：

(1)《道路货物运输站(场)经营申请表》;

(2)负责人身份证明,经办人的身份证明和委托书;

(3)经营道路货运站的土地、房屋的合法证明;

(4)货运站竣工验收证明;

(5)与业务相适应的专业人员和管理人员的身份证明、专业证书;

(6)业务操作规程和安全生产管理制度文本。

二、主要功能

公路运输货运站的主要功能包括货物的组织与承运、中转货物的保管、货物的交付、货物的装卸以及运输车辆的停放、维护等内容。简易的货运站点,则仅有供运输车辆停靠与货物装卸的场地。

1. 运输组织

运输组织是指进行货物运输市场的管理和站内运力与货流组织及管理。这些货运站场虽然形式规模上差别很大,但其核心业务都是运输组织。具体包括以下职能:

(1)货运生产组织管理。主要包括承运货物的发送、中转、到达等项作业,组织与其他运输方式的换装运输和联合运输及货物的装卸、分发、保管、换装作业,进行运力的调配和货物的配载作业,制定货物运输计划,进行货物运输全过程的质量监督与管理等项工作。

(2)货源组织与管理。货源是运输市场中的基本要素,是货运经营者在市场中竞争的焦点。货运站通过货运生产组织与管理,货源信息和货流变化规律等资料,及时掌握货源的分布、流向、流量、流时等特点,实现货物的合理运输。货运站应加强与物资单位联系、洽商,承揽货运业务,并协助物资单位选择合理的运输方式和运输线路,签订有关运输合同和运输协议,为货运业务的有序运作提供可靠的保证。

(3)运力组织与管理。货运站通过向社会提供货源、货流信息,组织各种类型的车辆从事货物运输,运用市场机制协调货源与运力之间的匹配关系,使运力与运量始终保持相对平衡。

(4)运行组织与管理。根据货流特点确定货运车辆行驶的最佳线路和运行方式,制定运行作业计划,使货运车辆有序运转。

(5)参与货运市场管理。货运站应协同行业管理部门,通过运输管理把货主、货运经营者和公路运输管理部门机构有机地联系起来,运用经济杠杆和有效的管理手段充分满足货主和参营者的需求,促使分散的社会车辆和物流组织化,运输秩序正常化,能源和资金利用合理化。从而达到管理的目的,使货物运输各个环节和储运、装卸工具协调灵活地运转。

2. 中转换装

货运站的货物运输将以集装箱运输和零担货物运输为主要研究对象。因此,货运站不仅要完成公路、水运、铁路集装箱和零担货物运输的中转换装,而且在不同的运输方式、不同企业之间的货物联合运输过程中,必然会产生货物中转换装的需求。所以,货运站应为货物中转和因储运需要而进行的换装运输提供服务。利用货运站内部装卸设备、仓库、堆场、货运受理点以及相应的配套设施保证中转货物安全可靠地完成换装作业,及时地运送到目的地。

3. 装卸储存

货运站应面向社会开放,为货主提供仓储、保管、包装服务,代理货主销售、运输所仓储的货物,并在货运站场内进行各种装卸搬运作业,以利于货物的集、疏、运。

4. 业务代理

汽车货运站除从事公路货物运输外,还应与其他运输方式开展联合运输,充分发挥各种运输方式的特点和优势,逐步完善综合运输体系。货运站应通过交通信息中心和自身的信息系统,与其他运输方式建立密切的货物联运关系,协调地开展联合运输业务。

运输代理是指货运站为其服务区域内的各有关单位或个体,代办各种货物运输业务,为货主和车主提供双向服务,选择最佳运输线路,合理组织多式联运,实行"一次承运,全程负责"。达到方便货主,提高社会效益和经济效益的目的。

5. 信息服务

建立通信信息中心,通过互联网及现代通信设施,使货运站与该地区有关单位,乃至与周围省、市,以及与全国各省、市、区的路货运站场形成信息网络,从而获取和运用有关信息,进行货物跟踪、仓库管理、运输付款通知、运费结算、托运事务处理、发货事务处理和运输信息交换等。通过网络系统,使货运站与港口、码头等交通设施有机联系,相互衔接,实现联网运输与综合运输。同时面向社会提供货源、运力、货流信息和车、货运配载信息等服务。

6. 综合服务

货运站除开展正常的货运生产外,还应提供与运输生产有关的服务。如为货主代办报关、报检、保险等业务;提供商情信息等服务;开展商品的包装、加工、展示等服务;代货主办理货物的销售、运输、结算等服务。另外,还应为货运车辆提供停放、清洗、加油、检测和维修服务;为货主和司助人员提供食、宿、娱乐服务等。

三、货运站分类

1. 按照运输方式

货运站场可分为:公路货运站、铁路货运站、空运货运站及水运的货运场所——港口、码头,管道运输的中转场——中间站,航空运输的机场一般为客货兼营,在机场内设有货运场站;

2. 按货运站的功能划分

(1)集装箱货运站(Container freight sta-tlon,简称 CFS),是拼箱货物拆箱、装箱、办理交接的场所。

(2)配载中心、物流中心,是为空车和轻载车寻找合适货物的场所。

(3)零担货运站,是经营零担货物运输的服务单位和零担货物的集散场所。这些货运站场虽然形式规模上差别很大,但其核心业务都是运输组织。

在 5 种交通运输方式中,通常意义的货运站主要有汽车货运站(也称公路货运站)和铁路货运站两种,这两种货运站处理货物周转量较大。

四、汽车货运站及其选址

汽车货运站有时也称为汽车站或汽车场,其主要任务是安全、方便、及时地完成公路货物运输生产任务。汽车货运站站址应符合公路主枢纽总体布局规划和所在地区货运站(场)发展规划。

1. 选址时应遵循的原则

(1)符合城镇总体布局规划。

(2)与综合运输网合理衔接,便于组织多式联运。

(3)靠近较大货源点,并适应服务区域内的货运需求。

(4)尽量利用现有设施,并留有发展余地。

(5)具备良好的给排水、电力、道路、通讯及良好的地质条件等。

2. 汽车货运站选址步骤

(1)收集城镇、路网、国土等有关规划和运输统计、站区内水文地质等有关资料。

(2)确定汽车货运站的服务范围和功能。

(3)测算设计年度货运站的生产规模和占地面积。

(4)根据站址选择原则,提出若干货运站站址备选方案。

(5)对备选站址进行现场勘查。

(6)经方案比选,确定货运站站址。

知识链接

汽车货运站的分级(节选)

申请一级、二级汽车货运站,一级、二级汽车零担货运站,一级、二级、三级集装箱中转站,由县级以上道路运输管理部门逐级初审,市交通运输主管部门签署意见,省交通运输厅道路运输管理局审核,报省交通运输厅审定。申请三级、四级汽车货运站,三级汽车零担货运站,四级集装箱中转站,由县级道路运输管理部门初审,县级交通运输主管部门签署意见,市级道路运输管理部门审核,市交通运输主管部门审定。

一级:年换算货物吞吐量 600×10^3t 及以上。

二级:年换算货物吞吐量 $300\times10^3\sim600\times10^3$t。

三级:年换算货物吞吐量 $150\times10^3\sim300\times10^3$t。

四级:年换算货物吞吐量不足 150×10^3t

3. 汽车货运站布局

(1)根据货运站的功能和生产规模统一布局,并结合货运业务的实际情况突出重点,分期实施。在布局中要优先考虑生产区域,重点是确保库、场位置。分期实施的建设项目,应考虑分期建设过程中相互的衔接要求。

(2)与现有设施的改造利用相结合,减少用地和节约投资。

(3)按货运业务不同,分区设置相应设施,并具有合理生产关系,生产设施、设备要符合生产工艺的要求。危险货物的储存与作业应在相对独立的专门区域内进行。

(4)站内道路统一规划,合理利用,使站内车流、货流、机械流、人流便捷通畅,互不干扰。

(5)符合国家和当地政府现行的安全、消防、环保等有关规定。

4. 汽车货运站设施组成

(1)生产设施:业务办公设施;库(棚)设施;场地设施;道路设施。

(2)生产辅助设施:维修维护设施;动力设施;供水供热设施;环保设施。

(3)生活辅助设施:食宿设施;其他服务设施。

知识链接

对汽车货运站建设管理的建议

亿博物流咨询专家杨华指出，大部分汽车货运站空间布局分布不合理，货运站场总体处于功能单一、设施简陋、分散弱小无序状态。货运市场的无序竞争又给货运站场带来严重冲击，出现了“有车无站，有站无货”现象，同时作为政府管理部门只重视货运站场的商品性，忽视了社会性、公益性；货运站进入门槛地、办理手续不全，管理不规范；提供的服务单一，且服务素质普遍偏低；法制建立不完善等。

1. 合理规划道路货运站场

从空间上划分为中心区、过渡区和发展区。不同区域采取不同的产业政策，促进道路货运业的协调有序发展。采取限制中心区、改造过渡区，促进过渡区货运市场健康发展，推动中心区道路货运业逐步向发展区转移的办法，以务实可行政策，保证规划的合理科学。

同时制定具有货运枢纽功能的站场建设地方标准，引导建设集货运站、仓储、信息交流、货运交易、停车等功能为一体的道路货运枢纽。

2. 建立多渠道道路货运站场投资融资体制

道路货运站场建设目前最大的制约因素是资金问题，因此需要采取多种渠道的投资方式，有效地筹集建设资金，缓解道路货运站场建设的资金压力。应本着投资与收益对等、经营机会与经营风险对等的原则，拓宽运输站场建设投资渠道。可考虑采取以下几种投资融资方式：国家投资、地方筹资、社会集资、利用外资等多元化投资渠道，特别要运用市场机制，在民间集资、项目引资、存量转换、市场融资等方面加大力度。

3. 优化布局调整

合理设置城区批发市场货运代办点，发挥市场的货运服务功能。按照“合理布局、总量控制、满足需求、纳入管理”的思路，通过在城区商品批发市场设立货运代办点，使城区内外长短途货运实现有效衔接，满足城区商品批发市场货物集散的需求。

4. 停车场

停车场（库）的主要功能是停放与保管运输车辆，另外大型停车场还具有车辆维修、加油等功能。停车场内的平面布置要方便运输车辆驶入、驶出和进行各类维护作业，多层车库或地下车库还需设有斜道或升降机等，以便车辆进出。

任务实施

1. 实施目的

了解公路货物运输场站的合理布局的意义。

2. 实施内容

熟悉公路货物运输场站的规划布局与功能分区。

3. 实施步骤

（1）以组为单位完成公路货物运输场站的实地调研；

（2）绘制货运站功能分区布局图；

(3)各组将调研的过程及所调研的场站情况做成 PPT 进行汇报。

4. 实施评价

训练评价的方式有教师评价、小组内部成员评价和第三方评分组成员评价 3 种,建议教师评价占 60% 权重,小组内部成员评价占 20% 的权重,第三方评分组成员评价占 20% 的权重。将三者综合起来的得分为该生在该项目的评价分,如表 1-27 所示。

实施评价表 表 1-27

考评人		被考评人	
考评地点			
考评内容	货运场站的实地调研		
考评标准	具体内容	分值(分)	实际得分
	学习、工作态度	15	
	沟通与团队合作	15	
	公路货物运输场站的功能分区	15	
	公路货物运输场站的布局	25	
	公路货物运输场站的布局描述	30	
合计		100	

任务七 运输安全管理

案例导入

1. 事故经过

2014 年 7 月 19 日凌晨 3 时左右,沪昆高速湖南境内邵怀段 1309km 处发生的两车相撞引发爆燃。事故共造成 5 车烧毁,被烧毁的 5 台车辆分别为闽 BY25 × × 大客车(所有人为福建省莆田汽车运输有限城厢分公司,核载 53 人)、粤 F080 × × 号三菱小客车(驾驶员和乘客共 2 人)、湘 A3Z7 × × 号厢式货车(装载疑似酒精易燃品,装载物品已经全部烧尽,驾驶员和乘客共 2 人,已遇难)、湘 A982 × × 号大货车和赣 E389 × × 号大货车。

2. 事故原因

(1)运输危化品的小货车为非法改装、伪装小客车,非法营运(载有的疑似易燃物已确认为乙醇,共计 6.52t);

(2)闽 BY25 × × 大客车没有接驳运输,停车休息没有落实(福建省交通运输管理局的信息显示,涉事车辆闽 BY25 × × 大客车出事前回传的 GPS 信号中,客车 2014 年 7 月 18 日上午 8 时从福建莆田出发,当天 23 时左右进入湖南,凌晨 2 时 56 分车速降为 0。客车途中没有超速,约 19h 中,只休息了 3 次,累计 64min。而按要求,这趟车即便全在白天行驶,按 4h 休息一次的要求,至少也应休息 4 次或以上)。

(来源:百度百科)

案例思考:

1. 安全是运输业发展的命脉,必须放在至关重要的位置。

2. 运输企业如何遵守从业的相关法律规定?

3. 驾驶员应该怎样落实驾驶操作规程？

任务分析

任务准备

(1)运输任务可能涉及驾驶员、车辆及所运行区域的道路及天气情况的资料；

(2)商务事故与交通事故案例；

(3)多媒体教室(含可供学生网查资料的电脑、多媒体教学设备、课件和动画等教学资料)。

任务目标

(1)熟悉运输安全的影响因素；

(2)能够合理地进行车辆的安排调度,以提高运输的安全性；

(3)掌握运输企业可控的驾驶员及车辆的情况；

(4)了解提高运输行业管理的途径。

基础知识

一、影响道路运输安全的主要因素

人、车、路、环境、管理对运输安全都有影响,其中任何因素出现问题,都将影响运输的安全。

1. 人员因素

人员因素是影响道路交通安全的最关键因素,包括驾驶人、行人、乘客等。

(1)驾驶员行驶经验不足。一些驾驶员对车速及车辆之间安全距离把握不准,致使追尾相撞。

(2)安全行车意识和法律意识淡薄。我国货车驾驶员年龄普遍偏低,文化程度也偏低,部分法律意识淡薄,爱开超速车或抢超抢会车,安全意识差,且没有形成良好的行驶习惯。

(3)疲劳驾驶。由于运输成本、经济利益以及某些地方对货车运行时间的限制等原因,驾驶员为了赶时间或追求经济利益,超负荷行驶情况普遍存在。

(4)驾驶员情绪不稳定。由于家庭矛盾或因某事有后顾之忧而造成的精力分散、情绪波动。

2. 车的因素

车辆具有良好的行驶安全性,是减少交通事故的必要前提。车辆的行驶安全性包括主动安全性和被动安全性。

车的因素包括车辆自身性能和车辆行驶速度。高速公路车辆行驶速度快,所以要求车辆性能和状态应良好。据调查我国某高速公路大小车比例为35∶65。大小车车速的速度差大,从图1-35可以看出,大小车速度差可以达到20km/h。车辆之间相互干扰严重,驾驶员不能很好把握车辆之间的安全距离,难以控制制动距离,对交通安全影响很大。

货车超载、超限是影响运输安全的另一个因素。我国货车普遍存在超载、超限运输问题。超载严重影响车辆的安全性能,车辆紧急制动惯性大,则制动距离延长从而导致交通事故。同时超载、超限对车辆自身机械损耗也很大,导致在正常的保修期限内,车辆提前损坏,出现制动失灵、机械故障等,从而引起意外交通事故。如果再超速则更危险。

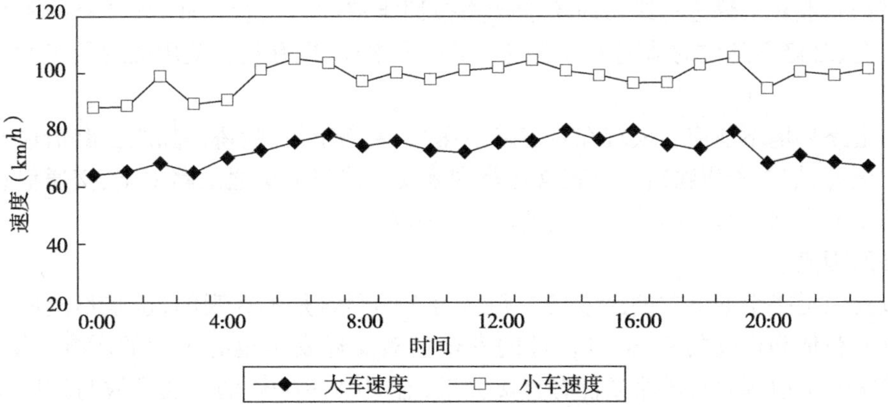

图 1-35　某高速公路 24h 车速分布

(1)车的数量。我国已快速进入汽车社会。根据公安部提供的数据,截至 2013 年年底,中国汽车保有量达 1.37 亿辆,是 2003 年的 5.7 倍。如图 1-36 所示。

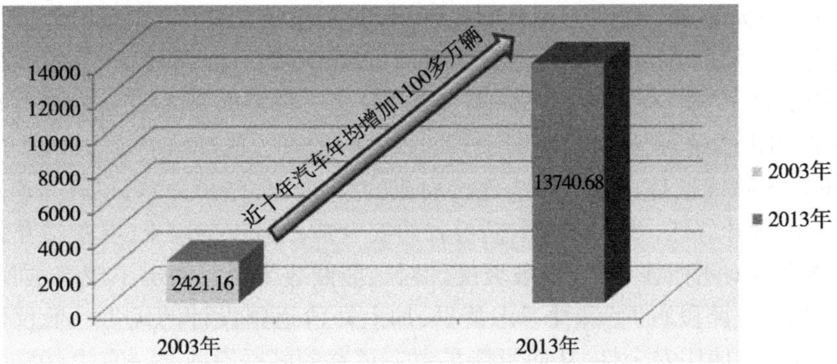

图 1-36　2013 年与 2003 年汽车保有量对比(单位:万辆)

随着经济社会的发展,汽车快速进入千家万户,近 10 年汽车年均增加 1100 多万辆。而 2013 年更是同比增加 1651 万辆,增长了 13.7%,我国已快速进入汽车社会。

知识链接

中国机动车保有量已达 2.64 亿辆

(来源:中国政府采购报　时间:2014 年 12 月 5 日)

公安部交管局近日公布的数据显示,中国民用机动车保有量已达 2.64 亿辆,其中汽车 1.54 亿辆,汽车数量仅次于美国居世界第二位。目前中国汽车保有量占世界汽车总量的 15%。

(2)车的技术状况。车辆技术状况好坏也是造成事故的主要因素。车辆技术性能的好坏,是直接影响道路交通安全的重要因素,主要表现在:

①车辆技术性能达不到规定的要求和标准,未能及时进行二级维护和检修。

②未能及时按要求对车辆的制动系统、电器等主要部件进行检修,造成失灵。

③车辆超载、超高、超宽、改型、货物装载不牢固。

④维修企业对车辆进行维修时不能严格按照维修项目进行作业，该维修的不维修。在手续不齐全、维修不到位的情况下签发竣工出厂合格证，更有甚者使用假冒伪劣配件对车辆进行维修。

⑤对道路环境不适应。表现在对道路不熟悉，突遇窄桥、险桥。加之公路沿途两边群众的交通意识差，堆放障碍物给车辆正常运行带来安全隐患或交通道路复杂、交通信息的影响和不可抗拒的自然灾害影响等所造成的不安全因素。

3. 路的因素

导致我国道路交通事故的因素仅仅归结为人的因素是不客观的，也是不全面的。道路作为车辆的载体和行驶的基础，其设计的安全性对交通安全也有很大的影响。据统计，有10% ~20% 的交通事故与道路条件有直接关系，有 50% ~60% 的交通事故与道路条件有间接关系。所以应该客观地分析道路本身的条件对交通安全的影响。主要影响因素：

(1)路面。路面抗滑性能、平整度、破损程度等对交通安全都有影响，其中最重要的是路面的抗滑性能。路面的摩擦系数直接影响车辆的行驶稳定性和制动性能。据统计路面湿润时发生的事故是干燥路面的 2 倍降雪时是干燥路面的 5 倍，结冰时是干燥路面的 8 倍。

(2)视距。作为道路几何线形设计的关键因素，对道路交通安全有着至关重要的影响。为了行车的安全。驾驶员应能随时看到汽车前面相当远的一段路程，一旦发现前方路面上有障碍物或迎面来车，能及时采取措施，避免相撞，这一必需的最短距离称为行车视距。其主要包括停车视距、会车视距、超车视距。

(3)线形。道路线形是直线和曲线连接而成的空间立体线形形状，也就是道路中心线的空间描绘。它的设计好坏，严重影响车辆行驶的安全性。但长期以来，有关道路设计规范只对某些技术指标，如：平曲线半径、纵坡坡度、坡长、竖曲线半径等做出了规定，而对平面与纵面线形组合(如弯坡路段)的特殊性考虑甚少，加上评价道路设计的优劣一般仅论其工程质量和造价，很少论其使用安全性，从而可能导致在道路的某一段或某一点上经常发生交通事故，即形成多发事故段或多发事故点。

(4)交叉口。交叉口是普通道路与道路的交叉点，是道路的重要组成部分。而交通流的中断主要发生在交叉口，这也是交通事故的主要发源地。据国外的统计资料，日本发生的交通事故有 60% 左右与交叉口有关，美国的交通事故有 50% 以上发生在交叉口。应如何进行交叉口的设计，使不同行驶方向的车辆顺着规定的方向行驶，这样行人和驾驶员都容易辨认相互的行驶方向，提高通行秩序，从而减少交通事故，提高交叉口安全水平。

知识链接

2013 年交通运输行业发展统计公报(节选)

截至 2013 年末，全国公路总里程达 435.62 万 km，比上年末增加 11.87 万 km。公路密度为 45.38km/百 km^2，提高 1.24km/百 km^2。公路养护里程 425.14 万 km，占公路总里程 97.6%，提高 0.4 个百分点。具体如图 1-37 所示。

全国等级公路里程 375.56 万 km，比上年末增加 14.60 万 km。等级公路占公路总里程 86.2%，提高 1.0 个百分点。其中，二级及以上公路里程 52.44 万 km，增加 2.25 万 km，占公路总里程 12.0%，提高 0.2 个百分点。具体如图 1-38 所示。

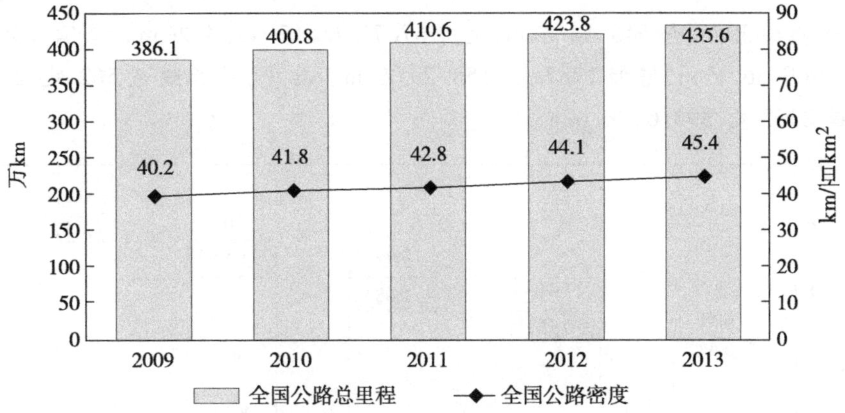

图 1-37　2009 ~ 2013 年末中国公路里程及密度图

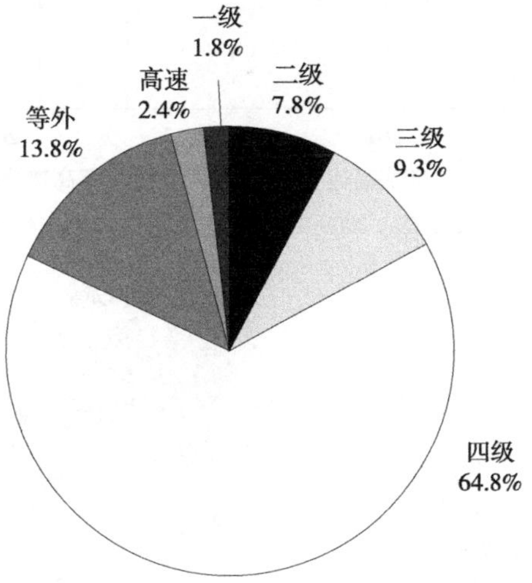

高速	一级	二级	三级	四级	等外
10.44	7.95	34.05	40.70	282.41	60.07

图 1-38　2013 年中国各等级公路里程构成图(计量单位:万 km)

各行政等级公路里程分别为:国道 17.68 万 km(其中普通国道 10.60 万 km)、省道 31.79万 km、县道 54.68 万 km、乡道 109.05 万 km、专用公路7.68万 km,比上年末分别增加 0.35 万 km、0.58 万 km、0.73 万 km、1.39 万 km 和 0.31 万 km。

全国高速公路里程达 10.44 万 km,比上年末增加 0.82 万 km。其中,国家高速公路 7.08 万 km,增加 0.28 万 km。全国高速公路车道里程 46.13 万 km,增加 3.67 万 km。具体如图 1-39 所示。

全国农村公路(含县道、乡道、村道)里程达 378.48 万 km,比上年末增加 10.64 万 km,其中村道 214.74 万 km,增加 8.52 万 km。全国通公路的乡(镇)占全国乡(镇)总数99.97%,其中通硬化路面的乡(镇)占全国乡(镇)总数 97.81%、比上年末提高 0.38 个百分点;通公路的建制村占全国建制村总数 99.70%,其中通硬化路面的建制村占全国建制村总数 89.00%、提高 2.54 个百分点。具体如图 1-40 所示。

全国公路桥梁达 73.53 万座、3977.80 万 m,比上年末增加 2.19 万座、315.02 万 m。

其中,特大桥梁3075座、546.14万m,大桥67677座、1704.34万m。全国公路隧道为11359处、960.56万m,增加1337处、155.29万m。其中,特长隧道562处、250.69万m,长隧道2303处、393.62万m。

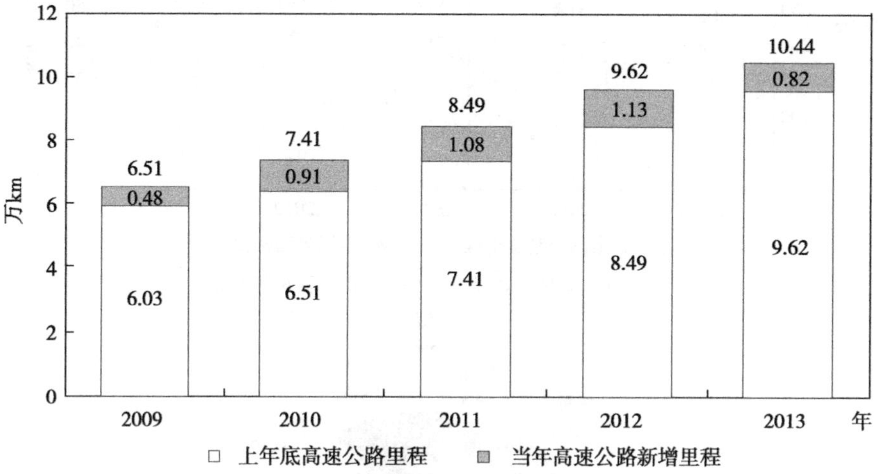

图1-39　2009－2013中国高速公路通车里程图

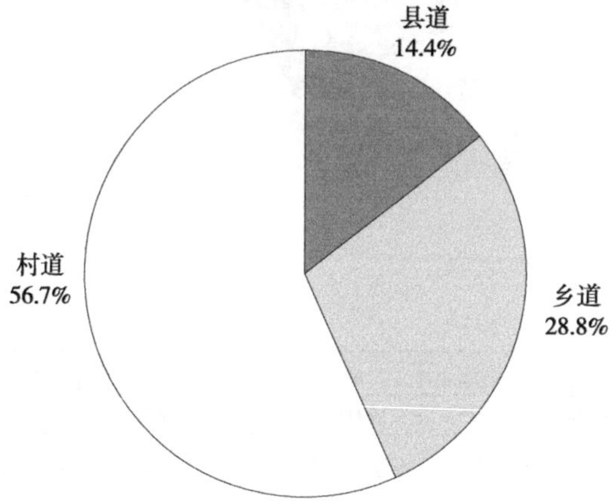

图1-40　2013年中国农村公路里程构成图

4. 环境因素

道路环境包括路侧安全设施设置(如护栏、标志、诱导设施等)、路侧固定物(如紧急电话、广告牌等突起物)、沿线景观和自然条件下的道路状况等。

交通标志、标线是道路交通法规的组成部分,是交通管理的重要手段,对交通安全有重要的影响,标志、标线的合理设置不仅能提高道路的通行能力,而且能保证车辆安全的运营。与国外相比,我国标志的设计及设置有些地方还不很合理,例如,某些标志版面、版式的易读性较差。图1-41所示为中、美两国某高速公路出口1 mile和1 km预告标志,显然美国的标志版面设计在对驾驶员诱导性上比较清楚。通过对某高速公路货车驾驶员调查,近30%认为标志不合理。尤其在雨、雪、雾等恶劣天气道路能见度低,极大地影响道路安全。

5. 管理的因素

管理是影响道路交通安全工作的重要因素之一,科学健全和统一高效的道路安全管理体制是减少事故，防患于未然的必要条件。

由于管理部门之间的不协调，交通拯救方面分工不明，事故发生后不能及时处理而导致二次交通事故。对车辆超速、超载、超限等管理不能进行有效控制。监控预警系统、紧急事件管理系统、交通事件自动检测系统(AID)等与国外相比还有很大的差距。

图 1-41　美国与中国交通标志对比

二、提高安全管理的措施

道路运输安全管理，关系到公众的安危应提升道路运输行业的安全管理水平。

1. 把“三关一监督”落到实处

(1)严把市场准入关。道路运输管理部门是道路运输市场准入制度落实的关键，关键严把市场准入关。在经营资格的审定过程中，加强对客、货、维、驾培四大市场的管理，要把运输经营者的安全生产条件作为市场准入和确定经营范围的重要依据。确保辖区内运输经营者经营资格全部达到规定条件，建立健全各项安全生产管理规定和制度，并按规定安装 GPS 或北斗定位系统及配备灭火器等，核发经营许可证和营运手续。

(2)严把营运车辆技术状况标准关。严格落实执行车辆技术等级评定制度和营运车辆定期维护综合性能检测制度，强化二级维护，并要求维修企业对维修车辆按合同要求建立单车维护档案，做到一车一档案，确保车辆技术状况良好，减少车辆因技术故障原因而造成的事故。

(3)严把从业人员资格审查关。严格落实营运驾驶员从业资格制度，运管部门要不断地督促检查运输企业，落实营运驾驶员和从业人员持证上岗情况，确保营运驾驶员 100% 持证上岗。同时对临时更换司乘人员要严把资格审查关，确保安全驾驶。

(4)做好道路运输经营单位的安全监督检查。首先严格监督运输企业、汽车客货运站安全，从源头抓安全，大力加强道路运输安全立法治本、源头治本、政策治本力度，着力推进道路运输安全生产规范化、制度化建设。

(5)严格落实事故责任追究和事故报告制度。对于承包辖区发生的事故，要按照落实“四不放过”的原则，对出现的不安全因素和交通事故认真调查并形成处理意见，总结出发生事故的原因、经验和教训。

2. 加强全员业务学习，提高安全管理水平

道路运输行业的运管部门在交通安全管理方面的主要职责如下：

(1)加强对安全管理人员和企业从业人员的安全技能和岗位业务培训，必须每年进行一次系统的业务学习，掌握道路交通安全知识和交通事故发生的原因及预防措施。

(2)要求各运输企业的安全管理工作人员和从业人员必须持证上岗。通过培训合格人员颁发从业人员上岗证。

(3)加强对行业安全管理和从业人员安全宣传教育。认真组织学习行业安全管理的方针政策，学习安全管理知识，通过不断的学习使人人提高业务水平，人人讲安全、处处想安全的安全氛围。

3. 认真开展安全教育和警示教育

安全管理重在于教育，特别是企业要经常性开展形式多样的安全教育活动，要充分利用墙报、板报标语和各个时期出现的各类重特大交通事故，进行宣传和警示教育，企业每月最少要召开一次由驾驶员（也可邀请家属）、经营者参加的安全例会制度，将国家的安全方针、政策、交通法规、安全常识，规章制度等贯穿于教育之中强化全员的安全意识。

4. 强化监督管理

抓好道路运输安全管理工作，就必须强化行业监管和加大对企业的监督检查。

（1）要遵循管行业必须管安全，管生产必须管安全的原则，围绕“三关一监督”，实行企业责任主体，政府监管主体的管理体制，建立制度明确、制度完善、考核严谨的安全生产管理责任机制，强化监管力度，明确企业法人是安全生产第一责任人，其他领导和工作人员实行“一岗双责”制度（既对分管的业务工作负责，又对分管业务范围内的安全生产工作负责），责任到人，形成上下结合，左右配合，齐抓共管的安全氛围和安全体系。

（2）开展经常性的执法督查检查，形成严密的监管网络，对发现的问题和隐患，及时限期整改，落实责任，明确人员督办一抓到底。

（3）要加强对道路运输企业的安全监督检查，行业管理部门要做到每年不少于四次的安全检查，重大活动、春运、“五一”、“十一”要加大检查督查力度，做到安全生产着重一个“防”、落实一个“督”，强化一个“严”。

5. 建立健全安全管理制度

根据企业性质合理设置安全管理岗位，制订安全管理制度，必须建立客、货、维各项安全管理制度和各项管理档案，各单位可根据实际，建立一套安全管理制度和安全防范体系。

6. 建立车辆安全例行检查制度

按照汽车营运车辆安全例行检查项目及要求进行安全例行检查，并采取相关措施防止不检查或漏检的车辆出站运行，具体开展的工作如下：

（1）指定专门的安全例检人员，制定检验方法和相关技术标准，并经汽车货运站考核合格；

（2）设置专门的检查场地，配备汽车安全检验台及必要的仪器、设备；

（3）严格填写车辆安全例行检查表，对符合要求的车辆，安全例检人员应当填写车辆安全例行检查表，经安检人员签字，加盖汽车客运站安全例行检查印章后，出具“安全例检合格通知单”，“通知单”24h 有效，车站调度部门在调度车辆时，应当对其“通知单”进行检查，确认完备有效后才能准予报班。同时应当建立出站检查制度，对出站口要检查“安全例检合格通知单”行驶证、运输证、从业资格证、驾驶证等。检查合格后应当在出站登记表上进行登记并经受检车辆驾驶员签字确认。

7. 落实“奖惩机制”

道路运输管理机构和道路运输经营单位，应按照道路运输安全的“奖惩机制”要求，认真做好道路运输安全，把薄弱环节抓实抓好，在奖惩方面，要建安全生产保障金，特别要在安全生产设施购置和维护、检查、评价、教育培训、应急救援演练、事故的抢险救灾和善后处理工作等方面加大资金的投入，把奖惩机制落到实处。

道路交通运输业是国家经济发展的重要支柱，道路运输是一个动态管理，只有在运行中不断总结经验，不断提升安全管理水平，才能有效地减少重大特大交通事故。只有把安全工作列入各项工作的重中之重及各级领导的议事日程，常抓不懈，做到人人讲安全、天天讲安全，月月讲安全，使每个驾驶人员，从业人员对安全管理工作做到警钟长鸣，只有这样，才能不断提升道路运输行业安全管理水平，才能使道路运输安全管理工作向有序化方向发展，才能确保体现安全和谐社会的发展。

任务实施

1. 实施目的

了解道路运输安全的影响因素及预防措施。

2. 实施内容

主要分析运输企业的可控因素。

3. 实施步骤

(1)收集道路交通事故的相关案例；

(2)分析道路交通事故的原因；

(3)提出企业应采取的主要预防措施。

4. 实施评价

训练评价的方式有教师评价、小组内部成员评价和第三方评分组成员评价 3 种，建议教师评价占 60% 权重，小组内部成员评价占 20% 的权重，第三方评分组成员评价占 20% 的权重。将三者综合起来的得分为该生在该项目的评价分，如表 1-28 所示。

实 施 评 价 表 表 1-28

考评人		被考评人	
考评地点			
考评内容	道路交通事故的收集、分析与预防		
考评标准	具体内容	分值(分)	实际得分
	学习、工作态度	15	
	沟通与团队合作	15	
	案例收集的典型性	15	
	分析道路交通事故的原因	25	
	提出企业应采取的主要预防建议	30	
合计		100	

任务八　货物到达交付与商务事故处理

案例引入

轮毂变形保价 5600 元　德邦只愿赔 100 元

(转载自万联网)

2014 年 3 月 13 日，卢女士向青年报“老罗帮你忙”互动维权栏目热线投诉称，2014

年1月，她从淘宝网上以5600元价格购买4个宝马X6汽车改装轮毂，付款发货，收到货后，因型号不匹配，与淘宝网沟通后无理由退货。保价5600元由德邦物流运回去后，一个轮毂变形，德邦只愿赔100元。

卢女士说，这次继续选择德邦，将那四个轮毂，从她所在地青海省西宁市退回淘宝上网店所在地的广州。2月11日，她按德邦要求给货物打了木架，每个包好两个一组放了进去，为确保4个轮毂安全退给网店卖家，她在付完298元运费并保价5600元后，还再三向德邦强调必须确保货物安全无损抵达目的地。

"打木架费、运费、保价费，各项费用加在一起，我付了750元——比网店原来发来时贵了500元。"卢女士说，"为安全只能这样"，结果，2月24日，网店收到退货后发现4个轮毂中的一个变形了。

卢女士告诉记者，被告知如此情形后，她当即与德邦物流商量，让网店提走3个未变形的轮毂留下那个已变形轮毂，由送货员实事求是配合办理异常签收后，她再凭保价单向德邦物流索赔，被拒绝。

"他们给我发图片说我是骗子，我打德邦客服电话投诉，对方让我等待。"卢女士说，等待中她得到的一种答复是：德邦规定只要货物外包装完好概不理赔，此次运送后，虽然一个已轮毂变形，但外包装没有变形，只能赔偿100元。"现在我的货发到广州没人管，东西放在那里退不回来，钱也拿不到，而德邦的回复只是一味地请你等，我们联系，货运部回复：不理赔，你爱怎样就怎样"。

任务分析

任务准备

(1)货物到达交付方式的体验经历；

(2)当货损发生时与客户的沟通方式；

(3)多媒体教室(含可供学生网查资料的电脑、多媒体教学设备、课件和动画等教学资料)。

任务目标

(1)熟悉货物到达交付的常见方式；

(2)分析货物到达交付方式的特点；

(3)掌握常见商务事故运输责任的划分。

基本知识

一、货物到达作业

1. 基本概念

货物到达作业是指在到达站发生的各项货运作业。到达作业主要包括验货、票据交接、货物卸车、保管和交付及运输费用的最后结算等作业内容。

到达作业涉及的岗位人员有：运输经理、运输业务主管、车辆调度、驾驶员、客服人员、押运员、统计结算员等。

2. 主要流程

货物运抵目的地时，驾驶员应向收货人交清货物。

（1）通知接货。货物快要运达承、托双方约定的地点前，提前通知收货人，做好接收货物准备。如安排卸货地点、货位、行车道路、卸车机械等。

知识链接

站车交接的注意事项

站车交接即站点与承运车辆，依据零担货物装车清单办理交接手续，按交接清单有关栏目，在监装/卸时逐批点交，逐批接收。交接完毕后，由随车理货员或驾驶员、监卸人员（现场业务员）在交接清单上签字。然后将随货运输单据传递给相关人员，如调度或单据管理人员，最后调度在信息系统上进行货物交接操作，确认交接完毕。可以概括为货物、单据、信息。

（2）卸车前检查。在车辆到达卸货地点后，驾驶员会同运输企业现场业务员、收货人员检查车辆装载有无异常，如封志或有关标志无异常则开始卸车，若发现异常，应在随货同行的托运单或送货计划单上进行备注、拍照后再开始卸车。

知识链接

到站卸货注意事项

零担班车到站时，站点现场业务人员应向随车理货员或驾驶员索阅货物交接清单以及随附的有关单证，两者要注意核对，如有不符，应在交接清单上注明不符情况。还要检查车门、车窗及敞车的篷布覆盖、绳索捆扎有无松动、漏雨等情况，确认货物在运送过程中的状态和完整性，以便在发生货损货差时划清责任并防止误卸。

（3）验收签单。卸货时应根据托运单或送货计划单所列的项目与收货人点件（包装货物）、监秤记码（散装货物）或凭封志（施封货物）交接。如发现货损货差，则应在托运单或送货计划单上备注货损情况、拍照留存，按发货人指示处理货物并在运输单据上进行备注。

货物交接完毕后，要求收货人在运输单据上签字盖章，收回签收返回联单据，由司机带回上交给统计结算员，作为结算运费的凭证。收货人留存联单据交给收货人。

知识链接

签 收 回 单

签收回单是指在我国国内公路货物运输中，当承运人将货物运达收货人处时，托运人要求由收货人签字确认后的“道路货物运单”再返回托运人处的一种合作条款。

货到终点站的注意事项有：

零担货物到站卸货验收完毕后，到达本站已是终点的货物，应登入零担货物到货登记表,并迅速以到货通知单形式或电话形式发出通知,催促收货人提货,同时将通知的方式和日期记入货物登记簿内备查。对合同运输单位的货物,应立即组织送货上门。

收票交货是零担货物运输的最后一道工序。货物交付完毕,收回货票提货联(签单),货物运输的责任才告结束。

(4)运费结算。若为到付运费,货物交付后向收货人收取到付运费;若为预付运费,则在受理阶段向发货人收取;若为凭签单付运费,统计结算员应定时或每月将收货人签收返回联单据分类汇总,编写运费结算申请单,凭收货人签收返回联单据和运费结算申请单向发货人请求运费结算。

知识链接

收票交货的注意事项

(1)不得白条提货,信用交付。

(2)凭货票提货联交付,由收件人在提货联上加盖与收货人名称相同的印章并提供有效身份证件交付。

(3)凭到货通知单交付的,由收货人在到货通知单上加盖与收货人名称相同的印章并验看提货经办人有效身份证件,在货票提取联签字交付。

(4)凭电话通知交付的,凭收货单位提货介绍信经站点认可后,由提货经办人在货票提货联上签字交付。

(5)委托其他单位代提的,应有收货人盖有相同印章向车站提出的委托书,经站点认可后,由代提单位在货票提货联上签章交付。

(6)零担货物交付时,应认真核对货物品名、件数和票签号码。如货件较多,要取货后集中点交,以免差错。

(5)客服跟踪。客服人员跟踪每次货物的运送情况,收集发货人和收货人对本次运输服务的评价意见,并将这些信息向运输主管反馈。到货计划流程如图 1-42 所示。

3. 货物到达交付的注意事项

(1)到达目的城市后,如果是第一次送该点的货,建议驾驶人员或送货人员通过电话先联系收货人,确认准确的卸货地点。因为有时候,托运单上的地址不一定准确(往往是收货人的地址,而非卸货地)。

(2)送货人员要注意周六、周日、节日、晚间等特殊时间的卸货问题,同时也要注意卸货点是否允许货车通行,这点很重要。

(3)车辆装运货物抵达卸车地点后,收货人或车站货运员应组织卸车。卸车时,对卸下货物的品名、件数、包装和货物状态等应做必要的检查。

(4)货物交接是到达作业最重要的内容,对包装货物要"件交件收",点件清楚;散装货物尽可能做到"磅交磅收",计重准确;施封货物如集装箱凭铅封点交。

(5)货物运到交货地点,承运人应立即请收货人查验签收,之后,运输任务履行完毕。如发现有货损、货差情况双方交接人员应作详情记录,并签章确认、交货。收货人不得因此拒收。货物交接时,承、托(或收货人)双方中的任何一方,如对货物质量或内容有异议,均可提出查验与复磅要求。如有不符,应确定责任方,按有关规定处理。因此而发生的费用由责任方负担。

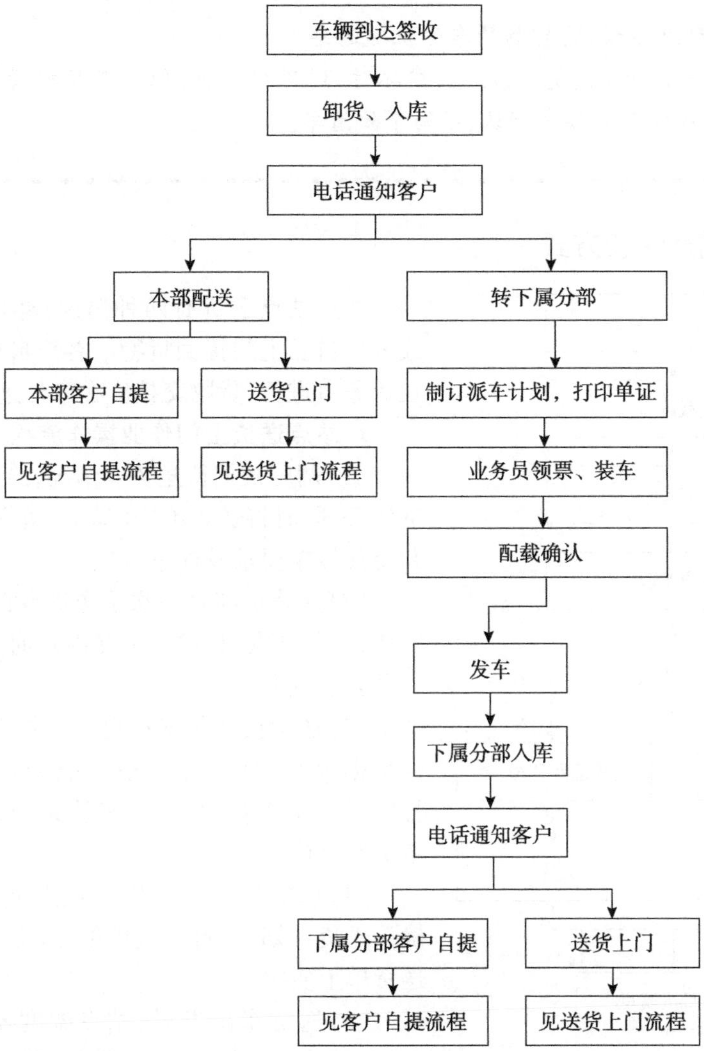

图 1-42　到货计划流程图

(6)当运达到站的货物无人接收时,承运人一方面应妥善保管货物,另一方面要积极查找货主。

知识链接

票货不符的处理

运输车辆到站后,由现场业务人员检查货物情况,如无异常在交接单上签字并加盖业务章。如有异常情况发生,则应采取相应措施处理。发现票货不符时,按下列原则处理。

(1)有单无货,双方签注情况后,在交接单上注明,原单返回。

(2)有货无单,确认货物到站,收货后仓库保管员签发收货清单,双方盖章,清单寄回起运站。

(3)货物到站错误,将货物原车运抵起运站。

(4)货物短缺、破损、受潮、污染、腐坏时,均不得拒收,但应在交接清单上签注并做出商务记录。双方共同签字确认,填写事故清单。

二、终点站点送货方式

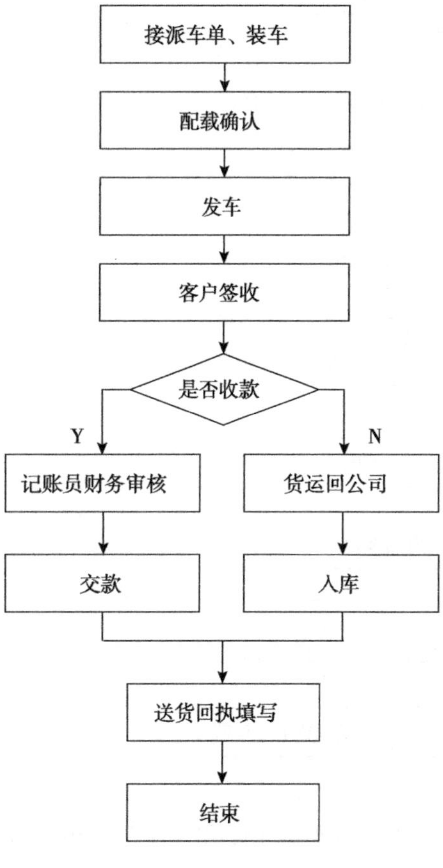

图1-43　站点送货上门流程图

终点站点送货有两种情况:客户要求送货上门或客户自己上门提回货物。客户自提业务的办理需在业务室进行,货物交接应在库外进行。

1. 站点送货上门作业操作流程

(1)调度根据待送货物情况,给送货人员分配送货任务,同时将送货单据(运单、送货单)交予送货员并交代签单要求及注意事项。

(2)送货员与客户联系送货事宜,如是否需要开发票,如需开发票,送货员在出发前要向相关部门和人员索要发票。

(3)送货员持单据找现场业务装车,现场业务根据单据核对货物信息并安排装卸人员装车,装车过程中送货员需核对数量,确认无误送货员需在出库单上签字确认。

(4)送货车装车完毕后,站点调度通过信息系统确认送货计划,并打印送货单,送货员及现场业务在送货单上签字。

(5)送货车出发后,站点调度要随时跟踪送货车辆,了解送货车辆送货情况,及时处理突发事件。

(6)送货车将到送货地址时,送货员要事先与收货人联系,通知收货人安排接货事宜。

(7)送货车到达送货地点后,送货员要把货物送达客户指定位置,且要求收货人在送货单据以及发货人提供的单据上签字,运单的收货人凭证联交给收货人,并向收货人收取到付运费(将发票转交)。

(8)送货完毕后,送货人员将签单交给单据管理员。

(9)送货员将收取的运费上交相关人员并办理交款手续。

(10)站点调度根据送货情况在信息系统上确认每票货物的送货信息及收费情况。流程图如1-43所示。

知识链接

“E 邮站”，真方便——打通城市投递“最后 100m”

“E 邮站”是平台建设的一大创新：对服务民生而言，它是个点又是个面（区），是个台又是个站；对投递而言，既是配送终端（一个箱柜）又是可延伸的一条邮路（二次投递）。它可解决随着电子商务的蓬勃发展而出现的诸如终端配送服务质量和工作效率降低、代收邮件管理混乱、投递人工成本高等城市“最后 100m”的投递问题。今后，在解决“最后 100m”投递问题的基础上，还可叠加各类便民服务，实现多点赢利，确保有效经营。

“E 邮站”，是一种在社区、院校、写字楼等地设立，采取全自助、“人工 + 自助”和全人工三种模式为民众提供包裹自取、二次投递及其他服务的便民设施。投递员只需将邮件寄放在智能柜内，收件人便可凭借验证码领取，不仅省去了物业、投递员等第三方代收环节，而且也避免了邮件丢失或损坏等问题的发生。

“E 邮站”的三个步骤可轻松取件：

（1）点击“我要取件”按钮；

（2）输入收件人手机号码；

（3）再输入短信验证码，待这些信息核对无误后，“E 邮站”会自动打开对应的收件箱门。

此时，客户便可以顺利取件。如果邮件在此存放 3 天后还没被取走，系统会再次发短信催促收件人。如果再过一段时间后还是没人来领取，投递员会直接打电话与收件人联系。

这种方式使物业感到如释重负；业主可以 24h 自助取件；投递员省心又省电话费。

作为智能交换箱与便民服务站的结合体，“E 邮站”的设立，顺应了当前电子商务快速发展的形势，将推动邮政投递从信报箱时代走向智能交换箱时代。而在一些发达国家，这种新型的自助投递柜也很流行，如德国敦豪投递服务公司（DHL）就是凭借遍布城乡的超市、加油站以及社区中心的自助投递箱，方便客户随时收寄货物。

未来，基于信息技术条件下的“E 邮站”不仅可以实现 24h 自助取件，还可以拓展至寄件服务、缴水电费等。较之以前的人工服务，它的安全性及私密性大大增强。

——摘自《中国邮政报》

2. 客户自提

客户自提流程图如图 1-44 所示。

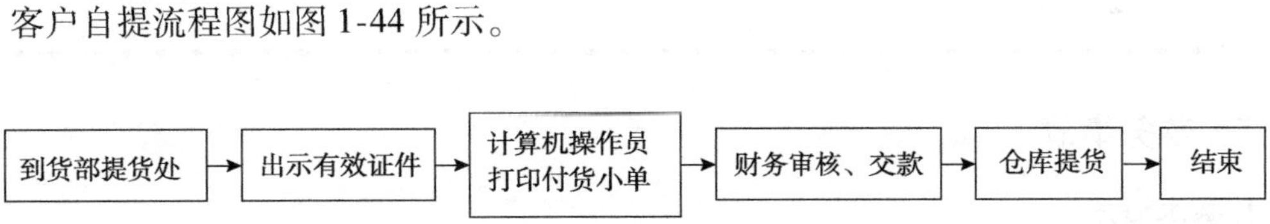

图 1-44　客户自提流程

知识链接

线下自提点

（来源：南湖晚报　本文由 info. 10000link. com 转载）

2014 年 5 月，一家名叫“嘿客”的社区服务便利店悄然出现在了同方·燕语林苑门口，这家店就是顺丰大规模布局的新动作。

作为一家快递公司，顺丰当然没扔下老本行，消费者除了购买商品，也可以到“嘿客”门店收寄快件，并享受自寄自取的额外优惠。“我们为客户提供了收件地址保密的服务，运单地址可以填写便利店的地址，当快件到达时，会有短信提示客户。”“嘿客”一名胡姓店员告诉记者。

与普通的自提点不同，“嘿客”作为快递、电子商务、便利店的融合体，走的是“混搭”路线。除了能通过店内的触屏电脑进行网购外，这里还提供话费充值、机票预订、水电费缴纳等便民服务。

记者了解到，除了顺丰的“嘿客”线下门店外，申通、圆通、顺丰等快递公司也积极开展与超市、便利店的合作，不断增加包裹线下自提点。“自提点主要的好处是机动、灵活，有人值守，可降低快递公司末端配送的成本。特别是对学生和上班族来说，这些自提点非常方便，不需要再为收快件而打乱原本的生活和工作节奏。”顺丰嘉兴地区的相关负责人说。

如今，越来越多的消费者习惯于把包裹送货地址写成电商自提点。经常在天猫等平台网购的市民也不难发现，除了自己设定的收货地址外，还可以选择菜鸟驿站网点为自己代收包裹。据悉，菜鸟驿站网点由与天猫签约的连锁便利店、物业公司、社区小店等组成，天猫按包裹数量给予补贴，消费者无须额外付费。消费者在天猫、淘宝下单后可以查看地址附近的自提点，选择其中一家为代收点，待包裹送达后凭短信通知和密码自提包裹。

未来——“最后 1km”，仍前路漫漫

理想很丰满，现实很骨感。虽然各快递公司都志在为快递“最后 1km”而努力，但仍面临着诸多困难，如智能快递柜的投入和运营成本高、各方面的利益难以协调、配送运载工具和车辆五花八门……

嘉兴学院商学院副教授王卫彬表示，这“最后 1km”的路并不好走，“相关统计显示，‘最后 1km’占到整个物流配送成本的 30% 以上，这也是与客户最息息相关的环节。在配送这一端，未来各大物流企业的竞争会更加激烈，对管理水平的要求也会更高，谁抢占了先机，谁就能在后续的市场竞争中取胜。当然，抢占先机有很多方式，比如，提供增值服务、送达时间更快、定时定点送达、与第四方平台合作等。今后，物流行业还可以尝试和开发商或者物业合作，把智能快递箱安装到小区里。”

三、商务事故

1. 基本概念

商务事故是指在进行商务往来过程中，货物、行包在承运责任期，由于经办人员造成差错或因行车发生的货损、货差及肇事或由于合同、运输、接发货过程没有按照相关规定进行或非人为因素造成的货物损失。也称货运商务事故或货运事故。

2. 商务事故分类

(1)责任事故:

①货物承运载后,在运输、装卸、交付时发生污损、破损、烧损、变质、被盗、丢失、撒漏、短少、错装、错卸等到货损、货差事故;

②未及时运输,造成暂存费、延期费、保管费以生产停工等经济损失事故;

③由于承运方经办人员工作失职,影响运输质量(如:鲜、活商品、救灾、抢险和军事运输延误时间等),造成经济损失的事故。

(2)非责任事故:

①在运输过程中,发生自然灾害,包装完整发生自然变质、减量、自然爆炸、自然腐蚀等事故;

②国家法令禁运、限运物资,被有关部门查扣,弃置或作其他处理者;

③货物运抵指定地点后,收货单位拒不收货或逾期不提货而造成腐烂变质者,托运方或收货单位有随车押运人员负责照料者;

④由于托运方责任,给承运方造成损失,或因匿报而造成他人生命财产损失者。

交货时,如发现货物短缺、丢失、损坏等情况,驾驶员应会同收货人和有关部门认真核实,并做好原始记录,分别由驾驶员和装卸人员开具证明文件。

3. 货运事故发生后应做好的工作

(1)查明原因、落实责任,事故损失由责任方按有关规定计价赔偿。

(2)承运与托运双方都应采取补救措施,力争减少损失和防止损失继续扩大并做好货运事故记录。

(3)若对事故处理有争议,应及时提请交通运输主管部门或运输经济合同管理机关调解处理。

法规链接一

汽车货物运输规则(节选)

(交通部令1999年第5号)

运输责任的划分

第六十六条　承运人未按约定的期限将货物运达,应负违约责任;因承运人责任将货物错送或错交,应将货物无偿运到指定的地点,交给指定的收货人。

第六十七条　承运人未遵守承托双方商定的运输条件或特约事项,由此造成托运人的损失,应负赔偿责任。

第六十八条　货物在承运责任期间和站、场存放期间内,发生毁损或灭失,承运人、站场经营人应负赔偿责任。但有下列情况之一者,承运人、站场经营大举证后可不负赔偿责任:

(一)不可抗力;

(二)货物本身的自然性质变化或者合理损耗;

(三)包装内在缺陷,造成货物受损;

(四)包装体外表面完好而内装货物毁损或灭失;

(五)托运人违反国家有关法令,致使货物被有关部门查扣、弃置或作其他处理;

(六)押运人员责任造成的货物毁损或灭失；

(七)托运人或收货人过错造成的货物毁损或灭失。

第六十九条　托运人未按合同规定的时间和要求，备好货物和提供装卸条件，以及货物运达后无人收货或拒绝收货，而造成承运人车辆放空、延滞及其他损失，托运人应负赔偿责任。

第七十条　因托运人下列过错，造成承运人、站场经营人、搬运装卸经营人的车辆、机具、设备等损坏、污染或人身伤亡以及因此而引起的第三方的损失，由托运人负责赔偿：

(一)在托运的货物中有故意夹带危险货物和其他易腐蚀、易污染货物以及禁、限运货物等行为；

(二)错报、匿报货物的质量、规格、性质；

(三)货物包装不符合标准，包装、容器不良，而从外部无法发现；

(四)错用包装、储运图示标志。

第七十一条　托运人不如实填写运单，错报、误填货物名称或装卸地点，造成承运人错送、装货落空以及由此引起的其他损失，托运人应负赔偿责任。

第七十二条　货运代办人以承运人身份签署运单时，应承担承运人责任，以托运人身份托运货物时，应承担托运人的责任。

第七十三条　搬运装卸作业中，因搬运装卸人员过错造成货物毁损或灭失，站场经营人或搬运装卸经营者应负赔偿责任。

法规链接二

汽车货物运输规则(节选)

(交通部令 1999 年第 5 号)

货运事故和违约处理

第八十一条　货运事故是指货物运输过程中发生货物毁损或灭失。货运事故和违约行为发生后，承托双方及有关方应编制货运事故记录。

货物运输途中，发生交通肇事造成货物损坏或灭失，承运人应先行向托运人赔偿，可由其向肇事的责任方追偿。

第八十二条　货运事故处理过程中，收货人不得扣留车辆，承运人不得扣留货物。由于扣留车、货而造成的损失，由扣留方负责赔偿。

第八十三条　货运事故赔偿数额按以下规定办理：

(一)货运事故赔偿分限额赔偿和实际损失赔偿两种。法律、行政法规对赔偿责任限额有规定的，依照其规定；尚未规定赔偿责任限额的，按货物的实际损失赔偿。

(二)在保价运输中，货物全部灭失，按货物保价声明价格赔偿；货物部分毁损或灭失，按实际损失赔偿；货物实际损失高于声明价格的，按声明价格赔偿；货物能修复的，按修理费加维修取送费赔偿。保险运输按投保人与保险公司商定的协议办理。

(三)未办理保价或保险运输的，且在货物运输合同中未约定赔偿责任的，按本第一项的规定赔偿。

(四)货物损失赔偿费包括货物价格、运费和其他杂费。货物价格中未包括运杂费、包装费以及已付的税费时，应按承运货物的全部或短少部分的比例加算各项费用。

(五)货物毁损或灭失的赔偿额，当事人有约定的，按照其约定，没有约定或约定不明确的，可以补充协议，不能达到补充协议的，按照交付或应当交付时货物到达地的市场价格计算。

（六）由于承运人责任造成货物灭失或损失，以实物赔偿的，运费和杂费照收；按价赔偿的，退还已收的运费和杂费；被损货物尚能使用的，运费照收。

（七）丢失货物赔偿后，又被查回，应送还原主，收回赔偿金或实物；原主不属接受失物或无法找到原主的，由承运人自行处理。

（八）承托双方对货物逾期到达，车辆延滞，装货落空都负有责任时，按各自责任所造成的损失相互赔偿。

第八十四条　货运事故发生后，承运人应及时通知收货人或托运人。收货人、托运人知道发生货运事故后，应在约定的时间内，与承运人签注货运事故记录。收货人、托运人在约定的时间内不与承运人签注货运事故记录的，或者无法找到收货人、托运人的，承运人可邀请两名以上无利害关系的人签注货运事故记录。货物赔偿时效从收货人、托运人得知货运事故信息或签注货运事故记录的次日起计算。在约定运达时间的30日后未收到货物，视为灭失，自31日起计算货物赔偿时效。

未按约定的或规定的运输期限内运达交付的货物，为迟延交付。

第八十五条　当事人要求另一方当事人赔偿时，须提出赔偿要求书（表略），并附运单、货运事故记录和货物价格证明等文件。要求退还运费的，还应附运杂费收据。另一方当事人应在收到赔偿要求书的次日起，60日内作出答复。

第八十六条　承运人或托运人发生违约行为，应向对方支付违约金。违约金的数额由承托双方约定。

第八十七条　对承运人非故意行为造成货物迟延交付的赔偿金额，不得超过所迟延交付的货物全程运费数额。

第八十八条　货物赔偿费一律以人民币支付。

第八十九条　由托运人直接委托站场经营人装卸货物造成货物损坏的，由站场经营人负责赔偿；由承运人委托站场经营人组织装卸的，承运人应先向托运人赔偿，再向站场经营人追偿。

第九十条　承运人、托运人、收货人及有关方在履行运输合同或处理货运事故时，发生纠纷、争议，应及时协商解决或向县级以上人民政府交通主管部门申请调解；当事人不愿和解、调解或者和解、调解不成的，可依仲裁协议向仲裁机构申请仲裁；当事人没有订立仲裁协议或仲裁协议无效的，可以向人民法院起诉。

4. 商务事故预防

（1）进行安全质量教育，实行全面质量管理（TQC）。运输企业各级领导和全体职工必须重视货物、行包运作，建立健全商务分会监督机构，全面实行质量管理，把安全运输也作为全面推行经济责任制一项主要考核项目，并把政治思想工作和安全质量教育作为职工经常性的工作之一，使职工牢固树立爱护企业信誉爱护货物，彻底为用户服务的思想。预防商务事故的发生，将事故压缩到最低限度。

（2）运输企业各部门职责应落实到位。凡参加营运的车辆（包括挂车），要求技术状况良好，安全设备，防护用具齐全；加强住队或夜宿载货车辆的安全防护工作，协助车站做好货物和防雨、防火、防盗工作，司乘人员必须服从调度指挥，遵守劳动纪律，尊重用户，确保货运运输安全。

(3)对之前发生的商务事故，可利用因果分析法中的鱼刺图，找出主要原因与次要原因，并在今后的安全培训与学习过程中提出，有针对性采取有效措施预防。

任务实施

1. 实施目的

(1)熟悉道路货运及危货运输企业的到达交付操作流程；

(2)了解道路货运及危货运输企业的到达交付的注意事项。

2. 实施内容

(1)选择典型的危货运输企业；

(2)搜集选定企业的相关资料；

(3)道路运输企业进行安全生产标准化评价与服务质量考核。

3. 实施步骤

(1)以组为单位，利用互联网查找有关商务事故的相关知识与案例；

(2)分组讨论危货运输企业运输安全生产标准化的十六项指标；

(3)以组为单位完成危货运输企业的到达交付的操作规程，做成 PPT 进行汇报。

4. 实施评价

训练评价。方式有教师评价、小组内部成员评价和第三方评分组成员评价三种，建议教师评价占 60% 权重，小组内部成员评价占 20% 的权重，第三方评分组成员评价占 20% 的权重。将三者综合起来的得分为该生在该项目的评价分，如表 1-29 所示。

实施评价表　　表 1-29

考评人		被考评人	
考评地点			
考评内容	到达交付操作流程与商务事故责任处理		
考评标准	具体内容	分值(分)	实际得分
	学习、工作态度	15	
	沟通与团队合作	15	
	到达交付方式与交付操作流程	25	
	到达交付注意事项	30	
	运输商务事故的分析与处理	15	
合计		100	

延伸阅读

道路运输业"十二五"发展规划纲要(节选)

(交通运输部　交运发〔2011〕590 号)

三、"十二五"发展的思路和目标

(一)指导思想

深入贯彻落实科学发展观，以加快转变发展方式、发展现代道路运输业为主线，立足理念、政策、体制机制和技术的全面创新,促进结构调整和产业升级,努力构建高效便捷、安全可靠、绿色环保、规范诚信的道路运输服务体系,更好地保障经济社会发展,满足人民群众的需求。

专栏 2　　发展现代道路运输业的重点

现代道路运输业是指在经济社会对道路运输需求全面提升的背景下,以理念、政策、体制机制和技术的全面创新为手段,通过对传统道路运输业的改造升级而形成的新型运输服务体系。"十二五"期间,全行业将重点以"五化"建设为切入点,全面推进现代道路运输业的发展:

——城乡客运一体化:以推进基本出行服务均等化为重点,加快形成相互衔接、布局合理、通畅有序、经济可靠的城乡客运发展格局,促进道路客运资源在区域、城乡间以及综合运输体系内的统筹合理配置;

——货运组织集约化:以推进道路货运业与物流业的融合为重点,加快形成组织方式先进、服务功能拓展、产业链条延伸、集约程度和产品附加值高的道路货运发展模式;

——管理服务精细化:按照个性化、高端化、优质化的要求,全面提升道路运输服务的质量;推动安全管理精细化,促进行业管理和公共服务人性化;

——依托载体信息化:通过在全行业各个领域广泛运用现代信息技术,全面提升行业管理、运输企业、公众服务的信息化水平;

——发展方式低碳化:深化行业节能减排,降低行业发展对化石能源的过度依赖及对环境的负面影响,促进绿色发展。

(二)基本原则

坚持数量增长和质量提升并举。既要保持道路运输生产能力的持续较快增长,满足"量"的基本需求,又要突出质量和安全,着力优化结构,不断提升服务品质。

坚持市场机制与政府引导并举。既要充分发挥市场机制的作用,又要根据当前道路运输市场体系不尽完善的突出矛盾,注重政府在政策引导、市场监管、公共服务中的重要作用。

坚持生产发展与节能减排并举。在稳步扩大运能规模的同时,切实按照资源节约、环境友好的要求,更加突出节能减排,增进行业可持续发展能力。

坚持自我发展与协同发展并举。既要不断促进道路运输业自身加快发展,又要注重与其他运输方式的相互衔接与良性互动,找准道路运输在综合运输体系和现代物流发展中的着力点。

坚持全面创新与重点突破并举。既要立足全面创新,促进行业转型升级,更要突出重点,有针对性组织一系列试点和示范,开展重大科技攻关,确保取得一批突破性成果。

(三)发展目标

到 2015 年,现代道路运输服务体系建设取得突破性进展,道路运输服务的效率和质量显著提升,运输安全监管和应急保障能力显著增强,资源节约、环境友好型行业建设取得重大突破,法规政策、体制机制进一步完善,市场监管和公共服务能力有新的提高,为经济社会发展提供更安全、更高效、更便捷、更可靠、更绿色的道路运输服务。

……

专栏3　“十二五”时期道路运输业发展主要指标表(表1-30)

“十二五”时期道路运输业发展主要指标表　　表1-30

类别	指　　标	2010年	2015年	属性
更安全	营运车辆万车公里事故件数和死亡人数年均下降	3%		约束性指标
	二级及以上公路客运站危险品安全检测仪配置率	79.6%	100%	约束性指标
更高效	客运量(亿人次)	305.3	375	预期性指标
	旅客周转量(亿人公里)	15020.8	20800	预期性指标
	货运量(亿吨)	244.8	300	预期性指标
	货物周转量(亿吨公里)	43389.7	58400	预期性指标
	国家公路运输枢纽客运站场建成率	—	50%	预期性指标
	国家公路运输枢纽货运站场建成率	—	40%	预期性指标
	客运班车实载率	47.5%①	60%	预期性指标
	营运货车实载率	50%①	60%	预期性指标
	甩挂运输拖挂比	1∶1.2	1∶2	预期性指标
	营运客车中、高级客车所占比重	27.7%②	40%	预期性指标
	重型货车所占比重	21.56%	25%	预期性指标
	专用货车所占比重	5.12%	10%	预期性指标
	厢式货车所占比重	19.09%	25%	预期性指标
更便捷	乡镇通班车率	98.06%	100%	约束性指标
	建制村通班车率	90.11%	92%	约束性指标
	二级及以上客运站售票联网开通率	—	100%	预期性指标
	维修救援平均到达时间(50公里以内)	—	1小时	预期性指标
更可靠	质量信誉考核AA及以上企业所占比重	—	90%	预期性指标
	运输服务满意率	—	90%	预期性指标
	旅客班线运输发车正点率	—	95%	预期性指标
	货损货差率		5‰	预期性指标
	车辆维修返修率	—	3%	预期性指标
更绿色	营运客货车辆燃料消耗限值达标率	—	100%	约束性指标
	营运客车单位运输周转量能耗降低(与2005年相比)	—	6%	约束性指标
	营运货车单位运输周转量能耗降低(与2005年相比)	—	12%	约束性指标
	营运车辆单位运输周转量二氧化碳排放降低(与2005年相比)	—	11%	约束性指标

注:①为2008年数据。

②为2009年数据说明:依据规划实施的主体不同,指标划分为预期性指标和约束性指标两类:a.预期性指标。道路运输管理部门利用政策引导,期望市场所能实现的目标。主要依靠市场主体的自主行为实现,道路运输管理部门通过创造良好的制度环境和市场环境,并适时调整宏观调控方向和力度,综合运用各种政策引导社会资源配置,努力争取实现。b.约束性指标。在预期性基础上进一步明确并强化了道路运输管理部门责任的指标。涉及公共服务和公众利益领域,如安全、环保、诚信服务等,道路运输管理部门要通过合理配置公共资源和有效运用行政手段,确保实现。

四、重点任务(节选)

(一)构建便捷的客运服务网络,推进城乡客运一体化

(1)构建完善的道路客运服务网络,提升整体服务水平。

(2)统筹区域与城乡客运资源配置,促进协调发展。

(3)加强与其他运输方式协同互动,实现优势互补。

加强与其他运输方式的服务衔接。强化道路客运衔接铁路、机场等枢纽、港站的集疏运功能,加快完善道路旅客集疏运服务网络,科学安排班次密度。促进道路班线客运与铁路、民航、城市公共交通等客运方式的有效对接,积极发展旅客联程运输,充分利用道路班线客运资源,运输邮政包裹快件,加强与邮政网络的协调与融合。

(二)提升货运组织化水平,服务现代物流发展

1. 创新道路货运发展模式,提高集约化和标准化水平

大力发展新型货运组织方式。大力发展各种专用运输、鲜活农产品及高附加值货物直达运输,加快发展甩挂运输、多式联运、定班定线的货物运输、汽车列车运输、冷链运输。支持零担、快运、货运代理、城市配送以及利用班线客运为依托的小件快运等经营业务的网络延展。鼓励有条件的道路运输企业向物流企业转型,建立全程、无缝、连续性运输经营组织和管理体系。全面推进甩挂运输试点工程,培育一批具有示范效应的甩挂运输企业,探索甩挂运输运营组织模式,进一步完善促进甩挂运输全面发展的政策法规和标准规范体系。

加快优化货运车型结构。推进车型标准化改造,完善营运车辆技术标准和综合性能检测标准,加快发展标准化程度高、自重轻、承载量大、安全性能好和能耗低的货运车辆,推进货运车辆大型化、厢式化和专业化,鼓励发展集装箱、厢式、冷藏、散装、液罐、城市配送等专用运输车辆和多轴重载大型车辆。

2. 着力培育重点货运物流企业,全面提升物流服务水平

大力培育龙头和骨干货运企业。从市场进入、车辆更新、技术改造、信息化建设等方面加大政策扶持力度,加快培育一批规模化、网络化、品牌化运作的现代道路货运企业,成为引领行业发展的龙头和骨干。“十二五”末,全国道路货物运输业户中,道路货运一级企业达到50家,加快引导龙头和骨干企业充分发挥资金、技术、人才、管理、网络、品牌、货源组织等各方面的优势,通过收购兼并、资产重组、加盟连锁等方式拓展经营规模和网络,对中小货运物流企业和个体运输户起到引导、示范、整合、规范和服务的作用。对分散的道路货运资源实行整合。

促进重点道路货运企业向物流服务商转型。在全国开展重点道路货运企业物流转型培育工程,引导道路货运企业转变经营理念,积极拓展服务领域,利用信息技术和现代组织管理手段,为用户提供集运输、仓储、包装、加工、配送等为一体的综合物流服务。促进货运企业加强与生产、商贸企业的合作与联盟,拓展一体化物流和供应链集成等高附加值的物流服务。引导和规范货运代理、无车承运人等运输组织的发展,鼓励拓展现代物流服务。加快推进城市配送和农村物流服务发展。

专栏4 促进货运与物流发展重点专项

培育现代物流企业:各省(市、区)交通运输部门要选择一批具备良好条件的道路货运企业,通过对其物流信息化建设、物流设施装备更新的引导和扶持,鼓励其延伸物流服务,加快向现代物流企业转型。甩挂运输试点工程:在全国组织开展部、省两级甩挂运输试点工程。择优推荐具有较大资产规模、管理规范、社会信誉好、有稳定的甩挂运输业务需求,有一定的甩挂设施装备条件的企业作为试点对象，重点对试点企业（项目）的甩挂作业站场设施和信息管理系统改造、甩挂运输车辆购置更新给予资金补助和政策扶持，通过试点推动、示范引领，大力促进甩挂运输发展。推进货运车型标准化：加强政策引导，积极争取各方面资金支持，引导干线公路营运货车向重型化、轻质化、标准化方向发展。

（三）强化出租汽车市场管理，促进行业稳定健康发展

1. 引导出租汽车科学发展，完善运营管理机制

引导出租汽车科学发展。根据城市规模、经济发展水平等实际情况，科学制定出租汽车发展规划，合理确定出租汽车在城市客运体系中的分担比例和运力规模，积极探索发展模式和管理方式，优化城市客运结构。

完善出租汽车运营管理机制。引导出租汽车经营者按照现代企业制度组建公司，按照“产权明晰、权责对等、收费合理、风险共担”的要求，完善出租汽车经营管理机制。完善运价与油（气）价联动机制，保持出租汽车与城市公共交通的合理比价关系，引导社会公众优先选择公共交通方式出行。

2. 健全法规制度体系，规范市场经营秩序

健全法规制度体系。加快研究制定出租汽车行业法规制度。建立出租汽车行业服务质量信誉考核制度，促进出租汽车企业诚信经营，逐步形成优胜劣汰的市场机制，引导出租汽车驾驶员优质服务，提升出租汽车服务水平。建立出租汽车驾驶员从业资格管理制度，明确出租汽车驾驶员准入条件、动态管理及退出机制，提高出租汽车驾驶员整体素质。

规范出租汽车市场经营秩序。采取信息化手段，及时掌握出租汽车市场动态，细化管理内容，提高资源合理配置与决策分析能力，加强出租汽车市场监管。探索建立打击非法营运长效机制，切实保护消费者、出租汽车经营者和出租汽车驾驶员的合法权益。

3. 建立健全法规标准，促进汽车租赁健康发展

（四）提升运输辅助业服务水平，强化规范诚信经营。

（1）推进维修连锁经营，强化维修质量管理。

（2）开展素质教育工程，提升驾驶员培训质量。

（五）加快国际道路运输发展，提高运输服务能力

（1）强化对外沟通协调，营造良好的外部发展环境。

（2）加强基础建设，提高国际道路运输服务能力。

（六）加快枢纽站场建设，提升集约化组织与服务能力

（1）加快城乡公路客运站场建设，提高便捷化服务水平。

（2）健全公路货运枢纽节点体系，提升物流组织能力。

专栏5 道路运输基础设施建设重点项目

公路客运站场和综合客运枢纽：地级市至少拥有1个一级客运站，县及县级市基本拥有1个二级客运站。建设与铁路衔接的综合客运枢纽约100个，其中，在36个中心城市重点打造约40个集公路、铁路、轨道交通、城市公交、出租车等多种方式于一体的现代化大型综合客运枢纽。物流园区和公路货运枢纽：在全国196个国家公路运输枢纽城市，共建设200个左右的具有综合物流服务功能的物流园区或公路货运枢纽。

（七）健全安全监管和应急保障体系，提升整体保障能力

1. 加强安全源头治理，严格各种防范措施

（1）加强汽车客运站源头管理。

(2)强化道路货运源头治超。

(3)加强营运车辆安全技术管理。

2. 加强重点领域监管，落实企业主体责任

(1)加强重点领域和关键环节的安全监管。

(2)加强营运驾驶员安全管理

(3)全面推行运输安全生产企业主体责任制。

3. 建立应急保障体系，提高应急保障能力

(1)建设道路应急运输指挥调度中心。

(2)建立道路运输应急保障车队。

(3)建立应急运输征用补偿机制。

(八)加快推进信息化建设，提升道路运输发展质量

1. 加强行业管理信息系统建设，完善基础信息平台

(1)加快道路运输信息系统联网工作。

(2)加快基础应用信息系统开发建设。

2. 推动企业广泛运用信息技术，提高经营管理水平

(1)推动运输企业经营管理信息化建设。

(2)规范引导企业接入道路运输信息系统。

3. 加快政府公共服务的信息化建设，提升综合服务能力

(1)加快重点营运车辆联网联控系统建设。

(2)加快全国道路客运售票联网系统建设。

(3)加快国际道路运输管理与服务信息系统建设。

(九)大力发展绿色道路运输，突出行业节能减排

(1)强化节能减排制度建设，加大行业监管力度。

(2)加强节能减排政策引导，加快应对气候变化能力建设。

(3)优化运输生产组织管理，推广节能管理经验。

模块练习

一、计算题

1. 某物流企业 4 月 1 日有营运车 30 辆，11 日报废 2 辆，26 日增加 5 辆，则 4 月份平均营运车数是多少？

2. 某物流企业 4 月 1 日有 5t 车 20 辆，8t 车 10 辆，4 月 11 日又增加 15t 车 2 辆，则 4 月份平均总吨位数是多少？

3. 某车队 8 月 1 日有 20 辆车，10 日新增 2 辆车，20 日报废 3 辆车，完成本月车辆计划表，并计算该月总车日多少？平均车数多少？若报废 3 辆车本月都不能用，并另有 4 辆进行二级维护一天，则车队该月完好率多少？

4. 某汽车运输公司计划某年 5 月初在册营运货车 150 辆，平均吨位为 5.2t，当月 6 日增加 5 辆营运货车，额定吨位为 8t，20 日减少 7 辆额定吨位为 5t 的营运货车。要求：计算该汽车运输公司全月营运车日、平均车数、平均总吨位、平均吨位等运输生产指标。

5. 某汽车运输公司 2013 年下半年,有关的车辆运用指标如下:日历日数 184 天,平均车数 100 辆,车辆完好率 92%,车辆工作率 85%,平均车日行程 300km,行程利用率 65%,平均吨位 4t,吨位利用率为 98%,拖运率为 5%。要求:

(1)计算该公司 2013 年下半年营运车日及完成的运输周转量、单车期产量、单车日产量、车吨日产量、车公里产量。

(2)分析企业提高车辆运输效率的途径。

6. 某汽车货运企业 2013 年年终统计,指标如下:日历日数 365 天,平均车数 60 辆,平均核定吨位 8t,工作车日 17520 车日,平均车日行程 200km,车辆完好率 90%,载重行程 2102400km,完成周转量 16819200t · km。若根据 2010 年已签订的运输合同及运输市场预测资料,全年有 30 万 t 的运输任务,预计平均运距为 60km。要求经过必要的计算,回答下列问题:

(1)该公司 2013 年单车年产量为多少吨公里?

(2)该公司 2013 年实载率指标为多少?

(3)要完成 2014 年的任务,应提高哪些效率指标?

二、简答题

1. 运输市场由哪几个方面构成?
2. 运输市场的特征有哪些?
3. 影响运输需求的主要因素有哪些?
4. 如何理解道路货物托运单在运输中的作用?
5. 托运与受理环节的主要内容与注意事项有哪些?
6. 货物托运单的填写要求。
7. 运输合理化的意义有哪些?
8. 不合理运输表现形式有哪些?
9. 道路运输货运站的主要功能有哪些?

模块二 铁路货物运输作业管理

学习导语

铁路货物运输是现代运输主要方式之一,也是构成陆上货物运输的两个基本运输方式之一。它在整个运输领域中占有重要的地位,并发挥着愈来愈重要的作用。铁路运输由于受气候和自然条件影响较小,且运输能力及单车装载量大大,在运输的经常性和低成本性占据了优势,再加上有多种类型的车辆,使它几乎能承运任何商品,几乎可以不受重量和容积的限制,而这些都是公路和航空运输方式所不能比拟的。本模块内容主要围绕铁路货物运输的计划申报、业务受理、发运组织、到站处理4个方面展开介绍。

故事分享

铁路托运包裹

旅行是一件既快乐又痛苦的事,一路上遇到不同的人,听到不同的故事,看到不同的风景,让人心情舒畅;而有时携带的各种大小行李包裹也会让人头疼不已。其实在乘坐火车时,可以通过托运解决这些不必要的麻烦包裹。对包裹托运你又了解到多少呢?下面就为您整理了一些包裹托运的资料,希望可以帮您解决那些不必要的麻烦,让您有一个舒适的旅程。

1. 托运包裹

如果你想托运一件货物,首先需要知道铁路部门对包裹有怎样的分类。铁路部门根据有关规定将包裹分为四类:

一类包裹:自发刊日起5日以内的报纸;中央、省级政府宣传用非卖品;新闻图片和中、小学生课本。

二类包裹:抢险救灾物资、书刊、鲜或冻鱼介类、肉、蛋、奶类、果蔬类。

三类包裹:一级运输包装的放射性同位素、油样箱、摩托车;泡沫塑料及其制品;国务院铁路主管部门制订的其他需要特殊运输条件的物品。

四类包裹:不属于一、二、三类包裹的物品。

2. 托运程序

在知道包裹的分类后,你需要将包裹送到验货处验货,确认货物符合运输规定后,会由验货人员将盖有人名章的托运单发给托运人。然后正确填写托运单,包括品名、件数、到站、发货人、收货人等资料。之后便需要按照货物包装标准到打包处打好包装,持已填好的托运单到司磅员处检斤过磅,由司磅员将货物的件数和准确质量用红蓝铅笔填写在托运单上,并盖人名章。持托运单到制票窗口进行制票并交纳运费,得到绿色的提货联和红色的报销联后,一件货物的托运程序就进行完毕了。

3. 到达保管、通知

当你的包裹到达邮寄目的地后,工作人员会通知收件人前来收取,通知时间最晚不得超过包裹到达次日的12时。

如果收取人没有时间领取,包裹从发出通知日起,承运人会免费保管3天,而逾期到达的行李包裹将免费保管10天。如果是因事故或不可抗力等原因而延长车票有效期的行李按车票延长日数增加免费保管日数。超过免费保管期限时,铁路部门会按日核收一定的保管费。

思考题:

1. 托运包裹是同学们很有可能做的一件事,你进行过铁路包裹托运吗?你是按照这个流程进行的托运吗?

2. 铁路货物运输种类很多,包裹的运输只是其中一种,你还看到过哪些类型的铁路货运?你了解这些铁路货运作业的流程吗?

学习目标

通过本模块的学习,期望达到下列目标。

1. 专业能力

(1)熟悉企业运输管理相关岗位的工作内容和基本要求。

(2)掌握道铁路货物运输业务组织与管理的相关知识与技能。

(3)熟悉铁路运输管理相关岗位的工作内容和基本要求。

(4)会办理铁路货物运输托运业务。

(5)能完成铁路货物运输的货物接收和交付等作业。

(6)能够填制铁路货物运输的相关单据。

2. 社会能力

(1)培养学生的继续学习、可持续发展的能力。

(2)培养学生与人合作的团队协作能力。

(3)注重培养积极思考及耐心、细致、勇于实践并具有良好的职业道德和敬业精神。

3. 方法能力

(1)具有收集和处理信息资源的能力。

(2)具有获取新知识、新技术的能力。

(3)具有综合运用所学知识分析和解决问题的能力。

模块图解

铁路货物运输作业管理如图2-1所示。

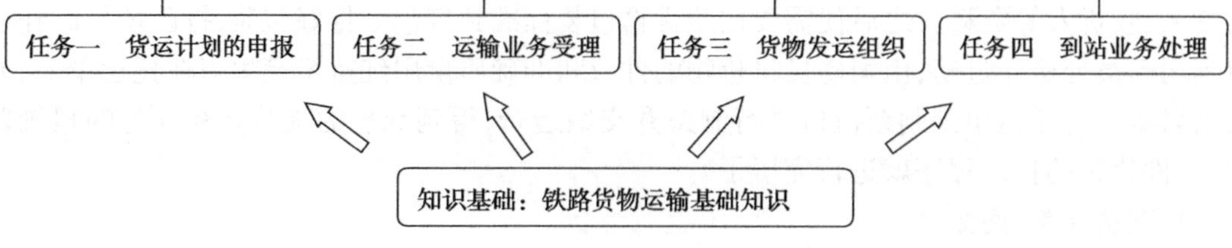

图2-1　模块二任务分解

任务一　铁路货物运输计划的申报

案例导入

东北大米“请车难”

黑龙江省地处边陲，远离粮食主销区，运营里程长。粮食属于大宗货物运输，据了解，东北85%以上粮食需要铁路运输，尽管有些粮食流通企业也会选择公路运输，但由于公路运输费用较铁路高出许多，选择这种运输方式的流通企业少之又少，因而并不能从根本上缓解运粮难的问题。

铁路运输俨然已经成为东北粮食外运的瓶颈。据某粮库相关负责人说，东北粮食从生产区运到销售区的流通费用占粮食终端销售价格的30%左右，比发达国家高出1倍多；而该地区的粮食运往南方销区一般需要20～30天，为发达国家同等距离所需时间的2倍以上。此外，由于运输装卸方式落后，每年损失粮食高达800万t左右。

黑龙江粮食生产季节性明显，一年一季，于10月秋粮收割后集中上市。每年年底到春节期间是售粮的高峰期，农民集中销售的情况很普遍，而此时往往是运输旺季，煤炭、木材等资源集中外运，加上元旦、春节的春运压力，粮食外运难的问题就更加突出。于是铁路运输的托运人都面临着“请车难”，铁路运输计划的申报成了东北大米南运的“瓶颈”环节。

案例思考：

东北大米的请车难，主要矛盾集中在铁路运力与运量的不平衡。大宗货物进行铁路运输的首要环节就是制定铁路运输计划，即，“请车计划”。那么，如何才能正确地制订计划，顺利完成请车作业呢？

任务分析

任务准备

（1）《铁路货物运输规程》等规章制度。

（2）多媒体教室（含可供学生上网查资料的电脑、多媒体教学设备、课件和动画等教学资料）及模拟会客室（含服务台、椅子、茶壶、茶杯等/模拟员工和客户的名片、名片夹、各种文具）。

任务目标

（1）能了解铁路运输计划申报的流程。

（2）能制作铁路货物运输月计划和日计划。

（3）能填写各种货票，打款、制作捆绑方案等各项基本作业。

基础知识

一、铁路运输线路、机车、车辆

铁路运输是利用铁路设施、设备运送旅客和货物的一种运输方式。这里将重点介绍铁路运输的设备和设施，包括铁路线路、铁路机车、铁路车辆、车站、铁路信号和通信设备等，以及相关的技术。

1. 线路

铁路线路（简称线路）是铁路列车运行的基础，起着承受列车巨大质量、引导列车运行方向等作用。线路是由路基、桥隧建筑物和轨道 3 大部分组成的一个整体工程结构物。其各组成部分既有自己的特性和功能，又互相依存、影响，共同工作。

2. 铁路机车

铁路机车是牵引客、货列车和在车站进行调车作业的基本动力，其本身不载旅客或货物。机车按用途分有：速度较高的客运机车、牵引力较大的货运机车和机动灵活的调节机车。按原动力的不同可分为内燃机车、电力机车以及蒸汽机车。

3. 车辆

铁路车辆是装运货物、运送旅客的运载工具。它没有动力装置，需要把车辆连挂在一起由机车牵引，才能完成客货运输任务。

（1）货车的结构。铁路货车由车体、转向架、制动装置、车钩缓冲装等部分组成。

①车体。车体是装载货物的部分，由底架、侧墙、端墙、车顶等部分组成。底架是车体的基础，是基本的承载部件，底架由各种纵向和横向梁件及地板组成。

②转向架。转向架的作用是支承车体，并引导车辆沿轨道行驶，同时承受来自车体及线路的各种载荷。最常见的转向架是二轴转向架，此外还有三轴、四轴和五轴等多轴转向架。早期的二轴货车没有转向架，其基本走行部件是轮对。

③制动装置。制动装置是使列车减速、停车和保证列车安全运行不可缺少的装置。

④车钩、缓冲装置。车辆的连接装置多为各种形式的自动车钩，车钩后部的钩尾框中装有缓冲器。车钩起货车间的连接与分解作用，缓冲器起减轻列车纵向冲动的作用。

（2）货车的分类。由于运输的货物千差万别，相应地货车也就多种多样。按适应范围大小，货车可分为通用货车和专用货车；按适用轨距不同，货车可分为准轨货车和米轨货车；通常则按货车结构和所运货物的种类不同，把货车分为如下几类：

①敞车。敞车没有车顶，其车体四周有较高的端墙与侧墙，它们与地板共同构成装置空间。主要装运煤矿、矿石、砂、木材、钢材等不怕日晒、雨淋的货物；货物上盖上防水篷布可代替棚车运送怕湿货物。敞车的侧墙参与承载。

②棚车。具有车顶、侧墙、端墙，并设有窗和滑门的车辆。主要承运粮食、食品、日用工业品等怕晒、怕湿货物和贵重物品，必要时还可运送人员和马匹。

③平车。无车顶和端、侧墙，或者具有可以放倒的侧板和端板，平车为单纯的底架承载结构。可装运大型建筑材料，压延钢材、汽车、拖拉机及军用装备。低边平车还可装运矿石、煤炭等货物。

④罐车。罐车的车外形为一个卧放的圆筒体。罐车从结构上可分为有底架和无底架的两种结构。罐体既是装货容器，又是主要的承载部件。罐车是专门装运液体、液化气体或粉末状货物。

⑤长大货物车。用于装运大型或重型货物，其结构多种多样，以适应各种大型货物的运输，主要有长大平车、凹底平车、落下孔车、双联平车、钳夹车等。长大货物车一般采用多轴转向架或多重底结构，以便运输重型货物。

⑥保温车。外形结构类似棚车，也是整体承载结构，车体设有隔热层，满足货物保鲜的需要。主要有加冰冷藏车、机械冷藏车和冷冻冷藏车等。

⑦漏斗车。漏斗车车体的下部设有一个或多个漏斗形卸货口，卸货时货物从这里卸下。

漏斗车可分为无盖漏斗车和有盖漏斗车两类。漏斗车的主要特点是卸货方便，打开漏斗口的挡板，货物靠重力自行卸下。

⑧自翻车。自翻车的车体靠倾翻风缸或油缸的作用能够向一侧倾翻，同时卸货侧面的侧墙自行开启，将货物卸在轨道一侧，主要用于装卸频繁的矿山运输。

⑨家畜车。结构类似于棚车，用于活家畜及家禽的运输。家畜车一般为双层或多层结构，侧墙和端墙设有通风栅栏。

⑩守车。编挂在货物列车尾部，专供货物列车车长乘务用的车辆。

⑪其他货车。除上述车种外，还有球团矿车、钢水车、铸锭车、鱼苗车、检衡车、电站列车、工程宿营车、除雪车以及用于铁路工程施工的长钢轨车、架桥车、铺轨机车辆等。

二、铁路货物运输的类型

铁路货物运输按照一批货物的质量。体积、性质或形状等因素，可以分为整车运输，零担运输和集装化运输3种类型。

1. 铁路整车货物运输

(1)整车运输的托运条件：

①整车货物每车为一批。

②货物的质量与体积。我国现有的货车以棚车、敞车、平车和罐车为主。标记载质量(简称标重)大多50t和60t，棚车容积在$100m^3$以上。达到这个质量或容积条件的货物，即应按整车运输。

③货物的性质与形状。有些货物，虽然其质量、体积不足一车，但按性质与形状需要单独使用一辆货车时，应按整车运输。

(2)整车货物的托运质量。整车货物的质量由托运人确定。货车装载质量应使用计量衡器确定，暂不具备条件的，可按装载高度、货物密度确定。由托运人确定质量的整车货物，承运人应进行抽查，抽查后承运人确定质量时超过托运人确定质量(扣除国家规定的衡器公差)时，应向托运人或收货人核收过秤费。

(3)整车货物的承运。整车货物装车完毕，从发站在货物运单上加盖车站日期戳时起，为承运。承运就是指货物运输合同的成立生效后，从承运时起铁路运输部门对货物的运送承担义务和责任。

车站在承运货物时，要在货物运单和领货凭证连接处、接缝处加盖发站承运日期戳。接缝戳记要清晰，并与原批货物运单和领货凭证上的承运日期相同。货物运单与领货凭证撕开时，断线要整齐，并应在领货凭证上记明整批货物的货票号码。

车站在承运货物时，应将领货凭证和货票丙联交托运人。货票丙联是托运人缴纳铁路运输费用的报销凭据。

(4)限按整车运输的货物。有些货物由于性质特殊或在运输途中需要特殊照料或受铁路设备条件限制，尽管数量不足整车运输，也不能按零担托运(特准者除外)的，限按整车运输。

①需要冷藏、保温或加温运输的货物。

②规定限按整车办理的危险货物，主要指起爆器材、炸药、爆炸性药品(装入爆炸品保险箱的除外)，气体放射性货物和质量超过1t的放射性包装件等。

③易污染其他货物的污秽品(例如，未经过消毒处理或未使用密封不漏包装的牲骨、湿

毛皮、粪便、炭黑等)。

④蜜蜂。

⑤不易计算件数的货物。

⑥未装容器的活动物(铁路局规定在管内可按零担运输的除外)。

⑦一件货物质量超过2t,体积超过$3m^3$或长度超过9m的货物(经发站确认不致影响中转站和到站装卸车作业的除外)。

(5)整车分卸运输。整车分卸运输是铁路为了使托运人能经济地运输其数量不足一车,而又不能按零担办理的货物的一种特殊的运输方式。

①限按整车办理的货物,第一分卸站的货物数量不足一车。装在同一车内作为一批运输。

②分卸站必须在同一经路上,且最多不超过三个到站。

③应在站内公共装卸场所卸车,不能在专用线、专用铁路卸车。

④蜜蜂、使用冷藏车装运需要制冷或保温的货物和不易计算件数的货物,不得按整车分卸办理。

(6)货车施封的规定。施封的目的是为了贯彻责任制,划分铁路与托运人或铁路内部各部门对货物运输的完整应负的责任。

凡使用棚车、冷藏车、罐车运输的货物,应由组织装车的单位负责施封。但派有押运人,需要通风运输的货物及组织装车单位认为不需要施封的货物,可以不施封。

施封的货车应使用粗铁丝将两侧车门上部门扣和门鼻拧固并剪断燕尾,在每一车门下部门扣处设置施封锁一枚。施封后须对施封锁的锁闭状态进行检查,确认落锁有效,车门不能拉开。在货物运单或者货车装载清单和货运票据封套上记明F及施封号码(如F146355、F146356)。

2.铁路零担货物运输

铁路货物运输中,不足整车运输条件的按零担货物托运。

(1)铁路零担货物的种类:

①普通零担货物,简称普零货物,即以零担办理的普通货物,使用棚车装运。

②危险零担货物,简称危零货物,即以零担办理的危险货物,使用棚车装运。

③笨重零担货物,简称笨零货物,是指一件重量在1t以上,体积在$2m^3$或长度在5m以上,需要以敞车装运的货物或者货物的性质适宜敞车装运和吊装、吊卸的货物。

(2)零担车种类。装运零担货物的车辆称为零担货物车,简称零担车。零担车的到站必须是两个(普零货物)或3个(危零货物或笨零货物)以内的零担车,称为整装零担车。简称整零车。整零车按车内历装货物是否需要中转,分为直达整零车和中转整零车两种;按其到站个数,分为一站整零车、两站整零车和三站整零车3种。

(3)零担货物的承运方式:

①随到随承运。为方便承运人,车站可采取随到随承运的方式,因为托运人发送货物是随机的,事先无法计划,只能是承运以后,在车站仓库内进行集结。

②计划受理(预先审批运单)。计划受理是由托运人提前向车站提出运单,车站对所提运单实行集中审批。当发送某一到站或去向的货物能够配装一辆整零车时,则通知托运人按指定日期送货,使货流集中。

③承运日期表。车站在掌握货物流量、流向基本规律的前提下,按主要到站或方向分别

安排承运日期，事先公布，托运人按规定的日期办理托运。

3. 铁路集装化货物运输

(1)集装化货物运输的基本条件：

①集装化运输的货物，以集装后组成的集装单元(盘、架、笼、袋、网、捆等)为一件，每件集装货件的体积应不小于 $0.5m^3$，或质量不小于 500kg。

②棚车装运的集装化货物，每件质量不得超过 1t，长度不得超过 1.5m，体积不得超过 $2m^3$，到站限制为叉车配属站。

③敞车装运的集装化货物，每件质量不得超过到站最大起重能力。

④集装化货件应捆绑牢固，表面平整，适合多层码放；码放要整齐、严密，并按规定贴有包装储运的标志。

⑤集装化货物与非集装化货物不能同一批运输，一批运输的多件集装化货物，按零担运输时，应采用同一集装方式。

(2)铁路集装箱运输的基本条件：

①集装箱要在规定的集装箱办理站之间运输。

②每批必须是同一吨位的集装箱；每批至少一箱，最多不超过一辆货车所能装运的箱数；铁路集装箱与自备集装箱一般不能按一批办理。

③适箱货物应采用集装箱装运。目前禁止使用铁路通用集装箱装运的货物包括易于污染和腐蚀箱体的货物、易于损坏箱体的货物、鲜活货物、危险货物。

④集装箱装箱货物质量由托运人确定。

⑤集装箱的施封和拆封由托运人和收货人负责。

三、铁路货运的优缺点

1. 优点

运输能力大；运行速度快；运输成本低；运输经常性好；能耗低；通用性好；连续性好；占地面积少；受自然环境影响小。

2. 缺点

机动性差；投资大，建设周期长。

四、铁路运输的计划性

从铁路货运的缺点“机动性差”，同学们就会想，为什么会这样？机动性差主要体现在铁路货物运输有很强的计划性，需要托运人进行铁路运输计划的申报。为什么要进行铁路运输计划的申报？

铁路运输的计划性非常强，在有限的铁路线路、有限的时间、有限的车辆运力的条件下，若想将运力和时间都充分利用，必须做好合理的运输计划，托运人若想向铁路部门申请车皮，必须提前将自己的运输计划上报给铁路当局，以便铁路运输组织者做好整体的运输计划。

那么铁路货物运输计划又有哪些种类呢？

最主要分为月度要车计划和日要车计划。为便于车站及时输入微机，货主应在每月 11 日前将整车货物运输服务订单递交铁路站、段联网点，已与铁路微机联网的货主应于每月 14 日前将数字输送铁路分局。对于限制口计划，由铁路分局按照铁路局的要求，本着先重点后一般的原则编制。月度计划的内容，铁路分局于每月 23 日前反馈到各联网点。铁路货物运输日计划是对当月货物运输计划的补充。托运人申请日计划，要填写整车货物运输服务订单一式两份提交给车站。对于非限制口的计划，货主直接在各联网站上机，由微机及时审批。对于限制口的计划和根据运输能力、运输政策限制的计划，由铁路局下达计划，铁路分局通过微机控制审批。日计划铁路随时上机及时审批。并于每月底提前 3 天审批次月的日计划。

知识链接

铁路货物运输有哪些主要规章？

一、国内运输

1.《铁路货物运输规程》(简称货规)

它是铁路和托运人、收货人组织货物运输、划分权利义务和承担经济责任的基本规章，对双方都具有约束效力。在货物运输过程中，铁路和托运人、收货人都有应遵守《货规》的规定。

2.《货规》引申的规则和办法

(1)《铁路货物运输规则》;

(2)《铁路危险货物运输管理规则》;

(3)《铁路鲜活货物运输规则》;

(4)《铁路超限货物运输运输规则》;

(5)《铁路货物装载加固规则》;

(6)《铁路月度货物运输计划编制办法》;

(7)《货运日常工作组织办法》;

(8)《快运货物运输办法》;

(9)《铁路集装箱运输规则》;

(10)《铁路货物保价运输办法》;

(11)《铁路货物运输杂费管理办法》;

(12)《货车使用费税收暂行办法》;

(13)根据《货规》制定的其他办法。

二、军事运输

(1)《铁路军事运输管理办法》;

(2)《军事危险货物铁路运输规则》;

(3)《铁路军事运输计费付费办法》。

五、铁路运输要车计划的编制

这里主要从月度货物运输计划的编制、旬间装车计划、日要车计划的编制来介绍。

1. 铁路月度货物运输计划

铁路月度货物运输计划，以托运人提出的要车计划为依据，按照国家运输政策和铁路运输能力核定的月度装车工作安排。铁路月度货物运输计划是我国铁路组织日常运输的主要依据。

(1)要车计划的提报。

发货单位向铁路(车站)提出要车必须填写有发、到站,发、收货单位,品名和车数等内容的要车计划表。凡经铁路运输的整车货物,均须由物资生产、供应的基层单位和经营部门向铁路提出要车计划表,并须加盖发货单位公章和发站的货源核实章。集体单位和个体商户,凭工商部门批准的营业执照和经营范围提报要车计划;农民自产自销的农副产品需要外运时,要持有农村基层单位的证明。省、市、自治区对进出本地区的货物品类有特殊规定的,要按规定出具证明或由主管部门签认并加盖公章。违反合理运输流向规定的货物,要有经过主管部门批准的违流证明材料。

铁路月度货物运输计划必须与国家物资管理体制相适应。现行的铁路月度货物运输计划编制办法,实行由中国铁路总公司、铁路局和铁路分局三级分工负责制。

要车计划的提报,托运人可根据自己的运输要求,随时向铁路计算机联网点提报任何时限的要车申请。大宗稳定货源可根据生产情况提出均衡的运量安排意见;政令限制物资,可通过网络传输方式提报。要车计划表的一般格式如表2-1所示。

铁路月要车计划表 表2-1

<table>
<tr><td colspan="18">年　月份要车计划表　　发货单位章　　　名称______
年　月　日提出　　　(批准计划号码)　电话号码______　地址______</td></tr>
<tr><td rowspan="2">顺号</td><td colspan="3">到达</td><td colspan="2">收货单位</td><td colspan="2">货物</td><td rowspan="2">吨数</td><td rowspan="2">车种代号</td><td rowspan="2">车数</td><td colspan="4">下面铁路填写</td><td rowspan="2">发站</td><td rowspan="2" colspan="2">电报码</td></tr>
<tr><td>局</td><td>车站</td><td>电报码</td><td>名称</td><td>电话号码</td><td>名称</td><td>代号</td><td>计费质量运价号</td><td>核减号</td><td>特征号</td><td>装车数一批</td></tr>
<tr><td>1</td><td rowspan="6"></td><td></td><td></td><td></td><td></td><td></td><td></td><td></td><td></td><td></td><td></td><td></td><td></td><td></td><td></td><td colspan="2"></td></tr>
<tr><td>2</td><td></td><td></td><td></td><td></td><td></td><td></td><td></td><td></td><td></td><td></td><td></td><td></td><td></td><td></td><td rowspan="2">品类</td><td rowspan="2">代号</td></tr>
<tr><td>3</td><td></td><td></td><td></td><td></td><td></td><td></td><td></td><td></td><td></td><td></td><td></td><td></td><td></td><td></td></tr>
<tr><td>4</td><td></td><td></td><td></td><td></td><td></td><td></td><td></td><td></td><td></td><td></td><td></td><td></td><td></td><td></td><td rowspan="3" colspan="2">附注</td></tr>
<tr><td>5</td><td></td><td></td><td></td><td></td><td></td><td></td><td></td><td></td><td></td><td></td><td></td><td></td><td></td><td></td></tr>
<tr><td>6</td><td></td><td></td><td></td><td></td><td></td><td></td><td></td><td></td><td></td><td></td><td></td><td></td><td></td><td></td></tr>
<tr><td colspan="8">合计</td><td colspan="2"></td><td></td><td colspan="7"></td></tr>
<tr><td colspan="18">注:车种代号:棚车P、敞车C、平板N、轻油罐车Q、重油罐车G、保温车E、毒品车PD、牲畜车J、砂石车K、自备车(化工)在车种代号前加Z。
[说明]
托运人根据已签订的年、季整车大宗货物运输合同,提出月度要车计划表。其他整车托运货物的,也填写月度要车计划表,填表同时,提交货物运单,经承运人签字盖章,合同即告成立。</td></tr>
</table>

(2)要车申请的受理。铁路各计算机联网点应随时受理托运人提出的要车申请,货运计划人员及时核实要车申请的填报内容及货源情况,并将其传输到铁路局数据库。

(3)各局货运任务和运输生产技术指标的下达。中国铁路总公司根据运输能力、同期实际和运输任务完成情况及各项客观因素,定时下达各局下一计划周期的货运任务和运输生产技术指标。

(4)运输生产货运计划指标的生成：

①铁路局根据上级下达的任务和指标,应用计算机网络,采用人机对话方式,结合运输能力、装车实际及相关因素等核定货源。

②对国家指定的重点物资、合同运输、大宗稳定货源等,定时集中核定;对零散货源,由联网点随时受理上报。

③由铁路局核定的运量生成可装车货源数据库,通过网络上报和下达到各联网点并通知托运人。

④根据货源货流、车种、去向和分界口能力,收集处理有关信息,生成完整的货运计划各项指标。

(5)运输服务合同的签订。联网站根据上级批准同意的要车申请内容,根据车站作业能力,考虑各项客观因素后,与货主签订运输服务合同。

根据货运计划即可确定铁路运输量(简称运量)计划,其中主要有货物发送吨数、装车数、货物到达吨数、卸车数、货物周转量及货物平均运程等。

①货物发送吨数。一个车站、铁路局或全路在一定时期内所发送的全部货物吨数$\sum P^{发}$,即

$$\sum P^{发} = P_1^{发} + P_2^{发} + \cdots + P_n^{发}(\text{t}) \tag{2-1}$$

或

$$\sum P^{发} = P_1^{发} + P_2^{发} + \cdots + P_m^{发}(\text{t}) \tag{2-2}$$

式中:$P_1^{发}$、$P_2^{发}$、…、$P_n^{发}$——分别为站别货物发送吨数;

$P_1^{发}$、$P_2^{发}$、…、$P_m^{发}$——分别为各品类别货物发送吨数。

②装车数。一个车站、铁路局或全路在一定时期内承运货物装车完了的车数,通常指一天的装车数$U_{装}$即

$$U_{装} = U_{装1} + U_{装2} + \cdots U_{装n}(车) \tag{2-3}$$

或

$$U_{始} = U_{始1} + U_{始2} + \cdots U_{始m}(车) \tag{2-4}$$

式中:$U_{装1}$、$U_{装2}$、…、$U_{装n}$——分别为站别货物装车数;

$U_{始1}$、$U_{始2}$、…、$U_{始m}$——分别为品类别货物装车数。

③货物到达吨数。在一定时期内到达一个车站、铁路局或全路的货物吨数$\sum P^{到}$,即

$$\sum P^{到} = P_1^{到} + P_2^{到} + \cdots + P_n^{到}(\text{t}) \tag{2-5}$$

或

$$\sum P^{到} = P_1^{到} + P_2^{到} + \cdots + P_m^{到} \tag{2-6}$$

式中:$P_1^{到}$、$P_2^{到}$、…、$P_n^{到}$——分别为站别货物发送吨数;

$P_1^{到}$、$P_2^{到}$、…、$P_m^{到}$——分别为品类别货物发送吨数。

④卸车数。一个车站、铁路局或全路在一定时期内填制货票的货车卸车作业完了的车数,通常指一天的卸车数$\text{U}_{卸}$,即

$$U_{卸} = U_{卸1} + U_{卸2} + \cdots U_{卸n}(车) \tag{2-7}$$

或

$$U_{卸} = U_{卸1} + U_{卸2} + \cdots U_{卸m}(车) \tag{2-8}$$

式中:$U_{卸1}$、$U_{卸2}$、…、$U_{卸n}$——分别为站别货物卸车数;

$U_{卸1}$、$U_{卸2}$、…、$U_{卸m}$——分别为品类别货物卸车数。

⑤货物周转量。在一定时期内,一个铁路局或全路在货运工作中所完成的货物吨公里数$\sum PL$,即

$$\sum PL = P_1L_1 + P_2L_2 + \cdots P_mL_m (\mathrm{t \cdot km}) \tag{2-9}$$

式中：P_1、P_2、…、P_m——分别为品类别货物运送吨数；

L_1、L_2、…、L_m ——分别为品类别货物平均运输距离，km。

⑥货物平均运程。每吨货物平均运输距离 L，即

$$L = \frac{\sum PL}{\sum P^{发}} (\mathrm{km}) \tag{2-10}$$

式中：$\sum PL$——计费吨公里数。

货运计划批准后，表示货物运输合同即告成立，铁路和发货单位应共同维护其严肃性，履行运输合同，按计划完成运输任务。为此，铁路各级运输业务部门在日常工作中必须进一步组织和落实货源，以编制旬间装车计划的手段，组织发货单位按规定日期提出日要车计划，以便组流上线，保证货运计划的顺利执行。

2. 旬间装车计划

编制旬间装车计划的主要依据是批准的货运计划和日常计划，其内容有日历装车计划，货物品类、去向别装车计划，通过指定限制口发往主要钢厂、港口、国境站和主要卸车站的旬间装车计划，直达列车和成组装车计划等，并于每旬前两天下达到车站，车站立即通知发货单位，以便托运人提出下旬日要车计划。

3. 日要车计划

日要车计划是在旬间装车计划的基础上，根据发货单位提出的货物运单，由车站用“货运工作日况报告表”（见表 2-2）汇总向铁路局提报的次日装车计划，经铁路局核减确认，于当日向车站下达次日请求装车命令（承认车），作为车站次日组织装车的依据。

任务实施

1. 实训目的

(1)使学生理顺铁路货物运输运输计划的申报流程。

(2)使学生会填制铁路货运月要车计划。

2. 实训内容

(1)利用 word 绘制铁路货物运输计划申报流程的绘制。

(2)填制铁路货物运输月要车计划。

3. 实训步骤

(1)学生分组(2～3 人一组)，每组选出一名学生进行纸质铁路货物运输计划申报流程的设计(1 学时)。

(2)上机操作，运行 word 进行铁路货物运输计划申报流程的绘制(1 学时)。

(3)分组对本组的铁路货物运输计划申报流程及设计思路进行投影和讲解。

(4)根据教师给学生提供的铁路运输要车信息，填制铁路货物运输月要车计划。

4. 实训评价

铁路货物运输计划的申报训练评价的方式有教师评价、小组内部成员评价和第三方评分组成员评价 3 种，建议教师评价占 60% 权重，小组内部成员评价占 20% 的权重，第三方评分组成员评价占 20% 的权重。将三者综合起来的得分为该生在该项目的评价分，如表 2-3 所示。

货运工作日况报告附表

表 2-2

年　月　日　　　　调度区(所)　站

项目 / 站或日期	请求车										承认车						实际			全站请求车计				积压待运货物				记事
	开始积压日期	运输计划号码	发货单位	到达		品名	品类	车数			承认车数	其中前半日	命令		车辆来源	六点修正	六点	十八点	其中计划内	品类		去向		品类		去向		
				局	站			包括车种计	其中				号码	发命令者						名称	车数	局别	车数	名称	车数	局别	车数	
									计划内	旬批准计划																		
1	2	3	4	5	6	7	8	9	10	11	12	13	14	15	16	17	18	19	20	21	22	23	24	25	26	27	28	

运货五

训练评价表 表2-3

考评人		被考评人	
考评地点			
考评内容	铁路货物运输计划的申报		
考评标准	具体内容	分值(分)	实际得分
	工作态度	15	
	沟通水平和团队合作	15	
	纸质稿设计情况	15	
	电子稿的绘制情况	25	
	月要车计划填制情况	30	
合计		100	

注:考评满分100分,60以下为不及格,60~69分为及格,70~79分为中,80~89分为良,90分以上为优。

任务二　铁路运输业务受理

案例导入

铁路货运主要办理以下业务:

(1)整列运输,是指货物运量较大、货源稳定均衡,能够提前确定运输需求的物资,如煤炭、石油、焦炭、金属矿石等。

(2)整车运输,是指货物的质量、体积或形状需要以一辆以上货车运输的,可按整车办理运输。

(3)铁路快运货物班列,是指按客车化模式组织开行的列车,包括行邮专列、行包专列和五定班列。

(4)集装箱运输,是指符合集装箱运输条件、可按集装箱托运的货物。

(5)特种货物运输,是指需要使用特种车辆运输的货物,主要包括商品汽车、大件及冷藏鲜活货物运输等。

(6)零担货物运输,是指货物的重量、体积和形状不够整车运输条件,可按零担运输的货物。

(7)高铁快递,是指利用高铁确认列车和载客动车组列车,提供城际间“当日达”或“次晨达”等小件包裹快运服务。

案例思考:

这么多种类的业务类型,可能同学们对最后一种业务离同学们比较近吧?然而,大宗货物的运输是更加适合铁路运输的,那一般铁路货物运输业务受理又是怎么完成的?

任务分析

任务准备

(1)《铁路货物运输规程》、《全国部分铁路主要站间货物运价里程》等各种规章制度。

(2)多媒体教室(含可供学生上网查资料的电脑、多媒体教学设备、课件和动画等教学资料)及模拟会客室(含服务台、椅子、茶壶、茶杯等/模拟员工和客户的名片、名片夹、各种文具）。

任务目标

（1）能办理一批货物的托运及相关业务，熟悉整个业务办理的流程。

（2）能制作填写托运业务及受理中涉及的各种单证及委托书等。

（3）能填写各种货票，打款、制作捆绑方案等各项基本作业。

基础知识

用户到铁路托运货物，不只是和铁路货运职员打交道，实际上也是和铁路货运规章制度打交道。铁路是现代化运输系统，运输生产组织严密，规章制度周全。就货运营业方面而言，托运人、收货人和承运人除了要遵守《中华人民共和国铁路法》外，还要共同执行《铁路货物运输规程》、《国际铁路货物联运协定》及其引申的一些规则和办法，如《铁路货物运价规则》、《铁路危险货物运输规则》、《铁路鲜活货物运输规则》、《铁路超限货物运输规则》、《铁路货物装载加固规则》、《铁路货物运输计划管理办法》、《铁路集装箱运输规则》、《铁路货物保价运输办法》、《铁路货物运输杂费管理办法》、《统一过境运价规程》、《铁路和水路货物联运规则》等。这些规章办法，规定了用户托运货物的程序、办理手续，与用户的切身权益有直接联系，因此用户有必要大体上了解办理托运货物的有关规定，在享受铁路货运营销服务的同时，保护自己的合法权益。

一、铁路货物运输托运的种类

现行铁路货物运输种类分为整车、零担和集装箱。整车适用于大宗货物；零担适用于零星货物；集装箱适用于精密、贵重、易损货物。

托运人可以依据货物数量、性质、状态、形体等特点加以选择，达到安全、迅速、经济、便利地运送货物的目的。

二、按一批运输办理的条件

铁路运输货物以批为单位。“一批”就是一个运输单位，也是承运人计算货物运输费用的一个单位。一批货物的托运人、收货人、发站、到站、装卸地点必须相同（整车分卸的货物可以例外）。

整车货物以一车为一批（跨装、爬装及使用游车的货物，可以每一车组为一批），零担货物以每张货物运单所托运的货物为一批，集装箱货物以每张货物运单所托运的集装箱数为一批（每批必须同一箱型，至少一箱，最多不得超过铁路一辆货车所能装运的箱数）。

下列情况不能按一批办理：

（1）易腐货物与非易腐货物；

（2）危险货物与非危险货物：

（3）根据货物性质，不能混装运输的货物；

（4）保价运输货物与非保价运输货物：

（5）投保运输险与未投保运输险的货物；

（6）运输条件不同的货物。

三、货物运输合同

办理铁路货物运输，托运人与承运人应签订运输合同。大宗整车货物的运输合同可按季度、半年度、年度或更长期限签订，并提出月度铁路运输计划。其他整车货物可用铁路货物运输服务订单作为运输合同。整车货物交运货物时，还须向承运人递交货物运单，零担货物和集装箱货物，以货物运单作为运输合同。

四、货物运单

托运人向承运人提出货物运单是一种签订合同的要约行为，即表示其签订运输合同的意愿。按货物运单填记的内容向承运人交运货物，承运人按货物运单记载接收货物，核收运输费用，并在运单上盖章后，运输合同即告成立。托运人、收货人和承运人双方即开始负有法律责任。货物运单格式由两部分组成，左侧为运单，右侧为领货凭证。运单和领货凭证背面分别印有“托运人须知”和“收货人领货须知”。每批货物填写一张货物运单，根据栏目要求分别由托运人和承运人填写。填写内容必须翔实正确，文字规范，字迹清楚，不得使用铅笔或红色墨水。内容如有更改，在更改处须加盖托运人或承运人印章证明。

五、委托书

托运人、收货人有自然人和法人之分。托运人、收货人是法人，与铁路部门办理运输手续履行其权利义务时，可指定法定代表人（或称法定代理人）办理。法定代表人应凭托运人、收货人出具的“委托书”，与承运人办理相应的运输手续，如表2-4所示。

委托书样本 表2-4

委托书
兹委托　　　为　　　之代表人，在你站办理有关货物托运、领取　　　　　一切权利和义务。
此致
车　　站________
委托权利和义务有效期间：
托运人或收货人________（签章）
住　　址________
年　　月　　日　　填

六、运输货物的基本知识

1. 运输货物质量

运输货物的质量以千克为单位。整车货物和集装箱货物的质量由托运人确定，零担货物的质量由承运人确定，但下列情况也可由托运人确定：

（1）标准质量的货物。

（2）包装上涂有标记质量的货物。

（3）附有全批过秤清单的货物。

（4）一件质量超过发站衡器最大称量的货物。

（5）经承运人同意由专用线或专用铁路组织零担运输的货物。

货物的质量，包括货物包装的质量。

托运人确定的货物质量，铁路部门有权进行抽查。抽查结果超过衡器最大公差时，托运人或收货人应支付过秤费，并按规定处理。

2. 运输货物件数

运输货物,不论整车、零担、集装箱,均按件数和质量承运。但下列货物按整车条件办理时,只按质量承运,不计算件数:

(1)散堆装无法成件的货物。

(2)成件的货物规格相同(规格在3种以内相同,视为相同)一批数量超过2000件,规格不同一批数量超过1600件。

文具百货、家用电器、医疗器械、玻璃仪器等按整车条件运输时,不论规格,每件平均质量在10kg以上,能按件点交时,都可按件数和质量承运。

3. 货物包装、标记

货物包装应符合国家包装标准或行业包装标准的规定。不符合包装标准时,应由托运人改善后承运。暂无包装标准的,经托运人要求与承运人在保证运输安全的基础上,可商定包装条件,并签订“试运包装协议”组织试运。对不符合包装标准的货物,不得签注“免责特约”。具体样式如表2-5所示。

货物有缺陷,经发站检查认为不致影响运输安全(货物自身安全和其他货物安全)。可在货物运单“托运记载事项”栏内,注明货物状况的具体情况。

货物标记(货签)应使用铁路规定的格式,按其规定内容正确填记。标记应牢固粘贴、钉固或栓挂在货件上,大件和笨重货物也可采取直接在货件上书写的方法。货物标记格式如表2-5所示。

货物标记式样 表2-5

货物标记
运输号码 - - 到　　站 - - 收 货 人 - - 货物名称 - - 总 件 数 - - 发　　站 - -

4. 货物运输限制

下列货物须凭证明文件运输:

(1)物资管制方面的,如托运麻醉品、枪支、民用爆炸品,必须提出医药、公安部门的证明文件。

(2)卫生检疫方面的,如托运种子、苗木、动物和动物产品,应提出动、植物检疫部门的证明文件。

(3)物资运输归口管理方面的,如托运烟草、食用盐、酒类应提出物资管理部门的证明文件。

(4)国家行政管理方面的,如进出口部门规定须凭运输许可证运输的货物,应提出运输许可证。

须凭证明文件托运的货物,托运人提不出规定的证明文件时,铁路可拒绝受理。

七、货物托运、承运

托运人向承运人交运货物时应按批提出货物运单。使用机械冷藏车运输的货物,同一到站，同一收货人一起运输时，可以数批合提1份运单。整车分卸货物除提出基本运单外，每一分卸站应增加分卸货物运单两份（分卸站和收货人各1份）。

按一批托运的货物品名过多或托运搬家货物时，运单上的“货物名称”栏不够填写时，托运人须同时提出“物品清单”一式三份（1份发站存查、1份随运单交到站、1份退还收货人）。

托运人对货物及物品清单各栏填写内容的真实性负责。承运人对货物运单内托运人的填写事项进行检查，填制货票，在货物运单领货凭证物品清单上加盖车站承运日期戳，填记货票号（整车货物包括车号、集装箱货物包括集装箱号）即为承运。

承运同时，承运人应将货票丙联、物品清单1份，领货凭证交给托运人，托运人将领货凭证及时交给收货人，凭此联系到站领取货物。

八、选择铁路运输的类型

铁路货物运输按照一批货物的质量、体积、性质或形状等因素，可以分为整车运输，零担运输和集装化运输三种类型。

1. 铁路整车货物运输

（1）整车运输的托运条件：

①整车货物每车为一批。

②货物的质量与体积。我国现有的货车以棚车、敞车、平车和罐车为主。标记载质量（简称标重）大多50t和60t，棚车容积在100m^3以上。达到这个质量或容积条件的货物，即应按整车运输。

③货物的性质与形状。有些货物，虽然其质量、体积不足一车，但按性质与形状需要单独使用一辆货车时，应按整车运输。

（2）整车货物的托运质量。整车货物的质量由托运人确定。货车装载质量应使用计量衡器确定。

由托运人确定质量的整车货物，承运人应进行抽查，抽查后承运人确定质量时超过托运人确定质量（扣除国家规定的衡器公差）时，应向托运人或收货人核收过秤费。

（3）整车货物的承运。整车货物装车完毕，从发站在货物运单上加盖车站日期戳时起，为承运。承运就是指货物运输合同的成立生效后，从承运时起铁路运输部门对货物的运送承担义务和责任。

车站在承运货物时，要在货物运单和领货凭证连接处、接缝处加盖发站承运日期戳。接缝戳记要清晰，并与原批货物运单和领货凭证上的承运日期相同。货物运单与领货凭证撕开时，断线要整齐，并应在领货凭证上记明整批货物的货票号码。

车站在承运货物时，应将领货凭证和货票丙联交托运人。货票丙联是托运人缴纳铁路运输费用的报销凭据。

（4）限按整车运输的货物。有些货物由于性质特殊或在运输途中需要特殊照料或受铁路设备条件限制，尽管数量不足整车运输，也不能按零担托运（特准者除外）的，限按整车运输。

①需要冷藏、保温或加温运输的货物。

②规定限按整车办理的危险货物，主要指起爆器材、炸药、爆炸性药品（装入爆炸品保险箱的除外），气体放射性货物和质量超过1t的放射性包装件等。

③易污染其他货物的污秽品（例如，未经过消毒处理或未使用密封不漏包装的牲骨、湿毛皮、粪便、炭黑等）。

④蜜蜂。

⑤不易计算件数的货物。

⑥未装容器的活动物(铁路局规定在管内可按零担运输的除外)。

⑦一件货物质量超过2t,体积超过$3m^3$或长度超过9m的货物(经发站确认不致影响中转站和到站装卸车作业的除外)。

(5)整车分卸运输。整车分卸运输是铁路为了使托运人能经济地运输其数量不足一车,而又不能按零担办理的货物的一种特殊的运输方式。

①限按整车办理的货物,第一分卸站的货物数量不足一车。装在同一车内作为一批运输。

②分卸站必须在同一经路上,且最多不超过3个到站。

③应在站内公共装卸场所卸车,不能在专用线、专用铁路卸车。

④蜂蜜。

⑤使用冷藏车装运需要制冷或保温的货物和不易计算件数的货物,不得按整车分卸办理。

(6)货车施封的规定。施封的目的是为了贯彻责任制,划分铁路与托运人或铁路内部各部门对货物运输的完整应负的责任。

凡使用棚车、冷藏车、罐车运输的货物,应由组织装车的单位负责施封。但派有押运人,需要通风运输的货物及组织装车单位认为不需要施封的货物,可以不施封。

施封的货车应使用粗铁丝将两侧车门上部门扣和门鼻拧固并剪断燕尾,在每一车门下部门扣处设置施封锁(图2-2)一枚。施封后须对施封锁的锁闭状态进行检查,确认落锁有效,车门不能拉开。在货物运单或者货车装载清单和货运票据封套上记明F及施封号码(如F146355、F146356)。

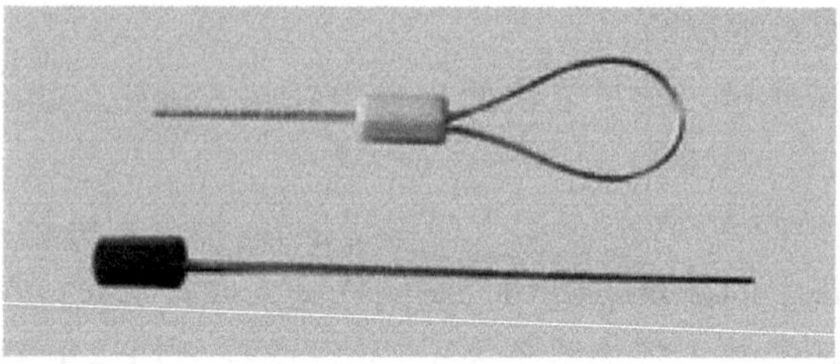

图2-2 施封锁

发现施封锁有下列情形之一,即按失效处理。

①钢丝绳的任何一端可以自由拔出,锁芯可以从锁套中自由拔出。

②钢丝绳断开后再接,重新使用。

③锁套上无站名、号码和站名或号码不清楚、被破坏。

卸车单位在拆封前,应根据货物运单、货车装载清单或货运票据封套上记载的施封号码与施封锁号码核对,并检查施封是否有效。拆封时,从钢丝绳处剪断,不得损坏站名、号码。拆下的施封锁,对编有记录涉及货运事故的,自卸车之日起,须保留180天备查。

2. 铁路零担货物运输

铁路货物运输中,不足整车运输条件的按零担托运。

(1)铁路零担货物的种类:

①普通零担货物,简称普零货物,即以零担办理的普通货物,使用棚车装运。

②危险零担货物,简称危零货物,即以零担办理的危险货物,使用棚车装运。

③笨重零担货物,简称笨零货物,是指一件重量在1t以上,体积在$2m^3$或长度在5m以

上，需要以敞车装运的货物或者货物的性质适宜敞车装运和吊装、吊卸的货物。

(2)零担车种类。装运零担货物的车辆称为零担货物车，简称零担车。零担车的到站必须是两个(普零货物)或3个(危零货物或笨零货物)以内的零担车，称为整装零担车。简称整零车。整零车按车内所装货物是否需要中转，分为直达整零车和中转整零车两种；按其到站个数，分为一站整零车、两站整零车和三站整零车3种。

(3)零担货物的承运方式。

①随到随承运。为方便承运人，车站可采取随到随承运的方式，因为托运人发送货物是随机的，事先无法计划，只能是承运以后，在车站仓库内进行集结。

②计划受理(预先审批运单)。计划受理是由托运人提前向车站提出运单，车站对所提运单实行集中审批。当发送某一到站或去向的货物能够配装一辆整零车时，则通知托运人按指定日期送货，使货流集中。

③承运日期表。车站在掌握货物流量、流向基本规律的前提下，按主要到站或方向分别安排承运日期，事先公布，托运人按规定的日期办理托运。

3.铁路集装化货物运输

(1)集装化货物运输的基本条件：

①集装化运输的货物，以集装后组成的集装单元(盘、架、笼、袋、网、捆等)为一件，每件集装货件的体积应不小于0.5m^3或质量不小于500kg；

②棚车装运的集装化货物，每件质量不得超过1t，长度不得超过1.5m，体积不得超过2m^3，到站限制为叉车配属站。

③敞车装运的集装化货物，每件质量不得超过到站最大起重能力。

④集装化货件应捆绑牢固，表面平整，适合多层码放；码放要整齐、严密，并按规定贴有包装储运的标志。

⑤集装化货物与非集装化货物不能同一批运输，一批运输的多件集装化货物，按零担运输。

(2)铁路集装箱运输的基本条件：

①集装箱要在规定的集装箱办理站之间运输。

②每批必须是同一吨位的集装箱；每批至少一箱，最多不超过一辆货车所能装运的箱数；铁路集装箱与自备集装箱一般不能按一批办理。

③适箱货物应采用集装箱装运。目前禁止使用铁路通用集装箱装运的货物包括易于污染和腐蚀箱体的货物、易于损坏箱体的货物、鲜活货物、危险货物。

④集装箱装箱货物质量由托运人确定。

⑤集装箱的施封和拆封由托运人和收货人负责。

(3)集装化运输组织。

①托运。托运人要求铁路运输整车集装化货物时，应在月度要车计划表、旬要车计划表中注明“集装化”字样。托运人托运集装化货物，在铁路货物运单“托运人记载事项”栏内注明“集装化”，运单“件数”一栏应填写集装后的件数，“包装”栏填写集装方式名称。发站受理集装化货物时，应在运单右上角加盖“××站集装化运输”戳记。

②承运和交付。车站对集装化货物按集装化后的件数承运。承运时只检查集装化的件数和货件外部状态。到站交付时，也按集装化后的件数和货件外部状态交付。如收货人提出内部货物发生损坏、丢失，除能证明属于铁路责任外，均由托运人负责。集装箱运输在办理发、到作业，承运人与托运人、收货人间的交接时按以下规定办理。

在车站货场交接时，重箱凭箱号、封印和箱体外状，空箱凭箱号和箱体外状。箱号、施封号码与货物运单记载一致，施封有效，箱体没有发生危及货物安全的变形或损坏时，箱内货物由托运人负责。

③集装化用具的回送。集装化货物运抵到站后，对企业自备的集装化用具，应一并交给收货人。需要回送的集装用具，到站根据运单记载的集装化运输戳记和有关规定签发特价运输证明书。收货人凭特价运输证明书办理回送。车站对回送的集装用具要优先运输。

九、托运

托运人在托运货物时，应该做好以下几项工作。

1. 对货物进行符合运输需求的包装

对货物正确妥善的包装是托运人应尽的责任，托运人托运的货物如有国家包装标准或行业包装标准的，应按国家标准或行业标准进行包装；对于没有统一包装标准的，承运人应会同托运人按照保证货物安全运输的原则，参照相似货物的国家包装标准或行业包装标准，制定货物运输包装暂行标准；对于不符合运输包装标准的货物，承运人应请托运人改善后，方可承运。若货物的包装或状态有缺陷，但不致影响货物运输安全，可以由托运人在货物运单内具体注明后予以承运。

2. 在货件上标明清晰明显的标记

货物标记，也称为货签，记载发站、到站、托运人、收货人、货物品名、件数和运输号码等内容。货物标记内容必须与货物运单记载的内容相符。

货物运输包装上应有符合国家标准的包装储运图示标志，其目的是引起与货物运输作业有关人员的充分注意，保证货物在保管、装卸中的安全。

3. 备齐必要的证明文件

托运人托运需凭证明文件运输的货物时，托运人在托运货物时应将证明文件与货物运单同时提出，并在货物运单“托运人记载事项”栏注明文件名称和号码。车站应在证明文件背面注明托运数量，并加盖车站日期戳，然后退还托运人或按规定留发站存查。对于需凭证明文件运输的货物，若托运人未按规定提出证明文件，承运人应拒绝受理。

十、填制并提交货物运单

1. 填制并提交货物运单

铁路货物运单是托运人向承运人提出货物托运的申请，是承运人承运货物、接受运费、填制货票的依据，也是货运全过程的一种运送单证，还是编制记录、备查或处理事故赔偿的凭据。它既是收货人领货的凭证，也是托运人、承运人、收货人及铁路内部进行货物交接的凭证。发货人应如实填写运单中规定由发货人填写的有关内容。

车站接到发货人提出的货物运单后，应予认真审查，对整车货物应有批准的运输计划，如确认可以承运，车站应在运单上签证货物交接日期或装车日期。

对零担货物应按承运制度签证货物交接日期。

车站核对运单内容无误并接收货物后，开始承担保管和运送的责任。

对整车货物，在装车后车站货运员应在运单上填记车种、车号，货物实际装车件数、质量和其他应填记的内容，签字后送交货运室，运单作为核算运费和填制货票的原始依据；发货人则应向车站货运室办理交付运杂费、换取领货凭证及承运凭证（货票丙联）。

铁路的整车货物运输必须纳入铁路货物运输计划中。铁路货物运输计划是铁路承运人对托运人的第一承诺，托运人向铁路运输部门提出的货物运输服务订单（简称订单）经铁路部门承诺后即成为铁路货物运输合同的组成部分。

2. 编制运输计划

铁路货物运输计划的编制过程可分为 4 个阶段，如图 2-3 所示。

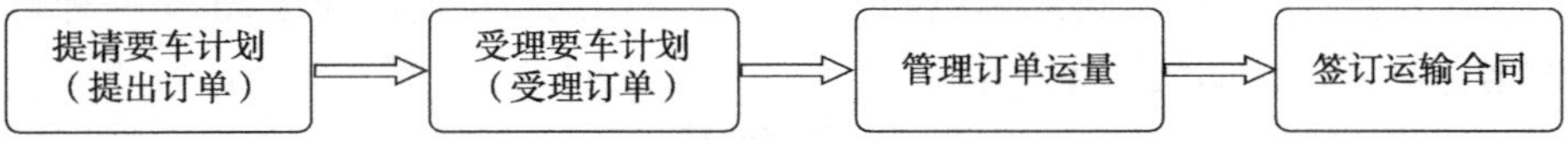

图 2-3　铁路货物运输计划的编制过程

（1）提出订单。凡经铁路运输的整车货物，托运人必须提出订单，零担、集装箱货物由车站提出订单。托运人可根据自己的运输需要，以订单的形式，随时向铁路计算机联网点（现阶段为装车站或装车局）提出任何时间段的要车要求。大宗稳定货源，托运人可通过计算机网络向装车局提出。

实行物资归口管理的货物，订单要由归口管理部门签认。

（2）受理订单。货运计划人员应随时受理订单，认真核对发站、到站、货物名称、品类、车数、吨数、车种等是否填写正确，托运人、收货人名称是否清楚，托运人代码是否正确，是否符合政令限制、运输限制、发到站营业限制，核对无误后即输入计算机传到分局数据库，并在订单上加注受理号码后将其中一联返回托运人。

（3）管理订单运量。各联网站货运计划人员对托运人提出的订单运量要随时受理、随时核实，要在 24h 内输入计算机并及时上报。

铁路局对本级管理权限的订单运量要及时核定，核定后及时并入计划数据库。对上级管理范围的订单运量，经上级审定返回后，并入路局计划数据库。路局计划数据库的内容要及时返回到联网站或装车站，并通知托运人。

订单运量及相关内容经承、托双方确定后不得改变。

订单运量在双方规定的时限内有效，如未兑现且双方商定需要延期执行时，按新订单办理。

（4）签订运输合同。装车站根据网上反馈的信息核定要车内容，根据车站各项作业能力，与托运人签订运输服务合同并明确承运人、托运人之间的权利、责任和义务，并确定装车方案组织安排发车。

3. 受理

托运人提出货物运单后，经承运人审查，若符合运输条件，则在货物运单上签证货物搬入日期或装车日期的作业，称为受理。

4. 进货和验收

在铁路货场内装车的货物，托运人按承运人受理时签证的货物搬入日期，将货物全部搬入车站，并整齐码放在指定的货位，完好地交给承运人的作业，称为进货。车站在指定进货货位时，要考虑便于车辆取送和货物装卸、搬运作业，并保证人身和货物安全。

车站在接受托运人搬入车站的货物时，按运单记载对货物品名、件数、运输包装、质量等进行检查，确认符合运输要求并同意货物进入场、库指定货位的作业，称为验收。从托运人将全批货物搬入车站并经验收完毕时起，负责承运前的保管。

5. 装车

装车是货物发送作业中十分重要的一个环节，货物运输的质量在很大程度上取决于装车作业组织的好坏。铁路必须按照发站从严、装车从严的原则，认真做好装车作业，为途中作业和到达作业打下良好的基础。一些货车在装车后还要施封。

6. 制票和承运

整车货物在装车完毕后，零担和集装箱货物在验收完毕以后，托运人应向车站货运室交付运输费用，并办理制票和承运作业。

(1)制票作业是指根据货物运单填制货票。货票是铁路运输的凭证，也是一种财务性质的货运票据。具体样式如表 2-6 所示。

铁 路 货 票 表 2-6

货票(铁路 1)铁路局

计划号码或运输号码 货 票 甲 联

货物运到期限 日 发站存查 A00001

发站		到站(局)			车种车号		货车标重		承运人/托运人装车
托运人 名称					施封号码				承运人/托运人施封
托运人 住址		电话			铁路货车篷布号码				
收货人 名称					集装箱号码				
收货人 住址		电话			经由		运价里程		
货物名称	件数	包装	货物质量(kg) 托运人确定	货物质量(kg) 承运人确定	计费质量	运价号	运价率	现付 费别	现付 金额
								运费	
								装费	
								取送车费	
								过秤费	
合计									
记事							合计		

发站承运日期戳

规格:270mm × 185mm 经办人盖章

铁路货票是一种具有财务性质的货运票据。车站货运室根据装车后送来的货物运单，见表 2-5，经核算运费后填制货票。

货票共有四联:甲联留作发站存查;乙联由发站寄往路局,作为确定货运收入、统计完成货运量、计算运营指标和进行内部财务清算的依据;丙联作为收据交给发货人;丁联作为运输凭证,连同运单由发站随车送至到站,由到站留作存查。

目前,铁路车站已普遍应用计算机进行货运的计费和制票工作。

(2)零担和集装箱货物在发站验收完毕,整车货物在装车完毕,并核收运输费用后,发站在货物运单上加盖承运日期戳记的作业,称为承运。货物承运意味着托运人和承运人的运输合同签订完毕,合同开始生效。

十一、计算铁路货物运输的运费

1. 运费

(1)计算货物的运输里程:

①按《货物运价里程表》计算出发站至到站的运价里程。由于货物运价里程表多达300多页,所以本书不予列出样表。同学们可参考实物《货物运价里程表》,进行查找。

②或者按照其他了解的信息计算出总运输路程。

(2)确定所运输货物的运价号:

①根据货物运单上填写的货物名称查找“铁路货物运输品名分类与代码表”、《铁路货物运输品名检查表》,确定适用的运价号。

②常用的大宗货物的运价号如表2-7所示。

常用大宗货物运价号表　　表2-7

代码			货物品类	运价号		代码			货物品种	运价号	
				整车	零担					整车	零担
01			煤			03			焦炭		
01	1	0	原煤	4	21	03	1	0	焦炭	5	21
01	2	0	洗精煤	5	21	03	2	0	沥青焦、石油焦	5	24
01	3	0	块煤	4	21	04	1	0	铁矿石	3	21
01	4	0	洗、选煤	4	21	04	9	0	其他金属矿石	4	21
01	5	0	水煤浆	4	21	05			钢材及有色金属		
01	9	0	其他煤	4	21	05	1	0	生铁	4	21
02			石油			05			其他钢材	5	21
02		0	原油及其他	6	22	08	9	7	煤矸石	4	21

(3)计算货物对应的运费:

①整车、零担货物按货物适用的运价号,可在铁路货物运价率表中查出适用的运价率(即基价1和基价2),如表2-8所示。

②货物适用的基价二和运输里程相乘之积加上基价一,即为每吨的运价。

运费计算办法:

整车货物每吨运价 = 基价1 + 基价2 × 运价千米

零担货物每10千克运价 = 基价1 + 基价2 × 运价千米

铁路货物运价率表 表 2-8

办理类别	运 价 号	基 价 1		基 价 2	
		单位	标准	单位	标准
整车	1	元/t	6.4	元/t·km	0.037
	2	元/t	7	元/t·km	0.0444
	3	元/t	8.7	元/t·km	0.0498
	4	元/t	10.8	元/t·km	0.0553
	5	元/t	11.7	元/t·km	0.063
	6	元/t	17.1	元/t·km	0.0869
	7			元/t·km	0.2876
	机械冷藏车	元/t	12.9	元/t·km	0.0875
零担	21	元/10kg	0.126	元/10kgkm	0.00062
	22	元/10kg	0.176	元/10kgkm	0.0009

2. 铁路电气化附加费(电化费)

(1)根据铁路相关规定确定相关的确定运输里程内的铁路电化里程。

(2)在电气化附加费费率表中查找所运货物对应的费率,如表 2-9 所示。

电气化附加费费率表 表 2-9

项目种类	计 费 单 位	费 率	项目种类	计 费 单 位	费 率
整车货物	元/t·km	0.012	零担货物	元/10kgkm	0.00012

(3)货物适用的电化费率与对应的电化里程之积,即为每吨货物的电化费。

电气化附加费计算公式为:

电气化附加费 = 费率 × 计费质量(箱数或轴数) × 电化里程

3. 铁路建设基金

(1)根据铁路建设基金费率表查找货物适用的铁路建设费率,如表 2-10 所示。

铁路建设基金费率表 表 2-10

项目 种类	计 费 单 位	农 药	磷矿石	其他货物
整车货物	元/t·km	0.019	0.028	0.033
零担货物	元/10kgkm	0.00019	0.00033	

(2)使用货物适用的铁路建设费率,计算出每吨货物的铁路建设费用。

铁路建设基金的计算公式为:

建设基金 = 费率 × 计费质量(箱数或轴数) × 运价里程

将以上各部分运价相加,即为每吨货物的实际运输费用。

任务实施

1. 实训目的

(1)使学生学会铁路运输各项费用的计算。

(2)使学生学会填制铁路货物运单。

2. 实训内容

(1)铁路货物运输费用的计算。

(2)填制铁路货物运单。

3. 实训步骤

(1)学生分组(2～3 人一组),每组发一套任务题目;要求学生利用 1 个课时完成铁路货物运杂费的计算。

任务题目:黑龙江松花江种子站于 2014 年 4 月 8 日和哈尔滨车站签订了一份运输合同,将 60t 玉米种子交给哈尔滨火车站运往南京站,收货人为江苏省镇江市种子公司。哈尔滨车站 2014 年 4 月 9 日承运,调拨车号为 PC0556q8、质量是 60t、编织袋包装计 600 件、每件 50kg,货物价格为 3 万元。装车后发站施封两枚,封号分别为 00888、00889. 松花江种子站当即支付全部运杂费用。

请计算运费并填制铁路货物运单。

(2)分组填制铁路货物运单,并进行任务完成汇报。

(3)教师点评:步骤(2)和步骤(3)预计 1 个课时。

4. 实训评价

铁路货物运输业务受理实训评价的方式有教师评价、小组内部成员评价和第三方评分组成员评价三种,建议教师评价占 60% 权重,小组内部成员评价占 20% 的权重,第三方评分组成员评价占 20% 的权重。将三者综合起来的得分为该生在该项目的评价分,如表 2-11 所示。

训 练 评 价 表 表 2-11

考评人		被考评人	
考评地点			
考评内容	铁路货物运输业务受理训练		
考评标准	具体内容	分值(分)	实际得分
	工作态度	20	
	沟通水平和团队合作	20	
	运杂费计算情况	20	
	铁路货运单填制结果	20	
	分组汇报情况	20	
合计		100	

注:考评满分 100 分,60 以下为不及格,60～69 分为及格,70～79 分为中,80～89 分为良,90 分以上为优。

任务三　货物发运组织

案例导入

2011 年 5 月 23 日德州站发佳木斯站面粉一车,车号 P62/3102068,5 月 28 日到哈南站发现一侧无封,拍发电报依长春北站责补封继续运输。5 月 30 日佳木斯站卸少 40 件,票记 1200 件,该货实际价值 12 万元,保价 3 万元。佳木斯站按保额赔款 1000 元。收货人诉至法院,法院判按实际损失赔偿,共赔偿 4000 元。

案例思考：

同学们看了这个案例后，有什么感想？法院裁定的4000元赔偿金该如何按责任划分给各个火车站？

任务分析

任务准备

（1）《铁路交通事故调查处理规则》等铁路货物运输的规章制度；

（2）多媒体教室（含可供学生上网查资料的电脑、多媒体教学设备、课件和动画等教学资料）及模拟会客室（含服务台、椅子、茶壶、茶杯等/模拟员工和客户的名片、名片夹、各种文具）；

任务目标

（1）能了解铁路货运发运及途中作业的基本流程；

（2）明确承托各方的装卸范围；

（3）能明确装车的基本要求；

（4）能进行装车前的“三检”；

（5）明确承运的意义；

（6）明确各种途中作业的方法。

基础知识

一、基本概念

1. 承运前保管

经车站验收完毕后的货物，由于有一个按装车计划调运适货空货车到装车地点进行装车的过程，一般情况下不能立即装车，需要在车站场库内存放一段时间，车站在这段时间内对货物的保管称为承运前的保管。

2. 进货

托运人根据车站签订的货物运单，按指定日期将货物搬入车站整齐堆放在指定的货位上，称为进货。

3. 验收

车站货运员按照货物运单的记载，进行现货检查，确认托运人的货物符合运输条件和要求并同意托运人将货物搬入货场指定地点的作业过程，称作验收。

4. 货物承运

零担和集装箱运输的货物接收完毕，整车货物装车完毕并填制货票、核收运费后，发站在货物运单上加盖车站承运日期戳时起，即为承运。

二、明确进货与验收的主要内容

（1）货物名称、件数是否与运单记载相符。

（2）货物的状态是否良好。货物状态有缺陷，但不致影响货物安全，可由托运人在货物运单内具体注明后承运。

（3）货物的运输包装和标志是否符合规定。

(4)货物的标记(货签)是否齐全、正确。

(5)货件上的旧标记是否撤除或抹消。

(6)装载整车货物所需的货车装备物品或加固材料是否齐全。

三、承运前的保管

(1)托运人将货物搬入车站,经验收完毕后,一般不能立即装车,需在货场内存放,这就产生了承运前保管的问题。

(2)几种情况的保管责任划分,如表2-12所示。

保管责任划分 表2-12

整车货物	发站实行承运前保管的,从收货完毕填发收货证起,即负责承运前保管责任;如发站不实行承运前的保管责任,则车站可通知托运人对货物进行自行看管
零担货物	发站实行承运前保管的,车站从收货完毕时即负保管责任;如发站不实行承运前的保管责任,则车站可通知托运人对货物进行自行看管
集装箱货物	发站实行承运前保管的,车站从收货完毕时即负保管责任;如发站不实行承运前的保管责任,则车站可通知托运人对货物进行自行看管

在整车货物的铁路运输中,托运人员需注意要求发站收货后填发收货证,拿到了收货证,发站才开始他的保管责任,托运人需注意这一点。

四、装车作业

1.装卸车责任的划分

承运人装卸的范围包括:货物装车或卸车的组织工作,在车站公共装卸场所以内由承运人负责。有些货物虽在车站公共装卸场所内进行装卸作业,由于在装卸作业中需要特殊的技术、设备、工具,仍由托运人或收货人负责组织。

知识链接

托运人、收货人装卸的范围

下列货物由于在装卸作业中需要特殊的技术或设备、工具,所以,虽在车站公共装卸场所内进行装卸作业,仍应由托运人或收货人负责组织。

(1)罐车运输的货物;

(2)冻结的易腐货物;

(3)未装容器的活动物、蜜蜂、鱼苗等;

(4)一件质量超过1t的放射性同位素;

(5)用人力装卸带有动力的机械和车辆。

其他货物由于性质特殊,经托运人或收货人要求,并经承运人同意,也可由托运人或收货人组织装车或卸车。例如,气体放射性物品、尖端保密物资、特别贵重的展览品、工艺品等。货物的装卸不论由谁负责，都应在保证安全的条件下，积极组织快装、快卸，昼夜不断地作业，以缩短货车停留时间，加速货物运输。

2. 装车作业

(1)装车前的检查。为保证装车工作质量，装车工作顺利进行，装车前应做好以下“三检”工作：

①检查运单，即检查运单的填记内容是否符合运输要求，有无漏填和错填。

②检查待装货物，即根据运单所填记的内容核对待装货物品名、件数、包装，检查标志、标签和货物状态是否符合要求。集装箱还需检查箱体、箱号和封印，如图2-4所示。

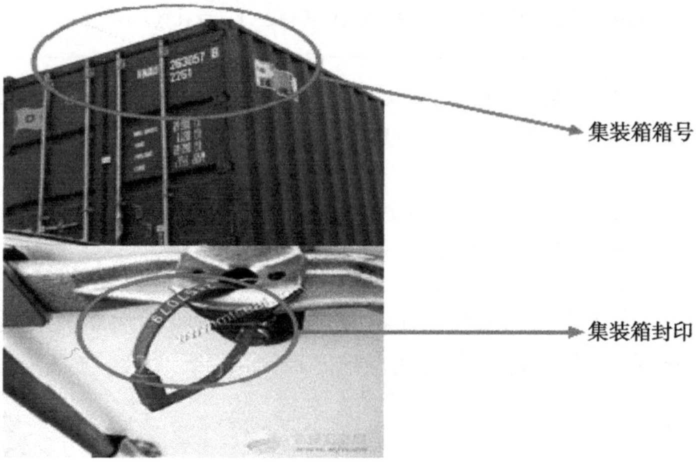

图2-4　集装箱代号图

③检查货车，即检查发车的技术状态和卫生状态。货车检查的主要内容有：

a. 货车是否符合使用条件。

b. 货车状态是否良好。主要检查车体(包括透光检查)、车门、车窗、盖、阀是否完整良好，车内是否干净，是否被毒物污染。装载食品、药品、活动物和有押运人乘坐时，还应检查车内有无恶臭异味。

c. 货车“定检”是否过期，有无扣修通知、货车洗刷回送标签或通行限制。

(2)装车作业的基本要求：

①货物质量应均匀分布在车厢地板上 不得超或偏重和集重。

②装载应认真做到轻拿轻放、大不压小、重不压轻，堆码稳妥、紧密、捆绑牢固，在运输中不发生移动、滚动、倒塌或坠落等情况。

③使用敞车装载怕湿货物时应堆码成屋脊形，苫盖好篷布，并将绳索捆绑牢固。

④使用棚车装载货物时，装在车门口的货物，应与车门保持适当距离，以防挤住车门或湿损货物。

⑤使用罐车及敞、平装运货物时，应各按其规定办理。

⑥所装货物需进行加固时，按《铁路货物装载加固规则》的规定办理。

(3)监装(卸)工作。装卸作业前应向装卸工组详细说明货物的品名、性质，布置装卸作业安全事项和需要准备的消防器材及安全防护用品，装卸剧毒品应通知公安到场监护。装卸作业时要做到轻拿轻放,堆码整齐牢固,防止倒塌。要严格按规定的安全作业事项操作,严禁货物侧放、卧装(钢瓶器除外)。包装破损的货物不准装车。装完后应关闭好车门、车窗、盖、阀,整理好货车装备物品和加固材料。

装车后需要施封、苫盖篷布的货车由装车单位进行施封与苫盖篷布。卸完后应关闭好车门、车窗、盖、阀,整理好货车装备物品和加固材料。

(4)装车后要进行的辅助作业。货车施封后,货运员应将车种、车号、货车标重、使用篷布张数,施封个数记入货物运单内。

(5)装车后检查。为保证正确运送货物和行车安全,装车后还需要检查的内容,如表2-13所示。

装车后的"三检" 表2-13

检车项目	具体检查内容
检查车辆装载	主要检查有无超重、超限现象,装载是否稳妥,捆绑是否牢固,施封是否符合要求,表示牌插挂是否正确。对装载货物的敞车,要检查车门插销、底开门塔扣和篷布苫盖、捆绑情况
检查运单	检查运单有无漏填和错填,车种、车号和运单所载是否相符
检查货位	检查货位有无误装或漏装的情况

五、货票的相关作业

在任务二中,同学们已经看到了货票的基本格式,货运员将签收的运单移交货运室填制货票,核收运杂费。货票的签发、运费的核算完毕,意味着承运的开始。货物发运过程中,货票的填写也是一项注意事项比较多的作业。

知识链接

货票的奥秘

货票一式四联。

甲联为发站存查联;

乙联为报告联,由发站每日按顺序订好,定期上报发局;

丙联为承运证,交托运人凭以报销;

丁联为运输凭证,随货物递交到站存查,如表2-14所示。

1. 货票的主要作用

铁路货票是铁路运营的主要票据之一,是铁路部门运输统计、财务管理、货流货物分析的原始信息,也是运输高度指挥作业不可缺少的基础依据。在车站货票具有货物运输合同运单副本的性质,是处理货运事故向收货人支付运到逾期违约金和补退运杂费的依据;在运输过程中货票又是货物运输凭证。它跟随货物一直到达目的站。

整车货物装车后(零担货物过秤完了,集装箱货物装箱后),货运员将签收的运单移交货运室填制货票,核收运杂费(托运人缴费)。

货票是铁路运输货物的凭证,也是一种具有财务性质的票据,可以作为承运货物的依据和交接运输的凭证。

货票一式四联。甲联为发站存查联；乙联为报告联，由发站报发局；丙联由发站给托运人报销用。丁联为运输凭证，由发站随货物递交到站，到站由收货人签章交付，作为完成运输合同的唯一依据。

货　　票　　　　表 2-14

××铁路局　　甲联

计划号码或运输号码　　货票　　A00001

货物运到期限　　日　　发站存查

<table>
<tr><td colspan="2">发站</td><td></td><td colspan="2">到站(局)</td><td colspan="2"></td><td>车种车号</td><td colspan="2"></td><td colspan="2">货车标量</td><td colspan="2"></td><td colspan="2">承运人/托运人</td></tr>
<tr><td rowspan="2">托运人</td><td>名称</td><td colspan="5"></td><td>施封号码</td><td colspan="6"></td><td colspan="2">承运人/托运人</td></tr>
<tr><td>住址</td><td></td><td colspan="2">电话</td><td colspan="2"></td><td>铁路货车
篷布号码</td><td colspan="8"></td></tr>
<tr><td rowspan="2">收货人</td><td>名称</td><td colspan="5"></td><td>集装箱号码</td><td colspan="8"></td></tr>
<tr><td>住址</td><td></td><td colspan="2">电话</td><td colspan="2"></td><td>经由</td><td colspan="3"></td><td colspan="2">运价</td><td colspan="3"></td></tr>
<tr><td colspan="2" rowspan="2">货物名称</td><td rowspan="2">件数</td><td rowspan="2">包装</td><td colspan="3">货物质量(千克)</td><td rowspan="2">计费质量</td><td rowspan="2">运价号</td><td colspan="2" rowspan="2">运价率</td><td colspan="5">现付</td></tr>
<tr><td colspan="2">托运人
确定</td><td>承运人
确定</td><td colspan="2">费别</td><td colspan="3">金额</td></tr>
<tr><td></td><td></td><td></td><td></td><td colspan="2"></td><td></td><td></td><td></td><td colspan="2"></td><td colspan="2">运费</td><td colspan="2"></td><td></td></tr>
<tr><td></td><td></td><td></td><td></td><td colspan="2"></td><td></td><td></td><td></td><td colspan="2"></td><td colspan="2">装费</td><td colspan="2"></td><td></td></tr>
<tr><td></td><td></td><td></td><td></td><td colspan="2"></td><td></td><td></td><td></td><td colspan="2"></td><td colspan="2">取送
车费</td><td colspan="2"></td><td></td></tr>
<tr><td></td><td></td><td></td><td></td><td colspan="2"></td><td></td><td></td><td></td><td colspan="2"></td><td colspan="2">过秤费</td><td colspan="2"></td><td></td></tr>
<tr><td rowspan="2">合计</td><td rowspan="2"></td><td rowspan="2"></td><td rowspan="2"></td><td colspan="2" rowspan="2"></td><td rowspan="2"></td><td rowspan="2"></td><td rowspan="2"></td><td colspan="2" rowspan="2"></td><td colspan="2"></td><td colspan="2"></td><td></td></tr>
<tr><td colspan="2"></td><td colspan="2"></td><td></td></tr>
<tr><td>记事</td><td colspan="10"></td><td colspan="2">合计</td><td colspan="2"></td><td></td></tr>
</table>

知识链接

信息化的铁路运输管理

原铁道部 1994 年立项的“铁路运输管理信息系统”项下，包括了“铁路货票信息管理系统”这样一个“子系统”。2008 年 1 月份全国铁路开始使用货票信息管理系统 2.0。

2. 运输票据的填写及具体操作

(1)填写运输票据——货运票据封套。

(2)货车施封后，货运员应将车种、车号、货车标重、使用篷布张数，施封个数记入货物运单内。

(3)为了便于交接和保持运输票据的完整，下列货物的运输票据使用封套后随车递送。

(4)下列货物的运输票据使用货运票据封套，如表 2-15 所示。

①国际联运货物。

②整车分卸货物。

③一辆货车内装有两批以上的货物。

④以货运记录补送的货物。

⑤附有证明文件或代递单据较多的货物。

货运票据封套　　　　表2-15

车种车号__________标记载质量__________ 货物到站__________到局__________篷布号码__________ 运单号码____________________ 货物品名__________货物实际质量(吨)__________ 收货人及卸车地点____________________ 施封号码__________ 记事__________ 发站戳记 经办人章

3. 填写运输票据——货车装载清单

货车装载清单是装车货运员对同一车内装载货物的完整而真实的记录。它记载了每批货物的运单号码、货物名称、件数、质量和发到站等内容,作为卸车核对货物的一种依据。

需填写货车装载清单的货物有:

(1)整车国际联运出口货物和过境货物。发站(进口国境站)应以填制货车装载清单一份,随同货车送至到站(或出口国境站)。

(2)水陆联运货物。

(3)整零车和集装箱运输的货物。

六、货物的承运

零担和集装箱运输的货物由发站接收完毕,整车货物装车完毕,发站在货物运单上加盖车站日期戳时起,即为承运。承运是货物运输合同的成立,从承运起承托双方就要分别履行运输合同的权利,义务和责任。因此,承运意味着铁路负责运输的开始,是承运人与托运人划分责任的时间界线。同时承运标志着货物正式进入运输过程。

托运人缴费后会收到运单、领货凭证和杂费收据一份。

七、途中作业

货物发运后,货物的途中作业包括:货运交接检查、特殊作业及异常情况的处理。

1. 特殊作业

特殊作业包括:10t集装箱在中转站的作业、整车分卸货物分卸作业、加冰冷藏车加冰加盐作业、活动物途中上水、托运人或收货人提出的货物运输变更等。

2. 异常情况处理

异常情况的处理:是指货车运行有碍运输安全或货物完整时须做出的处理,如货车装载偏重、超载或货物装载移位须进行的换装或整理及对运输阻碍的处理。

3. 货物的交接检查

为了保证行车安全和货物安全，划清运输责任，对运输中的货物(车)和运输票据，要进行交接检查，并按规定处理。

(1)铁路货运检查实行区段负责制。即指在对货物列车的交接检查中，按列车运行区段划分货运检查站责任的制度。

(2)货运检查站应设置货运检查值班员岗位，负责货运检查的现场组织工作，并按照每列车双人双面检查作业的要求配齐货运检查员。

(3)货运检查的内容：

①装载加固状态；

②篷布苫盖状态；

③货车门、窗、盖、阀和集装箱关闭情况；

④票据及车辆的完整情况。

(4)货运检查发现问题的处理。发现异状时，应及时处理。问题的处理方法根据在装车站或在其他站而异，包括不接收，由交方编制记录、补封、处理后继运，车站换装或整理，苫盖篷布，拍发电报等，如表2-16所示。

货运检查发现问题的处理 表2-16

处理方式	处理条件	处理方法
货车整理	发现危及行车和货物安全需甩车整理的货车时	货运检查人员应通知车站值班员甩车处理。可不甩车整理的，应在列整理
货物换装	在运输中发生甩车处理的货车，不能原列安全继运的，以及因车辆技术状态不良，经车辆部门扣留需要换车时，应进行换装处理	进行换装时，应选用与原车类型和标记载质量相同的货车，并按照货票检查货物现状，如数量不符或状态有异，应编制货运记录。对因换装整理卸下的部分货物，应予以及时补送

换装整理的处理注意事项如下：

①换装整理的时间不应超过2天，如2天内未整理完毕时，应由换装站以电报通知到站，以便收货人查询。

②换装整理的费用，属于铁路责任时，由铁路内部清算；属于托运人责任的，应由到站向收货人核收。

③经过换装整理的货车，不论是否摘车，均应编制普通记录，证明换装整理情况和责任单位，并在货票上丁联背面记明有关事项。

八、货运合同变更

1. 货运合同变更的种类(表2-17)

合同变更的种类 表2-17

种　类	变更内容
变更到站	货物已经装车挂运，托运人或收货人可按批向货物所在的中途站或到站提出变更到站
变更收货人	货物已经装车挂运，托运人或收货人可按批向货物所在的中途站或到站提出变更收货人

2. 货运合同变更的限制

铁路是按计划运输货物的,货运合同变更必然会给铁路运输工作的正常秩序带来一定的影响。所以,对于下列情况承运人不受理货运合同的变更:

(1)违反国家法律、行政法规;

(2)违反物资流向;违反运输限制;

(3)蜜蜂;

(4)变更到站后的货物运到期限大于容许运到期限;

(5)变更一批货物中的一部分;

(6)第二次变更到站的货物。

3. 货运合同变更的处理

托运人或收货人要求变更时,应提出领货凭证和货物运输变更要求书,提不出领货凭证时,应提出其他有效证明文件,并在货物运输变更要求书内注明。提出领货凭证是为了防止托运人要求铁路办理变更,而原收货人又持领货凭证向铁路要求交付货物的矛盾。

九、货运合同的解除

整车货物和大型集装箱在承运后挂运前,零担和其他型集装箱货物在承运后装车前,托运人可向发站提出取消托运,经承运人同意,货运会同即告解除。

解除合同,发站退还全部运费与押运人乘车费。但特种车使用费和冷藏车回费不退。此外,还应按规定支付变更手续费、保管费等费用。

任务实施

1. 实训目的

(1)使学生学会填写货票;

(2)使学生能说出货运检查的内容和注意事项。

2. 实训内容

(1)铁路货物货票的填写;

(2)铁路货运途中作业。

3. 实训步骤

(1)学生分组(2~3 人一组),每组发一套铁路货运运单;要求学生利用 1 个课时完成铁路货票的填写,再在小组之间进行比较。

比如根据上一个任务中的实训内容,填好的运单来填制货票。

黑龙江松花江种子站于 2014 年 4 月 8 日和哈尔滨车站签订了一份运输合同,将 60t 玉米种子交给哈尔滨火车站运往南京站,收货人为江苏省镇江市种子公司。哈尔滨车站 2014 年 4 月 9 日承运,调拨车号为 PC0556q8、质量是 60t、编织袋包装计 600 件、每件 50kg,货物价格为 3 万元。装车后发站施封两枚,封号分别为 00888、00889,松花江种子站当即支付全部运杂费用。

(2)教师提出多种货运检查中出现的问题,分组闭答和抢答处理方法,1 学时。

4. 实训评价

铁路货物运输业务受理实训评价的方式。有教师评价、小组内部成员评价和第三方评分组成员评价三种，建议教师评价占60%权重，小组内部成员评价占20%的权重，第三方评分组成员评价占20%的权重。将三者综合起来的得分为该生在该项目的评价分，如表2-18所示。

训练评价表 表2-18

考评人		被考评人	
考评地点			
考评内容	铁路货物运输业务受理训练		
考评标准	具体内容	分值(分)	实际得分
	工作态度	15	
	沟通水平和团队合作	15	
	货票填写情况	20	
	闭答和抢答结果	30	
	分组汇报情况	20	
合计		100	

注：考评满分100分，60以下为不及格，60～69分为及格，70～79分为中，80～89分为良，90分以上为优。

任务四 铁路运输到站业务处理

案例导入

A公司储运部宋某准备为公司运送100箱计算机从官洲市南京路88号到南京市珠江路90号南京B贸易公司，每箱货物质量为20kg，要求两天内到达。

案例思考：

货物到达目的地的时候，送货员如何办理货物的交接，怎样进行货物的到达交付与结算？

任务分析

任务准备

（1）《铁路货物运输规程》等铁路货物运输的规章制度。

（2）多媒体教室（含可供学生上网查资料的电脑、多媒体教学设备、课件和动画等教学资料）及模拟会客室（含服务台、椅子、茶壶、茶杯等/模拟员工和客户的名片、名片夹、各种文具）。

任务目标

（1）能了解铁路货运到站交付的基本流程；

（2）能熟悉各种具体情况下铁路运输到达交付的流程；

（3）能明确铁路运输货物到达交付的主要方式；

（4）能进行铁路货运运杂费的结算。

基础知识

一、专用名词

1. 铁路专用线

铁路专用线是指由企业或者其他单位管理的与国家铁路或者其他铁路线路接轨的岔

线。铁路专用线与专用铁路都是企业或者其他单位修建的主要为本企业内部运输服务的，两者所不同的是，专用铁路一般都自备动力，自备运输工具，在内部形成运输生产的一套系统的运输组织，而铁路专用线则仅仅是一条线，其长度一般不超过30km，其运输动力使用的是与其相接轨的铁路的动力。

2. 到达交付

货物交付是指承运人在规定的地点与收货人进行货物（车）交接后，并在货物运单上加盖货物交付日期戳记，即表示货物运输过程终止的作业程序。由承运人组织卸车和发站由承运人组织装车、到站由收货人卸车的货物，在向收货人点交货物或办理交接手续后，即为交付完毕，发站由托运人组织装车，到站由收货人组织卸车的货物，在货车交接地点交接完毕，即为交付完毕。交付完毕，货物运输合同即告结束。

3. 到达作业

货物在到站进行的各种货运作业，称为到达作业。到达作业包括：重车和货运票据的交接、货物的卸车、保管和交付以及运输费用的最后结算等。货物经过到达作业后，货物运输技术作业过程即告结束，至此，运输合同即告终止。

4. 担保书领取货物

担保书领取货物是指在特殊情况下，领货人无法取得“领货凭证”（如未到、丢失、损毁等）时，办理货物交付的特殊措施，是到站对领货人出具的各种资料、有效证件难以确定其是否具有合法资格而采取转移风险，避免误交付或被冒领的主要措施。

5. 押运人

活动物、需要浇水运输的鲜活植物、生火加温运输的货物、挂运的机车和轨道起重机以及特殊规定应派押运人的货物，托运人必须派人押运。押运人数，除特定者外，每批不应超过2人。

押运人“须知”包括以下内容：

（1）押运人应熟悉所押货物的特性，负责所押货物的安全。不得擅离职守，不得擅自登乘未经车长或站许可的车辆。

（2）要注意乘车安全。横过线路要一站、二看、三通过，不得跳、钻车辆，也不得在列车、车辆移动时爬车或跳车。严禁在货车下乘凉避雨，不得蹬坐车帮和探身车外，不准在货车顶部或货垛的高处坐卧、走动或停留，也不准在易于窜动货物的空隙间乘坐。通过铁路电气化区段，严防触电。

（3）严禁携带危险品，不准在货车内吸烟、生火（押运需生火加温运输的货物除外），违反规定造成后果要负经济或法律责任。

（4）发现危及货物、人身、行车安全的情况，要立即通知车长、车站处理。

6. 海关监管货物

海关监管货物是指自进境起到办结海关手续止的进口货物，自向海关申报起到出境止的出口货物，以及自进境起到出境止的过境、转运和通运货物等应当接受海关监管的货物，包括一般进出口货物、保税货物、特定减免税货物、暂准进出境货物，以及过境、转运、通运货物和其他尚未办结海关手续的货物。这是海关对进出境货物实施监督管理法律意义上的时间、范围的限制规定。

7. 铁路货物运输杂费（以下简称“货运杂费”）

货物杂费是铁路货物运输费用的组成部分。铁路运输的货物（包括企业自备车或租用铁路货车)自承运至交付的全过程中,铁路运输企业向托运人、收货人提供的辅助作业和劳务,以及托运人或收货人额外占用铁路设备,使用用具、备品所发生的费用,均属货运杂费。

二、铁路运输到达交付的基本流程

在货物的到站进行的各项作业,主要包括重车和货运票据的交换、卸车作业、保管和交付等业务活动。到站向收货人办完货物交付手续后,即完成该批货物的全部运输过程如图2-5所示。

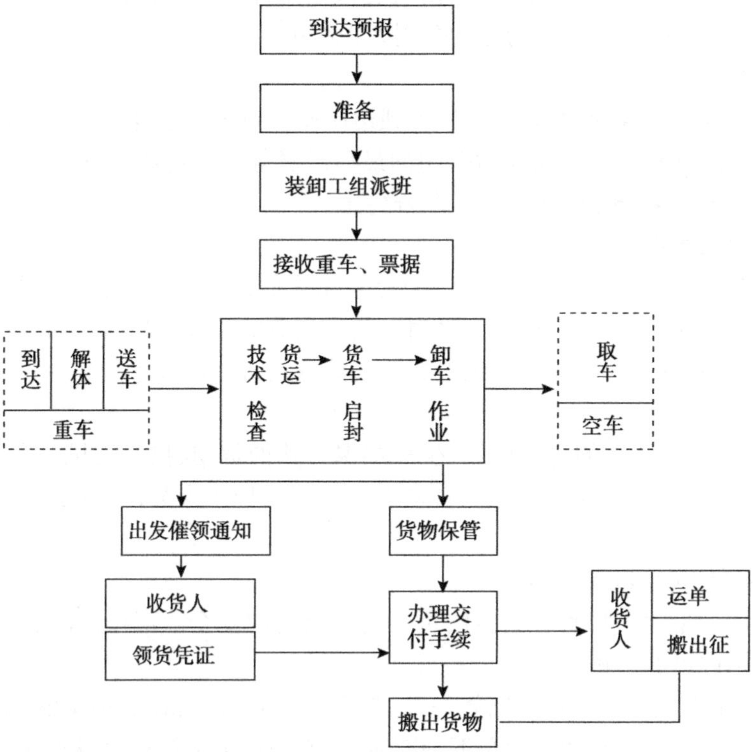

图2-5　货物到达作业程序示意图

1. 重车到达与票据交接

列车到达后,车站应派人接收重车。交接货车时,应详细进行票据与现车的核对,对现车的装载状态进行检查,并与车长或列车乘务员办理重车及货运票据的交接签证。运转室将到达本站卸车的重车票据登记后,移交货运室。

2. 货物的卸车作业

(1)卸车前检查:

①检查货位。主要检查货位能否容纳下待卸的货物,货位的清洁状态,相邻货位上的货物与卸下货物性质有无抵触。

②检查运输票据。主要检查票据记载的到站与货物实际到站是否相符,了解待卸货物的情况。

(2)监卸工作:

①作业开始之前,监装卸货运员应向卸车工组详细传达卸车要求和注意事项。

②卸车时,货运员应对施封的货车亲自拆封,并会同装卸工一起开启车门或取下苫盖篷布,要逐批核对货物、清点件数,应合理使用货位、按标准进行码放,对于事故货物则应编制记录。此外,注意作业安全,加快卸车进度,加速货车周转。

(3)卸车后检查:

①检查运输票据。

②检查货物。

③检查卸后空车。

3. 货物的到达通知

(1)车站对到达的货物应在不迟于卸车完毕后的次日内向收货人发出催领通知,并在货票(丁联)内记明通知方法和时间。必要时应再次催领。收货人拒领或找不到收货人时,到站要按规定调查处理。发站接到到站函电后,应立即联系托运人,要求其在规定时间内提出处理意见,并将该处理意见答复到站。

(2)到站在办理交付手续时,应在货物运单和货票(丁联)上加盖车站日期戳。货物在货场内点交给收货人的,还应在货物运单上加盖"货物交讫"戳记,凭此验放货物。车站也可根据需要,建立货物搬出证制度。

(3)车站接到不能按约定时间到达的货物预报后,应立即通告收货人,必要时应发出相关通知。

(4)收货人应于铁路发出的催领通知次日起算,在两天内将货物提走,超过这一期限将货物列车到达后,到站要核对现车并进行货运检查,检查结果符合规定要求,则与车长办理重车和货运票据的交接签证,然后将本站卸车的重车票据移交货运室。在铁路车站公共装卸场所的卸车作业由铁路负责;在其他场所卸车,由收货人负责。铁路组织卸车的货收取货物暂存费。

(5)从铁路发出催领通知日起(不能实行催领通知时,则从卸车完毕的次日起)满 30 日仍无人领取的货物,铁路则按无法交付货物处理。

特别提示:货物的运到期满后经过 15 天,或鲜活货物超过运到期限仍不能在到站交付的,到站除按规定编制货运记录外,还必须负责货物的查询工作,依次从发站顺序查询。被查询的车站,应自接到查询的次日起两日内将查询结果电告到站,并向下一作业站(编组、区段或保留站)继续查询。到站应将查询的最终结果及时通知收货人。

(6)对到达的海关监管货物,车站应按照海关监管的有关规定办理。

知识链接

铁路货物逾期交付的责任

货物、包裹、行李逾期交付,如果是因铁路逾期运到造成的,由铁路运输企业支付逾期违约金;如果是因收货人或旅客逾期领取造成的,由收货人或旅客支付保管费;既因逾期运到又因收货人或旅客逾期领取造成的,由双方各自承担相应的责任。

铁路逾期运到并且发生损失时,铁路运输企业除支付逾期违约金外,还应当赔偿损失。对收货人或旅客逾期领取,铁路运输企业在代保管期间因保管不当造成损失的,由铁路运输企业赔偿。

4. 铁路运输货物到达交付

(1)铁路运输货物到达交付的主要方式。由于到达货物卸车作业地点、负责装卸车组织工作的不同及是否派有押运人等情况,货物交付程序有所不同,大体分为站内卸车交付、专用线(专用铁路)卸车交付和派有押运人货物的卸车交付三种情况。

①站内卸车交付。站内卸车交付应先办理票据交付后再办理现货交付。即收货人要求领取货物时,须向到站提出领货凭证或有效证明文件,经与货物运单票据核对后,由收货人在货票丁联上盖章或签字,收清一切费用后,车站在货物运单和货票上加盖交付日期戳,收回的领货凭证或有效证明应粘贴在货票丁联上留站存查,并将货物运单交给收货人,收货人凭此到货物存放地点领取货物。交付货运员凭收货人提出的货物运单向收货人点交货物,然后在货物运单上加盖"货物交讫"戳记,并记明交付完毕的时间,将货物运单交还收货人,凭此将货物搬出货场。站内直卸车也应同样办理。

货物交付收货人当日不能全批搬出车站,对其搬剩部分,按质量和件数承运的货物,可按件点交车站保管;只按质量承运的货物,可向车站声明并在货堆上做出适当标记,以便次日继续搬出。在这种情况下,车站应同时收回货物运单并在货物运单背面由收货人注明已搬出部分件数或质量,次日继续搬出时,车站根据货物运单背面记载向收货人再次点交货物。

如果次日搬出已超过免费暂存时间则应按车核收货物暂存费。

特别提示:站内卸交付:票据交付先于现货交付;专用线(专用铁路)卸车交付;票据交付和现货交付是同时办理或现货交付先于票据交付。

②专用线(专用铁路)卸车交付。现货交付车站是根据货物运单上指明的专用线企业及"专用线(专用铁路)运输协议""专用线共用协议"规定内容和地点办理取送交接。专用线(专用铁路)产权单位负责办理本企业和共用单位到达货物的交接领取手续,统一结算相关费用。

由于到站已向货物运单内所记载的正当收货人进行送达车辆并办理货物交接,收货人是否持有领货凭证或有效证明已无意义,票据交付只是产权单位经办业务的运输员与车站办理的结算手续。

专用线(专用铁路)卸车交付不同于站内卸车交付的特点是票据交付和现货交付是同时办理或现货交付先于票据交付。

③派有押运人货物的卸车交付。押运人从承运人承运货物时起至交付完毕时止,应负责采取保证货物安全的措施,确保运输货物状态的完整。押运人不是运输合同中的收货人,到站仍需向货物运单中记载的收货人办理货物交付。但派有押运人的货物也有站内卸车和专用线(专用铁路)卸车两种情况,站内卸车与无押运人站内卸车交付相同,卸车中发现差错由押运人负责,如属于自行组织卸车的货物,车站不与收货人办理现货交付;专用线(专用铁路)卸车,车站除按规定办理票据交付外,不再与收货人办理现货交接检查。

(2)铁路运输货物到达交付的程序:

①收货人出具领货凭证和有关证明文件。

a. 收货人为个人的,需出具领货凭证和本人身份证。

b. 收货人为单位的,需出具领货凭证和领货人姓名的证明文件及领货人本人身份证。

c. 不能提出"领货凭证"的,可凭由车站同意的、有经济担保能力的企业出具担保书取货。

②缴付铁路运费、运杂费、装卸费等费用，取回货物运单及到达货物作业单。

③根据到达货物作业单指明的货位交付处办理货物交付手续。

④凭出站放行条将货物提出车站。

知识链接

担保书领取货物

从规章角度对货物交付办理的程序、领货手续及交付的三种情况和押运人的合同行为进行了阐述，目的是正确理解货物交付作业过程，将货物交付给正当收货人，防止误交和冒领。但是，在目前货物交付中存在着大量凭担保书领取货物的现象。因此，对担保书领取货物应有正确认识。

(1)担保书领取货物是指在特殊情况下，领货人无法取得"领货凭证"(如未到、丢失、损毁等)时，办理货物交付的特殊措施，是到站对领货人出具的各种资料、有效证件难以确定其是否具有合法资格而采取转移风险，避免误交付或被冒领的主要措施。虽然这一措施解决了收货人及时领取货物，但并非是铁路货物交付的正常途径和办法，有的收货人很有意见，影响铁路负责运输的信誉，车站在实际工作中应主动督促收货人按正常手续办理货物交付，不应默许收货人将特殊措施变为正常领货的方法。

(2)收货人不能提供"领货凭证"，在站内卸车，货场提货时，可凭收货人提交有经济担保能力企业出具的"担保书"办理领货手续，车站应从以下方面严格审查把关。

①出具"担保书"的企业必须符合"中华人民共和国担保法"的规定。企业法人的分支机构、职能部门不得为保证人。企业法人的分支机构有法人的书面授权的，可以在授权范围内提供保证。

②被委托办理运输业务的单位和担保单位为同一单位的担保书无效。

③对收货人提供的"担保书"进行经济能力认定时，收货人一是要提交担保企业营业执照原件或经担保企业加盖企业公章认可的复印件，二是要提交验资或审计机构出具的担保企业资金证明或财务审计报告。

④车站受理的经济能力认定资料应同时上报站段进行认定，未经站段认定的单位出具的担保书无效。

(3)目前，愿意出具担保书的个体、私营企业、运输代理企业很多，有的担保书可信度低，担保能力不足，潜在风险巨大，车站应加强对担保企业经济实力的考察，发现担保企业无偿债能力或偿债能力不足或有其他异常行为时，应停止其担保行为，防止交付引发其他纠纷。

5. 铁路运输货物运杂费结算

铁路货物运输营运中的运费按铁路运单或合同规定，可采用预付、现结、到付或月结的方式，杂费按实际发生的项目和规定核收，如表2-18所示。

(1)在温季和热季(按装车时外温确定)使用机械冷藏车装运需要途中制冷运输的未冷却的瓜果、蔬菜，按货物重量核收冷却费。加冰冷藏车始发所需的冰、盐由托运人准备。如托运人要求承运人供应，承运人则按实际发生的费用核收。

(2)应托运人要求，铁路冷藏车在其他站加冰、盐后送至发站装货时，由发站或加冰站按

7 号运价率与自加冰站至发站间里程核收货车回送费。

(3)使用铁路 D 型长大货物车装运货物时，除核收运费外，并核收下列费用：

①按确定的计费重量、运价里程，核收 D 型长大货物车使用费；

②按货车轴数，核收长大货物车回送费，托运人取消托运时，仍核收此项费用。

(4)用铁路机车往专用线、货物支线(包括站外出岔)或专用铁路的站外交接地点调送车辆时，核收取送车费。计算取送车费的里程，应自车站中心线起算，到交接地点或专用线最长线路终端止，里程往返合计(不足 1km 的尾数进整为 1km)，取车不另收费。

铁路货运营运杂费费率表 表 2-19

序号	项目			单位	费率
1	过秤费	整车轨道衡		元/车	30.00
		整车普通磅秤		元/t	4.00
		零担		元/百 kg	0.40
		1t 箱		元/箱	1.50
		5、6t 箱		元/箱	7.50
		10t 箱		元/箱	15.00
		20ft 箱		元/箱	30.00
		40ft 箱		元/箱	60.00
2	表格材料费	运单	普通货物	元/张	0.10
			水陆联运货物	元/张	0.20
			国际联运货物	元/张	0.20
		货签	纸制	元/个	0.10
			其他材料制	元/个	0.20
		危险货物包装标志		元/个	0.20
		物品清单		元/张	0.10
		施封锁材料费(承运人装车、箱的除外)		元/个	1.50
3	冷却费			元/t	20.00
4	长大货物车使用费	标重不足 180t	不超重	元/t · km	0.25
			一级超重	元/t · km	0.30
			二级超重	元/t · km	0.35
		标重 180t 以上	不超重	元/t · km	0.30
			一级超重	元/t · km	0.35
			二级超重	元/t · km	0.40
			超级超重	元/t · km	0.60
5	长大货物车空车回送费			元/轴	300.00
6	取送车费			元/车 km	6.00
7	机车作业费			元/30min	60.00
8	货车中转技术作业费			元/t(每满 250km)	0.05
9	押运人乘车费			元/人百 km	3.00

续上表

序号	项目			单位	费率
10	货车篷布使用费		500km 以内	元/张	50.00
			501km 以上	元/张	70.00
11	集装箱使用费	1t 箱	500km 以内	元/箱	5.00
			501 ~2000km 每增加 100km 加收	元/箱	0.40
			2001 ~3000km 每增加 100km 加收	元/箱	0.20
			3001km 以上计收	元/箱	13.00
		5、6 t 箱	500km 以内	元/箱	30.00
			501 ~2000km 每增加 100km 加收	元/箱	3.00
			2001 ~3000km 每增加 100km 加收	元/箱	1.50
			3001km 以上计收	元/箱	90.00
		10 t 箱	500km 以内	元/箱	50.00
			501 ~2000km 每增加 100km 加收	元/箱	5.00
			2001 ~3000km 每增加 100km 加收	元/箱	2.50
			3001km 以上计收	元/箱	150.00
		20ft 箱	500km 以内	元/箱	100.00
			501 ~2000km 每增加 100km 加收	元/箱	10.00
			2001 ~3000km 每增加 100km 加收	元/箱	5.00
			3001km 以上计收	元/箱	300.00
		40ft 箱	500km 以内	元/箱	200.00
			501 ~2000km 每增加 100km 加收	元/箱	20.00
			2001 ~3000km 每增加 100km 加收	元/箱	10.00
			3001km 以上计收	元/箱	600.00
		铁路拼箱(一箱多批)		元/10kg	0.20
12	自备集装箱管理费		1t 箱	元/箱	3.00
			5、6t 箱	元/箱	15.00
			10t 箱	元/箱	25.00
			20ft 箱	元/箱	100.00
			40ft 箱	元/箱	200.00
13	货物作业装卸费	按《铁路货物装卸作业计费办法》和《铁路货物作业装卸费率》的规定核收			
14	货物保价费	按《关于修改货物保价费率的通知》的规定核收			

向专用线取送车,由于货物性质特殊或设备条件等原因,托运人、收货人要求加挂隔离车时,隔离车按需要使用的车数核收取送车费。

托运人或收货人使用铁路机车进行取送车辆以外的其他作业时,另核收机车作业费。

6. 货物搬出

收货人持有加盖“货物交讫”的运单将货物搬出货场,门卫对搬出的货物应认真检查品名、件数、交付日期与运单记载是否相符,经确认无误后放行。

知识链接

救灾物资的到达交付

铁路运输救灾物资物，到站应不迟于卸车完了的次日内用电话或书信向收货人发出到货通知，并在货票内记明通知的方法和时间。同时，货运室根据货物运单核算在到站应收的运输费用。收货人在到站凭领货凭证(个人还须提出证明本人的证件领取货物，并在货票丁联上签字或盖章。)

铁路组织卸车和发站由铁路装车、到站由收货人组织卸车的货物，在向收货人点交货物后，即为交付完毕；发站由发货人组织装车，到站由收货人组织卸车的货物在货车交接地点交接完毕，即为交付完毕。

任务实施

1. 实训目的

(1)使学生明确铁路货运到站业务流程，并能用 visio 绘制铁路货运到站业务流程。

(2)使学生明确铁路运输货物到达交付的主要方式。

2. 实训内容

(1)利用 VISIO 绘制铁路货运到站业务流程。

(2)铁路运输货物到达交付的主要方式的选择。

3. 实训步骤

(1)教师集中将 VISIO 软件进行讲解，同学们先上机试做简单的流程图，0.5 学时。

(2)学生分组(2~3 人一组)，要求学生利用 0.5 个课时利用 VISIO 完成绘制铁路货运到站业务流程图，再小组之间进行比较。

(3)针对铁路运输货物到达交付的主要方式的选择进行抢答和闭答，1 个学时。

4. 实训评价

铁路货运到站业务训练评价方式有教师评价、小组内部成员评价和第三方评分组成员评价 3 种，建议教师评价占 60% 权重，小组内部成员评价占 20% 的权重，第三方评分组成员评价占 20% 的权重。将三者综合起来的得分为该生在该项目的评价分，如表 2-19 所示。

训 练 评 价 表　　表 2-19

考评人		被考评人	
考评地点			
考评内容	铁路货运到站业务训练		
考评标准	具体内容	分值(分)	实际得分
	工作态度	15	
	沟通水平和团队合作	15	
	流程图绘制情况	25	
	抢答和闭答结果	35	
合计		100	

注：考评满分 100 分，60 分以下为不及格，60~69 分为及格，70~79 分为中，80~89 分为良，90 分以上为优。

拓展阅读

铁路鲜活货物装车与卸车

(来源:中铁物流网)

机械冷藏车装载货物的重量,不得超过车辆的标记载重量,冷藏车严禁用于装运易污染、腐蚀和损坏车辆的非易腐货物。

无包装的水果、蔬菜(西瓜、哈密瓜、南瓜、冬瓜除外)等易污染、损坏车内设备的易腐货物不得用铁路货运冷藏车装运。

铁路货运发站应与托运人商定易腐货物进货、装车等事项,将计划装车时间、装车地点、货物品名及热状态、重量、到站等事项填记在"机械冷藏车装车通知单"内,于装车前12h内交给乘务组;两站分装的,第二装车站应在车辆到达后及时交给乘务组。乘务组应在装车前做好上水、补足油料、预冷车辆等工作。

用冷藏车运输易腐货物时,在装车前必须预冷,待车内温度降低到规定温度后,方可装车。机械冷藏车车内预冷温度:冻结货物为 -3 ~0℃;香蕉为 11 ~15℃;菠萝、柑橘为 9 ~12℃;其他易腐货物为 0 ~3℃。

易腐货物应按"易腐货物机械冷藏车运输条件表"、"易腐货物装载方法表"规定的方法装载。经过预冷的冷藏车装车时,应采取措施保持车内温度。在铁路货运装卸车作业中应使用不致损坏车内设备的工具,不得挤碰循环挡板和挤占车体压筋之间的空隙,上层货物距离循环挡板至少应留出 50mm 的空隙,不得在货物分层间使用影响通风的隔板。货物在车内的堆码,应当保证两侧车门能够方便开启。开关车门时,严禁乱砸硬撬。在采取保温、防寒、防湿等措施时,严禁以钉、钻、铆等方式损坏冷藏车车体。

车站、铁路货运专用线、机械冷藏车乘务组要认真按车填写"机械冷藏车作业单",并做好传递交接工作。

车站、机械冷藏车乘务组和托运人、收货人应加强装卸车组织工作,缩短装卸时间。易腐货物作业车停站时间原则上不得超过该铁路货运站的货车停留时间。单节机械冷藏车每辆装(卸)车作业时间(不包括洗车和预冷时间,下同)不得超过 3h。货物车为 4 辆的机械冷藏车组,每组装(卸)车作业时间不得超过 6 小时,每车的装(卸)车作业时间不得超过 3h。装(卸)车期间需要制冷的,要在"机械冷藏车作业单"中注明起止时间,车站按规定核收有关费用。

车站铁路货运员和机械冷藏车乘务员应对装卸车作业进行指导,发现问题及时联系托运人、收货人共同解决。货物装车完毕,机械冷藏车乘务员应检查车门是否关闭严密,及时记录车内温度并开机调温。

易腐货物运抵到铁路货运站,联系不到收货人或收货人拒绝领取时,到站应自发出催领通知次日起(不能实行催领通知时,为卸车完了的次日)或收货人拒绝领取之日起,1 日内及时通知发站和托运人,征求处理意见。托运人自接到通知之日起,2 日内提出处理意见答复到站。对于超过容许运输期限仍无人领取的货物,或收货人拒领而托运人又未按规定期限提出处理意见的货物,或虽未超过上述期限,但是货物已开始腐坏、变质时,到站可按无法交付货物或依据有关规定处理。

到达货物出现腐烂、变质、冻损、污染、生理病害、病残死亡等问题时,铁路货运到站应立即组织卸车并按规定编制货运记录,使用机械冷藏车的应会同乘务组组织卸车。收货人有异议的,不得拒绝卸车或中途停止卸车,否则因此造成的扩大损失由收货人承担。

模块练习

一、填空题

1. 按一批运输的货物 ,必须____________、收货人、____________、到站、____________地点相同。

2. 一批货物的质量、体积、形状和性质需要以一辆或一辆以上的货车装运的货物应按________方式办理运输。

3. 一批货物的重量、体积、形状和性质不需要单独使用一辆货车装运则可按________方式办理运输。

4. 按零担办理运输的货物,铁路规定,一件体积不得小于____________(一件质量 10kg 以上的除外),一张运单托运的货物不得超过____________。

5. 不易计算____________的货物(即散、堆装货物)不得按零担办理。

6. 需要冷藏、保温或加温运输的货物不得按____________办理。

7. 一批是铁路办理货物承运的基本计算单位,一批货物就代表一份____________。

8. 整车货物原则上以____________为一批;跨装、爬装及使用游车的货物以____________为一批。

9. 零担货物和集装箱货物则以____________为一批。

二、名词解释题

1. 整车货物;2. 零担货物;3. 托运;4. 受理

三、简答题

1. 说明运费计算程序。
2. 写出运费计算公式。
3. 图示货物的发送作业程序。
4. 货物运单的性质是什么?
5. 货物运单的作用有哪些?
6. 货物运输受理审查的内容有哪些?
7. 装车前检查的内容有哪些?
8. 简述货票的性质和作用。
9. 货票一式几联? 各联的作用如何?
10. 什么是货物的承运? 意义如何?
11. 货物运输变更的限制有哪些?

模块三　航空货物运输作业管理

学习导语

航空货物运输，是现代物流中的重要组成部分，在提供安全、快捷、方便和优质的服务方面，航空运输有其他运输无法比拟的优越性，其拥有高效率和能提供综合性物流服务，在降低商品生产和经营成本、提高产品质量、保护生态环境、加速商品周转等方面发挥着重要作用。

故事分享

棕色大象　送货送进500强

1907年夏天，19岁的吉姆用挣来的100美元，在美国西雅图市开始了自己的创业。设施：20美元租的一间小办公室，一张旧工作台和两部接洽业务用的电话。业务：自行车送信送货。一个世纪之后，这家名叫UPS的公司，已是世界上最大的快递和供应链管理集团，36万名员工8.8万多辆运输车和200多架飞机，每年运送30多亿份包裹及文件，成为世界500强之一。

吉姆11岁便开始打工，在创业之时已经目睹了很多企业的起落沉浮。为了使自己的小公司在竞争中生存，吉姆一开始便提出了“顶级服务，优惠价格”的口号，并将其贯穿到各个环节之中。

20世纪初期的美国，是百货公司占统治地位的时代。吉姆与合作伙伴很快发现，百货公司需要有人将商品直接送到消费者家中，于是俩人便把公司改名为“商业包裹运送公司”，添置了一辆“T”型福特牌汽车及几部摩托车，开展此项新业务。为了提高派送效率，一些吉姆的雇员还直接在百货公司现场分拣商品，因而赢得了越来越多的业务。1919年，公司正式改名为UPS，即“联合包裹服务公司”，并将棕色定为公司的标志色，当时一种豪华的普尔曼式火车车厢用的正是这种颜色，另外，这种颜色很耐脏。

为了做到“顶级服务，优惠价格”，几十年来，UPS一直不断创新。1929年，公司率先在世界上开展了航空包裹快递服务，最近十年里，业务更是拓展到各种形式的货运服务，国际贸易管理、清关服务、咨询和供应链管理，金融服务及电子商务解决方案等各个领域。其核心目标就是创造精确统一的供应链，使货物流，信息流及资金流能够更快、更高效地运转。如今，UPS构筑起了一个全球性的服务网络，业务遍及200多个国家和地区。全球80%的人口都可以在每天48h内接触到UPS服务。

尽管UPS业务不断发展，但当初吉姆所制定的一些服务准则至今仍在坚持着，如公司的每位员工在派送货件时，必须穿着整洁的制服、皮鞋要擦亮，头发要梳理整齐，指甲要保持清洁。今天，你依然可以在UPS全球任何一间办公室里看到多达十几项的着装要求范例。

思考题：

1. 读完这则小故事，对你自己而言有什么启示？

2. UPS是如何发展壮大的？

学习目标

通过本模块的学习，期望达到下列目标：

1. 专业能力

(1)了解航空运输计划制定的依据；
(2)熟悉航空货物运输的业务受理；
(3)掌握航空运输单证的作用和具体内容；
(4)能根据航空运输费用的计算方法，确定货物运输费用；
(5)能正确办理航空货物运输托运、承运手续，填写相关运输单证。

2. 社会能力

(1)通过分组活动，培养团队协作能力；
(2)通过操作规范，培养良好的职业道德和安全环保意识；
(3)通过小组讨论、上台演讲评述，培养与客户的沟通能力；

3. 方法能力

(1)通过查阅资料、文献，培养个人自学能力和获取信息能力；
(2)通过情境化的任务单元活动，掌握解决实际问题的能力；
(3)结合任务实施，制订实施计划，培养工作方法能力；
(4)能独立使用各种媒体完成学习任务。

模块图解

航空货物运输作业管理如图 3-1 所示。

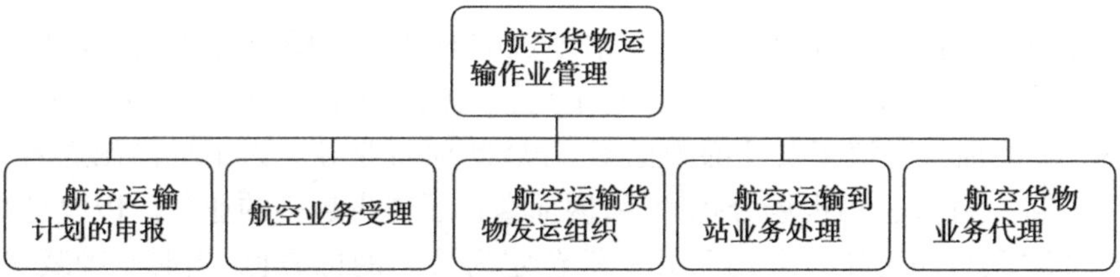

图 3-1　航空货物运输作业管理

任务一　航空运输计划申报

案例导入

小张是一所大学报关与国际货运专业的本科毕业生，通过面试进入了中国东方航空公司运行控制中心任职为一名行政文员。上班第一天，中心主任就要她跟着去各个部门转一转，学习并了解各职能部门的运行流程，刚到调度部门门口，就听到调度处两名员工在争论，一个说“这个航空运行计划不能传真给对方，因为公司这个月的航班排班计划和班组排班计划都已排好，这份计划完全没有考虑到这些因素”，另一名员工坚持自己的意见说“领导都同意这个航班计划了，而且都协调好了”，双方各执一词，互不相让。小张很纳闷，为什么航空运输计划的制定这么复杂呢，什么叫航班排班计划，什么叫班组计划呢，搞得自己一头雾水。中心主任看到小张有点不自然，就笑了笑，给她解释起来。

案例思考：

1. 什么叫航空运输计划，航空运输计划的作用有哪些？

2. 航空计划制定的影响因素有哪些？

3. 如何制定航空运输计划？

任务分析

任务准备

（1）一家航空公司的相关资料主要包括：企业的主要经营的业务、模拟几个客户的资料、公司宣传资料、模拟订舱单据、该航空公司的网址等。

（2）多媒体教室（含可供学生上网查资料的电脑、多媒体教学设备、课件和动画等教学资料）。

（3）若干份航空公司的航班计划表。

（4）航空货运代理模拟系统。

任务目标

（1）掌握航班计划的含义及作用；

（2）熟悉航空运输营运要素；

（3）掌握航班计划的影响因素；

（4）能根据客户要求合理设计航空运输计划；

（5）掌握航班计划的内容。

基础知识

一、航空运输计划的基本知识

1. 航班运输计划的定义

航班计划是指航空公司就未来一段时间内对在哪些航线上开展运营，以及在各条航线运力投放规模所做出的系统安排，是航空公司经营规划的核心，也是航空公司长远发展的战略决策，更是航空公司经营的准则。航班计划的要素由航线、航班、班次、班期、航班时刻和机型 6 个方面构成。

2. 航班计划的作用

（1）航班计划的作用是配置运力资源，实现市场目标。

（2）飞机路线的作用是安排每架飞机去执行具体的航班，实现运力的有效运用。

（3）机组排班的作用是安排每位飞行员/乘务员去执行具体的航班，实现机组资源的有效使用。

（4）地面设备的安排和服务人员排班保障航班正常运行。

3. 航空运输计划的分类

（1）航班计划可分为航空公司航班计划、机场航班计划、空管航班计划。

（2）航空公司航班计划有广义和狭义之分。广义的航班计划指航线安排、航班频率、航班时刻、机型指派、飞机路线和机组排班，狭义的航班计划不包括飞机路线和机组排班。

（3）航空公司航班计划还有定期航班计划、临时加班计划、包机航班计划和专机飞机计划。这些航班计划有不同的制定流程。

二、航空运输计划相关影响因素

1. 航空运输系统

航空运输系统由航空公司子系统、机场子系统和空管子系统组成。

航空运输系统的组成如图3-2所示，系统的边界是“机场陆路到达系统”，它有时也被作为航空运输系统的一部分进行处理。航空运输系统作为社会系统的子系统，它的外部是社会系统的其他部分和气象等自然系统，系统的服务对象是运输需求发生地(需求源)。

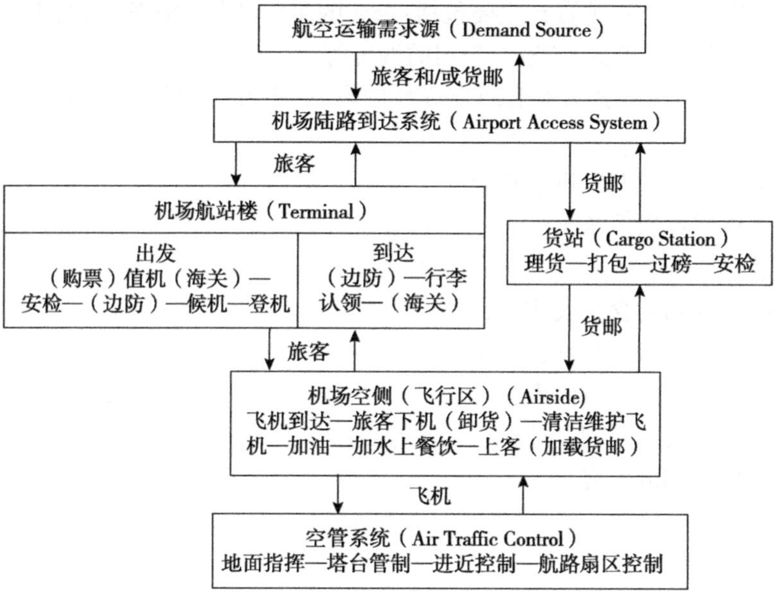

图3-2 航空运输系统

航空公司是运输生产的主体，是航空运输系统直接面对旅客或货主的最主要部分，旅客的不满几乎全部撒向航空公司，即使延误是由恶劣天气或飞机流量管理造成的，也会造成旅客对航空公司的抱怨。

旅客通过与航空公司接触的界面感受航空公司的服务质量，包括机票销售、航站楼服务和机上服务等，但航空公司的服务质量取决于服务链上的每个环节，从机队规划(机型的选择)、航线规划、航班计划、机务维修到运行控制，甚至为旅客服务的信息系统，处处都体现出航空公司的服务水平和服务质量。

机场公司和空中交通管理局则为航空公司提供生产保障服务，帮助和支持航空公司完成运输生产任务，因此航空公司在航空运输系统内部是机场和空管局的客户。

2. 航空运输营运要素

航空运输的成功营运除了需要航空器、空勤人员、地勤人员和其他硬件资源以外，还需要软件要素的成功运用，包括航空运输计划、组织和运行，这软件三要素前后相继，又反馈控制，形成航空运输营运系统的闭合链。

(1)航空运输计划。航空运输计划的主体是航空公司，航空公司将制定好的航班计划提交给相关机场和空管局，机场和空管局在此基础上形成自己的航班计划。但航空公司在设计航班计划时必须与机场当局和空管局沟通、协调，对新增的航班还须获得他们的批准，才能最终形成自己的航班计划。

(2)航空运输组织。有了运输计划,必须建立有效的运输组织才能使运行有章可循,按程序流动。因此航空运输组织是完成运输任务的流程、章程和法规。

机场是航空运输活动的主要场所,是机场子系统的进出港流程图,如图3-3所示。机场陆路到达系统由陆路交通系统和机场停车场、车站和道边系统构成,陆路交通系统可能是机场高速、机场轻轨、机场地铁。机场高速的交通工具可能是出租车、公交车、机场巴士、团队客车和私家车,公交车需要设立车站;出租车到达机场后只在航站楼前短暂停车,下客后即离开,应当为他们设置道边系统;私家车和团队车下客后一般需要停车,因此应当为它们建设停车场。为此应当对机场高速的车辆结构和数量进行调研、预测和评估,为规划停车场面积、道边长度和宽度以及公交车车站提供依据。

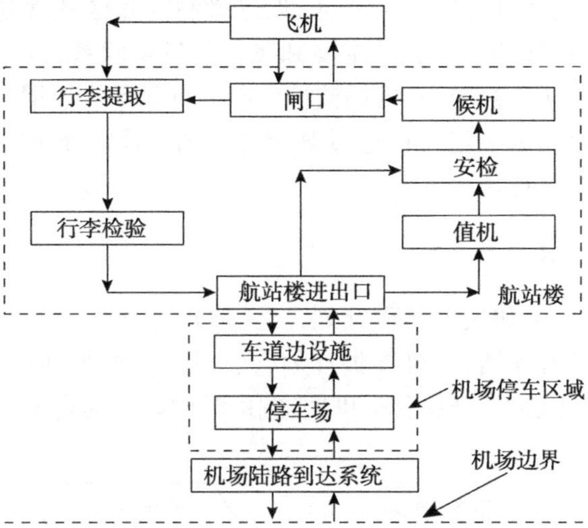

图3-3　机场子系统进出港作业流程

对于出发旅客,机场陆侧指从值机大厅入口到登机口(又叫闸口)的部分,其间提供的服务有值机、安检、候机、登机等,对于国际旅客还必须提供海关、边防检查等服务;对于到达旅客,机场陆侧指从旅客到达入口到迎客厅出口的部分,其间提供的服务主要是行李认领和迎客,对于国际到达旅客,还提供边防、海关和动植物检验等服务;对于中转的旅客是指航站楼中办理换取登机牌和提供中转候机服务的部分。有些陆侧的服务(主要是值机)可以前移至城市航站楼、火车站、机场到达交通工具上,以方便旅客,因此也可将陆路交通系统归入机场陆侧系统。现在也有网上值机系统,在航站楼值机大厅还设有自助式值机系统,以方便旅客值机。

出发货邮到达机场后首先在陆侧进入货站,对货物进行分理、装箱、打包、过磅、安检等服务,然后使用机场平板车进入停机坪装机。到达货邮到达机场后首先卸机,然后通过场面运输进入货站,进行分理后,再通过机场陆路到达系统运输到最终目的地。如果是国际出发/到达货邮,还必须通过海关和动植物检验后放行才能出/入关。中转行李需要通过自动化分拣设备或人工分拣,然后准确转运到各出发飞机上。

(3)航空运输运行。有了航空运输计划和运输生产组织体系,接下来是航空运输生产运行。

航空运输运行包括航空公司运行、机场运行和空中交通管理3部分。航空公司的运行控制中心是负责生产运行的控制部门,在这里集中了市场部门、机务部门、飞行和客舱部门、地面服务部门的代表，以及航行情报、性能工程和飞行签派的专家。运输生产在这里组织实施，生产状态在这里进行监控。生产发生一般性问题，由运控中心领导与有关部门代表协商解决。这里还有公司的值班领导，生产运行一旦发生重大问题，由公司领导牵头，各部门代表会商解决，必要时须与机场监控中心（指挥处）以及空管部门协商解决。

负责机场生产运行的部门是机场监控中心（指挥处），其职责是调配机场的生产资源，保障机场正常和安全生产。这里集中着最先进的监控设备和生产管理信息系统、服务信息系统，生产现场的情形在这里一目了然，监控人员随时可以和生产部门进行联系，解决发生的问题。这里也是机场与航空公司和空管部门进行协调，解决问题的部门。

空管部门根据航班计划和跑道容量、空域容量等对空中交通流量进行管理，保障飞机安全有序飞行。管制区域通常分为塔台管制区、近进管制区和区域管制，分别由塔台管制员、近进管制员和区域管制员管理。管制员主要和飞行员发生联系，以实现指挥飞机飞行的目的，必要时还会与航空公司运控中心、机场监控中心进行联系。根据自己管制的扇区容量和扇区内飞机流量情况，管制员决定飞机通过某定位点的顺序以及同一航路上前后两架飞机的间隔，保障飞机的安全飞行。

三、航班计划的定义

航班计划可以分为广义和狭义航班计划，广义航班计划指和航空生产活动相关的一系列生产计划，包括狭义航班计划、飞机维护计划、飞机排班、机组排班等，他们之间的关系如图3-4所示。狭义航班计划指航班频率、班期、航班时刻以及为定期航班机型指派等的决策问题。

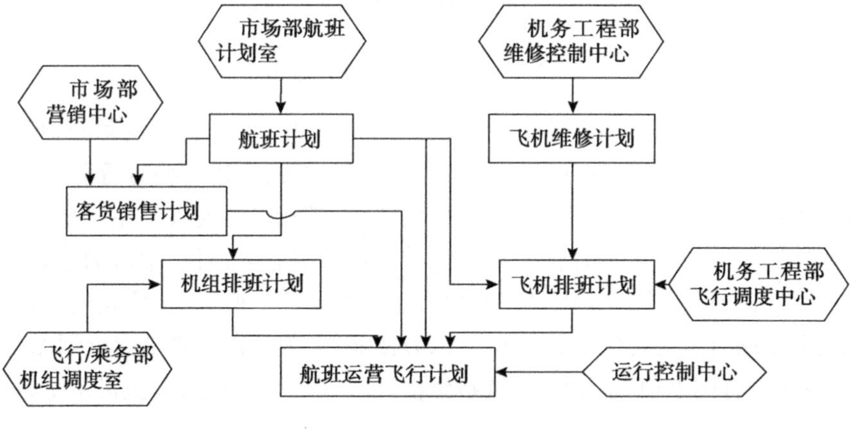

图3-4　航空公司生产计划关系示意图

1. 航班计划

从图3-4可以看出，航班计划是航空公司一切生产活动的基础和核心，客货销售计划和营运飞行计划等其他生产计划都是建立在航班计划的基础上，并为航班计划的顺利实施提供保障。完整的航班计划包括航线、航班、班次、班期、执行航班的机型等基本要素，最后以制定航班时刻表的形式公布。

航班计划的制定过程可以分为两个阶段来完成：航班频率与时刻优化和机型指派问题（Fleet Assignment Problem：FAP）。

航班频率与时刻优化是指在运输需求预测结果的基础上，根据航空公司各航线市场上需求在一个周期内的分布、机场时刻资源（Slot）以及机队资源，确定合理的航班频率（班次)、班期、航班时刻等,其目的是最大限度地扩大公司在航空运输市场中所占的份额,增加销售收入。

机型指派问题是指根据飞机舱位容量、运营成本、潜在收益及飞机可用性,将具有不同舱位容量的机型指派给各定期航班的问题。因为不同型号的飞机有不同的飞行性能(如航程、升限、最大起飞全重、爬升能力等),因此对某一航线来说,并不是所有机型的飞机都适合执行该航线上的航班。此外,不同机型对应不同的座舱布局和容量,运营成本也有很大的差别,如 B737-300 型飞机的座位数一般为 144 ~ 148 座,直接运营成本在 3 万~5 万元/h,而 A340-200 型飞机的座位数达到 380 座,直接运营成本在 8 万元/h 左右。机型指派的目的是确定航班所使用的最佳机型,即为每一个定期航班指派一种且只有一种飞机机型(并未指定具体的某一架飞机),从而使得收益最大或运营成本最小。

知识链接

在我国境内各类飞机经停站时间规定如下:

60 座以下的航空器不少于 35min,如:EMB145 和 ATR72;

61 ~ 150 座的航空器不少于 50min,如:B737(700 型以下)、A319、MD82 和 BAE146 等;

151 ~250 座的航空器不少于 60min,如 MD90、B767、A310、A320、和 B757-200;

251 座以上的航空器不少于 75min,如:A300、B747、A330、A340、MD11、B777 和 IL86 等。

注释:

A:空中客车系列飞机;

B:波音系列飞机;

E:巴西航空系列飞机;

M:麦道系列飞机。

2. 飞机排班计划

飞机排班计划指在机型指派的基础上,确定每架飞机的飞行任务。飞机排班包括飞机路径问题(Aircraft Routing Problem)和飞机指派问题(Aircraft Assignment Problem)。飞机路径问题指根据航段时空衔接(满足最小过站时间要求等)、维修要求等约束生成航班串或航班环,一个航班串或航班环对应于一架飞机相应周期的飞行任务。例如,一天航班串(环)为一架飞机一天的飞行任务,3 天航班串(环)为一架飞机 3 天的飞行任务;飞机指派问题,也叫机尾号指派问题(Tail Number Assignment Problem),是为每一架飞机(用机尾号唯一标识)指定一个合适的一个航班串(环),要求覆盖所有的航段,使得收益最大或成本最小。科学的飞机排班不仅有助于航班的安全、正点运行,而且还能提高飞机利用率,便于运行调度和机务维修工作的组织实施,能有效地降低运营及维护成本。在我国,飞机排班工作由机务部负责。

3. 机组排班计划

机组排班计划指对航班计划中的航班,根据其机型属性,为每个航班指派相应的飞行人员(包括机长、副驾驶、领航员等)、乘务员和空中保安,以承担航班的飞行和机上作业。也可以说,机组排班是指一定周期内(如一个星期或一个月)为每个机组人员(包括驾驶舱、乘务舱等人员)编排飞行值班计划。由于适航条例还规定了飞行人员的训练和休假,完整的机组排班包括飞行人员的训练、休假等地面活动的安排。

4. 航班计划的影响因素

下面从两个角度来分析航班计划的影响因素:

(1)外部因素:外部因素主要指市场需求、市场份额、旅客对航班票价、机上服务和航班出发时刻的选择行为,以及其他竞争航空公司在各航线市场上的运力投放等情况,而且这些因素都是动态变化的。

①市场需求状况:包括有关空运市场的旅客、货物的流量和流向,本航空公司占有该市场的份额。

②有关地区的政治、经济和文化活动情况:包括该地区的工农业生产情况,产、供销关系的发展变化情况,重要的政治经济、文化活动情况等。

③同业竞争和替代性竞争:其他航空公司的生产经营情况及策略等;其他运输方式技术和市场发展,如高速公路的规划与建设、火车的提速等。

④相关机场的情况:如跑道的长度和厚度、通信导航设施的先进程度、气象条件、旅客航站楼或货运仓库高峰小时生产保障能力等。

(2)内部因素:内部因素指航空公司自身对航班计划影响的因素。这些因素包括:

①运力,即航空公司各机型可用飞机数量及其飞机利用率。航班计划需要飞机去执行,飞机是否够用,是否适用,将直接影响航班计划。

②获得的机场时隙等资源。航班计划要优化配置这些资源,有效地降低运行成本,要保证航班计划的可操作性,又要保障经济有效性。

③飞机维修和维护计划。为保障飞行安全,航班计划必须保证飞机维修计划的执行。

④航空公司现有人力、财力、物力情况。人力资源是航空公司的宝贵资源,特别是航空专业相关人员,如飞行员、领航员、乘务员等机组相关人员以及飞机维修人员等。

⑤航空公司战略目标。航班计划应贯彻落实公司的战略目标,战略目标和规划是制定航班计划的准绳。

5. 航班计划的内容

航空运输生产飞行包括正班飞行、加班飞行、专机飞行、包机飞行和其他飞行等 5 种类型的飞行;其中,正班飞行是一种最主要的运输飞行,它每年完成的任务量占全部运输飞行任务量的90%以上。航班计划的制定就是确定正班飞行的航线、机型、班次、航班号、班期和航班时刻等。

6. 航班计划编制流程

编制航班计划是一项非常复杂而且工作量庞大的工作,对于一家有 50 架飞机,日航班量近 300 个的航空公司,该项工作需要 3 个航班计划员 3 个月的工作量。

在欧美等国家,航班计划编制过程通常分为两个相互关联的阶段:

(1)航班计划构建阶段。根据预计的市场总体旅客流量、市场份额以及机场时槽(Slot)等资源构建航班初始时刻表。在构建好初始航班时刻表后,进入第二阶段。

(2)航班计划评审阶段。根据运行可行性和经济有效性等指标来评审航班初始时刻表,可行性包括考虑机型是否合理、航班衔接、飞机维修路径等约束条件是否满足;经济性要求降低航空公司运营成本,尽可能增加收益;任何对航班初始时刻表的修正和改善必须反馈给第一阶段。

两阶段反复迭代,直到产生满意的航班时刻表。

航班计划编制流程、机型调整、临时取消航班示意图,如图3-5~图3-7所示。

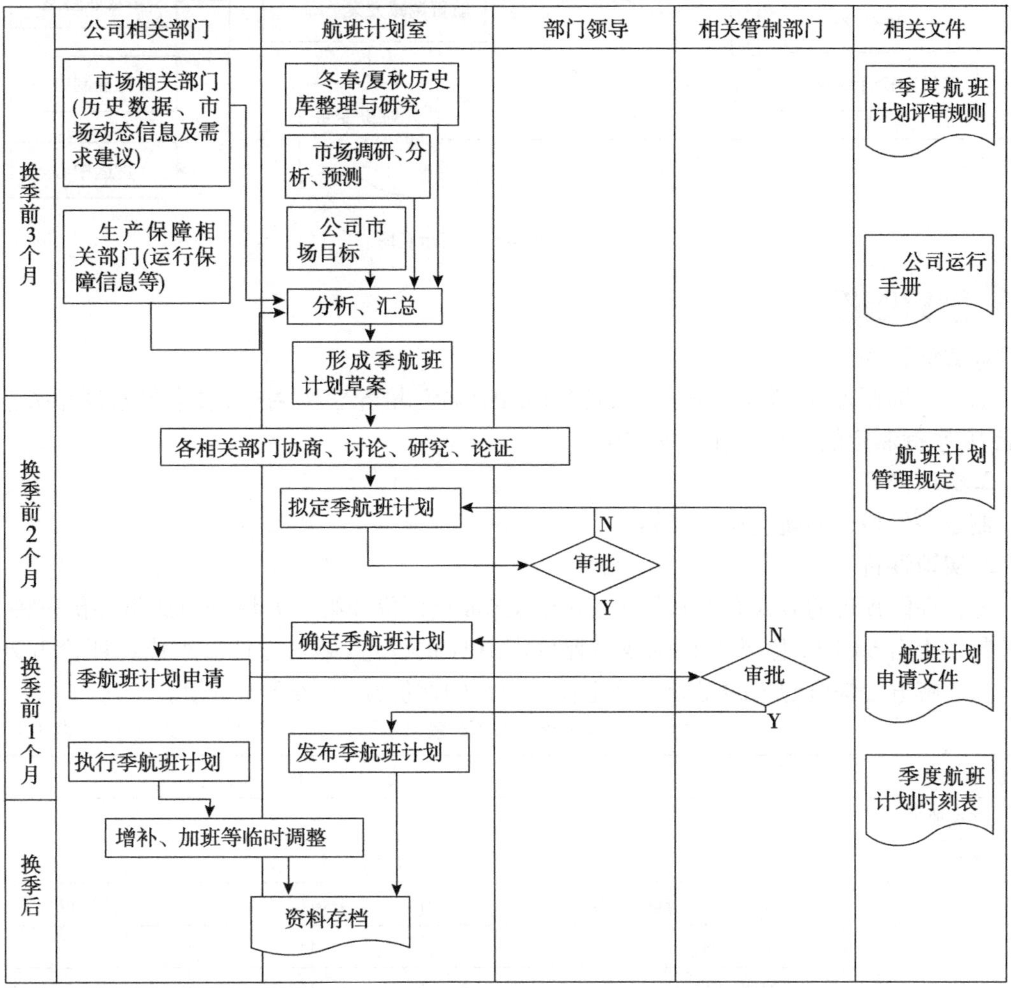

图3-5　季度航班计划编制流程示意图

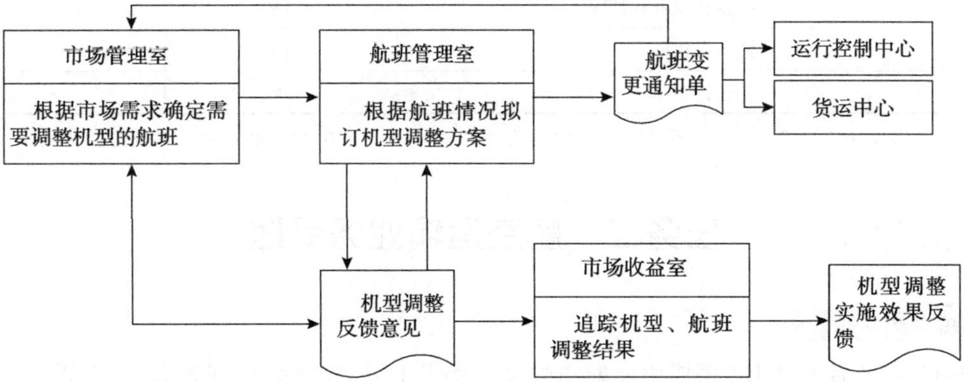

图3-6　机型调整示意图

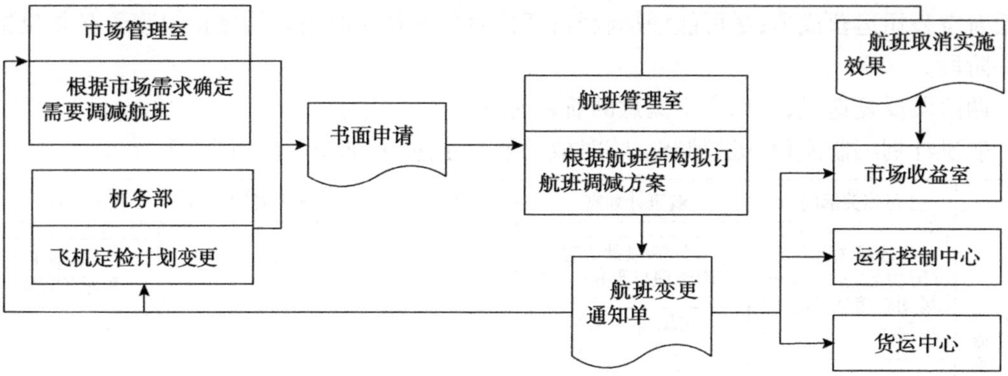

图 3-7　临时取消航班示意图

任务实施

1. 实训目的

通过实训调查,使学生了解航空运输计划的内容,培养学生调查、收集与整理相关信息的能力,掌握制定航空货运计划的方法。

2. 实训内容

制定一份最佳的航空运输计划。

3. 实训评价

分析训练评价的方式有教师评价、小组内部成员评价和第三方评分组成员评价三种,建议教师评价占 60% 权重,小组内部成员评价占 20% 的权重,第三方评分组成员评价占 20% 的权重。将五者综合起来的得分为该生在该项目的评价分,如表 3-1 所示。

训 练 评 价 表　　表 3-1

考核人		被考核人	
考核地点			
考核内容	航空运输计划申报		
考核标准	具体内容	分值(分)	实际得分
	工作态度	15	
	沟通水平	15	
	航空计划的制定	15	
	突发状况处理情况	25	
	团队合作能力	30	
合计		100	

注:考评满分 100 分,60 分以下为不及格,60 ~ 69 分为及格,70 ~ 79 分为中,80 ~ 89 分为良,90 分以上为优。

任务二　航空运输业务受理

案例导入

2012 年 8 月至 9 月,联邦快递航空快递一级代理大田公司收到署名为三洋公司出具的 3 份货运委托书传真件,约定付款方式为预付。大田公司将货物交联邦快递托运,并产生运费67303元。2012年8月27日、28日、9月2日，大田公司开具3张发票，付款人均为鑫东方公司。同年9月12日，大田公司出函给三洋公司要求将发票交鑫东方公司。当日，又同时去函三洋公司及鑫东方公司要求确认运费。由于大田公司未收到相关运费，遂起诉。

2012年期间，鑫东方公司在上海设有办事处，并合用三洋公司办公室。在与大田公司发生业务时使用三洋公司便笺、电话和业务章。

大田公司系经中华人民共和国对外贸易经济合作部、中国民用航空总局批准具有经营航空销售代理业务企业。

案例思考：

1. 如果你是法官，你如何处理这件诉讼案件？

2. 作为航空货运业务经理人，你如何避免出现纠纷？

任务分析

任务准备

(1)一家企业出口货物的相关信息，主要包括：收发货人的姓名及地址、保险价值，货物的件数，货物的长、宽、高，托运人的声明价值等。

(2)多媒体教室(含可供学生上网查资料的电脑、多媒体教学设备、课件和动画等教学资料)及模拟会客室(含服务台、椅子、茶壶、茶杯等/模拟员工和客户的名片、名片夹、各种文具)。

(3)《航空货物托运单》若干份及相关测量工具。

任务目标

(1)能判断货物是否符合航空运输规定，是否为国际航空货运禁止货物，货物的长、宽、高有无超限。

(2)能进行相关单证的审核工作，主要包括托运书，发票，报关单，外汇核销单，许可证以及商检报关单等。

(3)能根据所托运货物的不同特性进行组装，合理地制定组装方案。

基础知识

航空货物运输，是指利用飞机或飞行器进行运输的一种运输形式。

一、航空货物运输的类别

航空货物运输按照经营业务方式的不同可分班机运输、包机运输、集中托运和航空快递4种类型，具体内容如下：

1. 班机运输

班机运输(Scheduled Airline)指具有固定开航时间、航线和停靠航站的飞机。通常为客货混合型飞机，货舱容量较小，运价较贵，但由于航期固定，有利于客户安排鲜活商品或急需商品的运送。

由于班机运输有固定的航线、挂靠港、固定的航期，并在一定时间内有相对固定的收费标准，对进出口商来讲可以在贸易合同签署之前预期货物的起运和到达时间，核算运费成本，合同的履行也较有保障，因此成为多数贸易商的首选航空货运形式。特别是货运业竞争加剧，航空公司为体现航空货运的快速、准确的特点，不断加强航班的准班率（航班按时到达的比率），强调快捷的地面服务，在吸引传统的鲜活、易腐货物、贵重货物、急需货物的基础上，又提出为企业特别是跨国企业提供后勤服务的观点，正努力成为跨国公司分拨产品、半成品的得力助手。班机运输的优点如下：

（1）班机由于固定航线、固定停靠港和定期开飞航，因此国际货物流通多使用班机运输方式，能安全迅速地到达世界上各通航地点。

（2）便利收、发货人可确切掌握货物起运和到达的时间，这对市场上急需的商品、鲜活易腐货物以及贵重商品的运送是非常有利的。

（3）班机运输一般是客货混载，因此，舱位有限，不能使大批量的货物及时出运，往往需要分期分批运输。这是班机运输不足之处。

另一方面，不同季节同一航线客运量的变化也会直接影响货物装载的数量，使得班机运输在货物运输方面存在很大的局限性。

2. 包机运输

包机运输（Chartered Carrier transport）是指航空公司按照约定的条件和费率，将整架飞机租给一个或若干个包机人（包机人指发货人或航空货运代理公司），从一个或几个航空站装运货物至指定目的地。包机运输适合于大宗货物运输，费率低于班机，但运送时间则比班机要长些。包机运输方式可分为整架包机和部分包机两种形式。

（1）整架包机：

①包租整架飞机，指航空公司按照与租机人事先约定的条件及费用，将整架飞机租给包机人，从一个或几个航空港装运货物至目的地。

②包机人一般要在货物装运前一个月与航空公司联系，以便航空公司安排运载和向起降机场及有关政府部门申请、办理过境或入境的有关手续。

③包机的费用：一次一议，随国际市场供求情况变化。原则上包机运费，是按每一飞行公里固定费率核收费用，并按每一飞行公里费用的80%收取空放费。因此，大批量货物使用包机时，均要争取来回程都有货载，这样费用比较低。只使用单程，运费比较高。

④整架包机的优点如下：

a. 解决班机舱位不足的矛盾；

b. 货物全部由包机运出，节省时间和多次发货的手续；

c. 弥补没有直达航班的不足，且不用中转；

d. 减少货损、货差或丢失的现象；

e. 在空运旺季缓解航班紧张状况；

f. 解决海鲜、活动物的运输问题。

（2）部分包机。由几家航空货运公司或发货人联合包租一架飞机或者由航空公司把一架飞机的舱位分别卖给几家航空货运公司装载货物，就是部分包机。运用于托运不足一架整飞机舱位，但货量又较重的货物运输。与班机运输的比较，部分包机有以下特点：

①时间比班机长，尽管部分包机有固定时间表，往往因其他原因不能按时起飞。

②各国政府为了保护本国航空公司利益常对从事包机业务的外国航空公司实行各种限制。如包机的活动范围比较狭窄，降落地点受到限制。需降落非指定地点外的其他地点时，一定要向当地政府有关部门申请，同意后才能降落（如申请入境、通过领空和降落地点）。

3. 集中托运

集中托运指集中托运人(Consolidator)将若干批单独发运的货物组成一整批,向航空公司办理托运,采用一份航空总运单集中发运到同一目的站,由集中托运人在目的地指定的代理收货,再根据集中托运人签发的航空分运单分拨给各实际收货人的运输方式,也是航空货物运输中开展最为普遍的一种运输方式,是航空货运代理的主要业务之一。

(1)集中托运有以下特点:

①节省运费。航空货运公司的集中托运运价一般都低于航空协会的运价。发货人可得到低于航空公司运价,从而节省费用。

②提供方便。将货物集中托运,可使货物到达航空公司到达地点以外的地方,延伸了航空公司的服务,方便了货主。

③提早结汇。发货人将货物交与航空货运代理后,即可取得货物分运单,可持分运单到银行尽早办理结汇。

集中托运方式已在世界范围内普遍开展,形成较完善、有效的服务系统,为促进国际贸易发展和国际科技文化交流起了良好的作用。集中托运成为我国进出口货物的主要运输方式之一。

(2)集中托运有以下限制:

①集中托运只适合办理普通货物,对于等级运价的货物,如:贵重物品、危险品、活动物以及文物等不能办理集中托运。

②目的地相同或临近的可以办理,如某一国家或地区,其他则不宜办理。例如:不能把去日本的货发到欧洲。

4. 航空快递

航空快递是指航空快递企业利用航空运输,收取发件人的快件并按照向发件人承诺的时间将其送交指定地点或者收件人,掌握运送过程的全部情况并能将即时信息提供给有关人员查询的门对门速递服务。其特点如下:

(1)运送速度快。缩短了货物在途时间,特别是对于那些易腐烂、变质的鲜活商品,时效性、季节性强的报刊、节令性商品、抢险、急救品的运输。

(2)安全准确。航空快递运输的安全性比较高,运输管理制度也比较完善,货物的破损率较低。

(3)节约包装保险等费用。航空运输采用包装管理方式,货物在途时间短,周转速度快,包装简单,包装成本少。

知识链接

航空快递的收件范围

航空快递的收件范围主要是文件和包裹两大类。其中,文件主要是指商业文件和印刷品,对于包裹一般要求毛重不超过32kg或外包装单边不超过102cm,三边相加不超过175cm。近年来,随着航空运输行业竞争更加激烈,快递公司为吸引更多客户,对包裹大小的要求趋于放松。而传统的航空货物业务以贸易货物为主,规定每件货物体积不得小于50cm×10cm×20cm。邮政业务则以私人信函为主要业务对象,每件包裹不超过20kg。

二、托运和承运航空运输货物的工作流程

1. 托运人提出托运货物的要求

在托运人提出托运要求后，承认人会要求托运人填写航空货物托运单，在托运单上签字或盖章，并对其所填写内容的真实性、有效性负责。

承运人或其代理人查询单日的“航班预报”是否有满足托运人要求的航班信息。若当日航班中没有托运人满意的航班，承运人可通过电话、网上航班信息查询等方式进行相关查询，确定最终托运人的满意的航班计划。如图 3-8 所示。

国 际 货 物 托 运 书
SHIPPER'S LETTER OF INSTRUCTION　　　　运编号：　　EA07133

托运人姓名及地址 SHOFPER'S NAME AND ADDRESS	托运人账号 SHIPPER'S ACCOUNTNUMBER	customer p.o.: PP07024-APSP01 delivery term: CIF INCHEON BY AIR
Aptar (Suzhou) Dispensing System Co. Ltd Tel:0512-xxxxxxxx　　Fax:0512-xxxxxxxx		
收货人姓名及地址 CONSIGNEES NAME AND ADDRESS Pacific Corp. 181,2KA Hangang-Ro,Yongsan-Ku,Seoul Korea,140-777KR Mr.D.H.Park	收货人账号 CONSIGNEES AOOOLNT NUMBER	托运人证实表中所填全部属实并愿遵守承运人的一切货运章程。 THE SHIPPER CERTIFIES THAT THE PARTICUL-ARS ON THE FACE HEREOF CORRECT AND AGRES TO THE CONDITIONS OF CARRIAGE THE CARRIER
另请通知 ALSO NOTIFY　SAME　AS CONSIGNEE		托运人签字　万通/HELEN SIGNATURE OF SHIPPER 日期 DATE　2006-4-25
始发站 AIRPORT OF DFPARTURE SHANGHAI	到达站 AIRPORT OF DESTINATION INCHEON	
要求运输路线　REQUESTED ROUTING		声明价值 DECLARED VALUE 供运输用 FOR CARRIAGR　｜　供海关用 FOR COSTOMS
要求预定吨位　REQUESTING BOOKING		

件数 No. OF PACKAGES	毛重（KG） GROSS WEIGHT	运价类 RATE CLASS	收费重量 CHARGEABLE WEIGHT	费率 RATE CHARGE	货物品名及数量（包括体积或尺寸） NATURE AND QUANTITY OF GOODS （INCL DIMENSIONS OR VOLUME）
10CTNS	88KCS				discription: 定量唛头 Volume:　$0.6M^3$

航空货运费用（用一种方法表示）AIR FREIGHT CHARGES（MADE ONE TO APPLY）		始发地其他费用（用一种方法表示）OTHER CHARCES AT ORIGIN（MAKE ONE TO APPLT）	
预付 PREPAID	到付 COLLECT	预付 PREPAID	到付 COLLECT

运费CHARGES 注：1.至我司提货时，请在提货单上注明运编号。 （该号码在本托书的右上角，务请注意） 2.运费到付货物的运杂费，如果收货人拒绝提货或拒付费用，则由托运人承担一切运杂费及相关责任。 3.运费预付货物的运杂费，发货人必须在货物出运后的十五天之内将费用付给承运代理人。	处理情况及备注 HANDLING INFORMATION AND REMARKS 经办人 AGENT
货物已经备好了，请尽快安排提货	日期 DATE

图 3-8　国际货物托运书

2. 判断货物是否符合航空运输规定

承运人承运货物时应检查托运人的有效身份证件。承运政府限制运输及需要经公安、检疫、工商等政府有关部门查验的货物时，托运人应提供相关部门出具的有效证明文件。

托运人根据所托运货物性质的不同，应选择符合航空运输规定的适应包装，对特殊货物

的运输，其包装应符合《中国民航国内货物运输规则》的要求和规定。

托运人所托运的货物若未能达到《中国民航国内货物运输规则》所列的包装要求，则承运人应建议托运人修改货物包装，直至符合上述条件为止。

承运人应量取货物尺寸，根据机型舱门尺寸判断是否符合舱门尺寸（托运人托运的货物三边之和不得小于40cm，最小边不得小于5cm）。承运人参照货物质量及货物尺寸，计算货物对飞机地板的压力是否符合飞机地板最大承受力的数值。

货运代理人承运托运人托运的特殊货物（鲜活商品、易腐烂商品、指定商品、中转货物），必须实现征得航空公司认可方可承运。

3. 货物订舱与航空货运单的填制

承运人按照《托运书填写规范》检查托运人所填内容是否齐全正确。

承运人应准确测量货物尺寸、质量，计算出货物的计费质量。承运人根据货物的目的站、品名、件数、尺寸、实际质量、计费质量等相关数据，通过电话、传真或网上订舱等方式向航空公司提出订舱申请。

承运人从航空公司得到仓位确认后，立即为货物制作、选择并贴挂识别标签及操作标签。若航空公司提示承运人所选定仓位的航班由于载量限制或舱位已满，承运人须征得托运人同意选择延迟航班或停止运输。在征得托运人继续运输的意见后，承运人应按照《国内航空货运单填写规范》填制航空货运单，并要求托运人在运单上确认签字或盖章。承运人计算出相关费用后，向托运人收取所有费用。

小提示

航空运单与铁路运单一样，有别于海运提单，不是代表货物所有权的物权凭证，不是提取货物的凭证，必须做成记名抬头，同时不能背书转让。

知识链接

航空货运单

航空货运单（简称AWB）是由托运人或者以托运人的名义填制的、表明承运人和托运人订立航空货物运输合同的书面证明以及货物运输的凭证。

1. 航空货运单的构成

航空货运单由三联正本、六联副本和三联额外副本组成。

（1）正本：分为蓝色、绿色和粉红色，共三联。每联正本的背面都印有运输契约条款。蓝色联（正本3）交托运人，是承运人或其代理人接收货物的依据；绿色联（正本1）由填开货运单的承运人或其代理人留存，作为记账凭证；粉红色联（正本2）随货物同行，在运输目的地交付给收货人，作为核收货物的依据。

（2）副本：分黄色和白色，至少六联，也可随需增加。黄色联（副本4）为提货依据；白色联（副本5～9）分别发给代理人、运输目的站和第一/二/三承运人用于业务处理。

（3）额外副本：白色，共三联（额外副本10～12），供承运人使用。

航空货运单的构成如表3-2所示。

航空货运单的构成　表3-2

序　号	名　称		留 用 对 象	颜色
1	正本3	Original 3	交托运人	蓝色
2	副本9	Copy 9	交代理人	白色
3	正本1	Original 1	交填开货运单的承运人或其代理人	绿色
4	正本2	Original 2	交收货人	粉红色
5	副本4	Copy 4	提取货物收据	黄色
6	副本5	Copy 5	交目的站机场	白色
7	副本6	Copy 6	交第三承运人	白色
8	副本7	Copy 7	交第二承运人	白色
9	副本8	Copy 8	交第一承运人	白色
10	额外副本10	Extra copy 10	供承运人使用	白色
11	额外副本11	Extra copy 11	供承运人使用	白色
12	额外副本12	Extra copy 12	供承运人使用	白色

2.航空货运单的作用

(1)航空货运单是发货人与航空承运人之间缔结运输合同的书面凭证。

航空货运单不仅证明航空运输合同的存在,而且航空货运单本身就是发货人与航空运输承运人之间缔结的货物运输合同,在双方共同签署后产生效力,并在货物到达目的地后交付给货运单上所记载的收货人后其作为运输凭证即告失效。

(2)航空货运单是承运人签发的已接收货物的证明。

航空货运单也是货物收据,在发货人将货物发运后,承运人或其代理人就会将其中一份交给发货人(即托运人联),作为已经接收货物的证明。除非另外注明,它是承运人收到货物并在良好条件下装运的证明。

(3)航空货运单是承运人据以核收运费的账单。

航空货运单分别记载着属于收货人负担的费用,属于应支付给承运人的费用和应支付给代理人的费用,并详细列明费用的种类、金额,因此可作为运费账单和发票。承运人往往也将其中的承运人联作为记账凭证。

(4)航空货运单是报关单证之一。

在货物出口时航空货运单是报关单证之一。在货物到达目的地机场进行进口报关时,航空货运单也通常是海关查验放行的基本单证。

(5)航空货运单可作保险证明。

如果承运人承办保险或发货人要求承运人代办保险,则航空货运单也可用来作为保险证明。

(6)航空货运单是承运人内部工作人员业务操作的依据。

航空货运单随货同行,用以证明货物的性质。货运单上载有有关该票货物发送、转运、交付的事项,承运人据此对货物的运输做出相应安排。

4.货物的交运及安全检查

承运人填写“航空货运单”、“航空货物、邮件安全检查申报单”等相关单据并进行审核无误后交安全检察人员进行货物安全检查。

安检员首先核对"航空货物、邮件安全检查申报单"上列出的货物信息,并对货物进行安全检查。若安全检查站安检员通过安检仪无法判断货物属性,则需要对货物进行开箱检验。安全检查站安检员若发现托运人所申报货物品名与实际货物不符合,或所托运货物为影响航空器正常飞行的,承运人应不予承运该货物,并办理货物退运。若安全检查站安检员经检查发现隐瞒货物真实品名或属性,或该货物为国家法律或相关规定明令禁止运输的严重威胁飞机分型安全的,安检员应扣留货物,并通知机场公安处。

货物经机场安全检查站安检员检验并未发现问题后,安检员应在"航空货物、邮件安全检查申报单"安检时间处填入检查的具体时间,在安检员签字处签字,并加盖安检放行章。

承运人负责对经过安检员检验过的货物进行复重 、复尺。如发现问题,经核实后修改"航空货运单、邮件安全检查申报单",然后存入仓库,承运人员在"航空货运单、邮件安全检查申报单"收验人栏签字或盖章。如未发现问题,货物直接存入仓库,承运人员在"航空货运单、邮件安全检查申报单"收验人栏签字或盖章。

三、航空货物运输的运费计算

货物的航空运费是指将一票货物自始发地机场运输到目的地机场所应收取的航空运输费用。一般地说,货物的航空运费主要由两个因素组成,即货物适用的运价与货物的计费重量。由于航空运输货物的种类繁多,货物运输的起讫地点所在航空区域不同,每种货物所适用的运价也不同。换言之,运输的货物种类和运输起讫地点的IATA区域使航空货物运价乃至运费计算分门别类。同时,由于飞机业务载运能力受飞机最大起飞全重和货舱本身体积的限制,因此,货物的计费质量需要同时考虑其体积质量和实际质量两个因素。又因为航空货物运价的"递远递减"的原则,产生了一系列质量等级运价,而质量等级运价的起码质量也影响着货物运费的计算。

1. 货物运费计算中的基本知识

(1)基本概念:

①航空货物运价所使用的货币:运输始发地货币。货物的航空运价一般以运输始发地的本国货币公布,即运输始发地货币。有的国家以美元代替其本国币公布运价,此时,美元即为运输始发地货币。

②货物运价的有效期。销售航空货运单所使用的运价应为填制货运单之日的有效运价。即在航空货物运价有效期内适用的运价。

③航空运费(Weight Charge)。航空运费是指承运人将一票货物自始发地机场运至目的地机场所收取的航空运输费用。该费用根据每票货物所适用的运价和货物的计费质量计算而得。每票货物是指使用同一份航空货运单的货物。

由于货物的运价是指货物运输起讫地点间的航空运价,航空运费就是指运输始发地机场至目的地机场间的运输货物的航空费用,不包括其他费用。

④其他费用(Other Charges)。其他费用是指由承运人、代理人或其他部门收取的与航空货物运输有关的费用。在组织一票货物自始发地至目的地运输的全过程中,除了航空运输外,还包括地面运输、仓储、制单、国际货物的清关等环节,提供这些服务的部门所收取的费用即为其他费用。

(2)计费质量(Chargeable Weight)。计费质量是指用以计算货物航空运费的质量。货物的计费质量或者是货物的实际毛重,或者是货物的体积质量,或者是较高质量分界点的质量。

①实际毛重(Actual gross weight):包括货物包装在内的货物质量,称为货物的实际毛重。

②体积质量(Volume Weight):按照国际航协规则,将货物的体积按一定的比例折合成的质量,称为体积质量。换算标准为每 6000cm^3 折合 1kg。

③计费质量。一般地,采用货物的实际毛重与货物的体积质量两者比较取高者;但当货物按较高质量分界点的较低运价计算的航空运费较低时,则此较高质量分界点的货物起始质量作为货物的计费质量。

国际航协规定,国际货物的计费质量以 0.5kg 为最小单位,质量尾数不足 0.5kg 的,按 0.5kg 计算;0.5kg 以上不足 1kg 的,按 1kg 计算。

当使用同一份运单,收运两件或两件以上可以采用同样种类运价计算运费的货物时,其计费质量规定为:计费质量为货物总的实际毛重与总的体积质量两者较高者。综上所述,较高质量分界点质量也可能成为货物的计费质量。

④最低运费(Minimum Charge)。最低运费是指一票货物自始发地机场至目的地机场航空运费的最低限额。货物按其适用的航空运价与计费质量计算所得的航空运费,应与货物最低运费相比,取高者。

⑤货物航空运价、运费的货币进整。货物航空运价及运费的货币进整,因货币的币种不同而不同。TACT 将各国货币的进整单位的规则公布在 TACT Rules 中。(详细规则可参考 TACT Rules5.7.1 中“CURRENCY TABLE”。)

运费进整时,需将航空运价或运费计算到进整单位的下一位,然后按半数进位法进位,计算所得的航空运价或运费,达到进位单位一半则入,否则舍去。

采用进整单位的规定,主要用于填制航空货运单(AWB)。销售 AWB 时,所使用的运输始发地货币,按照进整单位的规定计算航空运价及运费。

2. 公布直达运价的使用

公布直达运价是指承运人直接在运价资料中公布的从运输始发地至运输目的地的航空运价。

运价的公布形式有 N、Q45……等运价结构,也有 B、K 运价结构(欧洲内特有的运价结构)。N 运价,即 Normal General Cargo Rate,指的是标准的普通货物运价;Q 运价则为 Quantity Rate,指的是质量等级运价。

指定商品运价与普通货物运价同时公布在 TACT RATES BOOKS 中。等级货物运价计算规则在 TACT RULES 中公布,需结合 TACT RATES BOOKS 一起使用。

公布直达运价的运价结构如表 3-3 所示。

(1)普通货物运价(General Cargo Rate,简称 GCR)。普通货物运价是指除了等级货物运价和指定商品运价以外的适合于普通货物运输的运价。该运价公布在 TACT Rates Books Section 4 中。

一般地,普通货物运价根据货物质量不同,分为若干个质量等级分界点运价。例如,“N”表示标准普通货物运价(Normal General Cargo Rate),指的是 45kg 以下的普通货物运价(如无 45kg 以下运价时,N 表示 100kg 以下普通货物运价)。同时,普通货物运价还公布有“Q45”、“Q100”、“Q300”等不同质量等级分界点的运价。这里“Q45”表示 45kg 以上(包括 45kg)普通货物的运价,依此类推。对于 45kg 以上的不同质量分界点的普通货物运价均用“Q”表示。

运 价 构 成 表 3-3

Date/type	Note	Item	Min. wight	Local curr.
BEIJING			CN	BJS
Y. RENMINBI		CNY		KGS
TOKYO		JP	M	230.00
N	37.51			
45	28.13			
0008	300	18.80		
0300	500	20.61		
1093	100	18.43		
2195	500	18.80		

注:第一栏,DATE/TYPE——公布运价的生效或失效日期以及集装器运价代号;本栏中若无特殊标记,说明所公布的运价适用于在本手册有效期内销售的 AWB。

第二栏,NOTE——相对应运价的注释,填制货运单时,应严格按照注释所限定的内容执行。

第三栏,ITEM——指定商品运价的品名编号。

第四栏,MIN. WIGHT——使用相对应运价的最低质量限额。

第五栏,LOCAL CURR——用运输始发地货币表示的运价或最低运费。

用货物的计费重量和其适用的普通货物运价计算而得的航空运费不得低于运价资料上公布的航空运费的最低收费标准(M)。

这里,代号“N”、“Q”、“M”在 AWB 的销售工作中,主要用于填制货运单运费计算栏中“RATE CLASS”一栏。

(2)指定商品运价:

①定义及代号。指定商品运价是指适用于自规定的始发地至规定的目的地运输特定品名货物的运价。

通常情况下,指定商品运价低于相应的普通货物运价。就其性质而言,该运价是一种优惠性质的运价。鉴于此,指定商品运价在使用时,对于货物的起讫地点、运价使用期限、货物运价的最低质量起点等均有特定的条件。

使用指定商品运价计算航空运费的货物,其航空货运单的“Rate Class”一栏,用字母“C”表示。

②指定商品运价传统的分组和编号。在 TACT RATES BOOKS 的 SECTION 2 中,根据货物的性质、属性以及特点等对货物进行分类,共分为 10 大组,每一组又分为 10 个小组。同时,对其分组形式用四位阿拉伯数字进行编号。该编号即为指定商品货物的品名编号。

③指定商品运价的使用规则。在使用指定商品运价时,只要所运输的货物满足下述 3 个条件,则运输始发地和运输目的地就可以直接使用指定商品运价:

a. 运输始发地至目的地之间有公布的指定商品运价;

b. 托运人所交运的货物品名与有关指定商品运价的货物品名相吻合;

c. 货物的计费质量满足指定商品运价使用时的最低质量要求。

(3)等级货物运价:

①定义与货物种类。

等级货物运价是指在规定的业务区内或业务区之间运输特别指定的等级货物的运价。

IATA 规则规定，等级货物包括以下各种货物：活动物；贵重货物；书报杂志类货物；作为货物运输的行李；灵柩、骨灰；汽车等。

②运价代号及使用规则。

等级货物运价是在普通货物运价基础上附加或附减一定百分比的形式构成，附加或附减规则公布在 TACT RULES 中，运价的使用须结合 TACT RATES BOOKS 一同使用。

通常附加或不附加也不附减的等级货物用代号（S）表示（S-Surcharged Class rate）。附减的等级货物用代号（R）表示（R-Reduced class rate）。

IATA 规定，对于等级货物运输，如果属于国际联运，并且参加联运的某一承运人对其承运的航段有特殊的等级货物百分比，即使运输起讫地点间有公布的直达运价，也不可以直接使用。此时，应采用分段相加的办法计算运输始发地至运输目的地的航空运费。此项规则在此将不详细说明。

任务实施

1. 实训目的

通过实训，使学生掌握航空货物托运的流程，熟悉航空货物的托运要求，会正确缮制航空货运相关单证。

2. 实训内容

通过模拟承运人和托运人的角色，掌握航空货物的托运操作流程。

3. 实训步骤

（1）托运人提出托运货物的要求：

①熟悉办理航空货物托运的相关规定：学生依照给定的企业的资料，了解并熟记办理航空货物运输的相关要求；教师通过业务内容抽查的方式考核学生业务内容的掌握情况。

②学生通过模拟来扮演承运人和托运人角色，激发学生学习兴趣。

③学生分组讨论，在实际运作过程中，托运航空货物时还需要有哪些注意事项？

（2）判断货物是否符合航空运输规定：

①熟悉民航总局关于航空货物托运的相关规定：学生依照给定的货物相关信息，了解并熟记民航总局关于航空货物运输的相关要求；教师通过业务内容抽查的方式考核学生业务内容的掌握情况。

②如果属于特种货物，学生应能说明出具何种相关证件。

③对于外包装有特殊要求的货物，应该能根据实际情况提供适合的包装。

④用现场工具测量出托运货物的相关信息，进行具体的计算。

⑤如果是托运活体动物，应办理相关手续。

（3）货物订舱与航空货运单的填制：

①熟悉订舱的流程和航空货运单的填制要求：学生依照给定的货物相关信息，熟记订舱的流程和航空货运单的填制；教师通过业务内容抽查的方式考核学生业务内容的掌握情况。

②承运人获取货物相关信息后，根据客户要求向航空公司订舱；得到舱位确认后，地面操作人员进行标签制作、粘贴等工作。

③订舱前需要确定的事项：

a. 货物的目的站，收货人；

b. 托运货物的品名、件数、尺寸、实际质量、计费质量等相关数据；

④完成相关工作后，开始填制《航空货运单》。

(4)货物的交运及安全检查

①货运员将填写好的"国际货物托运书"、"航空货物、邮件安全检查申报单"等相关单据由操作人员交给货运收货人员，单据审核无误后再交付安全检查人员进行货物安全检查。

②安检员首先核对"航空货物、邮件安全检查申报单"上列出的货物信息，并对货物进行安全检查，若安全检查站安检员通过安检仪无法判断货物属性，则需要对货物进行开箱查验。

③安全检查站安检员若发现顾客所申报的货物品名与实际货物不符，或所托运货物为会影响航空器正常飞行的，货运代理部门应不予承运该货物，并为顾客办理货物退运；若安全检查站安检员经检查发现顾客隐瞒货物真实品名或属性，或该货物为国家法律或相关规定明令禁止运输的严重威胁飞机飞行安全的，安检员应扣留货物，并通知机场公安处。

④货物经过安全检查站安检员检验如未发现问题，安检员应在"航空货物、邮件安全检查申报单"安检时间处填入现在的具体时间，在安检员签章处签字，并加盖安检放行章。

⑤货运收货人员负责对经过安检员检验过的货物进行复重、复尺。如发现问题，经货运员核实后修改"国际货物托运书"、"航空货物、邮件安全检查申报单"，然后存入仓库，货运收货人员在"航空货物、邮件安全检查申报单"收验人栏内签字或盖章、在"国际货物托运书"质量栏填入实际及计费质量并加盖审核章。

⑥如未发现问题，货物直接存入仓库，收货人员在"航空货物、邮件安全检查申报单"收验人栏签字或盖章，同时在"国际货物托运书"重量栏填入实际及计费质量并加盖审核章，并将该托运书退交货运代理部门货运员。

4. 实训评价

分析训练评价的方式有教师评价、小组内部成员评价和第三方评分组成员评价 3 种，建议教师评价占 60% 权重，小组内部成员评价占 20% 的权重，第三方评分组成员评价占 20% 的权重。将 5 者综合起来的得分为该生在该项目的评价分，评分表如表 3-4 所示。

训练评价表 表 3-4

考核人		被考核人	
考核地点			
考核内容	航空运输业务受理		
考核标准	具体内容	分值(分)	实际得分
	工作态度	15	
	沟通水平和团队合作	15	
	单证的缮制	15	
	货物的相关检测	25	
	流程的运作熟练程度	30	
合计		100	

注：考评满分 100 分，60 分以下为不及格，60 ~ 69 分为及格，70 ~ 79 分为中，80 ~ 89 分为良，90 分以上为优。

任务三　航空货物发运的组织

案例导入

航空货物运输的优越性

航空货物运输虽然起步较晚，但发展异常迅速，特别是受到现代化企业的青睐，原因之一就在于它具有许多其他运输方式所不能比拟的优越性。

1. 运送速度快

从航空业诞生之日起，航空运输就以快速而著称。到目前为止，飞机仍然是最快捷的交通工具，常见的喷气式飞机的经济巡航速度大都在 850～900km/h。快捷的交通工具大大缩短了货物在途时间，对于那些易腐烂、变质的鲜活商品；时效性、季节性强的报刊、节令性商品；抢险、救急品的运输，这一特点显得尤为突出。可以这样说，快速加上全球密集的航空运输网络才有可能使我们从前渴望而不可及的鲜活商品开辟远距离市场，使消费者享有更多的利益。运送速度快，在途时间短，也使货物在途风险降低，因此许多贵重物品、精密仪器也往往采用航空运输的形式。当今国际市场竞争激烈，航空运输所提供的快速服务也使得供货商可以对国外市场瞬息万变的行情即刻做出反应，迅速推出适销产品占领市场，获得较好的经济效益。

2. 不受地面条件影响，深入内陆地区

航空运输利用天空这一自然通道，不受地理条件的限制。对于地面条件恶劣交通不便的内陆地区非常合适，有利于当地资源的出口，促进当地经济的发展。航空运输使本地与世界相连，对外的辐射面广，而且航空运输相比较公路运输与铁路运输占用土地少，对寸土寸金、地域狭小的地区发展对外交通无疑是十分适合的。

3. 安全、准确

与其他运输方式比航空运输的安全性较高。同时航空公司的运输管理制度也比较完善，货物的破损率较低，如果采用空运集装箱的方式运送货物，则更为安全。

4. 节约包装、保险、利息等费用

由于采用航空运输方式，货物在途时间短，周转速度快，企业存货可以相应的减少。一方面有利资金的回收，减少利息支出，另一方面企业仓储费用也可以降低。又由于航空货物运输安全、准确，货损、货差少，保险费用较低。与其他运输方式相比，航空运输的包装简单，包装成本减少。这些都构成企业隐性成本的下降，收益的增加。当然，航空运输也有自己的局限性，主要表现在航空货运的运输费用较其他运输方式更高，不适合低价值货物；航空运载工具——飞机的舱容有限，对大件货物或大批量货物的运输有一定的限制；飞机飞行安全容易受恶劣气候影响等。但总的来讲，随着新兴技术得到更为广泛的应用，产品更趋向薄、轻、短、小、高价值，管理者更重视运输的及时性、可靠性，相信航空货运将会有更大的发展前景。

案例思考：

1. 为什么航空货物运输会运用得比较广泛？
2. 航空货物在装机过程中有哪些原则？

任务分析

任务准备

(1)航空货运主运单、分运单,出港货物交接单等相关单证的准备。

(2)多媒体教室(含可供学生上网查资料的电脑、多媒体教学设备、课件和动画等教学资料)。

(3)航空飞机及集装器的不同模型。

任务目标

(1)掌握航空货物运输的国内出港业务;

(2)熟悉航空货物装机的基本要求及装机流程;

(3)能正确根据相关信息填制航空“主运单”和“分运单”;

(4)根据航空公司的业务程序,能正确的对接航空公司操作流程。

基础知识

一、航空货物发运操作

航空公司出港货物的发运操作程序是指自代理人将货物交给航空公司,直到货物装上飞机的整个业务操作流程,具体包括:

货物交接→整理单据→过磅及入库→货物组装配载→货物出仓→货物装机

1. 货物交接

货物交接是指货运代理人向航空公司交单交货,由航空公司安排航空运输。交单交货是一个重要的过程,涉及双方的责任,所以在接单接货时,除了审核相关单据,例如第二联航空运单正本、发票、装箱单、产地证明、品质鉴定证书等,还要清点和核对货物,填制货物交接清单。大宗货、集中托运货,以整板、整箱称重交接。零散小货按票称重,计件交接。

国际货运代理人在接到发货人的发货预报后,向航空公司吨控部门领取并填写订舱单,同时提供相应的信息:货物的名称、体积、质量、件数、目的地;要求出运的时间等。航空公司根据实际情况安排舱位和航班。货运代理订舱时,可依照发货人的要求选择最佳的航线和承运人,同时为发货人争取最低、最合理的运价。航空公司根据国际货运代理人填制的航空公司的订舱单(CBA),进行相关的配载工作。

知识链接

国际货物订舱单(CBA)

国际货物订舱单(CARGO BOOKING ADVANCE)由国际吨控室开具,作为配载人员进行配载工作的依据,配载人员一般应严格按照 CBA 要求配货,如图 3-9 所示。

(1)根据 CBA,了解旅客人数 ,货邮订舱情况 ,有无特殊货物,对经停的国际航班,需了解前后站的旅客人数 、舱位利用等情况 。

CBA (cargo booking advice)

是指航空公司根据航班订舱情况制作的通知单，是地面操作部门对ULD发放，货物出仓等环节操作的依据。

PT.2008-04-27 17：21：00		V0.4
MU551/2008-04-28	343	PVG-LIIR
MAIL：2C		
305613 781 50821623	11/2377/16.66	4D (U.G.T.)
305614 781 50821601	14/2078/18	...
303482	225/500/3	IC
304549	186/1650/6	ILIC (出板)
303605	40/800/5	
781 35228712 4/80	/C XIYUM	

图 3-9 国际货物订舱单

(2)估算本航班最大可利用货邮业载和舱位。

①货邮业载 = 商务业载 - 行李质量；

②货邮舱位 = 总货舱位 - 行李舱位；

③业载 Payload；

④基重 basic weight。

2. 单据整理

整理的单据主要包括 3 个方面的单据：

已入库的大货的单据、现场收运的货物的单据、中转的散货的单据。检查入库通知单、交接清单，(板箱号、高低板标示、质量及组装情况)是否清楚完整，运单是否和交接单一致。核对 CBA，做好货物实际到达情况，如果出现未订舱货物，应将运单放回原处。

(1)现场收运的货物的单据。根据代理提供的报关单物清单对运单进行审核，主要查看货物品名、件数、质量、运价及海关放行章，对化工产品要求提供化工部非危险品证明。

(2)中转的散货单据。整理运单，询问货物到达情况及所在仓库区位。寻找并清点货物，决定组装方式。

3. 货物过磅和入库

(1)航空货物的过磅。货运人员在货物过磅时应检查好货物板、箱的组装情况，高度、收口等是否符合规定；将货物送至电子磅处记录质量，并悬挂吊牌。对装有轻泡货物的板箱，查看运单，做好实际体积的记录。最后在电脑中输入板箱号码、航班日期等，将货物码放在货架上。

(2)货物仓储。货物仓储工作大致有出入库货物交接、登记装配、储存、清仓等。必须按严格的货物仓储方案进行航空货物的存放与保管，以备高效地进入组装及配载流程。随时与配载部门联系，做好航班不正常时的货物回库工作。

4. 货物组装及配载

(1)货物的组装。对货物进行集装箱、板的组装，根据不同的机型、不同航空公司的要求进行合理组装。货物组装的基本原则：

①开始装货之前应先查看一下所装的货物，掌握装载各类货物的特殊要求。有些货物属于易碎物品，在装箱之前必须妥善包装，加以防护。

②大件货物和重货放在下面，小件货物和轻货放在上面。

③把特别重的货物放在最下面，如果需要应加垫板。货物的底面为金属材料时，也应加垫板以防止货物在集装板上滑动。

④把货物装得紧凑一些，缝隙越小越好。

⑤码放货物时用一件包装交叠放在下一层的两件包装上面。

⑥如果集装箱内货物未装满2/3，要将货物固定，最好用标准的绳具固定在集装箱内的卡锁轨里。

⑦货物装板时，应码放整齐，使货物不易掉下来，应避免货物压盖住卡锁轨。

⑧组货时应始终将下述货品和货物固定好：散放在架子或垫板上的物品、没有装满飞机腹舱或集装箱的货物、在飞机腹舱中的笨重（单件超过150KGS）和特种货物、没有包装的货物、鼓状物管状物和棒状物、危险货物。固定货物时，应根据货物的重量及捆绑带的强度来确定捆绑带的根数。如表3-5所示。

机 型 汇 总 表3-5

机型		板型	总舱位	组装要求	备注
客机	B-747	LD(P) LD(F)	9L2AKE	短边出板装，高40CM出45(78)CM，总高160CM	NW026，LH729
	MD-11		6L14LD3	短边出板装，高60CM出30CM，总高160CM	AY
	B-777		8LD8LD3	短边出板装，高40CM出40CM，总高160CM	NH920、NH922，MH389，MH387、
	B-767		4LD7DQP	长边出板装，高35CM出40CM，总高160CM	NH960、940、154、156，AC038、OS、UX、AZ797
	A-319		散舱飞机	业载1.5t，舱门：94CM×86CM，单件小于50kg	NX
	A-320		7AKH	业载1.7t，散舱同上	NX
	A-321		10AKH	业载3t，散舱同上	NX
	A-340-300		8L8LD3. BULK2.5方	短边出板装，高40CM出40CM，总高160CM，使用PMC	SK，EK303、UX、TK
	A-340-600		10L10LD3	短边出板装，高40CM出40CM，总高160CM，使用PMC	VS、LH727
	A-330-200		8L6LD3	短边出板装，高40CM出35CM，总高160CM	LT、QF130、QR
	A-300-B2		4L8LD3	短边出板装，高40CM出35CM，总高160CM	V1811
货机	B-747-400型	HD、MD、LD	23H7M9L2 LD3	B747-400F的中高板中有A1、A2、B1、B2、P、T特殊板型。P板（靠近舱门），限高280CM：有一块尾板T板，收口宽度80CM，限重2000kg：7M中有两块头板A1，A2板，A1两短边150CM处收口，收入130CM：A2两短边160CM处收口，收入50CM：A1、A2板总高为240CM，限重PMC板3600KG，PAG板限重3300KG。B1板，板型为中板，但限重同A1，A2板要求。高板240CM收口，收口宽度45CM以上，总高290CM：中板240CM平高	KL，，EK，BA，AF，NZ
	B-747-200型		21H8M9L2LD3	高板240CM收口，收口宽度45CM以上，总高290CM：中板240CM平高	KZ226，NW914，VL.，QF，CA，MH，FM，LY，PO

(2)货物配载。货物配载是货物运输过程中一项非常重要的工作，直接关系到货物运输的正常进行和经济效益的提高。作为航空公司货运配载人员，除需了解前面所讲的航空运输的一般知识及货物收运承运的货运基础知识外，还需熟练掌握有关配载岗位的专业技能知识，在实际工作中真正体现“保证重点，照顾一般，合理运输”的原则，以提高航空公司的货物运输能力。

①航班的吨位控制管理。航空公司在执行每一次航班任务时，针对货物运输所提供的运力可表示为货运的舱位或吨位。一般情况下，航班始发站为货物吨位控制站。经停站，外站需要运输货物应通过电话、电报，传真等方法向吨位控制部门申请，同意后方可收运。吨位控制管理一般采用配额控制、自由出售、随售随报和申请等方法。

②货物的发运顺序。根据货物的性质，承运人一般按下列顺序发运：

a. 抢险、救灾、急救、外交信袋和政府指定急运的托运物资；

b. 报纸、新闻稿件、纸型、政治宣传品、AOG(Airplane on Ground)航材；

c. 始发邮件；

d. 指定航班、日期和按急件收运的货物；

e. 有时限、贵重、和零星小件物品，漏装、错装、前班拉下的货物；

f. 联程中转货物，分批发运货；

g. 按货物运价的高低安排发运；

h. 相同运价的货物按收运的先后顺序安排发运。

③配载前的准备工作：

a. 与收货柜台的交接。收货柜台的制单人员应及时与国内货运配载人员进行交接。配载交接人员要特别注意核对已签订航班的急件、鲜活货物等，明确货物的存放位置。

b. 根据航班预报了解航班机号、机型、起飞时间和旅客人数。

c. 根据各种机型、航线的业务数据算出每个航班的最大可用业载。每个航班的最大可用业载计算公式如下：

ⓐ最大业载 = 最大起飞全重 - 油量 - 飞机基本质量

ⓑ最大业载 = 最大落地全重 - 备份油量 - 飞机基本质量

ⓒ最大业载 = 最大无油全重 - 飞机基本质量

上述三式中最小值为本次航班的最大可用业载。

d. 估算本次航班的货邮可配数。

货邮可配数 = 航班最大可用业载 -（本站出发旅客重量 + 行李预留重量）- 过境业载（客 + 货 + 行李 + 邮件）

小知识

国际航班旅客质量规定每人 75kg，儿童 40kg，婴儿 10kg。国际航班旅客行李免费额 F 舱 40kg/人，C 舱 30kg/人，Y 舱 20kg/人。一般情况行李的预留质量按历史运量的经验值估算。

e. 将航班的货邮可配数告知吨位控制部门及仓库组货人员。出港待装货物调整通知单如图 3-10 所示。

出港待装货物调整通知单 NO:						
航班号/日期	集装箱号码/高度	运单号/件数	过磅重量	调整要求	调整原因	调整截止时间
调正后 航班号/日期	调正后 集装箱号码/高度	运单号/件数	调正后 过磅重量	配载签名	仓管签名	备注
				开单时间		

图 3-10　出港待装货物调整通知单

④货运配载的工作程序：

a. 根据有关内容计算本站货邮载量或制作配载表；

b. 根据货邮业载安排出发货邮载量；

c. 制作货邮舱单；

d 配载结束后，要认真相互交叉复核，确保配载无误。

5. 货物出仓

(1)制作舱单。货邮舱单是每一架飞机所装载货物、邮件的清单，是每一航班总申报单的附件之一，也是向出境国、入境国海关申报飞机上所装载货物、邮件情况的重要文件，并是承运人之间结算运费的依据之一。货邮舱单一式6份，一份供货物出仓，一份留本货物配载站留存，一份供结算使用，一份交载重平衡部门，两份随货运单运至卸机站。卡车运输的货邮舱单同上。某海关空运舱单如图3-11所示。

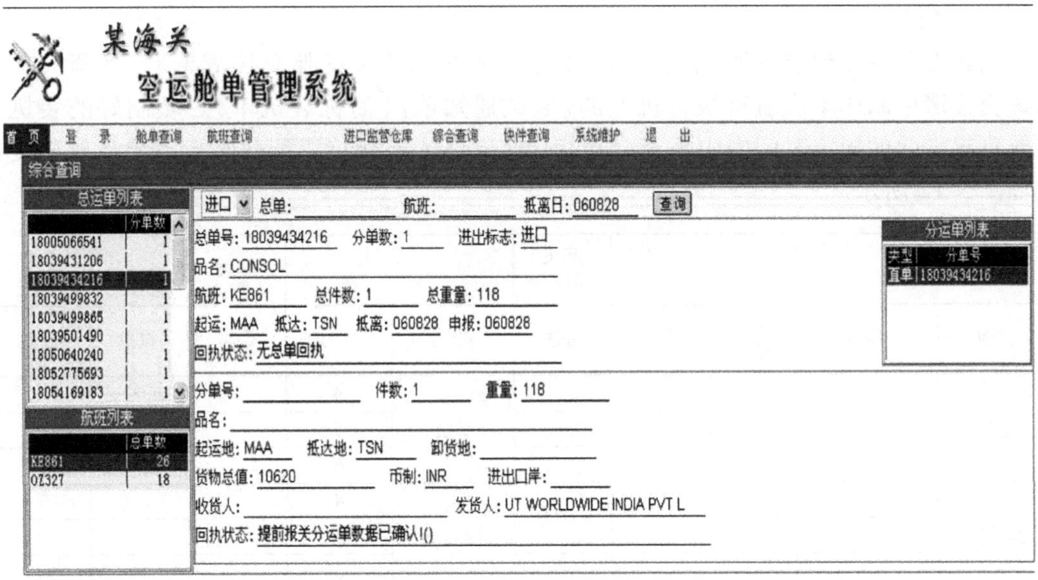

图 3-11　某海关空运舱单

(2)货物出仓

货物的出仓指的是将已列入货邮舱单准备发运的货物从仓库内取出并根据具体的装载

要求组装集装器的过程。配载人员在出仓前应对已填制的货邮舱单的内容进行审核，做到“三对三符合”即货运单与货邮舱单相符合，货邮舱单与出港货物相符合，货运单与货物相符合。邮件出仓必须做到邮件路单和邮运单相符合，邮运单与出仓邮件相符合，邮路单与邮件相符合。在货物的出仓操作时可注意以下几点：

①根据货邮舱单上列明的货运单号码、件数、质量逐件逐批出仓。并在货邮舱单上标记共同认可记号。

②出仓的件数、质量要认真进行核对，做到准确无误，遇有不正常情况应立即与有关部门查清，正确处理。并做货物不正常运输记录。

③装在每个集装板上、集装箱内、托盘上的货物质量要核对准确，并清楚地填列在所吊的挂牌上。

④货物出仓需要一定的时间。因此配载人员应尽快将审核无误的货邮舱单交货物出仓人员进行出仓。货物出仓开始时间一般不应晚于航班预计起飞时间前2～3h，大型宽体客机则更应提前。

⑤出仓的货邮，应按航班和到达地点及货舱号分别堆放，注意不要与未出仓的货邮混杂。

⑥包装不够完善或运输手续不齐全的货物，应分别修好包装、补齐手续才能出仓。已发生破损、短少、尚未查明原因的货物，运输手续不全面不能确定收货人的货物，以及需要加固或更换包装的货物，都不得出仓。

⑦出仓人员拿到舱单后应立即到货场，仔细按照舱单所列运单号码逐票寻找货物，并根据配载要求分别装车（平板车）、集装板或集装箱。组装工作完成后应按照航班号将货物进行归类集中，拴挂并填写好装机指示吊牌。

⑧出仓人员应在规定的时限内将货物组装情况及时反馈给该航班的配载人员，告知组装板箱的板箱号及出仓中遇到的货物的不正常情况。通常货物的组装情况在国际/国内航班集装器装载明细表中具体记录。

6. 货物装机

配载人员在收到装载明细表后，结合货邮舱单，制作《货邮交接清单》。平衡人员根据该交接清单制作本次航班执行机型的《装载通知单》（简称装机单）。填制好的装机单在航班起飞前的规定时间内由平衡室与货运装卸队人员交接。配载平衡室出港航班交接单如图3-12所示。

<table>
<tr><td colspan="2">航班/时间</td><td colspan="2"></td><td>起飞时间</td><td colspan="2"></td><td>配载</td><td colspan="2"></td></tr>
<tr><td>类别</td><td>序号</td><td>集装箱号</td><td>重量</td><td>备注</td><td>类别</td><td>序号</td><td>集装箱号</td><td>重量</td><td>备注</td></tr>
<tr><td rowspan="3">普货</td><td>1</td><td></td><td></td><td></td><td rowspan="3">普货</td><td>4</td><td></td><td></td><td></td></tr>
<tr><td>2</td><td></td><td></td><td></td><td>5</td><td></td><td></td><td></td></tr>
<tr><td>3</td><td></td><td></td><td></td><td>6</td><td></td><td></td><td></td></tr>
<tr><td rowspan="3">鲜活货</td><td>1</td><td></td><td></td><td></td><td rowspan="3">鲜活货</td><td>4</td><td></td><td></td><td></td></tr>
<tr><td>2</td><td></td><td></td><td></td><td>5</td><td></td><td></td><td></td></tr>
<tr><td>3</td><td></td><td></td><td></td><td>6</td><td></td><td></td><td></td></tr>
<tr><td rowspan="2">快件</td><td>1</td><td></td><td></td><td></td><td rowspan="2">快件</td><td>3</td><td></td><td></td><td></td></tr>
<tr><td>2</td><td></td><td></td><td></td><td>4</td><td></td><td></td><td></td></tr>
</table>

图3-12　配载平衡室出港航班交接单

装机单是一份详细说明各类货物包装件及每一个集装箱/板在飞机货舱内的具体装舱位置的业务单据。下面各列出一种散装型机型及集装型机型的装机单。

载重平衡人员必须认真填写装载通知单,交接要清楚、准时。海鲜、水产品等鲜活货物常规情况下应配载在下货舱内,贵重物品、外交信袋、活动物等应特别注明装舱位置。

装卸人员应严格按装机单上的指示内容装机,散装舱内用拦网相对分隔散货,集装舱内的集装箱/板分别卡好固定卡锁,以防飞机起降时因箱板滑动而影响飞行安全。货邮装机完毕后,由装卸人员及监装人员检查后在装机单上签字。

货物装机时主要的要求如下:

(1)装卸人员按装机单要求,把货物、邮件装入飞机的指定舱位。

(2)无论装载多少货物,都应轻拿轻放,堆放整齐,方便后方站。

(3)货物装机前,装车后,要核对件数,进行交接,防止漏装、多装。

(4)装机时要注意,大不压小,重不压轻,木箱不压纸箱,不以货物棱角抵触机壁,以免损坏货物和飞机。

(5)超过地板承受力的货物,装机时必须加上垫板。

(6)装机时应尽量把应引起注意的标志摆在明显处。

(7)装机时应先装前舱,后装后舱。

(8)装机后应使用系留设备(网、机等)固定好板、箱及货物,防止板箱、货物在飞机起飞、降落时滑动而损坏飞机和货物。

(9)装机过程中,若发现货物破损,有液体流出等不正常情况,应立即拉下该货并报告相关部门查明原因,妥善处理。

任务实施

1. 实训目的

通过本实训,要求学生掌握航空货运代理与航空公司货物交接的流程,同时掌握单据整理,会正确地进行货物装机。

2. 实训内容

模拟航空货物的发运过程

3. 实训步骤

(1)货物交接

①本次货物交接主要是指航空货运代理将货物和相关单据交给航空公司组织发货物的过程。

②在交接货单过程中注意仔细查询货物的完好情况,单货的核对正确性。

③正确缮制《国际航空货物订舱单》,同时要和客户进行核对确认信息。

航空货物交接流程如图 3-13 所示。

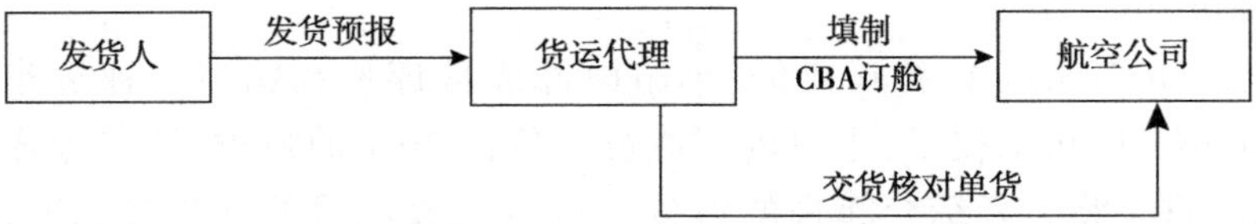

图 3-13　航空货物交接流程图

(2)整理单据

①本次整理单据包括已收取大货的单据、现场收运的货物的单据、中转的散货的单据。

②在检查入库单和交接清单时,要仔细核对运单和交接单是否一致,注意清点货物。

③核对货物相关信息,主要是看货物品名、件数、质量、运价及海关放行章。

④核对已收取的货物单据,主要包括运单和舱单是否一致。

⑤核对现场收运货物的单据,主要是看 CBA 货物信息和舱单是否一致。

⑥核对中转散货单据,主要是看转运舱单和货物清单是否一致。

⑦清单完毕,完成货物组装方式的制定。

(3)过磅及入库

①检查货物的板、箱的捆绑情况,对货物进行称量,并悬挂吊牌,对轻泡货物,量好尺寸。

②将货物的板箱号码、航班日期输入电脑进行整理,分配舱位。

③进行航空货物入仓的登记工作。

④完成货物的入库环节,并能根据货物的性质和分区要求进行储存。

(4)货物组装配载

①根据航空货物的不同要求进行组装,选用合适的集装板和箱。

②根据航空飞机的型号计算货邮可配数。

③根据航空货物的发运顺序进行航空货物的配载。

(5)货物出仓

①根据飞机所装货物的实际制作货邮舱单。

②在进行货物出仓前,做到"三对三符合"即货运单与货邮舱单相符合,货邮舱单与出港货物相符合,货运单与货物相符合。

③根据货邮舱单上列明的货运单号码、件数、质量逐件逐批出仓。并在货邮舱单上标记共同认可记号。

④出仓人员拿到舱单后应立即到货场,仔细按照舱单所列运单号码逐票寻找货物,并根据配载要求分别装车(平板车)、集装板或集装箱。组装工作完成后应按照航班号将货物进行归类集中,拴挂并填写好装机指示吊牌。

⑤出仓人员应在规定的时限内将货物组装情况及时反馈给该航班的配载人员,告知组装板箱的板箱号及出仓中遇到的货物的不正常情况。通常货物的组装情况在国际/国内航班集装器装载明细表中具体记录。

(6)货物装机

①配载人员在收到装载明细表后,结合货邮舱单,制作《货邮交接清单》。

②平衡人员根据该交接清单制作本次航班执行机型的《装载通知单》。

③完成装机,并通知货主。

4. 实训评价

分析训练评价的方式有教师评价、小组内部成员评价和第三方评分组成员评价 3 种,建议教师评价占 60% 权重,小组内部成员评价占 20% 的权重,第三方评分组成员评价占 20% 的权重。将 5 者综合起来的得分为该生在该项目的评价分,评分表如表 3-6 所示。

训 练 评 价 表 表 3-6

考核人		被考核人	
考核地点			
考核内容	航空货物发运的组织		
考核标准	具体内容	分值(分)	实际得分
	工作态度	15	
	沟通水平和团队合作	15	
	单据的整理	15	
	货物的装配组合	25	
	发运环节的处理流程	30	
合计		100	

注:考评满分 100 分,60 分以下为不及格,60 ~ 69 分为及格,70 ~ 79 分为中,80 ~ 89 分为良,90 分以上为优。

任务四　航空运输到站业务处理

案例导入

深圳市美邦运通实业有限公司成立于 2006 年 5 月,公司的主要业务内容为国际运输代理业务、办理国际快递业务和经营航空货物进出口业务。该公司拥有一批高素质的专业人才,全面使用信息技术,全流程计算机化管理。长期在货代行业中占有较大的市场份额。

深圳市美邦运通实业有限公司提供美国、加拿大、欧洲、地中海、中东、东南亚及新西兰、澳洲地区的海、空运进出口整柜及拼箱服务。与世界各国建立代理关系,提供目的地门到门及通关服务。在中国境内除了在苏州、上海、宁波、台湾等地区设有分公司及办事处外,另在全国其他主要港口及内地城市均有实力强大的合作伙伴。可提供在中国各港口的进出口服务。

为广大客户提供至全球各地的最符合客户要求的、最方便快速的个性化运输服务。“客户至上”是公司的宗旨,“24h 全天候、全方位的优质服务”是公司的承诺。

案例思考:

1. 深圳美邦运通实业有限公司的优势在什么地方?
2. 在当前物流竞争激烈的状况下,如何保证企业的客户?

任务分析

任务准备

(1)到货通知单等相关单据若干。

(2)多媒体教室(含可供学生上网查资料的电脑、多媒体教学设备、课件和动画等教学资料)。

(3)电话、传真机等相关电信设备。

任务目标

(1)掌握航空货物到货通知发出的时限要求；

(2)掌握航空运输货物的交付流程；

(3)掌握航空运输运杂费的结算知识；

(4)会正确计算航空货物保管的期限；

(5)掌握航空货物到站业务流程的处理过程。

基础知识

一、到达

1. 货物到达基本程序

航空货物到达流程，如图3-14所示。

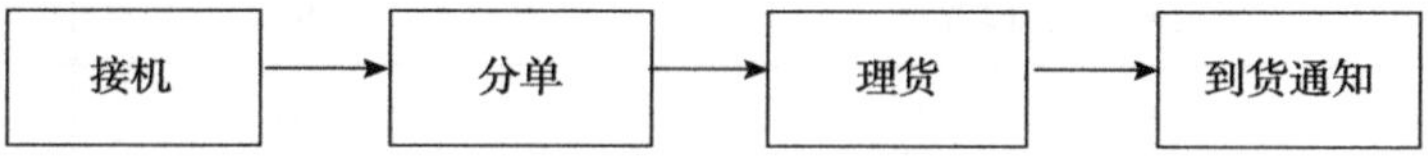

图3-14 航空货物到达流程

(1)接机

①接机人员根据到港航班信息和来往业务电报，了解航班到达时间、停机位、机型，安排好装卸人员、车辆、设备。

②航班到达前指定停机位等待接机。

③接机人员向机组索取文件袋，同时交接机组保管的货物，签收。

(2)分单

①接机人员将业务文件袋中各种文件分发到相关部门。

②货邮仓单交给卸机、理货部门。

③货运单分类：留场货、代理货、中转货、联程货等分发至相关部门。

④邮件路单交给邮政部门。

(3)理货

①根据货邮仓单卸下到站货物。

②拆箱、拆板并清点件数、查验包装是否完好。

③发现不正常运输情况做好“不正常运输事故记录”。

④按货运单将货物分别放入仓库，特种货物按要求放入专门仓库。

(4)到货通知

①进口柜台应该在货物到达后及时向收货人发出提货通知。一般应在货物到达当日或24h内发出到货通知；急件应在到达后2h内发出到货通知。

动物、鲜活易腐物品及其他指定日期和航班运输的货物，托运人应当负责通知收货人在到达站机场等候提取。

②通知方式：

a. 电话通知：针对急件、鲜活易腐、活动物、贵重货物等特种货物。应做好通话记录；

b. 通知单通知：邮寄方式将到货通知单发给收货人。

小知识

催 提 通 知

提货通知发出7d后收货人没有前来提货,应发出第二次提货通知;第一次提货通知后14d无人提货,发第三次通知同时向始发站征求托运人处理意见;第一次通知发出后满60d无人提货也无托运人处理意见,按无法交付货物处理。

二、交付

航空货物交付流程,如图3-15所示。

验证 → 报关 → 报检 → 收费 → 提货

图3-15　航空货物交付流程图

(1)验证。收货人应按要求提供有效身份证件或公司提货证明信或公章。收货人委托提货的应提供委托证明书。收货人应出示货物《到货通知单》。

(2)报关、报检。收货人凭身份证件和到货通知单向进口柜台提取货运单收货人联和相关随附文件,完成报关、商检手续。

①进口报关:报关一切大致分为初审、审单、征税、验放4个主要环节;

②进口报检:需要检验检疫的货物向检验检疫局完成商检。

(3)收费。货主凭盖有海关放行章、动植物报验章、卫生检疫报验章的货运单到监管仓库付费。收费内容有:到付运费及垫付佣金以及仓储费。

知识链接

仓储费标准

普通货物,自承运人发出到货通知的次日起免费保管3日。分批到达的普通货物的免费保管期限从通知提取最后一批货物的次日算起。超过免费保管期限的货物,每日每千克收取保管费人民币0.10元,保管期不满1日按1日计算。每份货运单最低收取保管费人民币5.00元。

贵重物品,自贵重物品到达目的站的次日起,每日每千克收取保管费人民币5.00元,保管期不满1日按1日计算。每份货运单最低收取保管费人民币50.00元。

危险物品,自承运人发出到货通知的次日起免费保管3日。超过免费保管期限的货物,每日每千克收取保管费人民币0.50元,保管期不满1日按1日计算。每份货运单最低收取保管费人民币10.00元。

凡需冷藏的鲜活易腐物品、低温、冷冻物品,自航班到达后免费保管6小时。超过6小时,每日每千克收取保管费人民币0.50元,保管期不满1日按1日计算。每份货运单最低收取保管费人民币10.00元。

(4)提货。收货人和工作人员共同查验货物,核对货物的件数、质量和包装。没有异议收货人在货运单交付收据联上签字。收货人对货物件数、质量、包装提出异议或货物发生遗失、损坏、延误,应填制《不正常运输事故记录》,按不正常运输和赔偿的规定处理。

完成交付后运输文件应存档,至少保存 2 年。

任务实施

1. 实训目的

通过本实训,要求学生掌握航空货物接机的流程和交付的流程。

2. 实训内容

模拟接机和交货的过程。

3. 实训步骤

(1)接机准备

①请学生进行分组,模拟不同角色;

②首先根据航班信息和业务报告,了解航班到达时间、停机位、机型,做好相关设备准备工作;

③准备好相关单据进行接机。

(2)分单

①根据航空飞机业务袋中的单证,进行相关单证的分类;

②货邮舱单和邮件路单进行核对。

(3)理货

①检查集装板、箱是否完好;根据相关单证进行清点货物;

②航空货物入仓。

(4)发出到货通知

①根据航空货物收货人的信息,发出到货通知;

①通过电话通知收货人来收货。

(5)交付

①收货人提货时,验证收货人信息,同时进行收费环节处理;

②收取货物时,完成相关报关报检环节;

③提货时,要再次进行核对,是否货单一致;是否有遗漏;

④有不正常情况时,填写《航空货物不正常运输事故记录》。

4. 实训评价

分析训练评价的方式有教师评价、小组内部成员评价和第三方评分组成员评价 3 种,建议教师评价占 60% 权重,小组内部成员评价占 20% 的权重,第三方评分组成员评价占 20% 的权重。将 5 者综合起来的得分为该生在该项目的评价分,训练评分表如表 3-7 所示。

训 练 评 价 表 表 3-7

考核人		被考核人	
考核地点			
考核内容	航空货物到站业务处理		

续上表

	具体内容	分值(分)	实际得分
考核标准	工作态度	15	
	沟通水平和团队合作	15	
	发货过程模拟	15	
	交货过程模拟	25	
	单证的缮制正确性	30	
合计		100	

注:考评满分100分,60分以下为不及格,60～69分为及格,70～79分为中,80～89分为良,90分以上为优。

任务五　航空货物业务代理

案例导入

普通法系国家,货运代理的法律地位以代理的概念为基础,这是由判例产生的。货运代理处于委托人(发货人或收货人)的代理人地位来安排货物运输,因此受传统的代理规则的制约,他所负的责任仅为恪尽职守、忠于委托人、遵照委托人合理指示行事和将所处理的事项向委托人报告的责任。而委托人不仅要对其代理人以其名义承担的契约义务负责,还要对其代理人在正当的代理权限范围内所犯的错误或疏忽负责。但是,人们又不得不在一个又一个的案例中寻求货运代理是以一个代理的身份行事还是以一个承运人的身份行事,因为如果货运代理处于委托人的地位,以其本人名义签订合同,情况就不同了,它将意味着货运代理对整个货物运输过程的合理完全负责,包括货物在承运人和货运代理的其他机构掌管期间。然而,实务中货运代理的法律地位常常因其提供的服务性质而发生变化,比如,当货运代理提供拼箱或混装服务,并签发自己的提单时,他的地位是委托人,即当事人的地位。又如,当货运代理本人承担公路运输时,他处于委托人的地位;但是,如果他的分包人是与其签订货运协议的客户所知道的,他又处于代理人的地位了。

案例思考:

1. 大陆法系和英美法系的区别是什么?

2. 大陆法系中,关于承运人免责条款是怎么样的?

任务分析

任务准备

(1)地图若干;

(2)多媒体教室(含可供学生上网查资料的电脑、多媒体教学设备、课件和动画等教学资料);

(3)相关航空运输单证若干;

(4)飞机模型和航空专用集装箱若干。

任务目标

(1)掌握航空货运代理业务出口流程;

(2)掌握航空货运代理业务进口流程;

(3)能清晰的向客户推销公司的业务；

(4)能根据客户要求合理设计航空运输方案；

(5)掌握航空时区的划分及时差。

基础知识

一、国际航空出口货运代理流程

1. 市场销售

承揽货物是航空货运代理业务的核心。

在具体操作时，需及时向出口单位介绍本公司的业务范围、服务项目、各项收费标准，特别是向出口单位介绍优惠运价，介绍本公司的服务优势等。

另一方面，从货主的角度来看，委托航空货运代理办理航空运输要比自己亲自办理来得更为便利，更有效率。因而，发货人，一般也更愿意委托航空货运代理办理货物托运。

2. 委托运输

在双方就航空货运代理事宜达成意向后，航空货运代理就可以向发货人提供一份自己所代理的航空公司的空白“国际货物托运书”，让发货人填写。

根据《华沙公约》的相关规定，托运书必须由托运人自己填写，并在上面签字或盖章。

某些特种货物，如活动物、危险品由航空公司直接收运。

在接受托运人委托后，航空货运代理公司通常会指定专人对托运书进行审核。审核重点应看价格和航班日期。

审核后，审核人员必须在托运书上签名并注明日期以示确认。

委托时，发货人除应填制“国际货物托运书”，还应提供贸易合同副本、出口货物明细发票、装箱单以及检验、检疫和通关所需要的单证和资料给航空货运代理。

知识链接

对于一次批量较大，要采用包机运输的，需提前办理包机手续。一般情况下，至少需在发运1个月与航空公司洽谈，并签订协议(以便航空公司安排运力，办理包机过境、入境、着陆等有关手续)如货主找空运代理办理包机，则应在货物发运前40天提出申请，并应填写“包机委托书”。

3. 审核单证

空代从发货人出取得单据后，应指定专人对单证进行认真核对，看看单证是否齐全，内容填写是否完整规范。

4. 预配舱

代理人汇总所接受的委托，制定预配舱方案，并对每票货配上运单号。

货代缮制单据：混载货物拼装清单。

5. 预订舱

代理人根据预配舱方案，向航空公司预订舱。

货代缮制单据：代理公司货运订舱预报单

6. 接受单证

接受托运人或其代理人送交的已经审核确认的托运书及报关单证和收货凭证。将电脑中的收货记录与收货凭证核对。接受托运人或其代理人送交的已经审核确认的托运书及报关单证和收货凭证。

(1)制作操作交接单。

(2)逐单预配运单。

(3)逐单附报关单证。

将制作好的交接单、配好的总运单或分运单、报关单证移交制单。

如此时货未到或未全到,可以按照托运书上的数据填入交接单并注明,货物到齐后再进行修改。

7. 填制货运单

直接运输的货物,填开航空公司运单即可,并将收货人提供的货物随机单据订在运单后面。如果是集中托运的货物,必须先为每票货物填开航空货运代理公司的分运单;然后再填开航空公司的总运单;还需要制作集中托运货物舱单,并将舱单,所有分运单及随行单据装入一个信袋,订在运单后面。最后制作《空运出口业务日报表》,供制作标签用。

8. 接受货物

货物一般是运送到货代仓库或直接送机场货站。

接收货物一般与接单同时进行。

接货时,双方应办理货物的交接、验收,并进行过磅称重和丈量,并根据发票、装箱单或送货单清点货物,并核对货物的数量、品名、合同号或唛头等是否与货运单上所列一致;检查货物的外包装是否符合运输的要求。

9. 标记和标签

(1)标记。在货物外包装上由托运人书写的有关事项和记号,如图 3-16 所示。

①托运人、收货人的姓名、地址、联系电话、传真;

②合同号等;

③操作注意事项。

例如:不要暴晒 Don't Expose to Excessive Sunlight

防潮 Keep Dry

小心轻放 Handle With Care

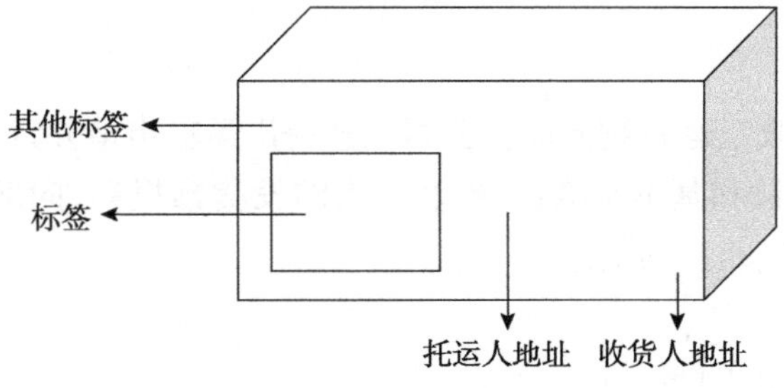

图 3-16 货物标签

(2)标签:

①按标签的作用来划分:

a. 识别标签。说明货物的货运单号、件数、质量、始发站、目的站、中转站、运输标志。分为挂牵、贴签两种。使用要求：

ⓐ在使用标签之前，清除所有与运输无关的标记和标签；

ⓑ体积较大的货物需要对贴两张标签；

ⓒ袋装、捆装、不规则包装除使用两个挂签外，还应在包装上写上运单号码和目的站。

b. 特种货物标签：说明特种货物性质的各类识别标签。

c. 操作标签：说明货物储运注意事项的各类标签。

②按标签的类别来划分：

a. 航空公司标签，如图 3-17 所示。

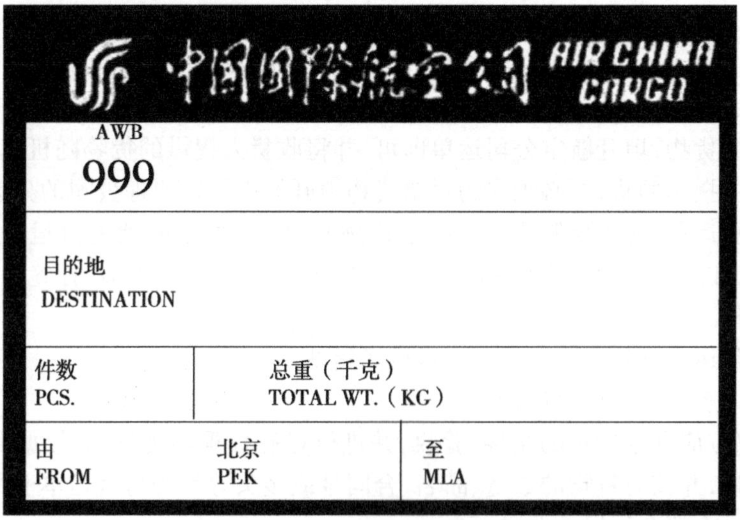

图 3-17　航空公司识别标签

b. 分标签。通常一件货物贴一张航空公司标签，有分运单的货物（如：集中托运的货物），每件再贴一张分标签。

10. 配舱

配舱时，需运出的货物都已入库。这时需要核对货物的实际件数、质量、体积与托运书上预报数量的差别；应注意对预订舱位、板箱的有效领用、合理搭配，按照各航班机型、板箱型号、高度、数量进行配载。同时，对于货物晚到、未到情况及未能顺利通关放行的货物作出调整处理，为制作配舱单做准备。实际上，这一过程一直延续到单、货交接给航空公司后才完毕。

11. 订舱

订舱，就是将所接收空运货物向航空公司正式提出运输申请并订妥舱位。

（1）订舱的具体做法和基本步骤：接到发货人的发货预报后，向航空公司吨控部门领取并填写订舱单，同时提供相应的信息：

a. 货物的名称；

b. 体积（必要时提供单件尺寸）；

c. 件数；

d. 目的地；

e. 要求出运的时间；

f. 其他运输要求。

(2)航空公司舱位销售的原则：

①保证有固定舱位配额的货物；

②保证邮件、快件舱位；

③优先预定运价较高的货物舱位；

④保留一定的零散货物舱位；

⑤未订舱的货物按交运时间的先后顺序安排舱位。

货运代理公司订舱时，可依照发货人的要求选择最佳的航线和最佳的承运人，同时为发货人争取最低、最合理的运价，为此，就要求空代必须掌握每家航空公司，每条航线，每个航班甚至每个目的港的运价和航班日期的信息。

12. 出口报检报关

海关审核无误后，海关官员即在用于发运的运单正本上加盖放行章。

13. 出仓单

配舱方案制定后就可以着手编制出仓单。

出仓单的日期、承运航班的日期、装载板箱形式及数量、货物进仓顺序编号、总运单号、件数、质量、体积、目的地三字代码和备注。出仓单交给出口仓库，用于出库计划，出库时点数并向装板箱交接。

出仓单交给装板箱环节，是向出库提货的依据。也是制作《国际货物交接清单》的依据，该清单用于向航空公司交接货物，同时还可用于外拼箱。

出仓单交给报关环节。当报关有问题时，可有针对性反馈，以采取相应措施。

14. 提板箱

货代向航空公司办理申领板、箱的相应手续，以便装货。

15. 装板箱

装板箱俗称“打板”。

装板、装箱时要注意以下几点：

(1)不要用错集装箱、集装板，不要用错板型、箱型。

每个航空公司为了加强本航空公司的板、箱管理，都不许可本公司的板、箱为其他航空公司的航班所用。不同航空公司的航空集装箱、集装板因型号、尺寸有差异，因此，如果用错会出现装不上飞机的现象。

(2)不要超装箱板尺寸。

一定型号的箱、板用于一定型号的飞机，板、箱外有具体尺寸规定，一旦超装箱、板尺寸，就无法装上飞机。因此装箱、板时，要注意货物的尺寸，既不超装，又在要规定的范围内用足箱、板的可用体积。

(3)要垫衬，封盖好塑料纸，防潮、防雨淋。

(4)集装箱、板内货物尽可能配装整齐，结构稳定，并接紧网索，防止运输途中倒塌。

(5)对于大宗货物、集中托运货物，尽可能将整票货物装载一个集货板、箱内运输。装妥整个板、箱后，剩余的货物尽可能拼装在同一个箱、板上，防止散乱、遗失。

16. 签单

货运单在盖好海关放行章后还需到航空公司签单。

只有签单确认后才允许将单、货交给航空公司。

17. 交接发运

交接是向航空公司交单交货。

交单就是将随机单据和应有承运人留存的单据交给航空公司。

交货即把与单据相符的货物交给航空公司。交货之前必须粘贴或拴挂货物标签,(交货时根据标签)清点和核对货物,填制《国际货物交接清单》。大宗货、集中托运货,以整板、整箱称重交接;零散小货按票称重,计件交接。航空公司审单验货后,在交接签单上验收,将货物存入出口仓库,单据交吨控部门,以备配舱。

18. 航班跟踪

国内几大航空公司都使用了货物追踪查询系统。如:国航,东航,南航,上航,都可以使用网络查询,货物追踪。

要进行货物追踪,首先要确认货物是通过哪家航空公司来承运的。得到其相应的提单号码。通过相应航空公司的对应网站的货物在线追踪系统即可得知。若有些尚未在网上使用在线追踪系统的,可以通过相关的查询电话进行追踪。

19. 信息服务

航空货运代理公司须在多个方面为客户做好信息服务:

(1)订舱信息;审单及报关信息;

(2)仓库收货信息;

(3)交运称重信息;

(4)一程及二程航班信息;

(5)集中托运信息;

(6)单证信息。

总之,航空货运代理应为委托人进行全程信息服务。

20. 费用结算

费用结算主要涉及向发货人、承运人和国外代理人3方面的结算。

(1)与航空公司结算费用:向航空公司支付航空运费及代理费,同时收取代理佣金。

(2)机场地面代理结算费用:向机场地面代理支付各种地面杂费。

(3)与发货人结算费用。向发货人收取以下费用:

①航空运费(在运费预付的情况下);

②地面杂费;

③各种服务费和手续费。

(4)与国外代理人结算。与国外代理人结算到付运费和利润分成。

二、国际航空进口货运代理

1. 代理预报

在国外发货之前,国外代理公司会将运单、航班、件数、质量、品名、实际收货人及其他地址、联系电话等内容通过传真或E-mail发给目的地代理公司,这一过程被称为预报。

代理预报的注意事项:

(1)注意中转航班,中转点航班的延误会使实际到达时间和预报时间出现差异;

(2)注意分批货物。从国外一次性运来的货物在国内中转时,由于国内载量的限制,往往采用分批的方式运输。

2. 交接单、货的操作

航空公司进港操作，如表 3-8 所示。

交接单、货的操作 表 3-8

步骤名称	操作内容	角色	接收角色
运输工具入境申报	发送总运单、发送联程载货清单、发送进口载货清单	机场地面代理	航空货站
	在运单上盖到达航班、日期章	航空货站	机场地面代理
	发送总运单、货物舱单、发送邮件路单	机场地面代理	海关
	运单上盖海关监管章	海关	机场地面代理
卸货入仓	交接货物，如有问题填写运输事故记录； 标出每票货的去向； 填写货物到达通知	机场地面代理	航空货站
单据移交	移交随机文件、总运单及空运货运代理交接单	机场地面代理	进口柜台

(1)抽单。

(2)提货。

货代凭到货通知向货站办理提货事宜。

交接时要做到：

①单、单核对，即交接清单与总运单核对；

②单、货核对，即交接清单与货物核对。

核对后，出现问题的处理方式如表 3-9 所示。

出现问题的处理方式 表 3-9

总运单	清单	货物	处理方式
有	无	有	清单上加总运单号
有	无	无	总运单退回
无	有	有	总运单后补
无	有	无	清单上划去
有	有	无	总运单退回
无	无	有	货物退回

另外，还需注意分批货物，做好空运进口分批货物登记表。

总之，货代在与航空货站办理交接手续时，应根据运单及交接清单核对实际货物，若存在有单无货或有货无单的情况，应在交接清单上注明，以便航空公司组织查询并通知入境地海关。

发现货物短缺，破损或其他异常情况，应向民航索要商务事故记录，作为实际收货人交涉索赔事宜的依据。也可以接受收货人的委托，由航空货运代理公司代表收货人向航空公司办理索赔。

范本：航空运输事故记录

货运代理公司请航空公司开具商务事故证明情况的通常有：

第一，包装货物受损。

第二，裸装货物受损。

第三，木箱或精密仪器上防振、防倒置标志泛红。

第四，货物件数短缺。

3. 理货与仓储

航空货运公司自航空公司接货后，即短途驳运进自己的监管仓库，组织理货及仓储。

(1)理货的主要内容：

①逐一核对没票货物件数，再次检查货物破损情况，遇有异常，确属接货时未发现的问题，可向民航提出交涉，根据《华沙公约》第26条："除非有相反的证据，如果收货人在收受货物时没有异议，就被认为货物已经完好地交付，并和运输凭证相符。"此规定对收货人不利。后《海牙议定书》(即《华沙公约》修正本)中第15条有规定："关于损坏事件，收货人应于发现损坏后立即向承运人提出异议……最迟应在收到货物后14d内提出。"

②按大货、小货；轻货、重货；单票货、混载货；危险货、贵重货；冷冻、冷藏品；分别堆存、进仓。堆存时要注意货物箭头朝向、总运单、分运单标志朝向，注意重不压轻、大不压小。

③登记每票货物仓储区号，并输入计算机。

(2)仓储注意事项。货物保管根据不同货种的实际需要进行保管。

鉴于航空进口货物的贵重性、特殊性，其仓储要求较高，应注意以下几点：

①防雨淋、防受潮。货物不能置于露天，不能无垫托置于地上；

②防重压。纸箱、木箱均有叠高限制，纸箱受压变形，会危及箱中货物安全；

③防温升变质。生物制剂、化学试剂、针剂药品等部分特殊物品，有储存温度要求，要防止阳光暴晒。一般情况下：冷冻品置于 $-15 \sim -20$℃冷冻仓库；

④防危险品危及人员及其他货物安全。空运进口仓库应设立独立的危险品库。易燃、易爆品、腐蚀品、放射品均应分库安全置放。以上货物一旦出现异常，均需要及时通知消防安全部门处理。放射品出现异常时，还应请卫生检疫部门重新检测包装及发射剂量外泄情况，以便保证人员及其他物品安全；

⑤为防贵重物品被盗，贵重物品应设专库，由双人制约保管，防止出现被盗事故。

必须注意：上述货物的仓储，不论是在航空公司货站、机场货站，还是在航空货运代理的仓库，都是海关的监管仓库。

4. 理单与到货通知

(1)理单。

①集中托运，总运单项下拆单：

a. 将集中托运进口的每票总运单项下的分运单分理出来，审核与到货情况是否一致，并制成清单输入电脑；

b. 将集中托运进口总运单项下的分运单输入海关电脑，以便实施按分运单分别报关、报检、提货。

②分类理单、编号。

运单分类，一般有以下分类法：

a. 分航班号理单，便于区分进口方向：

b. 分进口代理理单，便于掌握、反馈信息，做好对代理的对口服务；

c. 分货主理单，指对重要的经常有大批货物的货主，将其运单分类出来，便于联系客户，制单报关和送货、转运；

d. 分口岸、内地或区域理单，便于联系内地货运代理，便于集中转运；

e. 分运费到付、预付理单，便于安全收费：

f. 分寄发运单、自取运单客户理单。分类理单的同时，须将各票总运单、分运单编上航空货运代理公司自己设定的编号,以便内部操作及客户查询。

③编配各类单证。货运代理人将总运单、分运单与随机单证、国外代理人先期寄达的单证(发票、装箱单、合同副本、装卸、运送指示等)、国内货主或经营到货单位预先交达的各类单证等进行编配。

代理公司理单人员须将其逐单审核、编配。其后,凡单证齐全、符合报关条件的即转入制单、报关程序。否则,即与货主联系,催齐单证,使之符合报关条件。

(2)到货通知。货物到目的港后,货运代理人应从航空运输的时效出发,为减少货主仓储费,避免海关滞报金,尽早、尽快、尽妥地通知货主到货情况,提请货主配齐有关单证,尽快报关。

(3)正本运单处理。电脑打制海关监管进口货物入仓清单一式五份,分别提交检验检疫和海关,提交给海关的两份中,一份海关留存,另一份海关签字后收回存档。运单上一般需盖妥多个章:监管章(总运单)、代理公司分运单确认章(分运单)、检验检疫章、海关放行章等。

5. 制单与报验报关

(1)制单、报关、运输的形式。除部分进口货存放民航监管仓库外,大部分进口货物存放于各货代公司自有的监管仓库。由于货主的需要不一,货物进口后的制单、报关、运输一般有以下几种形式:

①货运代理公司代办制单、报关、运输;

②货主自行办理制单、报关、运输;

③货运代理公司代办制单、报关后,货主自办运输;

④货主自行办理制单、报关,委托货运代理公司运输;

⑤货主自办制单,委托货运代理公司报关和办理运输。

(2)进口制单。制单指按海关要求,依据运单、发票、装箱单及证明货物合法进口的有关批准文件,制作"进口货物报关单"。货物代理公司制单时一般程序为:

①长期协作的货主单位,有进口批文,证明手册等存放于货运代理处的,货物到达;发出到货通知后,即可制单、报关,通知货主运输或代办运输;

②部分进口货,因货主单位(或经营单位)缺少有关批文、证明的,可于理单、审单后,列明内容,向货主单位催寄有关批文、证明,亦可将运单及随机寄来单证、提货单以快递形式寄货主单位,由其备齐有关批文,证明后再决定制单,报关事宜;

③无须批文和证明的,可即行制单、报关,通知货主提货或代办运输;

④部分货主要求异地清关时,在符合海关规定的情况下,制作《转关运输申报单》办理转关手续。报关单上需由报关人填报的项目有:进口口岸、收货单位、经营单位、合同号、批准机关及文号、外汇来源、进口日期、提单或运单号、运杂费、件数、毛重、海关统计商品编号、货品规格及货号、数量、成交价格、价格条件、货币名称、申报单位、申报日期等,转关运输申报单内容少于报关单,也需按要求详细填列。

(3)进口报关程序:

①初审。

a. 初审是海关在总体上对报关单证作形式上的审查;

b. 审核报关单所填报的内容与原始单证是否相符,商品的归类编号是否正确,报关单的预录是否有误等。

②审单。

a. 审单是报关的中心环节,从形式上和内容上对报关单证进行全面的详细审核;

b. 审核内容包括：报关单证是否齐全、准确；所报内容是否属实；有关的进口批文和证明是否有效；报关单所填报的货物名称、规格、型号、用途及金额与批准文件所批的是否一致；确定关税的征收与减免等。

c. 允许通关时，留存一套报关单据（报关单、运单、发票）作为海关备案。

③征税

a. 根据报关单证所填报的货物名称、用途、规格、型号及构成材料等确定商品的归类编号及相应的税号和税率：

b. 若商品的归类或税率难以确定，海关可先查看实物或实物图片及有关资料后再行确定征税；

c. 若申报的价格过低或未注明价格，海关可以估价征税。

④验放

a. 货物放行的前提是：单证提供齐全，税款和有关费用已经全部结清，报关未超过规定期限，实际货物与报关单证所列一致；

b. 放行的标志：正本运单上或货运代理经海关认可的分运单上加盖放行章；

c. 放行货物的同时，将报关单据（报关单、运单、发票各份）及核销完的批文和证明全部留存海关。如果报关时已超过海关法规定的报关期限，必须向海关缴纳滞报金：

d. 验放关员可要求货主开箱，查验货物。此时查货与征税时查货，其目的有所不同，征税关员查看实物主要是为了确定税率，验放关员查验实物是为了确定货物的物理性质、化学性质以及货物的数量、规格、内容是否与报关单证所列完全一致，有无伪报、瞒报、走私等问题：

e. 除海关总署特准免验的货物外，所有货物都在海关查验范围之内。

（4）报关期限与滞报金：

①按海关法规定，进口货物报关期限为：自运输工具进境之日起的 14 日内，超过这一期限报关的，由海关征收滞报金：

②滞报金每天的征收标准为货物到岸价格的万分之五。

（5）货代公司对开验工作的实施。客户自行报关的货物，一般由货主到货代监管仓库借出货物，由代理公司派人陪同货主一并协助海关开验。客户委托代理公司报关的，代理公司通知货主，由其派人前来或书面委托代办开验。开验后，代理公司须将已开验的货物封存，运回监管仓库储存。

海关对大件货物，开箱后影响运输的货物实施开验时，货运代理公司及货主应如实将情况向海关说明，可申请海关派员到监管仓库开验，或直接到货主单位实施开验。

6. 收费与发货

办完报关、报验等进口手续后，货主须凭盖有海关放行章、检验检疫章（进口药品须有药品检验合格章）的进口提货单到所属监管仓库付费提货。

7. 送货与转运

出于多种因素（或考虑便利，或考虑节省费用，或考虑运力所限），许多货主或国外发货人要求将进口到达货由货运代理人报关、垫税，提货后运输到直接收货人手中。货运代理公司在代理客户制单、报关、垫税、提货、运输的一揽子服务中，由于工作熟练，衔接紧密，服务到位，因而受到货主的欢迎。

任务实施

1. 实训目的

通过本实训,使学生熟悉国际航空货运代理的运作流程。

2. 实训内容

该项目模拟是航空货物出口流程,角色分类为发货人、航空货运代理、航空公司等。

3. 实训评价

分析训练评价的方式有教师评价、小组内部成员评价和第三方评分组成员评价 3 种,建议教师评价占 60% 权重,小组内部成员评价占 20% 的权重,第三方评分组成员评价占 20% 的权重。将 5 者综合起来的得分为该生在该项目的评价分,评分表如表 3-10 所示。

训练评价表　　表 3-10

考核人		被考核人	
考核地点			
考核内容	航空货物业务代理		
考核标准	具体内容	分值(分)	实际得分
	工作态度	15	
	沟通水平和团队合作	15	
	能正确填制航空货运单	15	
	能正确缮制航空货物运输委托书	25	
	模拟揽货与接收流程	30	
合计		100	

注:考评满分 100 分,60 分以下为不及格,60 ~ 69 分为及格,70 ~ 79 分为中,80 ~ 89 分为良,90 分以上为优。

延伸阅读

活体动物托运要求

运输活体动物时,托运人应办理以下手续:

(1)活体动物运输必须符合国家规定。托运人应提供当地县级(含)以上动植物检疫部门出具的免疫注射证明和"动物检疫证书"。属于国家保护的动物,还需提供有关部门出具的准运证明;属于市场管理范围的动物,要有市场管理部门出具的证明。

(2)托运人应当预先订妥航班、日期。

(3)托运人应填写"活体动物运输托运证明书"。

(4)需专门护理和喂养或者批量大的活体动物,托运人应当派人押运。

(5)活体动物的包装,既要便于装卸又要适合动物特性和航空运输的要求,能防止动物破坏、逃逸和接触外界,保证通风,防止动物窒息。包装底部应有防止粪便外溢的设施。

(6)外包装上应当标明照料和运输的注意事项。

(7)托运人和收货人应当在机场托运和提取活体动物,并负责动物运输前及到达后的保管。

(8)有特殊要求的活体动物运输,托运人应当向航空公司说明注意事项或在现场指导作业。

模块练习

选择题

1. 航空货物体积质量的折算标准为每(　　)cm^3 折合 1kg。

A. 3000　　B. 4000　　C. 5000　　D. 6000

2. 航空运输中托运人在承运人的航线上通过包板(舱)的方式运输时,托运人无论向承运人是否交付货物,都必须支付协议上规定的运费,这种包板(舱)方式称为(　　)。

A. 死包板(舱)　　B. 活包板(舱)　　C. 软包板(舱)　　D. 硬包板(舱)

3. 航空运价代号 M 表示(　　)。

A. 最低运费　　B. 普通货物运价　　C. 等级货物运价　　D. 指定商品运价

4. 航空运价代号 S 表示(　　)。

A. 最低运费　　B. 普通货物运价　　C. 等级货物运价　　D. 指定商品运价

5. 航空运价代号 C 表示(　　)。

A. 最低运费　　B. 普通货物运价　　C. 等级货物运价　　D. 指定商品运价

6. 航空货运中"N"表示标准普通货物运价,是指(　　)kg 以下的普通货物运价。

A. 45　　B. 50　　C. 55　　D. 60

7. 航空货运中对于 45kg 以上的不同重量分界点的普通货物运价均用(　　)表示。

A. S　　B. C　　C. Q　　D. M

8. 航空普通货物运价简称(　　)。

A. GCR　　B. SCR　　C. KGS　　D. NCR

9. 航空指定商品运价简称(　　)。

A. GCR　　B. SCR　　C. KGS　　D. NCR

10. 航空货运中,General Cargo Rate 表示的中文含义是(　　)。

A. 普通货物运价　B. 指定商品运价　C. 等级货物运价　D. 比例运价

模块四　水路货物运输作业管理

学习导语

水路货物运输主要是利用船舶进行货物运输的一种运输方式。世界上国际贸易货物有2/3以上是通过水路运输的。因此，水路运输成为我国参与国际经济合作，更大更深层次提升竞争力和影响力的重要平台。本模块按水路货物运输作业流程进行介绍，通过水路运输的计划申报、业务受理、发运作业组织、到港业务处理以及水运货物业务代理等进行详细介绍，以对水路货物运输作业有全面的认识。

案例导入

泰国交通部部长巴金上将2014年10月在主持交通运输体系发展专题会议上表示，为降低国内物流成本并方便为曼谷及周边府治民众提供服务，交通部制定了水路运输发展10年规划，发展包括廉差邦货运中心、沙敦府巴波拉码头、宋卡第二码头陆桥铁路以及连通安达曼东西两岸运输系统等设施在内的水路运输体系。其他重要的水路运输建设项目还包括：加强河流和海岸的疏浚工作以方便行船，在曼谷和周边府治加强修缮码头设施提高安全性能和方便使用，充分借鉴芭堤雅码头经营模式发掘全国各地码头的旅游功能，对湄南河沿岸全部35个码头中的19个码头设施加强维修和升级，对堵塞河道的水上植物进行清除治理等。

交通运输体系发展专题会议的主题为发展水路运输。会议同意从2015财年预算开始拨款，以完成2016～2025年水路运输发展规划，预计投资总额将达到766.66亿泰铢。

交通部制定提高水路运输比重工作目标的理由是，水路运输的成本低于其他运输系统，因此应加大利用水运优势，争取在2016年将国内运输中水路运输的比例从现时的15%提高至19%，这将大大节省运输成本。

（资料来源：中国经济网　发布时间：2014年10月15日）

案例思考：

水运至今仍是世界许多国家最重要的运输方式之一，其技术经济特征是运输量大、成本低、运费低廉，但受自然条件的影响大。较适于担负大宗、低值、笨重和各种散装货物的中长距离运输，其中特别是海洋运输，更适于承担各种外贸货物的进出口运输。

水路运输能够与其他四种运输方式有效衔接，进一步发展多式联运运输体系，实现合理组合，取得综合效益。在使得综合物流成本得以降低的前提下，转变交通运输发展方式，优化交通运输结构，形成现代化的综合运输体系。

学习目标

通过本模块的学习，期望达到下列目标：

1. 专业能力

（1）能根据货物特点选择水路货物运输的方式；

(2)会根据不同的运输对象选择合适的港口装卸设备；

(3)能操作水路货运的发货与托运、到达与接收业务；

(4)能制定水路运输计划；

(5)会填制水路货运过程中的各种单证；

(6)能受理水运货物的代理业务。

2. 社会能力

(1)培养学生的可持续发展能力，独立决策能力；

(2)培养学生具有水路货物运输作业管理的能力；

(3)注重遵章守纪、积极思考、耐心细致、勇于实践、竞争意识、责任意识等职业素质的养成。

3. 方法能力

(1)通过查阅资料、文献等，培养个人自学能力和获取信息的能力；

(2)具有分析问题解决实际问题的能力；

(3)具有制订工作计划，培养工作方法能力；

(4)能独立使用各种媒体完成水路运输作业管理的学习任务。

模块图解

水路货物运输作业管理，如图 4-1 所示。

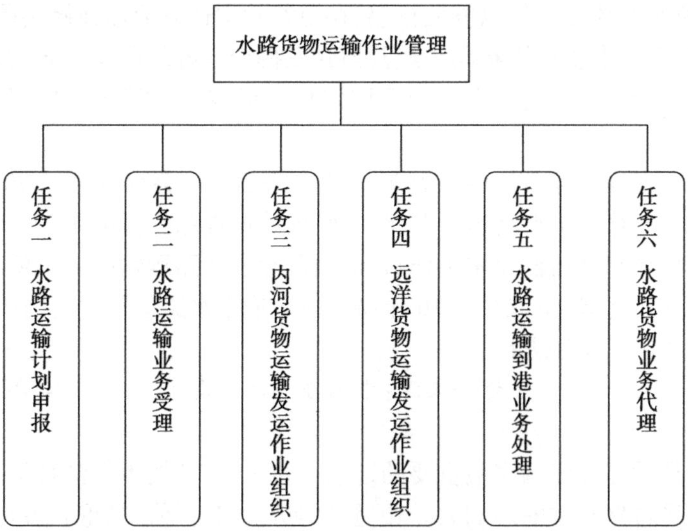

图 4-1 水路货物运输作业管理

任务一 水路运输计划申报

案例导入

人类与生俱来的好奇心使得人们总有越过江河、湖泊甚至大海去探索新天地的愿望。正是这些原因促使人类的祖先发明了木筏、独木舟等水上交通工具，并借助帆来利用丰富的风力资源。当然，仅仅靠风驱动是不够的。所以人们还发明了桨。把帆、桨装在独木舟上，就成了最原始的帆船。对于那些进行海上贸易的人们来说，对帆船的要求就更高了，因此，船的不断发展促进了水路运输的快速发展。

中国是世界上水路运输发展较早的国家之一。公元前2500年已经制造舟楫，商代有了帆船。公元前500年前后中国开始工凿运河。公元前214年建成了连接长江和珠江两大水系的灵渠。京杭运河则沟通了钱塘江、长江、淮河、黄河和海河五大水系。唐代对外运输丝绸及其他货物的船舶直达波斯湾和红海之滨，其航线被誉为海上丝绸之路。明代航海家郑和率领巨大船队七下西洋，历经亚洲、非洲30多个国家和地区。

1807年美国人富尔顿把蒸汽机装在“克莱蒙特号”船上，航行在纽约至奥尔巴尼之间，航速达6.4km/h，成为第一艘机动船。19世纪蒸汽机驱动的船舶出现后，水路运输工具产生了飞跃。1872年，我国自制的蒸汽机船开始航行于海上和内河。

当代世界上水路运输发达，世界上许多国家拥有自己的商船队。现代商船队中已有种类繁多的各种现代化运输船舶。

中国水路运输发展很快，特别是近几十年来，水路客、货运量均增加16倍以上，目前中国的商船已航行于世界100多个国家和地区的400多个港口。中国当前已基本形成一个具有相当规模的水运体系。在相当长的历史时期内，中国水路运输对经济、文化发展和对外贸易交流起着十分重要的作用。

案例思考：

1. 针对中国水路运输发展的历史，谈谈你的想法？

2. 试分析运输工具对运输效率的影响？

3. 网上查找资料分析中国水路运输发展现状？

任务分析

任务准备

(1)一家物流企业材料，主要包括：企业的主要经营的业务(含业务介绍)、模拟几个客户的资料、公司宣传资料、模拟托运单据、该物流企业的网址等。

(2)多媒体教室(含可供学生上网查资料的电脑、多媒体教学设备、课件和动画等教学资料)。

(3)网络资源，包括：港口地图等。

任务目标

(1)能进行水路运输计划申报业务；

(2)掌握水路运输业务流程；

(3)掌握水路运输船舶与航道基本知识。

基础知识

一、水路运输的分类

水路运输分为内河运输和海上运输。海上运输分为沿海运输和远洋运输。通常国内沿海港口之间的海上运输称为沿海运输，而本国港口与外国港口之间，或者外国港口与外国港口之间的海上运输称为远洋运输。远洋运输是具有国际性的运输，而不在于运输距离的远近。

二、水路运输工具

水路运输的基本工具是船舶,船舶是能航行或停泊于水域内,用以执行作战、运输、作业等各类船、舰、舢板、筏及水上作业平台等的总称。船舶是水上运输和工程作业的主要工具,其种类繁多、数目庞大。

知识链接

船舶的分类方式如表4-1所示。

船舶的分类　　表4-1

分类方式	船舶类型
按用途	民用船和军用船
按船体材料分	木船、钢船、水泥船和玻璃船等
按动力装置分	蒸汽机船、内燃机船、汽轮机船、电动船和核动力船等
按航行区域分	远洋船、近洋船、沿海船和内河船等
按航行状态分	排水量船、滑行艇、水翼船、气垫船、冲翼艇等
按推进器形式分	螺旋桨船、平旋推进器船、喷水推进器船、喷气推进器船等

1.货船的分类

运输船舶通常又称为商船,是指载运旅客与货物的船舶。一般将其简单分为客船和货船两大类。

客船是用于运输旅客及其行李和邮件的运输船舶,因其多为定期定线航行,故又称客班船。国际海上人身安全公约中规定,凡载客超过12人者均视为客船。

目前物流中广泛使用的水上运输工具是货船。货船是运送货物的船舶的统称,一般不载旅客,分为干货船、液货船、驳船、拖船和推船。

(1)干货船。干货船是用于装载干货的船舶,常见的干货船有以下几种类型:

①杂货船:又称普通货船,也是目前最基本的一种货船,主要装运各种成捆、成包、成箱和桶装的杂货件。

②载驳船:又称母子船、载货驳船,是专门用以载货驳船为运输单元的船舶。其主要特点是载驳船在到达中转港时,由母船起重设备卸下驳船,然后用拖船或拖船将载货的载驳船拉到目的港,不需占用码头泊位,不需货物换装倒载。

③滚装船:借助轮子滚上滚下装卸作业的船舶。

④集装箱船:以载运集装箱或以集装箱为主的混装运输船舶。

⑤冷藏船:具有冷藏设备,用来装运易腐货物或低温货物的专用船舶。冷藏船温度范围为25~15℃,要根据货种不同选择适宜的温度。

⑥散装船:专门用于载运粉末状、颗粒状、块状等散堆货物,如谷物、矿砂、煤炭、化肥、水泥等的船舶。有普通散货船、专用散货船、兼用散货船及特种散货船等。

(2)液货船。液货船是指用于载运液态货物的船舶,其运量在现代商船队中占有重要的比例(占44.7%)。主要有油船、液化气船、液体化学品船等。具体如表4-2所示。

液货船的分类　　表4-2

类　　型	装运的货物
油船	装运散装石油和成品油的液货
液化气船	专门装运液化气的液货船
液体化学品船	专门装运各种散装液体化学品的液货船

(3)驳船、拖船和推船。驳船是内河运输货物的主要运载工具,本身一般无自航能力,需拖船或推船等机动船带动形成船队进行运输。其特点是设备简单,吃水浅,载货量大,并可根据货物运输要求而随时编组,适合各港口之间的货物运输,少数增设了机动装置的驳船成为机动驳船。驳船按载货用途不同分干杂货舱口驳船、散货甲板驳船、油驳船、滚装驳船等。

拖船是用于拖带其他船只或浮动建筑物的船舶。其船身较小,而功率较大,自身并不载运货物。拖船有海洋拖船、内河拖船和港口拖船之分。

推船是专门用于顶推非自航货船的机动船舶。与拖船相比,顶推航行时,拖船在前,推船在后,整个船队有较好的机动性。

2. 船舶的航行性能

(1)浮性:浮性是指船舶在各种装载情况下,保持一定浮态,漂浮于水面的一定位置的能力。浮性是船舶的最基本性能。

(2)稳性:船舶受到外力作用离开原来平衡位置而发生倾斜,当外力消除后能自行恢复到原来平衡位置的能力,就称为稳性。

(3)抗沉性:船舶在一个舱或几个舱破损进水的情况下,仍能漂浮与水面,并保持一定浮态和稳性(不至于沉没和倾覆)的能力称为抗沉性。其实质是研究船舶破损后的浮性和稳性,是关系到船舶安全的一个重要性能指标。

(4)快速性:船舶的快速性就是指对一定排水量的船舶,主机以较小的功率消耗达到较高航速的性能,是船舶的一项重要技术性能,对船舶的经济性影响很大。

(5)适航性:适航性是指船舶在多变的海况中得运动性能又称耐波性。通常是指船舶在风浪中的摇摆性能。

(6)操纵性:船舶在航行时能够保持原来方向或按照驾驶员意图改变到所需航向的性能,称为操纵性。其中,船舶保持其航向不变的能力,称为航向稳定性;船舶改变其航向的能力称为回转性,或灵敏性。

航道的航行性能指标如图4-2所示。

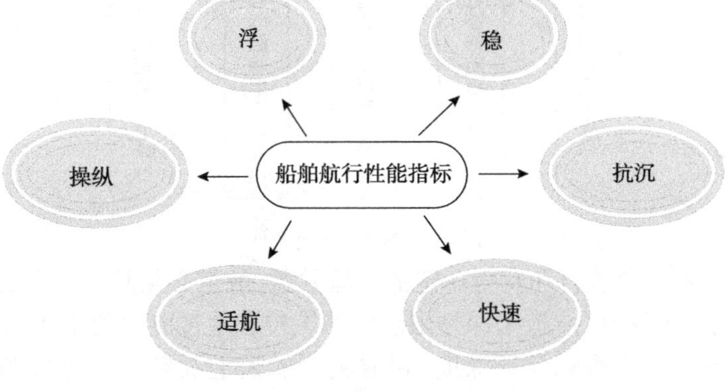

图4-2　航道的航行性能指标

三、水路运输航道

1. 航道

航道是船舶进出港的通道，是指沿海、江河、湖泊、运河、水库内船舶或排筏可以通航的水域，它是以水上运输为目的所规定或建造的船舶航行通道。

根据船舶通航的频繁程度分别采用单向航道和双向航道。根据航道的形成条件可分为海上航道、内河航道和人工航道。

知识链接

根据我国《内河航道标准》，我国内河航道分为七级，航道等级划分如表4-3所示。

航 道 等 级　　表4-3

航道的等级	可通航内河船舶的吨位(t)
一级航道	3000
二级航道	2000
三级航道	1000
四级航道	500
五级航道	300
六级航道	100
七级航道	50

目前，我国四级以上的高等级航道仅占总里程的11.3%，航道的通过能力，吨位标准、渠化程度还需要提高。同时，我国的航道运力分布也极不均衡，长江三角洲、珠江三角洲占了我国航道运力的80%以上，2007年长江干线航道的年运输量已经超过11亿t，相当于16条京广铁路的运输量。

2. 航道的航行条件(图4-3)

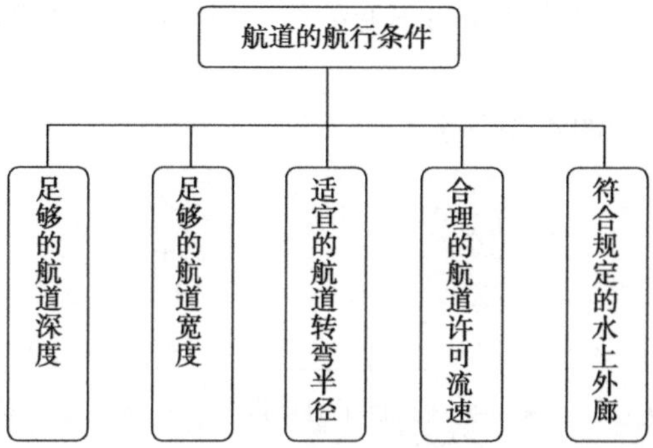

图4-3　航道的航行条件

为保证船舶正常安全航行和获得一定的运输效益，航道必须具备一定的航行条件。

(1)有足够的航道深度：航道水深是限制船舶吨位和通过能力的主要因素。航道深度是指全航线中所具有的最小通航保证深度，它取决于航道上关键性的区段和浅滩上的水深。航道深浅是选用船舶吃水量和载重量的主要因素。航道深度增加，可以航行吃水深、载质量大的船舶，同时会提高整治和维护航道的费用。

(2)有足够的航道宽度：航道宽度视航道等级而定。通常单航行的情况比较少，双线航行最普遍，在运输繁忙的航道上还应考虑三线航行。

(3)有适宜的航道转弯半径：航道转弯半径是指航道中心线上的最小曲率半径。一般航道转弯半径不得小于最大航行船舶长度的4～5倍，最低不得小于船舶长度的3倍。

(3)有合理的航道许可流速：航道许可流速是指航线上的最大流速。船舶航行时，上水行驶和下水行驶的航线往往不同，下水在流速大的主流区行驶，上水则尽量避开流速大的水区而在缓流区内行驶。航道上的流速不宜过大，否则不经济，比较经济的船舶静水速度一般为9～13km/h，即2.5～3.6m/s。

(4)有符合规定的水上外廊：水上外廊是保证船舶水面以上部分通过所需要的高度和宽度。水上外廊的尺度按航道等级来确定，通常一、二、三、四级航道上的桥梁等建筑物的净空高速，取20年一遇的洪水期最高水位来确定，五、六级航道则取10年一遇的洪水期最高水位来确定。

四、水路运输业务流程

水路运输业务流程如图4-4所示。

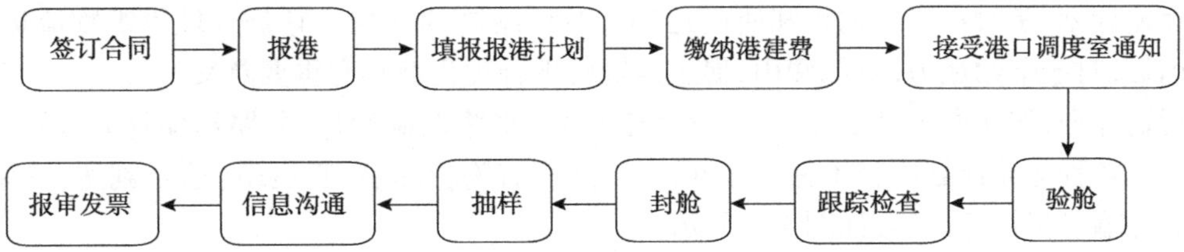

图4-4 水路运输业务流程

(1)签订《船运合同》

运输业务展开之前，业务员与船务公司接触，并对《船运合同》条款进行检查，确认条款无异议后盖章回传船务公司。

(2)报港

预计货轮到港前两天到三天办理报港。同时，业务员向公司提交相应拨款单，申请预交港口费。向公司申请报港费用时应在拨款单中体现收款单位、金额等用途，签字后生效。

(3)填报报港计划

在海事部门办理这项业务时要明确委托单位、航次、货位(货物存放位置 、数量)、装船数量，并注明港方派车、装车、过磅等相关事宜。

(4)缴纳港建费

业务员在办理这一手续时应在计划单上填好相应的序号、计划号以及品名、数量、吨数、联系方式并划卡交款。

(5)接受港口调度室通知

通知将会明确货轮靠岸的大概时间，港方派车大概时间，筒仓作业时间等事宜。业务员在接到港方通知及时告知库内磅房，等待港方来车后进行过磅。

(6)验舱

货轮靠岸后经允许进行验舱，主要查勘舱底是否有杂物和水，确保没有问题后通知调度部门开始作业。

(7)跟踪检查

在粮食出库过程中,业务员应对车辆进行随机检查,查看有无粮食撒漏现象。若发现问题应及时处理。

(8)封舱

所有粮食出库完毕后及时告知负责人员,待装船完毕后及时派人进行封舱并按时报送保险。

(9)抽样

装船过程中应及时抽样,及时送到化验室进行检验并进行记录。

(10)信息沟通

在装船完毕后应及时向领导及相关部门报告信息,明确船舶离港时间,进一步明确发货单位、收货单位,到达港装船数量、仓号、粮食综合质量、损耗及保险报送等情况。

(11)报审发票

在最后的这一环节中,业务员应积极主动与港口相关部门进行沟通,了解发票开开具的进展情况。在发票开具完毕后及时取回并转交给内勤完成 ERP 的报送,最后由财务人员进行入账。

五、水路运输计划申报

运输计划,是对物资运输量和所需运输工具所编制的计划。它是合理组织物流运输的重要前提,对于节约运力,降低费用,促进运输管理合理化都具有重要意义。

运输计划,按交通工具划分,有铁路运输计划、水路运输计划、公路运输计划、航空运输计划等。各种运输计划内容不完全相同,但一般都有物资品名、起运站(港)、到达站(港)等项目和运输量指标等内容,如图 4-5 所示。

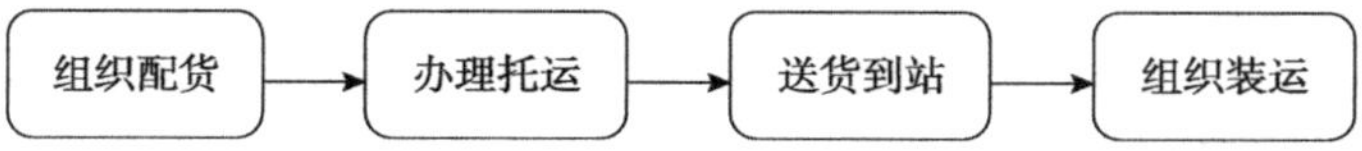

图 4-5　水路运输计划申报流程

运输计划的编制,一般要在合理选择运输路线和运输工具的基础上,计算确定货运量,再经过修改,就可以编制出运输计划。

物流企业必须和运输部门紧密配合,协调行动,在做好发运前的一切准备工作之后,即可进入货物发运的具体业务流程。主要业务程序如下。

(1)组织配货

根据货源、运力的情况,按照货物包装、性能、质量、体积、运价及船只的特点,把货物组织配载在一节铁路货车、一个集装箱或一艘船、一辆汽车内。它是货物运输过程技术性很强的环节,对车船的利用程度、运费的高低、货物的安全等有着重要影响。

(2)办理托运手续

发货单位根据货物流转和运力情况,向铁路、交通部门要车、迎船、批票等,它包括填制各种运输单证和办理具体托运手续两方面。

(3)送货到站

内于送货工作中环节多、手续杂,因此,各环节必须严格交接,点验货物,划清责任,保证货物发运工作质量。

(4)组织装运

在办完货物发运交接手续之后,就要组织装运。它是实现组配、提高运输工具装载量、保障货物运输安全的重要环节。

特别应该强调发运时间,备货和调车要衔接一致,保证按时发车、按时装车、按时发运。有些物流企业和运输部门,采用“网络分析法”严密计算发运业务各项工序的时间,按简繁不同,先后次序组织作业。从而,可以确定最佳的发运时间。

任务实施

1. 实训目的

通过实训调查,使学生掌握水路运输业务流程,掌握水路运输计划申报业务。

2. 实训内容

水路运输企业调研。

3. 实训步骤

(1)把全班学生平均分为几个小组,以小组为单位到企业进行调查,并做好调查记录。

(2)以小组为单位写出调查分析报告。

(3)在全班组织召开一次交流讨论会。

(4)根据分析报告和个人在交流中的表现进行成绩评估。

4. 实训评价

运输企业调研分析训练评价的方式有教师评价、小组内部成员评价和第三方评分组成员评价 3 种,建议教师评价占 60% 权重,小组内部成员评价占 20% 的权重,第三方评分组成员评价占 20% 的权重。将 3 者综合起来的得分为该生在该项目的评价分,如表 4-4 所示。

训练评价表 表 4-4

考评人		被考评人	
考评地点			
考评内容	国际多式联运企业调研		
考评标准	具体内容	分值(分)	实际得分
	工作态度	15	
	沟通水平和团队合作	15	
	调查表的设计情况	15	
	调查中的表现及结果	25	
	撰写调查报告情况	30	
合计		100	

注:考评满分 100 分,60 分以下为不及格,60 ~ 69 分为及格,70 ~ 79 分为中,80 ~ 89 分为良,90 分以上为优。

任务二 水路运输业务受理

案例导入

全球班轮公司运力百强最新排名

Alphaliner 最新运力数据显示,截至 2014 年 7 月 1 日,全球班轮公司运力 100 强中排名前三的分别是马士基航运、地中海航运和达飞轮船。第四名到第十名依次为:长荣海运、中远集运、赫伯罗特、中海集运、韩进海运、商船三井、美国总统轮船。

在上榜的中国大陆班轮公司中，中远集运排名第5位，中海集运排名第7位，海丰国际排名第25位，泉州安盛船务排名第30位，中外运集运排名第33位，中谷新良海运排第47位，上海海华轮船排名第63位，广西鸿翔船务排名第68位，上海锦江航运排名第69位，宁波远洋排名第95位，太仓港集装箱海运有限公司排名第98位。

案例思考：

当今世界经济全球化的加速发展，全球班轮公司纷纷在激烈的竞争中加强企业的国际竞争力，不断提升客户服务，以便在世界航运市场中占有更多的份额。对于各国海运企业而言，其所面对的不再是相对狭小的本国市场，而是一个世界性市场。

任务分析

任务准备

(1)一家船公司的材料，登录公司网址对该公司进行全面了解；

(2)多媒体教室(含可供学生上网查资料的电脑、多媒体教学设备、课件和动画等教学资料)。

任务目标

(1)了解世界前二十位集装箱班轮公司；

(2)能办理水路运输业务受理工作。

基础知识

一、全球20大集装箱班轮公司如表4-5所示。

世界20大集装箱船公司(2014年7月排名)　　表4-5

排名	船公司	标　志	总部	英文简称	运力(TEU)	成立年份
1	AP穆勒/马士基	MAERSK	丹麦哥本哈根	MAERSK	2723091	1904
2	地中海航运	msc	瑞士日内瓦	MSC	2480091	1970
3	法国达飞	CMA CGM	法国马赛	CMA	1580143	1978
4	长荣	EVERGREEN	中国台湾	EVERGREEN	886577	1968
5	中远集运	COSCO	中国北京	COSCON	787693	1961
6	赫伯罗特	Hapag-Lloyd	汉堡、不来梅	HAPA - LLOYD	767703	1970
7	中海集运	CSCL	中国北京	CSCL	635625	1997
8	韩进海运	HANJIN	韩国首尔	HANJIN	593739	1977
9	商船三井	MOL 商船三井	日本东京	MOL	569588	1878
10	美国总统轮船	APL	美国纽约	APL	568272	1848
11	东方海外	OOCL	中国香港	OOCL	500500	1947

续上表

排名	船公司	标　志	总部	英文简称	运力(TEU)	成立年份
12	汉堡南美	HAMBURG SÜD	德国汉堡	HAM－SUD	498826	1871
13	日本邮船	NYK GROUP	日本	NYK	494458	1885
14	阳明海运		中国台湾	YANGMING	402786	1972
15	现代商船	HMM	韩国	HYUNDAI	377319	1976
16	太平船务	PIL	新加坡	PIL	360758	1967
17	川崎汽船	"K" LINE	日本	KLINE	359865	1919
18	以星综合航运	ZIM	以色列	ZIM	346273	1945
19	阿拉伯联合国家轮船	UASC	科威特	UASC	298415	1976
20	智利南美轮船	CSAV	智利	CSAV	242955	1872

二、水路运输业务受理流程

水路运输业务受理流程如图4-6所示。

图4-6　水路运输业务受理流程

(1)船公司客户服务人员接收客户订舱,客户可用自设格式订舱文件、书面、电邮等格式托运单向客户服务人员委托订舱。

(2)船公司客户服务人员审核托运单所列之货物名称是否属危险品,是否超长超重,是否符合货物操作要求,是否需要使用特殊装卸运输工具和申报文件及手续,并审核客户委托的特殊要求是否能予以满足,是否有清楚的报价。审核过程如发现任何问题,客服人员应及时与客户协商解决。

(3)客服将订舱基本资料录入电脑,基本资料包括:委托人、付款人、付款条件、运输条款、服务类别、货名、装货港、目的港、柜形、柜数量等。

(4)客服通知计费人员缮制客户的发票,并传真发票副本给付款人,通知客户付款。

(5)客服向客户提供确认订舱及预报船名、航次的配舱回单,配舱回单可以由电脑打印出来并附有电脑派发的提单号码或者由电脑生成固定格式电邮发出。

任务实施

1. 实训目的

掌握水路运输业务受理的业务流程。

2. 实训内容

本实训要求学生进行情境模拟,演示水路运输业务受理情境。

3. 实训步骤

(1)把学生分成5~6人一组,准备船公司、货主的背景资料,准备业务流程的演示;

(2)情境模拟;

(3)业务演示;

(4)教师点评。

4. 实训评价

水路运输业务受理训练评价的方式有教师评价、小组内部成员评价和第三方评分组成员评价 3 种,建议教师评价占 60% 权重,小组内部成员评价占 20% 的权重,第三方评分组成员评价占 20% 的权重。将 3 者综合起来的得分为该生在该项目的评价分,如表 4-6 所示。

训 练 评 价 表 表 4-6

考评人		被考评人	
考评地点			
考评内容	水路运输业务受理		
考评标准	具体内容	分值(分)	实际得分
	工作态度	15	
	沟通水平和团队合作	15	
	调查表的设计情况	15	
	调查中的表现及结果	25	
	撰写调查报告情况	30	
合计		100	

注:考评满分 100 分,60 分以下为不及格,60 ~ 69 分为及格,70 ~ 79 分为中,80 ~ 89 分为良,90 分以上为优。

任务三 内河货物运输发运作业组织

案例导入

长江中上游诞生首个亿吨港

2011 年 1 月 3 日,武汉新港管理委员会宣布,武汉新港 2010 年货物吞吐量首次突破 1 亿 t,集装箱量达到 65 万标箱,成为长江中游及上游首个亿吨大港。

为了发挥长江黄金水道优势,增强为中西部区域服务的综合能力,更好地整合港口岸线资源,促进生产要素向长江沿岸聚集,2008 年 5 月,湖北省委、省政府做出建设武汉新港的战略决策,决定将武汉和鄂州、黄冈、咸宁 4 市港口统一规划建设,并确立了“亿吨大港、千万标箱”的发展目标。

武汉新港规划港口岸线 627km,规划区现有 27 个港区;港区及腹地面积达 9300km^2,人口 1100 多万人,地区生产总值、固定资产投资总额均占湖北全省的 40% 以上。

据介绍,两年来,湖北省加快推进武汉新港规划建设,积极开展招商引资与对外交流,投资强度加大,项目进展顺利。两年完成投资 116. 8 亿元,推进了 29 个港航基础设施项目、21 个集疏运项目及 15 个产业、物流园区项目建设。

通航领域不断拓展,区域辐射能力增强,武汉新港已成为中部地区走向海外的重要门户。恢复开通了武汉至上海洋山港“江海直达”航线,只需 2 天即可到达洋山港,为出口物流利用黄金水道构筑了一条快速通道,每标箱可节约运输成本 550 美元,并使湖北货物接转欧洲干线班轮时间缩短一周。

据介绍,"十二五"期间,武汉新港将建设各类项目111个,投资总概算1766亿元。到2015年,武汉新港集装箱吞吐量将达到200万标箱,货物吞吐量将突破2亿t,初步建成集现代航运物流、综合保税服务、先进港口设施和经济技术开发于一体的现代枢纽港。

(资料来源:中国水运报)

案例思考:

1. 内河货物运输有什么优点?

2. 内河货物运输的发展存在哪些障碍?

任务分析

任务准备

(1)一家物流企业资料,主要包括:企业的主要经营的运输线路、运输的货物类别等;

(2)多媒体教室(含可供学生上网查资料的电脑、多媒体教学设备、课件和动画等教学资料);

(3)网络资源,包括:电子地图系统等。

任务目标

(1)了解我国内河货物运输的现状;

(2)掌握内河货物运输作业流程。

基础知识

一、内河货物运输的含义

内河运输又称江河运输,它是利用船舶和江河、湖泊等通航水域进行运输的方式,是水上运输的重要组成部分,同时,它还是连接内陆腹地(Inland Area)和沿海地区(Coastal Region)的纽带,对一个国家的国民经济和工业布局起着重要作用。

知识链接

内河运输是借助河流、湖泊进行的运输活动。中国幅员辽阔,境内河流纵横,湖泊密布,大江大河横贯东西,支流沟通南北,形成天然的水网。据统计,流域面积在1000km^2的河流1500多条,总长约43万km,大小湖泊900多个,大多水量充沛,常年不冻,为发展内河运输提供了优越的自然条件。

内河运输的组织形式有:内河散货运输、件杂货物运输、石油运输、集装箱运输等形式,具体分类如表4-7所示。在各种内河运输的组织形式中,集装箱运输作为先进的组织形式,随着我国对外贸易迅速发展和国内南北贸易的发展,得到飞速的发展,其中明显突出的是内河支线集装箱运输的发展,将干线的海运和内陆的铁路、公路有效的连接起来,成为干线中心港的重要支援力量。

我国内河集装箱运输主要集中在长江水系和珠江水系。随着集装箱运输的迅速发展,长江水系已经形成以上海为核心,联系三角洲地区和长江沿江地区的航运体系;珠江水系已形成以香港为国际航运中心,以深圳、广州为枢纽港,联系珠江三角洲地区和西江干线沿线地区的航运体系。

内河货物运输的分类　　表 4-7

分类方式	类　型
货物运输组织形式	直达运输、中转运输、多式联运
货物的性质和特点	普通大宗货物运输、特种货物运输
包装状况	散装货物运输、件杂货运输、集装箱运输、单元滚装运输
水路货物运输合同承租期限	航次租船运输、定期租船运输、包运租船运输

二、内河航道

内河航道是在内陆水域中用于船舶航行的通道。内陆水域包括江、河、湖、水库、人工运河和渠道等。

1. 内河航道的分类

内河航道分为天然河流航道、渠化河流航道和限制性航道 3 类。

天然河流或处于山区,或流经平原,坡度有大有小;流量在洪枯水期呈季节性变化,时大时小。因此,河水的深浅、流速的大小随地理位置和季节而异。有些河道多礁石滩碛,河床变化频仍。天然河流有的河段可直接用作航道,有的河段则通航困难或仅可季节性通航,须采取工程措施,如炸礁、疏浚工程或整治工程等治理航道,改善通航条件。

以航运开发或水资源综合利用(航运、防洪、发电、灌溉等)为目标,实施渠化工程,即在天然河流上兴建一系列闸坝和通航建筑物,使河流成为相互衔接的梯级,以保证水深和通航条件。这种河流称为渠化河流。中国广东的连江,美国的俄亥俄河、田纳西河、苏联的伏尔加河等都是渠化河流。

限制性航道具有如下特征:河道狭窄,河床平坦稳定,水流平缓,水位变幅较小,断面形状比较规则,河道对船舶航速和阻力有显著限制作用。运河、某些通航的水利渠道以及河网地区的一些水道属于这一类。

知识链接

我国内河航道的等级

内河航道尺度包括水深、宽度和弯曲半径。为保证航行安全和维持一定的运输效益,对内河航道尺度规定有最小值,作为航道建设和维护工作的依据。根据《内河航道标准》将中国内河航道划分为七级,具体如表 4-8 所示。

中国内河航道等级　　表 4-8

航道等级	可通航吨位(t)	水深要求(m)	单线直航线宽度(m)	弯曲半径(m)	限制性航道水深(m)	直线段双线底宽(m)	弯曲半径(m)
一级	3000	3.5～4.0	70～125	670～1200			
二级	2000	2.6～3.0	40～100	550～810	4	60	540

续上表

航道等级	可通航吨位（t）	水深要求（m）	单线直航线宽度（m）	弯曲半径（m）	限制性航道水深（m）	直线段双线底宽（m）	弯曲半径（m）
三级	1000	2.0～2.4	30～55	480～720	3.2	45	480
四级	500	1.6～1.9	30～45	330～500	2.5	40	320
五级	300	1.3～1.6	22～35	270～280	2.5	35	250
六级	100	1.0～1.2	15	180	2.0	20	110
七级	50	0.7～0.9	12	130	1.5	16	100

2. 我国主要的内河航道

我国内河航运的主要航道有京杭运河航道、长江航道、珠江航道。

(1)京杭运河主航道。京杭运河自北而南流经京、津2市和冀、鲁、苏、浙4省，贯通中国五大水系——海河、黄河、淮河、长江、钱塘江和一系列湖泊；从华北平原直达长江三角洲，地形平坦，河湖交织，沃野千里，自古是中国主要粮、棉、油、蚕桑、麻产区。人口稠密，农业集约化程度高，生产潜力大。近代，京津、津浦、沪宁和沪杭铁路及公路网相继修建，与运河息息相通；沿线各地工业先后兴起，城镇密集，是中国经济精华荟萃之地。

京杭大运河沿线是中国最富庶的农业区之一，工业发达。为了使"黄金水道"产生黄金效益，沿线的鲁、苏、浙三省对大运河各段进行了整治、扩建和渠化，使千年古运河重新焕发了青春。运河沿线的主要港口有济宁、徐州、邳州、泗阳、淮安、宝应、高邮、扬州、镇江、常州、无锡、苏州、吴江和杭州等，如图4-7所示。

图4-7　京杭运河主通道

(2)长江干线航道。

长江水运干线，上起云南水富，下至上海长江口，全长 2838km，是我国唯一贯穿东、中、西部的交通大通道，是沿江经济快速发展的重要依托，长江南京至长江口通航水深由 7m 提高到 10m，可通航 3 万吨级海轮，5 万吨级海轮可乘潮通航，第五代集装箱船和 10 万吨级散货船乘潮可进入上海港；南京至武汉可通航 5000 吨级海轮；武汉至重庆可通航 1000 ~ 1500 吨级驳船或 3000 ~ 9000 吨级船队；重庆以上可通航 500 ~ 1000 吨级船舶，如图 4-8 所示。

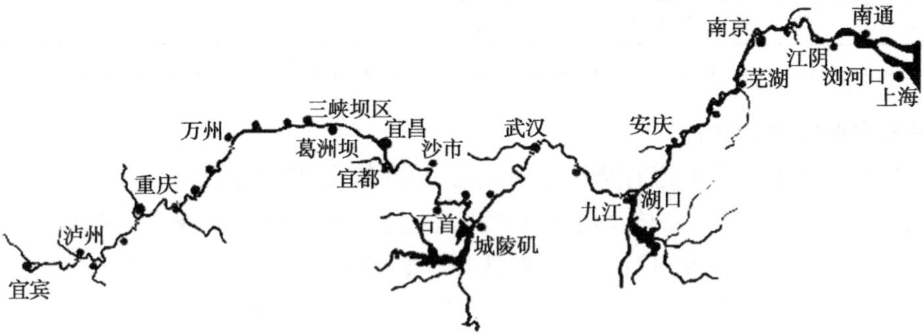

图 4-8　长江干线航道示意图

(3)珠江干线航道。

珠江水系是我国南方的一条大河，流域面积约 44 万 km^2。珠江包括西江、北江和东江三大支流，其中西江最长，通常被称为珠江的主干。

珠江水系常年通航里程达 12000km，水运量仅次于长江居全国第二位，其中西江干流常年通航里程为 868km，在广西境内内河航道以梧州为总汇，广泛联系区内各主要城镇，如图 4-9 所示。

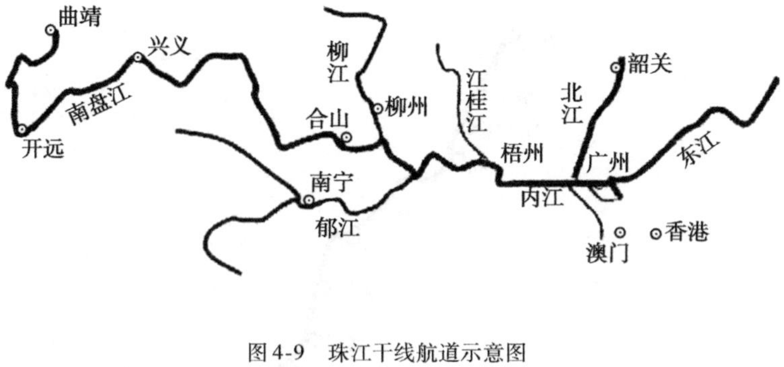

图 4-9　珠江干线航道示意图

三、内河集装箱运输

1. 内河集装箱运输的特点(图 4-10)。

(1)方便。集装箱运输是一种标准化的运输形式，在国际贸易中普遍使用，有世界范围

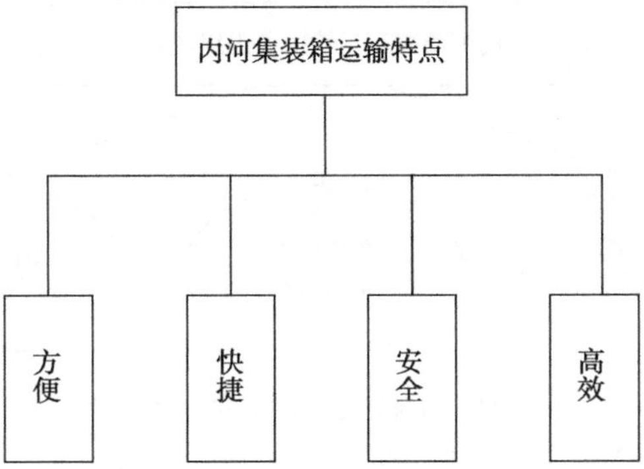

图 4-10　内河集装箱运输的特点

通用的国际标准，使得装卸机械、堆场机械、沿场机械、运输工具做到专业化和标准化。内河集装箱港口深入腹地货源，接近客户，利用集装箱运输的标准化和内河运输承运量大的优势，可以为客户提供一站式服务，由 Port to Port 服务延伸到 Door to Door。如整合陆地运输解决贸易发展对运输的需求问题。

(2)快捷。集装箱化为装卸机械的标准化、专业化和大型化创造了条件，大大提高了装卸作业的效率，集装箱作业受天气变化影响小使得货物在港、站停留时间短。随着国际集装箱法规的完善，带来通关、检验、理货等手续的简化及集装箱船舶速度的提高，货物的送达速度有了较大的提高。

(3)安全。在运输和装卸的过程中，与外界接触的是箱子而不是货物，货物安全性大大提高。现代航海技术发展和集装箱船舶技术的发展，船舶水上运行安全性大大提高。

(4)高效。由于装卸效率高、运达速度快、采用班轮运输形式使得船期航班有保障，以及信息化技术发展带来集装箱数据 EDI 交换，对运输报告和运输跟踪更加及时和准确；内河集装箱运输深入内陆港口，与公路、铁路以及不同水路港口的多式联运，扩大了服务内容，提高了服务质量。这使得内河集装箱运输是一种高效的运输形式。

2. 内河集装箱运输服务组织形式

(1)公共驳船承运商(Common feeder)。公共驳船承运商具有公共承运人性质，专门从事某一区域或航线内河运输的驳船公司。可接受与其签约的或未签约而以自有箱形式托运的各类货物。

这些公共驳船承运商较少涉及货代业务和远洋干线运输，一般通过稳定的船期航班，为货主和远洋大船公司解决支线运输问题。公共驳船而对公共客户，一般承运货量较大，采用的船型和吨位较大，运输效率较高，单位运输成本相对较低。

(2)客户自有驳船运输。客户自有驳船运输主要通过自营驳船解决自己的支线运输需求的驳船公司或船公司、货代公司的驳船运输部门。驳船运输服务不对外公共承运。客户除运营驳船外，一般提供全程运输服务，如全程运输报价(驳船运输成本包含于全程报价中)，全程运输提单的签发，全程运输的跟踪等。

(3)混合形式。混合形式为公共驳船承运商与客户自有驳船运输的混合。客户自有驳船运输在满足自身需求下，富余运力部分对外提供公共服务。这种运输形式可以提高驳船运输效率。由于客户会选择优先满足自身运输需求，在运输需要高峰期下，对外公共运输的服务难以得到公平、稳定的保障，如图 4-11 所示。

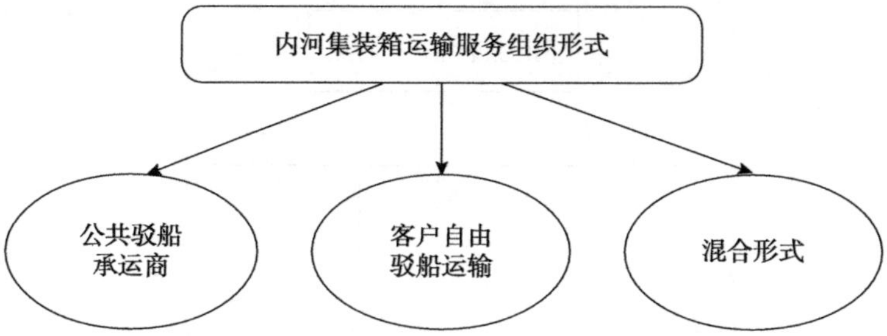

图 4-11　内河集装箱运输服务组织形式

3. 集装箱箱体业务运作

内河集装箱运输企业的箱体业务包括：自用箱的业务和代理船公司支线箱体管理业务，如图 4-12 所示。

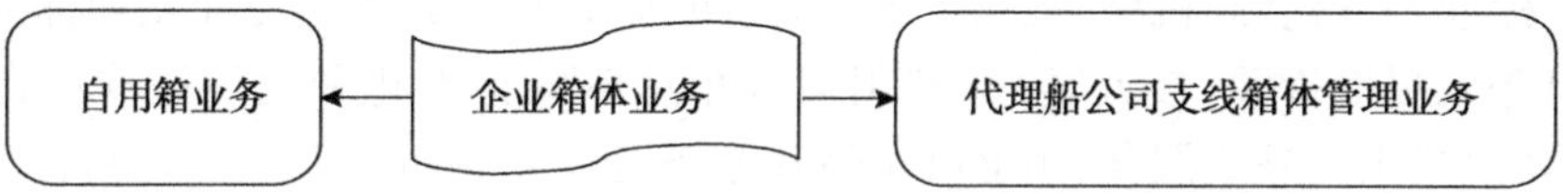

图 4-12　内河集装箱运输企业的箱体业务

(1)自用箱业务是指内河集装箱运输企业自己拥有的箱体进行集装箱管理的业务。只有准确及时地做好集装箱管理才能为集装箱的正常运输提供最佳服务。自用箱的集装箱管理业务主要内容如图 4-13 所示。

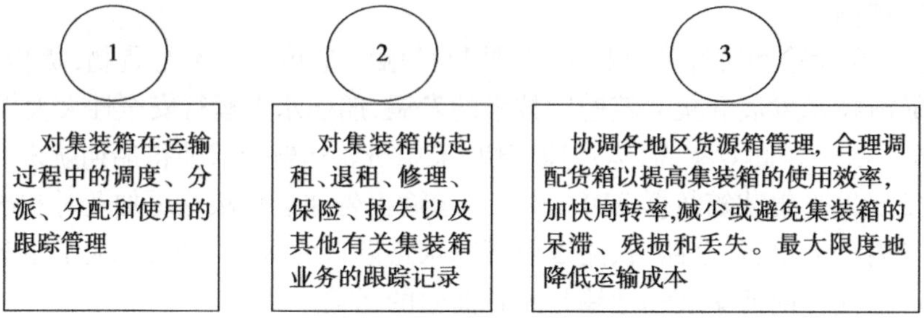

图 4-13　自用箱业务的集装箱管理内容

自用箱业务的集装箱业务，如图 4-14 所示。

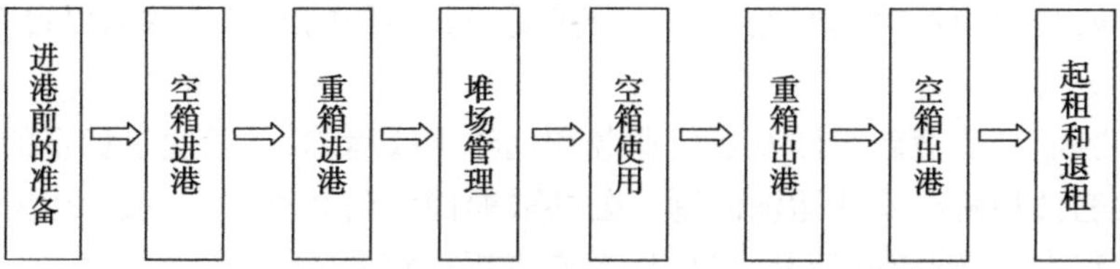

图 4-14　集装箱管理业务

①进港前的准备。在集装箱船舶尚未进港前，该船的集装箱情况便由上一级箱管或该船发运港箱管用电脑或传真或电传的方式通知卸货港箱管，通常称之为“进口电”或“T. D. R”(Terminal Departure Report) 或“CNTNR LIST”。上面记载了该船所载全部集装箱的箱号、单号、尺寸、箱属(指集装箱的所有人）、空重箱等情况。有的还载明各箱的收货人、货物、数量和质量等内容。卸货港箱管根据上述通知便可及时了解即将到港的集装箱情况，以便做出具体的调度和安排，录入电脑，打印进口设备交接单，并通知各环节的箱管人员，按统一调度做好有关的准备工作。

②重箱进港。重箱进港按交接方式可分为整箱交和拆箱交。无论哪种交接方式,收货人均需持提单和必要单证到船公司或其代理的进口调度部门换取 D/ O(Delivery Order 也称小提单),整箱提的收货人要向箱管交纳集装箱押金后才予开具放箱单和进口设备交接单,然后凭以提箱和提货。集装箱押金各地区根据集装箱的种类和发运方式的不同,规定不同的押金标准。拆箱交的集装箱由港方在卸船后直接转入指定的后方箱站(CFS) 进行拆箱和放货,拆后的空箱由箱管码头调度安排调回箱管指定的堆场。整提的集装箱收货人将整箱提到自己的仓库或工厂拆箱。拆后由收货人负责将空箱送回箱管指定的堆场,如超出免费使用天数还应扣除滞箱费才能取回剩余的押金。滞箱费一般按集装箱的种类不同而不同。

③空箱进港。空箱进港多为上一级箱管作为宏观调配平衡箱量而安排的。一般由箱管码头按规定向海关申报,通关后提箱至指定的堆场备用。如在同一区域转堆场或国家内调配空箱,则不一定需要通关。

④堆场管理。无论是整箱、拆箱还是空箱,最终要安排到一个指定的堆场进行堆存。堆场在货箱进出场时都要进行检验,并与还箱人或拆箱人会签设备交接单,以便分析、分清货箱残损责任,以利箱管索赔。堆场管理应严格服从箱管的统一调度,按照“先进先出”的原则,合理派放货箱,有修箱能力的堆场还要负责集装箱的维修和保养。

⑤空箱使用。发货人或其货运代理人到船公司或其代理进行订舱配载。

⑥重箱出口。重箱按规定集港装船后,港口箱管根据出口舱单按目的港、箱号、箱型、尺寸制作“出口电”,发送给上一级箱管或卸货港箱管代理。

⑦空箱出口。箱管根据上一级箱管平衡箱量的安排,将空箱委载,申报通关集港后装上出口船舶发往指定的港口。

⑧起租和退租。有时上一级箱管为了缓解某地箱源紧张的情况或使箱货平衡,减少货箱不必要的呆滞,降低费用成本需向租箱公司起租或还租一部分货箱,在取得租箱公司的租约号、放箱号和退租号后由当地箱管具体安排运力,提箱或还箱,并做好交换手续。

(2)代理船公司支线箱体管理业务,主要围绕着出运港和转运港干线船船东箱展开。具体如图 4-15 所示。其业务流程与自用箱业务相似。

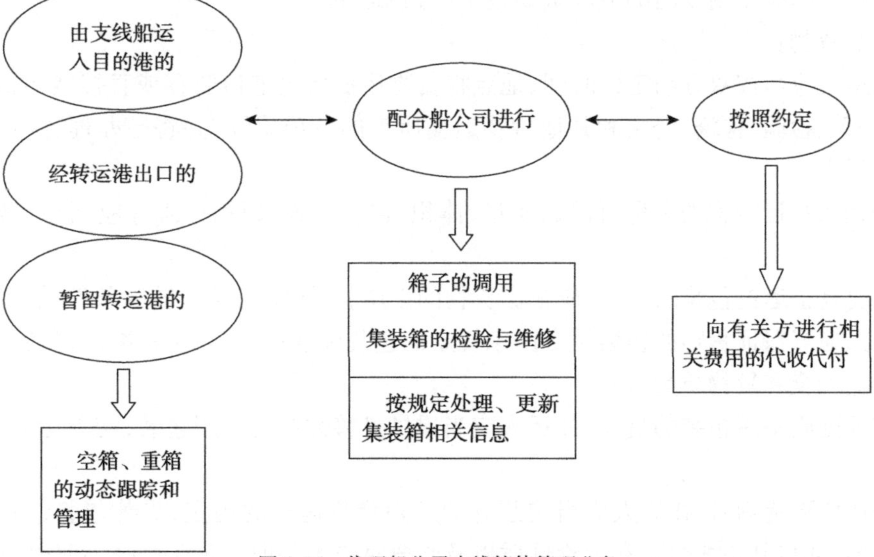

图 4-15　代理船公司支线箱体管理业务

知识链接

对集装箱进行跟踪与管理的目的,是确保每只箱子始终处于转运港代理人的控制和掌管之中,防止箱子的无故积压、损坏与丢失,保证所有受控的箱子正常使用、周转。

4. 内河货物运输作业流程(图 4-16)

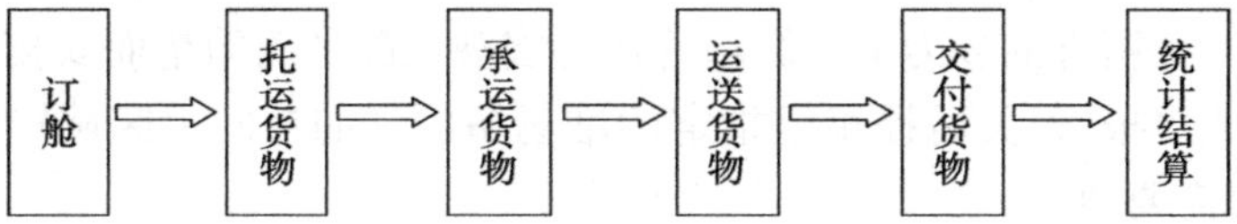

图 4-16　内河货物运输作业流程

(1)订舱。货主将填制好的托运单向船公司的客服人员订舱,客服审核托运单后,如果发现问题及时与客户联系,如果没有问题将订舱的基本资料录入电脑。

(2)托运货物。内河货物运输的托运主要有 3 项工作,即填写货物运单、提交货物和支付费用。

①填写货物运单。水路货物运单一般为 6 联。第一联为起运港存查联;第二联为解缴联,起运港航运公司留存;第三联为货运收据联,起运港交于托运人留存;第四联为船舶存查联,承运船舶留存;第五联为收货人存查联;第六联为货物运单联,是提货凭证,收货人交款、提货、签收后交到达港留存。

运单应当按照下列要求填制:

a. 一张运单,填写一个托运人、收货人、起运港、到达港。

b. 货物名称。填写具体品名,名称过繁的,可以填写概括名称。

c. 规定按质量和体积计费的货物,应当填写货物的质量和体积。

d. 填写的各项内容应当准确、完整、清晰。

e. 危险货物应填制专门的危险货物运单(红色运单)。

②提交货物:

a. 托运人应当按双方约定的时间、地点将货物运抵指定港口暂存或直接装船,并及时办理港口、海关、检验、检疫、公安和其他货物运输所需的各项手续,并将已办理各项手续的单证送交承运人。

b. 托运人托运货物的名称、件数、质量、体积、包装方式、识别标志等应当与运输合同的约定相符。

c. 需要具备运输包装的货物,应根据货物的性质、运输距离及中转等条件做好货物的包装。托运人应当保证货物的包装符合国家规定的包装标准;没有包装标准的,货物的包装应当保证运输安全和货物质量。

d. 需要随附备用包装的货物,托运人应当提供足够数量的备用包装,交承运人随货免费运输。

e. 托运危险货物时,托运人应当按照有关危险货物运输的规定,妥善包装,制作危险品标志和标签,并将其正式名称和危险性质以及必要时应当采取的预防措施书面通知承运人。

f. 托运人应当在货物的外包装或表面正确制作识别标志和储运标志。识别标志的内容包括发货人、货物名称、起运港、中转港、到达港、收货人、货物总件数。

g. 除有约定外,运输过程中需要饲养照料的动物或植物以及保密物品、稀有贵重物品和文物、有价证券、货币等,托运人应当向承运人申报并随船押运。

h. 托运人托运易腐货物和活的动植物时,应当与承运人约定运到期限和运输要求;使用冷藏船装运易腐货物的,应当在订立运输合同时确定冷藏温度。

i. 托运笨重、长大货物,应当在运单内载明总件数、总质量和总体积(长、宽、高),并随附清单标明每件货物的质量、长度和体积(长、宽、高)。单件货物质量或者长度超过标准的(沿海:质量 5t,长度 12m,长江、黑龙江干线:质量 3t,长度 10m)应当按照笨重、长大货物托运。

j. 散装液体货物只限于整船、整舱运输,由托运人在装船前验舱认可后才能托运装载。对整船散装的货物,如果托运人在确定重量时有困难,则需要承运人提供船舶水尺计量数作为其确定质量的依据。

③支付费用。托运人按照约定向承运人支付运费。如果约定在装运港船上交货且运费由收货人支付的,则应当在运输单证中载明,并在货物交付时向收货人收取。如果收货人约定在指定目的地交费时,托运人应交纳货物运输保险费、装运港口作业费等项费用。

(3)承运货物。

(4)运送货物。在运送货物的准备和执行过程中,承运人应当做到:

①承运人应当按照运输合同约定的时间、地点、方式和数量接受货物,并使船舶处于适航状态,妥善配备船员、装备船舶和配备供应品,并使干货舱、冷藏舱、冷气舱和其他载货处于适于安全收受、载运和保管货物。

②承运人应当妥善地装载、搬移、积载、运输、保管、卸载所运货物。

③承运人应当在约定期间内(没有约定时,是指在合理期间内)将货物安全运送到约定地点。

④承运人应当在按照约定的航线将货物运送到约定的到达港。

⑤承运人对运输的活的动、植物,应当保证航行中所需的淡水。

(5)交付结算。承运人交付货物的过程也就是收货人接收提取货物的过程,承运人应做到以下几点:

①承运人将货物运抵到达港后,应当在 24h 内向收货人发出到货通知。到货通知的时间,信函通知的,以发出邮戳为准;电传、电报、传真通知的,以发出时间为准;采用数据电文形式通知的 ,以该数据电文进入收件人指定特定系统的时间为通知时间;收件人未指定特定系统的,以该数据电文进入收件的任何系统的首次时间为通知时间。承运人发出到货通知后,应当每 10d 催提一次,满 30d 收货人不提取或者找不到收货人,承运人应当通知托运人的,托运人在承运人发出通知后 30d 内负责处理该批货物。托运人未在规定期限内处理货物,承运人可以将该批货物作无法交付货物处理。

②运输合同约定由收货人委托港口作业的,货物抵到达港后由港口作业,当收货人没有委托时,承运人可以委托港口经营人员进行作业,由此产生的费用和风险由收货人承担。

③应当向承运人支付的运费、保管费、滞期费、共同海损的分摊费、承运人为货物垫付的必要费用以及应当向承运人支付的其他运输费用等。这些费用没有付清时,又没有提供适当担保的,承运人可以留置相应的运输货物,但另有约定的除外。

④承运人对收集的地脚货物,应当物归原主,不能确定货主的,应当按照无法交付货物处理。

⑤承运人交付货物时,应当核对证明收货人单位或身份以及经办人身份的有关证件。

(6)统计结算。收货人接到到货通知后办理提货手续,主要有三项工作,即提交收货凭证、检查验收货物和支付费用。

①提交取货凭证:收货人接到到货通知后,应当及时提货,不得因对货物检验而滞留船舶。接到到货通知后满60d,收货人不提取货物且托运人也未处理该批货物,承运人可将该批货物作为无法交付货物处理。

②收货人应向承运人提交证明收货人单位或者经办人身份的有关证件及由托运人转寄的运单提货联或有效的提货凭证,供承运人审核。如果货物先到,而提货单未到或单证丢失的,收货人还需提供银行的保函。

③检查验收货物:收货人在到达港提取货物前或者承运人在到达港交付货物前,可以要求检验机构对货物进行检验。要求检验的一方应当支付检验费用,但是有权向造成货物损失的责任方追偿。收货人提取货物时,应当与运输单证核对货物是否相符,检查包装是否受损、货物有无灭失情况。核对与检查时应做到:

a. 发现货物损坏、灭失时,交接双方应当编制货运记录,当确认不是承运人的责任时,应标志普通记录。

b. 发生的运输事故按《国内水路运输规则》的规定,分清责任,根据责任承担相应后果。

c. 收货人在提取货物时没有提出货物的数量和质量异议时,视为承运人已经按照运单的记载交付货物,除非收货人提出相反的证明。

d. 支付费用:按照约定在提货时支付运费,并须付清滞期费、包装整修费、加固费以及其他中途垫款等。因货物损坏、灭失或者迟延交付所造成的损害,收货人有权向承运人索赔;承运人可依据有关法规、规定进行抗辩。托运人或者收货人不支付运费、保管费以及其他费用时,承运人对相应的运输货物享有留置权,但另有约定的除外。查验货物无误并交清所有费用后,收货人在运单提货联上签收,取走货物。

任务实施

1. 实训目的

掌握内河货物运输作业流程。

2. 实训内容

本实训要求按照情景资料,填写相关运输单证,演示内河货物运输作业业务。通过本项目的实训使学生能够熟练掌握内河货物运输流程。

3. 实训准备

把学生分成10人一组,根据提供的背景资料,设计运输环节情境,演示完整的货物运输流程。

背 景 资 料

山东枣庄的滕州盛隆煤焦化有限责任公司(以下简称滕州盛隆)发运30万t焦炭给江苏沙钢集团有限公司(以下简称江苏沙钢),请安排焦炭通过内河运输至目的地。

山东枣庄已建成国泰、鲁化、海化、滕州盛隆等12家煤化工企业,年产焦炭346万t,名列全省第1位。滕州盛隆的焦炭产品主要通过京杭大运河运输至江苏沙钢。滕州盛隆位于滕州市西岗镇，距最近的留庄码头 13 km；江苏沙钢位于长江南岸张家港，自有卸料码头；留庄码头距离江苏沙钢的卸料码头 602 km，其中：京杭大运河段 449 km，长江段 153 km。

4. 实训步骤

（1）把全班学生平均分为几个小组，每小组成员扮演不同的角色，演示内河货物运输流程。

（2）分析背景材料，设计运输环节，小组协同操作。

（3）焦炭内河运输流程演示。

（4）根据每位同学的表现进行点评，并评估成绩。

5. 实训评价

训练评价的方式有教师评价、小组内部成员评价和第三方评分组成员评价 3 种，建议教师评价占 60% 权重，小组内部成员评价占 20% 的权重，第三方评分组成员评价占 20% 的权重。将 3 者综合起来的得分为该生在该项目的评价分。

任务四　远洋货物运输发运作业组织

案例导入

“一带一路”

2014 年博鳌亚洲论坛年会开幕大会上，中国全面阐述了亚洲合作政策，并特别强调要推进“一带一路”的建设。

“一带一路”是“丝绸之路经济带”和“21 世纪海上丝绸之路”的简称。古代的丝绸之路是商贸之路，我国倡导的海上丝绸之路则把经贸合作放在重要位置。中国将与沿线国家对接发展战略，推进贸易、产业、投资、能源资源、金融以及生态环保的合作，深化城市、港口、口岸、产业园区的合作，并培育新的经济增长点，以协助当地增加就业、增强可持续发展能力，实现中国与沿线国家的共同发展。

2013 年中国与“一带一路”国家的贸易额超过 1 万亿美元，占中国外贸总额的四分之一，过去 10 年中国与沿线国家的贸易额年均增长 19%，较同期外贸年均增加 4 个百分点。中国将出资 400 亿美元成立丝路基金。未来 5 年，中国将进口 10 万亿美元的商品，对外投资将超过 5000 亿美元，增加游客数量约 5 亿人次，使周边国家以及丝绸之路沿线国家率先受益。

一带一路路线：一条北线，北京—俄罗斯—德国—北欧。一条中线，北京　西安—乌鲁木齐—阿富汗—哈萨克斯坦—匈牙利—巴黎。一条南线。北京—南疆—巴基斯坦—伊朗—伊拉克—土耳其—意大利—西班牙。

“一带一路”贯穿欧亚大陆，东边连接亚太经济圈，西边进入欧洲经济圈。无论是发展经济、改善民生，还是应对危机、加快调整，许多沿线国家同我国有着共同利益。历史上，陆上丝绸之路和海上丝绸之路就是我国同中亚、东南亚、南亚、西亚、东非、欧洲经贸和文化交流的大通道，“一带一路”倡议是对古丝绸之路的传承和提升，获得了各国广泛认同。

案例思考：

航运业作为世界经济重要的基础性和服务性行业，是实现国际贸易的重要保障，推进经济结构调整的坚实基础，在促进世界经济发展和人类社会进步中有着不可替代的作用。而航运业为中国的对外贸易发展,巩固世界主要贸易大国的地位提供了便利的运输服务,其兴衰荣辱与国内外总体的经济、贸易、社会和政策法规的发展态势关系密切。

任务分析

任务准备

(1)一批货物通过班轮运输发运出去,准备货物发运所需资料,主要包括:货物的具体情况、相关货运单证等。

(2)多媒体教室(有可供学生上网查资料的电脑、多媒体教学设备及课件和动画等教学资料)。

任务目标

(1)会计算货物班轮运费;

(2)能组织货物班轮运输发运业务;

(3)能正确流转一票货物运输单证;

(4)掌握租船运输。

基础知识

远洋货物运输是指利用海路及远洋船舶将进出口货物运送至目的港的一种运输方式,在运输设备、运输要求和运输组织等方面与江河运输有很大区别。根据船公司对船舶营运方式的不同,分为班轮运输和租船运输。

一、班轮运输

1. 班轮运输定义及特点

(1)定义。班轮运输也称定期船运输,是指班轮公司将船舶按事先制定的船期表,在特定航线的各挂靠的港口之间,经常地为非特定的众多货主提供规则的,反复的货物运输服务,并按事先公布的费率或协议费率收取运费的一种经营方式。

(2)特点:

①“四固定”,即固定航线、固定港口、固定船期和相对固定的费率。这是班轮运输的最基本特征。

②班轮运价内包括装卸费用,即货物由承运人负责配载装卸,承托双方不计滞期费和速遣费。

③承运人对货物负责的时段是从货物装上船起,到货物卸下船止,即“船舷至船舷”或“钩至钩”。

④承运双方的权利、义务、责任和豁免,以船方签发的提单条款为依据。

⑤班轮承运的货物品种、数量比较灵活,货运质量较有保证,且一般采取在码头仓库交接货物,故为货主提供了较便利的条件。

2. 班轮运费计算

(1)运价与运价本。运价是指承运单位承运货物而付出的运输劳动的价格。运价指数是反映运价水平变动趋势的相对数量指标。

运费是承运人根据运输契约完成货物运输后从托运人处收取的报酬。

运价本也称费率本或运价表,是船公司承运货物向托运人据以收取运费的费率表的汇总。主要由条款与规定、商品分类和费率 3 部分组成。

影响班轮运价的主要是运输成本、货物本身的价值和特性、运输量大小、航程的距离、燃油的价格以及航运市场供求关系的变化等。班轮运价一般由班轮公司通过定期公布的运价本体现。

运费等于运价与运量之积,可表示为:

$$F = f \times Q$$

式中:F——运费;

f——运价;

Q——运量。

(2)班轮运费构成

班轮运费一般由基本运费和附加运费构成,即:

班轮运费 = 基本运费 + $\sum$附加运费($i = l,2,\cdots,n$)

基本运费是从装运港到目的港的基本费用,它构成班轮运费的主体。它根据基本运价和计费吨(也即运量)计算出来。基本运价按航线上基本港之间的运价给出,是计算班轮基本运费的基础。基本运价主要是按照成本定价原则确定的,影响运价的主要因素是各种成本支出,包括船舶的折旧、燃油费、修理费、港口使用费(如装卸费、吨税和港口停泊等费用)、管理费、船员工资等。基本运价形式多样,如普通货物运价、个别货物运价、等级运价、协议运价、集装箱运价等。

附加运费是由于有些货物需要特殊处理,或者由于有突发事件的发生或客观情况变化等原因,船方根据不同情况为了弥补在运输中额外开支或费用而加收的费用。班轮运费中的附加费名目繁多,主要包括:

①燃油附加费。这是由于燃油价格上涨而加收的费用,是一项主要的附加费,几乎所有的航线都有这种附加费。

②港口附加费。这是由于一些港口设施差;装卸效率低或港口使用费过高而增加了承运人的运输成本,承运人为了弥补这些损失而加收的附加费。

③港口拥挤附加费。这是由于港口拥挤,船舶抵港后需长时间等泊,为弥补船期损失而加收的附加费。

④绕航附加费。这是由于某些原因船舶不能按正常航线而必须绕道航行,从而增加开支而加收的附加费。当航线恢复正常,该项费用即取消。

⑤货币贬值附加费。这是由于国际金融市场汇率发生变化,为弥补支付运费的货物贬值造成的经济损失而收取的费用。

⑥转船附加费。对于那些运往非挂靠港口、数量没有达到直航要求或者目的港口不在班轮航线上的需要在中途港转运的货物而加收的费用,要注意的是:转船附加费应为基本运费加上燃油附加费后再乘以转船附加费率。

⑦直航附加费。这是托运人要求承运人将其托运的货物从装货港,不经过转船而直接运抵航线上某一非基本港时所增收的附加费。该非基本港本来班轮是不去挂靠的,但如果在班轮的航线上,港口条件适合停泊,特别是装载的货物达到一定质量(如有的班轮公司规定商品在 400t 以上,有的规定在 1000t 以上)船舶是可以挂靠的,但要交纳一定数量的费用,这种费用就叫直航附加费。

⑧选港附加费。由于买卖双方贸易的需要,在货物托运时尚不能确定具体卸货港,需要

在两个或两个以上的卸货港中选择，为此而加收的费用。一般要求货方在货物抵达第一个卸货港 48h 前告知船方所选卸货港。

⑨变更卸货港附加费。这是由于某种原因，货方要求改变原来规定的卸货港，从而加收的费用。如改卸的港口运价低于原卸港口的运价，则已收运费不予退还。

⑩超重、超长附加费。一件货物的毛重或长度超过规定质量（一般规定为 3t）或长度（一般规定为 9m），视为超重货物或超长货物。由于这类货物装卸和配载比较困难，故需要增加开支，为此而增收的费用就是超重、超长附加费。

⑪洗舱费。船舶运输散装油类货物时，装前要洗刷船舶使之符合装运条件，有的还要经过检验部门验收并出具证明，因此，租船人要交纳一定费用。

（3）班轮运费的计收标准

根据商品种类的不同，一般可采用以下几种标准：

①按货物的毛重计收，即质量吨，在运价表中用"W"表示，一般以每 1t 为计算单位，吨以下取两位小数，也有按长吨或短吨计算。

②按货物的体积计收，即尺码吨，在运价表中用"M"表示，一般以 $1m^3$ 为计算单位，也有按 40cuft（1 立方英尺 $=0.0283168m^3$）为 1 尺码吨计算的。

③按货物的毛重或体积计收。在运价表中用"W/M"表示，由船公司选择其中收费较高的一种计收运费。按惯例，凡 1 质量吨货物其体积超过 $1m^3$ 或 40cuft 者即按体积收费；反之，1 质量吨货物其体积不足 $1m^3$ 或 40cuft 者，即按质量计收。

④按货物的价格计收运费，也称从价运费。在运价表中用"Ad Val"或"A. V."表示。一般按货物的 FOB 价格的百分比计算运费。

⑤按货物质量或体积或价值三者中选最高的一种计收，在运价表中，以"W/M"或"A. V."来表示。也有按货物质量或体积计收，然后再加收一定百分比的从价运费，在运价表中以"W/M plus A. V."表示。

⑥按货物质量或尺码选择其高者，再加上从价运费计收。在运价表中以"W/M plus A. V."表示。

⑦按货物的件数计收，适用于包装固定且包装内的数量、质量、体积固定不变的货物。如汽车、火车头，按辆计费；活牲畜如牛、羊等论头计费。

⑧临时议定运价，即由货主与船公司临时协商议定，适用于大宗低值货物，如粮食、豆类、煤炭、矿砂等。

⑨起码费率，它是指按每一提单上所列的重量或体积所计算出的运费，尚未达到运价表中规定的最低运费额时，则按最低运费计收。

应当注意，如果不同商品混装在同一包装内，则全部运费按其中较高者计收。同一票商品如包装不同，其计算标准及等级也不同。托运人应按不同包装分列毛重及体积，才能分别计收运费，否则全部货物均按较高者收取运费。另外，同一提单内如有两种或两种以上不同货物，托运人应分别列出不同货物的毛重或体积，否则全部货物均将按较高者收取运费。

（4）班轮运费的计算步骤。班轮运费的计算，可遵循下列程序和步骤：

①据货物的英文名称，从运价表的货物分级表中，按字母顺序查出货物的计费等级和计收运费的标准。

②从航线费率表中查出有关货物的基本费率以及各项须支付的附加费。

③该货物的基本费率和附加费率之和即为每一运费吨的单位运价。

④用该货物的计费质量吨或尺码吨乘以单位运价即得出总运费额。

(5)班轮运费计算公式。班轮运费的计算公式为：

$$F = F_b + \sum S$$

式中：F——运费总额；

F_b——基本运费总额；

S——某一项附加费（$\sum S$ 为各项附加费总和）。

基本运费是所运货物的计费吨与基本运费的乘积，即：

$$F_b = f \times Q$$

式中：f——基本运价；

Q——计费吨。

附加运费是各项附加费的总和。各项附加费按基本运费的一定百分比计算时，附加费的总额应为：

$$\sum S = (S_1 + S_2 + \cdots + S_n) F_b = (S_1 + S_2 + \cdots + S_n) \times f \times Q$$

式中 $S_1, S_2, \cdots, S_n$ 分别为某一项附加费率，因此，运费总额的计算公式为：

$$F = F_b + \sum S = f \times Q + (S_1 + S_2 + \cdots + S_n) \times f \times Q$$
$$= (1 + S_1 + S_2 + \cdots + S_n) \times f \times Q$$

3. 班轮货运程序（图 4-17）

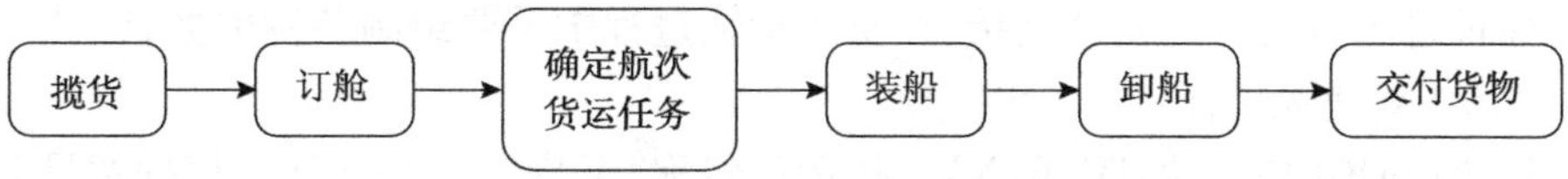

图 4-17　班轮货运程序

(1)揽货。船公司为使自己所经营的船舶在载重量和载货舱容两方面均能得到充分利用，以期获得最好的经营效益，会通过各种途径从货主那里争取货源。

通常的做法是在所经营的班轮航线的各挂靠港口及货源腹地通过自己的营业机构或船舶代理人与货主建立业务关系；通过互联网、报纸、杂志刊登船期表，如我国的《中国远洋航务公报》(China Shipping Bulletin)，《航运交易公报》(Shipping Exchange Bulletin)，《中国航务周刊》(China Shipping Gazette)等都定期刊登班轮船期表，以邀请货主前来托运货物，办理订舱手续；通过与货主，无船承运人或货运代理人等签订货物运输服务合同或揽货协议来争取货源。货主应根据货物运输的需要，从运输服务质量、船期、运价等方面综合考虑后，选择适当的班轮公司。

(2)订舱是托运人（包括其代理人，货运代理人）向承运人（班轮公司，包括其代理人）申请货物运输，承运人对这种申请给予承诺的行为。托运人申请货物运输可视为"要约"，即托运人希望和承运人订立运输合同意思的表示，根据法律规定，合同订立采取要约一承诺方式，因此，承运人一旦对托运人货物运输申请给予承诺，则货物运输合同订立。

(3)确定航次货运任务就是确定某一船舶在某一航次所装货物的种类和数量。承运人承揽货载时，会考虑各票货物的性质、包装和每件货物的质量及尺码等因素。因为不同种类的货物对运输和保管有不同的要求，各港口的有关法律和规章也会有不同的规定。例如，重大件货物可能会受到船舶及装卸港口的起重机械能力影响和船舶舱口尺寸的限制；忌装货物的积载问题；各港口对载运危险货物船舶所做的限制等。而对于货物的数量，船公司也应参考过去的情况,预先对船舶舱位在各装货港间进行适当的分配,定出限额,并根据各个港口情况的变化,及时进行调整,使船舶舱位得到充分和合理的利用。

(4)装船。集装箱班轮运输中,由于班轮公司基本上是以 CY/CY 作为货物的交接方式,所以集装箱货物的装船工作都会由班轮公司负责。

杂货班轮运输中,通常采用由班轮公司在各装货港指定装船代理人,由装船代理人在各装货港的指定地点(通常为港口码头仓库)接受托运人送来的货物,办理交接手续后,将货物集中整理,并按次序进行装船的形式,即所谓的"仓库收货,集中装船"的形式。

(5)卸船。集装箱班轮运输中,同样由于班轮公司基本上是以 CY/CY 作为货物的交接方式,所以集装箱货物的卸船工作都会由班轮公司负责。而集装箱货物的拆箱作业则由收货人负责。

在杂货班轮运输中,对于普通货物,通常采取先将货物卸至码头仓库,进行分类整理后,再向收货人交付的所谓的"集中卸船,仓库交付"的形式。

(6)交付货物。实际业务中船公司凭提单将货物交付给收货人的行为。具体过程是收货人将提单交给船公司在卸货港的代理人,经代理人审核无误后,签发提货单交给收货人,然后收货人再凭提货单前往码头仓库提取货物并与卸货代理人办理交接手续。交付货物的方式有仓库交付货物、船边交付货物、货主选择卸货港交付货物、变更卸货港交付货物、凭保证书交付货物等。

4. 班轮运输单证

为了保证进出口货物的安全交接,在整个运输过程中需要编制各种单据。

(1)海运主要货运单证:

①托运单(BOOKING NOTE,B/N)。托运单俗称"下货纸",是托运人根据贸易合同和信用证条款内容填制的,向承运人或其代理办理货物托运的单证。承运人根据托运单内容,并结合船舶的航线、挂靠港、船期和舱位等条件考虑,认为合适后,即接受托运。

②装货单(SHIPPING ORDER,S/O)。装货单是接受了托运人提出装运申请的船公司,签发给托运人,凭以命令船长将承运的货物装船的单据。装货单既可用作装船依据,又是货主凭以向海关办理出口货物申报手续的主要单据之一,所以装货单又称"关单",对托运人而言,装货单是办妥货物托运的证明。对船公司或其代理而言,装货单是通知船方接受装运该批货物的指示文件。

③收货单(MATES RECEIPT,M/R)。收货单又称大副收据,是船舶收到货物的收据及货物已经装船的凭证。船上大副根据理货人员在理货单上所签注的日期、件数及舱位,并与装货单进行核对后,签署大副收据。托运人凭大副签署过的大副收据,向承运人或其代理人换取已装船提单。

由于上述 3 份单据的主要项目基本一致,我国一些主要口岸的做法是将托运单、装货单、收货单、运费通知单等合在一起,制成一份多达 9 联的单据。各联作用如下:第一联由订舱人留底,用于缮制船务单证。第二、三联为运费通知联,其中一联留存,另一联随账单向托运人托收运费。第四联装货单经海关加盖放行章后,船方才能收货装船。第五联收货单及第六联由配舱人留底。第七、八联为配舱回单。第九联是缴纳出口货物港务费申请书。

④海运提单(BILL OF LADING,B/L)。海运提单是指证明海上运输活动成立,承运人已接管货物或已将货物装船并保证在目的地交付货物的单证。提单是一种货物所有权凭证。提单持有人可据以提取货物,也可凭此向银行押汇,还可在载货船舶到达目的港交货之前进

行转让。

⑤装货清单(LODING LIST,L/L)。装货清单是承运人根据装货单留底,将全船待装货物按目的港和货物性质归类,依航次、靠港顺序排列编制的装货单汇总清单,其内容包括装货单编号、货名、件数、包装形式、毛重、估计尺码及特种货物对装运的要求或注意事项的说明等。装货清单是船上大副编制配载计划的主要依据,又是供现场理货人员进行理货,港方安排驳运,进出库场以及承运人掌握情况的业务单据。

⑥舱单(MANIFEST,M/F)。舱单是按照货物逐票罗列全船载运货物的汇总清单。它是在货物装船完毕之后,由船公司根据收货单或提单编制的。其主要内容包括货物详细情况,装卸港、提单号、船名、托运人和收货人姓名、标记号码等,此单作为船舶运载所列货物的证明。

⑦货物积载图(CARGO PLAN)。货物积载图是按货物实际装舱情况编制的舱图。它是船方进行货物运输、保管和卸货工作的参考资料,也是卸港据以理货、安排泊位、货物进舱的文件。

⑧运费清单(FREIGHT MANIFEST,F/M)。根据 B/L 副本、M/R 而编制的出口载货运费清单,一般由船代公司编制。

⑨提货单(DELIVERY ORDER)。提货单是收货人凭正本提单或副本提单随同有效的担保向承运人或其代理人换取的、可向港口装卸部门提取货物的凭证。

(2)货运单证流程:

①托运人向船公司在装货港的代理人(也可直接向船公司或其营业所)提出货物装运申请,递交托运单,填写装货单(S/O,九联单)。

②船公司同意承运后,其代理人指定船名,核对 S/O 与托运单上有内容无误后,签发 S/O,将留底联留下后退还给托运人,要求托运人将货物及时送至指定的码头仓库。

③托运人持 S/O 及有关单证向海关办理货物出口报关、验货放行手续,海关在 S/O 上加盖放行章后,货物准予装船出口。

④船公司在装货港的代理人根据留底联编制装货清单(L/L)送船舶及理货公司、装卸公司。

⑤大副根据 L/L 编制货物积载计划交代理人分送理货、装卸公司等按计划装船。

⑥托运人将经过检验和检量的货物送至指定的码头仓库准备装船。

⑦货物装船后,理货长将 S/O 交大副,大副核实无误后留下 S/O 并签发收货单(M/R)。

⑧理货长将大副签发的 M/R 转交给托运人。

⑨托运人持 M/R 到船公司在装货港的代理人处付清运费(预付运费情况下)换取正本已装船提单(B/L)。

⑩船公司在装货港的代理人审核无误后,留下 M/R,签发 B/L 给托运人。

⑪托运人持 B/L 及有关单证到议付银行结汇(在信用证支付方式下),取得货款,议付行将 B/L 及有关单证邮寄开证银行。

⑫货物装船完毕后,船公司在港口的代理人编妥舱单(M/F),送船长签字后向海关办理船舶出口手续,并将 M/F 交船随带,船舶开航。

⑬代理公司根据 B/L 副本编制出口载货运费清单(F/M),连同 B/L 副本、M/R 送交船公司结算代收运输,并将卸船港所需的单证邮寄卸货港的代理公司。

⑭卸货港的代理公司接到船舶抵港电报后,通知收货人船舶到港日期,做好提货

准备。

⑮收货人到银行付清货款,取回 B/L。

⑯卸货港代理公司根据装货港代理公司寄来的货运单证,编制进口载货清单等卸货单据,约定装卸公司,联系泊位,做好卸货准备工作;

⑰卸货港船舶代理公司办理船舶进口报关手续;

⑱收货人向卸货港代理公司付清应付费用后,以正本提单换取提货单(D/O);

⑲收货人持 D/O 送海关办理进口报关手续,支付进口关税,海关核准后放行。

⑳收货人持 D/O 到码头仓库提取货物。

二、租船运输

1. 租船运输的概念和类型

租船运输时相对于班轮运输的另一种海上运输经营方式,它没有固定的船舶班期,也没有固定的航线和挂靠港,而是按照货主/承租人的要求,根据双方事先签订的租船合同来安排货物运输,又称为不定期船运输。

目前国际航运市场上主要的租船运输经营方式有航次租船、定期租船、光船租船等基本形式。

2. 航次租船运输

(1)航次租船。航次租船又名"程租船",是一种由船舶所有人向租船人提供特定的船舶,在特定的两港或数港之间从事一个特定的航次或几个航次承运特定货物的方式。简单地说,对这种方式可用四个"特定"来概括,即特定的船舶;特定的货物;特定的航次;特定的港口。航次租船方式可分为:

①单程租船(Single Voyage Charter):单程租船也称为单航次租船,即所租船舶只装运一个航次,航程终了时租船合同即告终止。运费按租船市场行情由双方议定,其计算方法一般是按运费率乘以装货或卸货数量或按照整船包干运费计算。

②往返租船(Round Trip Charter):往返租船也称为来回航次租船,即租船合同规定在完成一个航次任务后接着再装运一个回程货载,有时按来回货物不同分别计算运费。

③连续航次租船(Consecutive Trip Charter):即在同样的航线上连续装运几个航次。往往货运量较大,一个航次运不完的时候,可以采用这样的租船方式,这种情况下,平均航次船舶租金要比单航次租金低。

④航次期租船(Trip Charter on Time Basis):航次期租船又称日租租船,它是航次租船的一种变形,也是以完成一个航次运输为目的,但租金按完成航次所使用的日数和约定的日租金率计算。在装货港和卸货港的条件较差,或者航线的航行条件较差,难于掌握一个航次所需时间的情况下,这种租船方式对船舶所有人比较有利。因为采用这种租船方式可以使船舶所有人避免难以预测的情况而使航次时间延长所造成的船期损失。

(2)航次租船的特点:

①船舶的营运调度由船舶所有人负责,船舶的燃料费、物料费、修理费、港口费、淡水费等营运费用也由船舶所有人负担。船舶所有人负责配备船员,负担船员的工资、伙食费。

②规定一定的航线和装运的货物种类,名称数量以及装卸港;

③船方除对船舶航行,驾驶,管理负责外,还应对货物运输负责;

④航次租船的"租金"通常称为运费,运费按货物的数量及双方商定的费率计收,在多数

情况下,运价按货物装运数量计算;

⑤在租船合同中需要订明货物的装、卸费由船舶所有人或承租人负担。在租船合同中需要订明可用于装、卸时间的计算方法,并规定延滞费和速遣费的标准及计算办法。

⑥船租双方的责任义务,以定程租船合同为准。

3. 定期租船运输

(1)定期租船定义。定期租船又称期租船,是指由船舶所有人按照租船合同的约定,将一艘特定的船舶在约定的期间,交给承租人使用的租船。这种租船方式不以完成航次数为依据,而以约定使用的一段时间为限。在这个期限内,承租人可以利用船舶的运载能力来安排运输货物;也可以用以从事班轮运输,以补充暂时的运力不足;还可以以航次租船方式承揽第三者的货物,以取得运费收入。当然,承租人还可以在租期内将船舶转租,以谋取租金差额的收益。关于租期的长短,完全由船舶所有人和承租人根据实际需要洽商而定。

(2)定期租船的主要特点:

①船长由船舶所有人任命,船员也由船舶所有人配备,并负担他们的工资和给养,但船长应听从承租人的指挥,否则承租人有权要求船舶所有人予以撤换。

②船舶的营运调度由承租人负责,并负担船舶的燃料费、港口费、货物装卸费、运河通行费等与营运有关的费用,而船舶所有人则负担船舶的折旧费、维修保养费、船用物料费、润滑油费、船舶保险费等船舶维持费。

③租金按船舶的载重吨、租期长短及商定的租金率计算。

④租船合同中订有关于交船和还船,以及关于停租的规定。

⑤较长期的定期租船合同中常订有"自动递增条款(Escalation clause)"以保护船舶所有人在租期中因部分费用上涨而使船舶所有人的盈利减少或发生亏损的损失。由于租金一经确定,通常在租期内不再变动,如果合同中订有"自动递增条款",在规定的费用上涨时,按约定租金即可按相应的比例提高。

(3)定期租船合同与航次租船合同的区别。定期租船合同具有财产租赁合同和运输合同的双重性,因为承租人根据定期租船合同在一定时期内取得对船舶的调动权和使用权。另外,承租人租赁船舶,在多数情况下是为了承运第三人的货物,且合同中有许多条款是直接规定货物运输的,因此,它又具有运输合同的某些特征。其与航次租船合同的不同主要是:

①出租人地位不同。在定期租船合同中,承租人享有出租人让与的经营权,因此,在其承揽第三者货物时,通常以自己的名义签发提单交与托运人,承租人为承运人,他与托运人、收货人具有最密切的合同关系,而出租人与第三人无合同关系。

另外,这种经营权的区别,使得定期租船合同的船东(出租人)为了保证其船舶的安全,就会在合同中加入有关航区,可装运货物范围等航次租船合同中没有的规定。

②在营运成本方面不同。在航次租船合同中由船方负担的航次成本在定期租船下转由租船人承担,因而在定期租船中会有关于燃油消耗量、航速的规定。

③在时间损失上不同。航次租船的时间损失由船方承担,因此,在航次租船合同中有关于装卸时间的规定;而在定期租船合同中,时间损失由租船人承担,因此,定期租船合同中有关于停租的规定。

(4)租船运输程序

租船业务按时间顺序分为询价、报价、还价、接受和签订租船合同 5 个环节进行,租船人和船东按照这一程序，通过租船经纪人互通情况，讨价还价，最后达成一致，签订合同，实现租船运输。

①询价。又称询盘，通常是由承租人以自己期望的租赁条件，直接或通过租船经纪人寻求租用所需船舶的行为，即货求船。承租人发出的询价内容包括需要承租的船舶类型和装运货物的种类、数量、装运港、转运期限、租船方式以及租金等事项。

②报价。又称报盘或发盘，是由船舶所有人对承租人询价的回应。若是船舶所有人先提出询价，则报价由承租人提出。报价的主要内容是关于租金的水平，选用的船舶合同范本以及范本条款的修订和补充等。

③还价。又称还盘，是询价双方通过平等谈判、协商、讨价还价的过程。还价意味着询价人对报价人报价的拒绝和新的询价开始，因此，报价人收到还价后还需要对是否同意还价条件做出答复，或再次做出新的报价。这种对还价条件作出答复或再次做出新的报价称为返还价或称返还盘。

④接受。也称受盘，船舶所有人和承租人经过反复多次还盘后，最后达成一致意见即可成交。按照国际通常的做法，成交后交易双方当事人应当签署一份“订租确认书”，就商谈租船过程中双方承诺的主要条件予以确认，对于细节问题还可进一步商讨。

⑤签订租船合同。签订确认书只是一种意向合同，正式签订租船合同才意味着最终成交。租船合同要明确租船双方当事人的权利和义务，双方当事人签署后即可生效。

任务实施

1. 计算班轮运费

(1)熟悉班轮运费的构成，运费的计算标准等相关知识，并计算以下运输货物的运费；

(2)广东某出口公司以 CIF FELIXSTOWE 出口一批货物到欧洲，经香港转船。$2 \times 40'$ FCL，已知，香港至费力克斯托(FELIXSTOWE)的费率是 USD3 500.00/40′，广州经香港转船，其费率在香港直达费力克斯托的费率基础上加 USD150/40′，另有港口拥挤附加费 10%，燃油附加费 5%。问：该出口公司应支付多少运费？

(3)我方出口商品共 100 箱，每箱的体积为 $30cm \times 60cm \times 50cm$，毛重为 40kg，查运费表得知该货为 9 级，计费标准为 W/M，基本运费为每运费吨 109 港元，另收燃油附加费 20%，港口拥挤费 20%，货币贬值附加费 10%。试计算：该批货物的运费是多少港元？

2. 组织货物进行班轮运输

(1)学生通过网络发布本船公司船期表。

(2)通过网络寻找客户。

(3)订舱业务，与客户进行业务洽谈，接收客户提交的托运单。

(4)与货主进行装船业务交接。

(5)货物到目的地将货物交付给收货人。

3. 班轮货运单证流程

按照班轮货运单证流转程序，正确的将该批货物的单证在各个环节的相关部门进行流转以完成该批货物的收付作业。

4. 模拟租船业务

业务准备。通过网上查找资料，准备两个公司(租船公司和贸易公司)的资料，之后按组织一场商务谈判模拟租船业务，租船业务流程如图 4-18 所示。

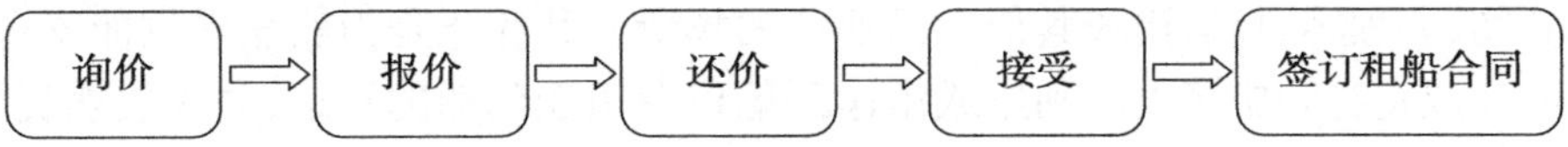

图 4-18　租船业务流程

任务五　水路运输到港业务处理

案例导入

广达公司和建材公司在海口市签订水运合同，广达公司派“广运”轮承运建材公司 2000t 煤，从厦门港运至三亚港，“广运”轮于 2013 年 8 月 6 日抵厦门港，于当日开始装煤，至次日装货完毕。经厦门理货公司理货，煤重量为 2003t，并由厦门港东渡装卸公司出具“水运货物交接清单”。“广运”轮于 8 月 8 日离开厦门港，并于 8 月 15 日从广州驶往三亚港。8 月 17 日，“广运”轮抵三亚港锚地，于 20 日靠三亚港 7 号码头卸煤，建材公司收货时发现煤积水过多，即向“广运”轮提出异议。三亚港为此做出货运记录：“该轮煤在卸船过程中，湿水量比较严重”。“广运”轮大副亦在货运记录上注明：“厦门下雨 2 天及货主要求立即装煤，水分较大。”建材公司经委托三亚商检局进行水尺计重测算及水分化验，检验结果为：自“广运”轮船舱卸出的煤总质量为 1946t。“广运”轮大副在水尺计重记录表上签字认可。在这个水运业务中，涉及水路货物运输作业的很多作业内容。那么，在水路运输作业过程中哪些作业过程有错误呢？

案例思考：

1. 水运到港业务的流程？

2. 各个流程中作业项目的内容是什么？

任务分析

任务准备

（1）一个港口的资料，主要包括：港口概况、港口主要构架、主要挂靠的船公司、主要吞吐货物的来源等；

（2）多媒体教室（有可供学生上网查资料的电脑、多媒体教学设备及课件和动画等教学资料）；

（3）港口航线地图软件；

（4）建议带领学生实地参观港口，了解港口的构架，熟悉到港货物业务流程。

任务目标

（1）熟悉港口的构成；

（2）了解港口水工建筑物；

（3）熟悉主要的港口装卸设备；

（4）掌握水运货物到港业务流程。

基础知识

一、港口

1. 港口的定义

港口是指位于江、河、湖、海或水库沿岸，具有一定设备条件，能提供船舶停靠、上下旅客、装卸货物，办理客、货运输或其他专门业务的场所。其任务是为船舶提供能安全停靠的设施，及时完成货物和旅客由船到岸或由岸到船以及由船到船的转运，并为船舶提供补给、修理等技术服务和生活服务。

现代港口不仅是交通运输的枢纽、水陆运输的衔接点、贸易往来的门户和窗口，在发展国内外贸易，促进国际友好往来，以及科学技术与文化的交流中也起着重要的作用。同时，港口也是物流加工、仓储、运输、船舶维修、口岸服务、金融服务、劳动服务等多种功能的“经济场所”。

2. 港口的分类。

按照不同的分类标准，港口可分为多种类型，如表4-9所示。

港口的分类 表4-9

分类标准	港　口	含　义
按用途分类	商港	以一般商船和客货运输为服务对象的港口，如我国的上海港、大连港、天津港、广州港，国外的鹿特丹港、安特卫普港、伦敦港
	渔港	是为渔船停泊、鱼货装卸、鱼货保鲜、冷藏加工、修补渔网、渔船生产及生活物资补给的港口，如我国舟山的定海港
	工业港	供大型企业输入原材料及输出制成品而设置的港口，如大连地区的甘井子化工码头、上海市的吴泾焦化厂煤码头及宝山钢铁总厂码头
	避风港	供船舶在航行途中或海上作业过程中躲避风浪的港口
	旅游港	为海滨休憩活动的海上游艇设置的港口
	军港	供舰船停泊并取得供给的港口，如我国的旅顺港
按地理位置分类	海港	在自然地理条件和水文气象方面具有海洋性质的港口
	河港	位于河流沿岸，且有河流水文特征的港口，如我国的南京港、武汉港
	运河港	位于运河上的港口，如我国的徐州港
按地位分类	国际性港	靠泊来自世界各国港口的船舶的港口，如我国的上海港和大连港、国外的鹿特丹港和伦敦港等
	国家性港	主要靠泊往来于国内港口的船舶的港口
	地区性港	主要靠泊往来于国内某一地区港口的船舶的港口
按潮汐的影响分类	开敞港	港内水位潮汐变化与港外相同的港口
	闭合港	在港口入口处设闸，将港内水域与外海隔开，保证在低潮时港内仍有足够水深的港口，如英国的伦敦港
	混合港	即兼有开敞港池和闭合港的港口，如比利时的安特卫普港

3. 港口的构成

港口的主要功能是集散旅客与货物，现代港口其构成从平面布置上看，由水域和陆域两大部分组成。因此对港口的基本要求：一是要有良好的水域，保证进出港船舶航行安全；二是要有功能齐全的陆上设施与机制健全、运行灵活的管理机构，以保证高效、安全的集散旅客与货物。

（1）港口水域：港口水域是供船舶进出港，以及在港口运转、锚泊和装卸作业使用的。因此要求它有足够的深度和面积，水面基本平静，流速和缓，一边船舶安全停泊和技术操作。港口水域包括港池、航道和锚地，如图4-19所示。

图 4-19　港口水域构成

知识链接

水域是港口最主要的组成部分，它又可分为位于港池之外的港外水域和位于港池之内的港内水域。

①港外水域。这部分主要是指进港航道和港外锚地。内河港口的航道常常就在主航道靠近码头的一侧，一般要求有适当的宽度，既不影响主航道上船舶的航行，又与码头、锚地留有足够的间隔距离。

港外锚地是供进出港船舶抛锚停泊使用的，船舶在这里接受边防检查、卫生检疫等手续，引水员也在这里上下（海港）；有时也供编、解大型船队之用（河港）。

②港内水域。它包括港内航道、港内锚地以及码头前沿水域和船舶调头区等。

船舶在港内航道行驶时要适当减速，以保安全。港内航道与码头之间一般要有供船舶进行回转的调头区，这段水域要有足够的宽度。大型海轮在港内靠离码头时常有拖轮协助，而内河船靠泊时，为便于控制常常需要将船首面对着水流的方向，调头区正是供他们使用的。

码头前沿水域必须有足够的深度和宽度，以使船舶能方便地靠离。它不仅要保证船舶靠码头的一侧能进行装卸作业，有时还要考虑其另一侧同时进行水上（船过船）装卸作业的需要，因此，码头前沿水域宽度应适当大些，以免影响附近的航道。

海港的港内锚地主要供船舶等待泊位或是进行水上装卸用。在气候恶劣情况下，还可供船舶避风停泊。而河港锚地主要用于编解船队和进行水上作业，水上装卸作业是内河港、河口港的主要作业方式之一，并设置有“水上作业平台”，配备有浮式起重机等。

（2）港口陆域；港口陆域是供旅客上下船，以及货物的装卸、堆存和转运使用的。因此陆域必须有适当的高程、岸线长度和纵深，以便于安置一些设备、仓库和堆场、铁路、道路，以及各种必要的生产、生活设施。有码头与泊位、港口仓库和堆场、铁路及道路起重运输机械几个组成部分。

知识链接

1. 码头与泊位

供船舶停靠,以便旅客上下、货物装卸的水工建筑物称为码头。码头前沿线通常即为港口的生产线,也是港口水域和陆域的交接线。码头线的布置有多种形式,有的与岸线平行,称为顺岸码头;有的与岸线正交或斜交,称为突堤码头。前者多用于河港,后者多出现在海港,以便在有掩护的范围内形成较多的曲折岸线,可以布置更多的码头泊位。

2. 港口仓库和堆场

仓库和堆场是供货物装船前和卸船后短期存放使用的。多数较贵重的件杂货都在仓库内堆放保管;只有哪些不怕风吹雨淋的货物如矿石、建材等可放入露天堆场或货棚内,这种散堆装货物的堆场常常远离市区和其他码头,以免对环境污染。

3. 铁路及道路

货物在港口的集散除了充分利用水路外,主要依靠陆路交通,因此铁路和公路系统。

4. 港口的水工建筑物

水工建筑物指的是大部分处于水中或经常与水接触,特别是遭受海水侵蚀等得一类建筑物。因此,它们的结构和材质必须异常坚固和经久耐用。根据各种不同的用途,港口的水工建筑物大体可分为防护建筑物、码头建筑物和护岸建筑物3大种类。

(1)防护建筑物:防护建筑物多数用于海港,以防止波浪对港内的冲击,也有的用来防止泥沙、流冰进入港内。这种建筑物常建在水域外围的深海中,要经受巨大的波浪冲击因此要做得既稳重又坚固,规模往往很大,以便能阻抗深水波浪的侵袭。

(2)码头建筑物:码头是港口的主要组成部分,码头上的建筑物也是港口的主要水工建筑物。

(3)护岸建筑物:港口陆域和水域的交界地带除停靠船舶的码头岸线外,其他未被利用的天然岸坡因经常遭受潮汐、水流和波浪的作用,造成边坡土质比较松软,非常容易被冲刷而引起坍塌,这回影响陆域及其建筑物的安全,同时也会影响水域的深度,护岸建筑物的作用就是要对这种岸边进行加固。

二、港口装卸设备

港口装卸设备只要是指装卸货物的起重机械和用于搬运货物的运输机械。现代港口装卸工作基本上都由机械来完成,它们在港口承担待运货物的装卸。

港口装卸机械可分为起重机械、输送机械和装卸搬运机械、专用机械四种类型。目前港口应用的装卸机械有百余种,其中应用较广的有30种左右。

1. 起重机械

起重机械是指能够垂直升降货物并具有水平运移功能的机械。它的工作特点是间歇重复工作,在每一工作循环中有空载时间。起重机械主要是各种起重机,港口使用较多的有门座起重机、门座抓斗卸船机、桥式抓斗卸船机、龙门起重机和浮式起重机等。集装箱码头主要使用岸边集装箱起重机。

(1)门座起重机(图4-20)。门座起重机是旋转臂架起重机的一种,因有门形底座(门座)而得名,又称门吊、门机。它有起升、旋转、变幅、行走4个能协调工作的机构。门座起重机沿地面轨道行走。门座下可通行铁路车辆和汽车。这种起重机臂架长,起升高度大,各机构工作速度快,因而工作范围大,生产率高,且可配装不同的取物装置。例如,配装吊钩可装卸件货和钢材等重件,配装抓斗可装卸散货,换用专用吊具可装卸集装箱,因而通用性强。中国生产5t、10t、16t、60t等不同起质量级别的门座起重机。

图4-20　双主梁门座起重机

(2)门座抓斗卸船机。门座抓斗卸船机是由门座起重机派生出来的专用机械,又称带斗门机,多用于海港散货卸船作业。结构形式同门座起重机相似,但在门座上装有承接散货用的漏斗和胶带输送机系统,吊具为抓斗。抓斗自船舱抓取散货后,经起升、变幅,将散货卸入门座上的漏斗内,再由胶带输送机系统输送到堆场。门座上的漏斗可以移动,使变幅行程减至最小,因而生产率比一般通用门座起重机高,臂架系统结构强度也较高。我国制造的门座抓斗卸船机的生产率约为800t/h,适用于中小港口的散货卸船作业。

(3)桥式抓斗卸船机(图4-21)。桥式抓斗卸船机是具有较高生产率的散货专用卸船机械,它同门座抓斗卸船机的区别在于它的水平移动抓斗是靠抓斗小车在起重机桥架轨道上行驶来实现的,而不靠臂架的俯仰来实现,因而有较高的水平移动速度和生产率。目前这种卸船机的生产率可高达每小时2500t左右。

图4-21　桥式抓斗卸船机

(4)岸边集装箱起重机(图4-22)。岸边集装箱起重机是为集装箱装卸船的专用起重机,布置于集装箱码头前沿,外形同桥式抓斗卸船机相似。岸边集装箱起重机有多种类型,中国目前采用的是前后两片门框和拉杆组成门架,门架沿码头前沿轨道行驶,桥架支承在门架上。为了避免船舶靠离码头时碰撞,桥架的外伸悬臂有的可以俯仰,有的可以伸缩。行走小车沿桥架的轨道往返行驶吊运集装箱。目前常用起升速度,空载时为70~120m/min,重载时为35~50m/min,小车行走速度约为120~150m/min,并配有专用集装箱吊具和减摇装置,起质量一般在40t以下,每小时可吊运集装箱20~30标准箱。

图4-22　岸边集装箱起重机

(5)龙门起重机。龙门起重机是水平主梁支承在两片刚性支腿上的桥架起重机,起重小车在主梁的轨道上行走。龙门起重机有轨道式和轮胎式两种,轨道式的沿地面轨道行走,轮胎式的移动灵活。主要用于堆场装卸、堆码集装箱。我国生产的轮胎式龙门起重机的起重量为40t,轮距跨度内可放6排集装箱,跨高可堆码4层集装箱。

(6)浮式起重机。浮式起重机是装在平底船或专用船上的臂架起重机,又称浮吊或起重船。因具有较大的起重量和机动性,同时不受水位变化的影响,所以在海港、河港的装卸作业中应用广泛。在水位差较大的河港,浮式起重机常同缆车配套从事装卸作业。

2. 输送机械

输送机械是指能连续不断输送货物的机械,又称连续运输机械,可在任意平面,即水平面、倾斜面,直至垂直面上输送货物。输送机可分为有牵引构件的和无牵引构件的两类。前者利用带条、链条、绳索等带动承载构件输送货物,主要是带式输送机,还有链式输送机;后者则利用重力、惯性、摩擦、气流等输送货物,主要是气力输送机。

(1)带式输送机。港口带式输送机因用于大宗散货的装船、转运和堆垛等作业而形成各种专用机械,如煤炭装船机、矿砂装船机。有的国家矿砂装船机的生产率已达20000t/h,带速达6m/s。利用输送机进行大宗散货的卸船作业也可获得较高的生产率。在美国密西西比河沿岸某些煤码头,利用链斗卸船机从煤驳卸煤,生产率可达3600t/h。链斗卸船机也可用于散粮的卸船作业。它是由能行走的门座、链斗提升机和胶带输送机等组成。夹皮带输送机是用两层胶带夹紧货物进行输送的带式输送机,又称压带输送机,也用于散货的卸船作业。

(2)气力输送机。气力输送机是利用风机在封闭管路中形成的气流输送散粒货物的机械,又称风动输送机。风机从管路系统中吸气,货物随气流从吸嘴处被吸入料管,高速气流使散粒货物在料管中呈悬浮状输送;然后经分离器使散粒货物与气流分离并经卸料器卸出,输送过程即告完成。这种输送机在港口多用于散粮卸船作业,因而又称吸粮机。它的优点是设备简单,清舱效果好;缺点是能耗大,不能输送粒径较大的和黏结性较大的货物,工作时噪声大。

3. 装卸搬运机械

在港口用于装车卸车、货物堆码以及货物短距离水平运输的机械,有叉式装卸车、跨运车、翻车机、螺旋卸车机、牵引车及挂车等。

(1)叉式装卸车。叉式装卸车是在轮胎式底盘的前方装有升降式门架和货叉的装卸搬运机械,简称叉车或铲车。广泛用于码头、库场、舱内和车内。工作时将货叉插入货板,然后提升货叉举起货物,进行堆码作业。叉车结构紧凑,机动性好,能在库内或舱内狭窄的通道上行走。如果配备不同的取物装置如串杆、旋转货夹、货斗、抱夹等,能装卸多种货物。大型叉式装卸车配上专用的集装箱吊具,即成为集装箱专用叉式装卸车。叉式装卸车按动力装置可分为内燃叉式装卸车和蓄电池叉式装卸车;按结构形式则有平衡重式、前移式、插腿式、侧叉式、转叉式等多种。

(2)跨运车。跨运车是由门形车架、带有抱叉的提升架和轮胎式行走机构组成的搬运机械,又称跨车。一般由内燃机驱动。跨运车适用于长大件货如钢材、木材、长大箱体的搬运堆码作业。工作时,门形车架跨在货物上,由抱叉抱起货物后进行搬运和堆码。随着集装箱运输的发展,有些国家的港口采用跨运车在码头前沿和库场间搬运集装箱并在库场内进行堆码作业。这种集装箱专用跨运车装有集装箱吊具,当门形车架跨在集装箱上时,吊具降落在集装箱上,用液压旋锁锁紧集装箱,然后进行吊运。吊具的起升高度应满足堆码2~3层集装箱高的要求。

(3)翻车机。翻车机是倾翻铁路敞车,卸出所载散货的专用卸车机。它有较高的生产率,适用于大型专业散货码头翻车机按结构分为转子翻车机和侧倾翻车机两种。转子翻车机应用较多,卸车时,运载散货的敞车进到翻车机的转子平台上,用压车机构压住,然后同转子一起转动160°~180°,散货即卸入转子下面的漏斗中,再用给料器和带式输送机运出。现代翻车机每次可容纳两辆敞车,两者之间用旋转车钩联结以实现车列不解体卸车作业,这样使卸车效率大为提高。原来转子式翻车机每卸一车散货约需3min,而现代翻车机每卸一车不到1min。

(4)螺旋卸车机。螺旋卸车机是我国在20世纪70年代制造的卸出铁路敞车所载散煤的专用机械。由螺旋机构、摇摆机构、起升机构、行走机构等组成。卸车时,打开敞车侧门,螺旋机构从敞车上方横压在车内散货上旋转,将散煤卸出,然后由车厢下方的胶带输送机接运。单向螺旋卸车机从一侧卸车,双向螺旋卸车机从两侧卸车。螺旋卸车机轨道铺在铁路卸车线两侧。它一边沿轨道移动,一边卸车,生产率为300~400t/h。

三、到港业务处理

货物进出港口主要通过泊位策划、堆场安排和闸口管理三大环节,完成货物进出港的全部流程。主要业务程序有:船到码头、集装箱进堆场、拖车进出港。具体业务如图4-23所示。

图4-23　到港业务处理程序

任务实施

根据所参观港口,针对一批货物,对其到港业务进行掌握。

1. 船到码头

(1)确认电脑系统流程如图 4-24 所示。

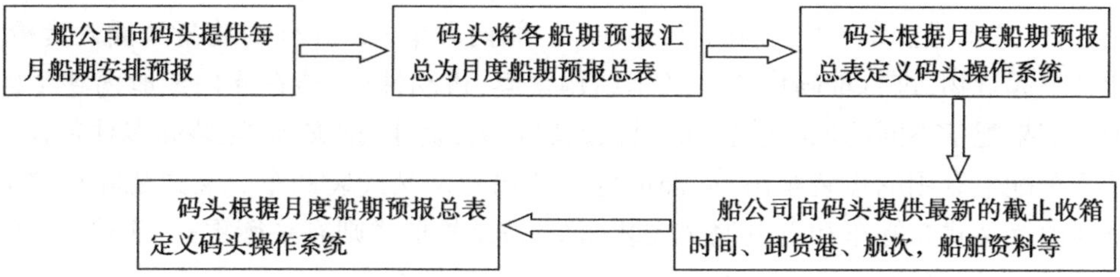

图 4-24　确认电脑系统流程

(2)确认泊位安排流程如图 4-25 所示。

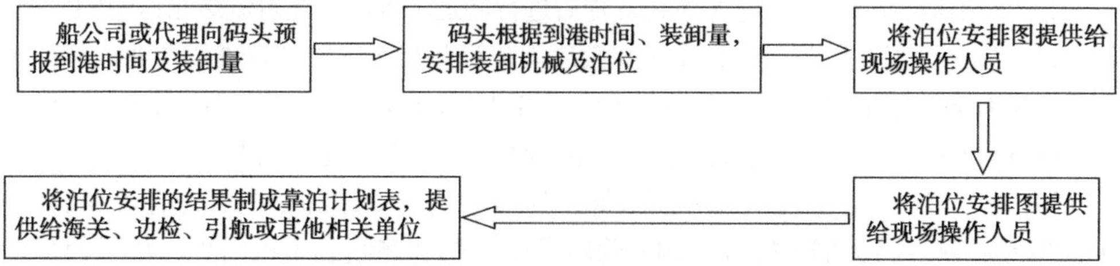

图 4-25　泊位安排流程

2. 集装箱进堆场

集装箱进堆场流程如图 4-26 所示。

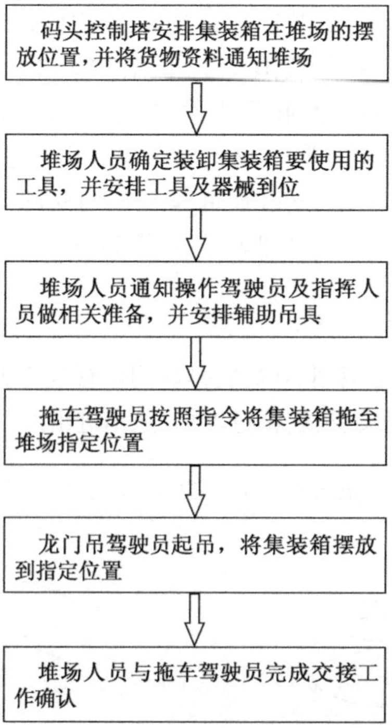

图 4-26　集装箱进堆场流程

3. 拖车进出港

（1）进港。拖车进港流程如图4-27所示。

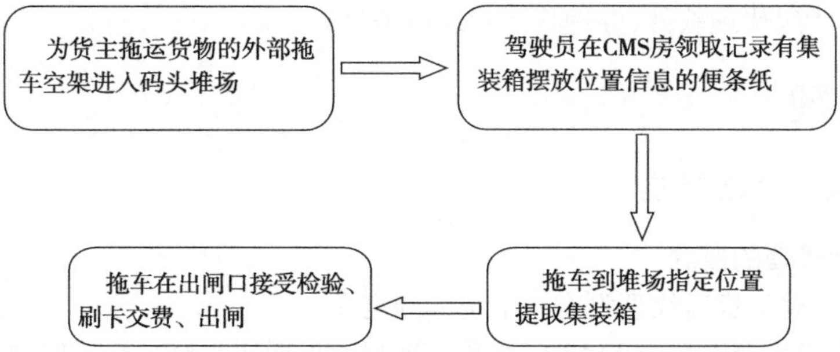

图4-27　拖车进港流程

（2）出港。拖车出港流程如图4-28所示。

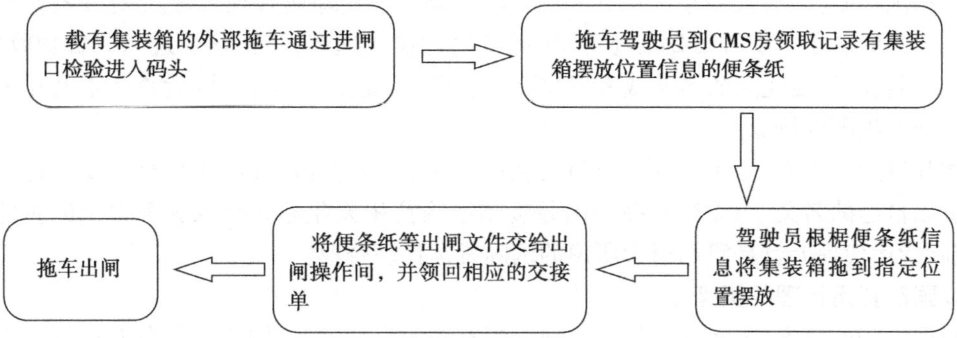

图4-28　拖车出港流程

任务六　水路货物业务代理

案例导入

某货代公司接受货主委托，安排一批茶叶海运出口。货代公司在提取了船公司提供的集装箱并装箱后，将整箱货交给船公司。同时，货主自行办理了货物运输保险。收货人在目的港拆箱提货时发现集装箱内异味浓重，经查明 该集装箱前一航次所载货物为精萘，致使茶叶受精萘污染。

案例思考：

1. 收货人可以向谁索赔？为什么？

2. 最终应由谁对茶叶受污染事故承担赔偿责任？

任务分析

任务准备

（1）一家货代公司的材料，主要包括：公司的经营业务介绍、模拟几个客户的资料、公司宣传资料、该货代公司的网址等；

（2）实训室，（含可供学生上网查资料的电脑、多媒体教学设备、课件和动画等教学资料），配有国际货运代理操作软件。

任务目标

(1)能办理水路货物代理业务;

(2)能操作货运代理软件,办理货运代理业务。

基础知识

一、国际货运代理概述

1. 国际货运代理的概念

目前,国际上对于货运代理没有一个统一的定义。

国际货运代理协会联合会 FIATA(简称菲亚塔)将其定义为:"根据客户的指示,并为客户的利益而揽取货物运输的人,其本身不是承运人。"

在我国,国际货运代理具有两种含义,一是指国际货运代理业;二是指国际货运代理人。

根据国务院批准的《中华人民共和国国际货物运输代理业管理规定》[对外贸易经济合作部令(1995 年第 5 号)]第 2 条规定"国际货物运输代理业,是指接受进出口货物收货人、发货人的委托,以委托人的名义或者以自己的名义,为委托人办理国际货物运输及相关业务并收取服务报酬的行业。"

国际货运代理人,是指接受进出口货物收货人、发货人和承运人的委托,以委托人的名义或者以自己的名义,为委托人办理国际货物运输及相关业务并收取服务报酬的企业。可见,国际货运代理人就是我们通常所说的国际货运代理企业。

2. 国际货运代理的类型

根据不同的角度,国际货运代理可划分为不同的类型,按运输方式划分有国际海上货运代理、国际航空货运代理、国际陆路(铁路、公路)货运代理和国际联运代理。

3. 国际货运代理的业务范围

根据我国《国际货物运输代理业管理规定》及其实施细则的规定,我国国际货运代理的业务范围是相当广泛的。至于某个国际货运代理人的经营范围,应以其经营许可证上核准的业务范围为准。从各国国际货运代理业务经营来看,国际货运代理的业务范围包括以下几个方面:

(1)以代理人的身份从事海、陆、空进出口货物的报关报验代理以及保险等业务;

(2)以居间人、代理人或当事人身份从事海、陆、空货物的租船、订舱及运输组织等业务;

(3)以多式联运经营人身份从事物流服务业务;

(4)以第三方物流经营人身份从事物流服务业务。

根据《中华人民共和国国际货运代理业管理规定实施细则》(商务部公告第 82 号 2004 年 1 月 1 日)的规定,国际货运代理企业的经营范围如下:

①揽货、订舱(含租船、包机、包舱)、托运、仓储、包装;

②货物的监装、监卸、集装箱的拆箱、分拨、中转及相关的短途运输服务;

③报关、报检、报验、保险;

④缮制签发有关单证、交付运费、结算及交付杂费;

⑤国际展品、私人物品及过境货物运输代理;

⑥国际多式联运、集运(含集装箱拼箱);

⑦国际快递(不含私人信函);

⑧咨询及其他相关国际货运代理业务。

4. 国际货运代理的行业管理

(1)国际货运代理协会联合会(FIATA)。国际货运代理协会联合会(International Federation of Freight Forwarders Associations)是世界国际货运代理的行业组织,以其法文缩写是“FIATA”,为其标志,谐音为“菲亚塔”。

二、水路货物业务代理

1. 整箱货与拼箱货

集装箱运输改变了传统的货物流通途径,在集装箱货物的流转过程中,其流转形态分为两种,一种为整箱货,另一种为拼箱货。

(1)整箱货(Full Container Load,FCL)是指由货方负责装箱和计数,填写装箱单,并加封志的集装箱货物,通常只有一个发货人和一个收货人。

这种情况在货主有足够货源装载一个或数个整箱时通常采用,除有些大的货主自己置备有集装箱外,一般都是向承运人或集装箱租赁公司租用一定的集装箱。空箱运到工厂或仓库后,在海关人员的监管下,货主把货装入箱内、加锁、铝封后交承运人并取得站场收据,最后凭收据换取提单或运单。

(2)拼箱货(Less Than Container Load,LCL)是指由承运人的集装箱货物运站负责装箱和计数,填写装箱单,并加封志的集装箱货物,通常每一票货物的数量较少。承运人接受货主托运的数量不足整箱的小票货运后,根据货类性质和目的地进行分类整理。把去同一目的地的货,集中到一定数量拼装入箱。拼箱货的分类、整理、集中、装箱(拆箱)、交货等工作均在承运人码头集装箱货运站或内陆集装箱转运站进行。

2. 整箱货出口货运代理

(1)整箱货出口货运业务程序:

①委托代理。在集装箱班轮货物运输过程中,货主一般都委托货运代理人为其办理有关的货运业务。货运代理关系由作为委托人的货主提出委托、由作为代理人的国际货运代理企业接受委托后建立。双方一般会签订货运代理委托书,作为履行业务的依据。

②订舱。货运代理人接受委托后,应根据货主提供的有关贸易合同或信用证条款的规定,填制订舱单向船公司或其代理人申请订舱。船公司一旦接受订舱,就会着手编制定舱清单,然后分送集装箱码头堆场、集装箱空箱堆场等有关部门,并将据此安排办理空箱及货运交接等工作。

在订舱时,货运代理人会填制“场站收据”联单、预配清单等单据。

③提取空箱。在订舱后,货运代理人应提出使用集装箱的申请,船方会给予安排并发放集装箱设备交接单。凭设备交接单,货运代理人就可以安排提取所需的集装箱。

在整箱货运输时,通常是由货运代理人安排集装箱卡车运输公司到集装箱空箱堆场领取空箱,但也可以由货主自己安排提箱。无论由谁安排提箱,在领取空箱时,提箱人都应与集装箱堆场办理空箱交接手续,并填制设备交接单。

④货物装箱。整箱货的装箱工作大多由货运代理人安排进行,并可以在货主的工厂、仓库装箱或是由货主将货物交由货运代理人的集装箱货运站装箱。当然,也可以由货主自己安排货物的装箱工作。

装箱人应根据订舱清单的资料,并核对场站收据和货物装箱的情况,填制集装箱货物装箱单。

⑤整箱货交接签证。由货运代理人或发货人自行负责装箱并加封志的整箱货，通过内陆运输到承运人的集装箱堆场，并由码头堆场根据订舱清单，核对场站收据和装箱单接收货物。整箱货出运前也应办妥有关出口手续。

集装箱码头堆场在验收货箱后，即在场站收据上签字，并将签署的场站收据交还给货运代理人或发货人。货运代理人或发货人可以凭据已签署的场站收据要求承运人签发提单。

⑥换取提单。货运代理人或发货人凭已签署的场站收据，向负责集装箱运输的人或其代理人换取提单。发货人取得提单后，就可以去银行结汇。

由于集装箱运输方式下承运人的责任早于非集装箱运输方式下承运人的责任，所以理论上在装船前就应签发提单。这种提单是收货待运提单，而收货待运提单在使用传统贸易术语的贸易合同下是不符合要求的。因此，为了满足贸易上的要求，也为了减少操作程序上的麻烦，实践中的做法是在装船后才签发提单，即已装船提单才符合使用传统贸易术语的贸易合同的需要。

⑦装船

集装箱码头堆场或集装箱装卸区根据接受待装的货箱情况，制定出装船计划，等船靠泊后即可装船。

(2)整箱货出口货运业务流程如图4-29所示。

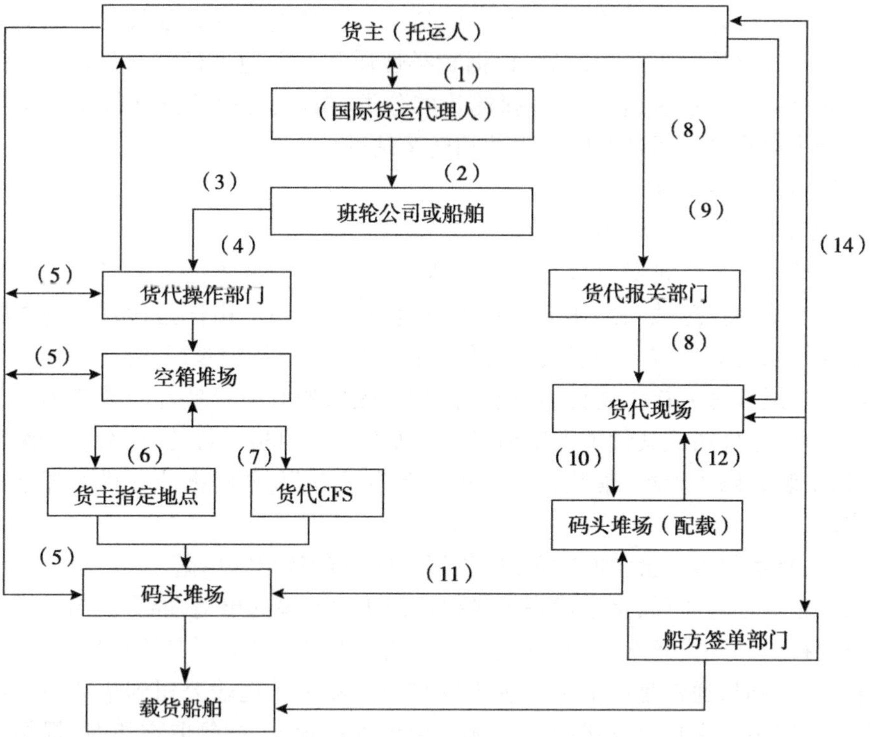

图4-29　整箱货出口业务流程

①货主与货代建立货运代理关系；

②货代填写托运单证，及时订舱；

③订舱后，货代将有关订舱信息通知货主或将“配舱回单”转交货主；

④货主申请用箱，取得EIR后，凭以到空箱堆场提取所需的集装箱；

⑤货主“自拉自送”时,先从货代出取得 EIR,然后提取空箱,装箱后制作 CLP,并按要求及时将重箱送码头堆场,即集中到港区等待装船;

⑥货代提取空箱至货主指定的地点装箱,制作 CLP,然后将重箱“集港”;

⑦货主将货物送到货代 CFS,货代提取空箱,并在 CFS 装箱,制作 CLP,然后“集港”。

⑧货主委托货代代理报关、报检、办妥有关手续后将单证交货代现场;

⑨货主也可自理报关;

⑩货代现场将办妥手续后的单证交码头堆场配载;

⑪配载部门制定装船计划,经船公司确认后实施装船作业;

⑫实践中,在货物装船后可以获得 D/R 正本;

⑬货代可凭 D/R 正本到船方签单部门换取 B/L 或其他单据;

⑭货代将 B/L 等单据交给货主。

3. 整箱货进口货运代理

(1)整箱货进口货运代理业务流程。海运进口的货运代理业务是我国货代业务中涉及面最广、线最长、量最大、货种最复杂的货代业务。完整的海运进口业务,从国外接货开始,包装安排装船、安排运输、代办保险,直至货物运到我国港口后的卸货,接运报关报验、转运等业务。整箱货进口货物代理业务流程如图 4-30 所示。

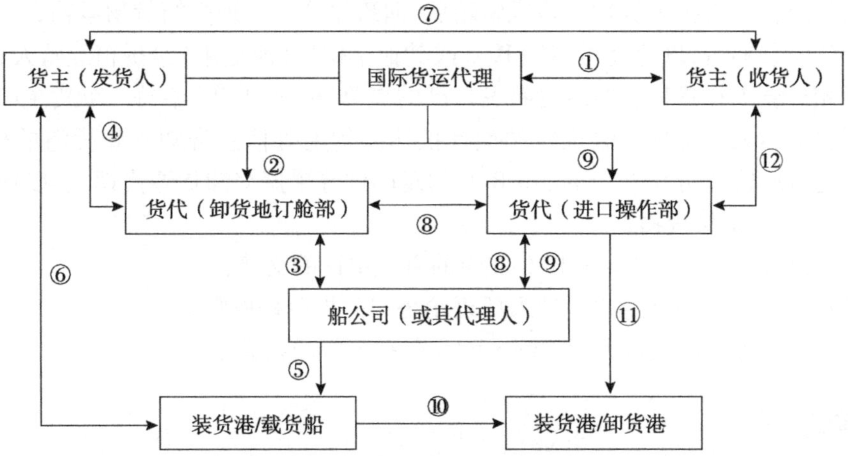

图 4-30 整箱货进口货物代理业务流程

①货主(收货人)与货代建立货运代理关系;

②在买方安排运输的贸易合同下,货代办理 Home booking 业务,落实货单齐备即可;

③货代缮制货物清单后,向船公司办理订舱手续;

④货代通知买卖合同中的卖方(实际发货人及装港代理人);

⑤船公司安排载货船舶抵装货港;

⑥实际发货人将货物交给船公司,货物装船后发货人取得有关运输单证;

⑦货主之间办理交易手续及单证;

⑧货代掌握船舶动态,收集、保管好有关单证;

⑨货代及时办理进口货物的单证及相关手续;

⑩船抵卸货港卸货,货物入库、进场;

⑪在办理了货物进口报关等手续后,就可凭提货单到现场提货,特殊情况下可在船边提货;

⑫货代安排将货物交收货人，并办理空箱回运到空箱堆场等事宜。

注：在卖方安排运输的贸易合同下，前②～⑦项不需要。

4. 拼箱货代理业务

有条件的国际货运代理公司也能承办拼箱业务，即接受客户尺码或重量达不到整箱要求的小批量货物，把不同收货人、同一卸货港的货物集中起来，拼凑成一个20ft或40ft整箱，这种做法称为"集拼"，承办者称为"集拼经营人"。普通小货代不可能恰巧凑够整箱还能保证船期和价格，所以基本都是委托专门的拼箱公司来做，他们赚个中间钱。拼箱货代理业务流程如图4-31所示。

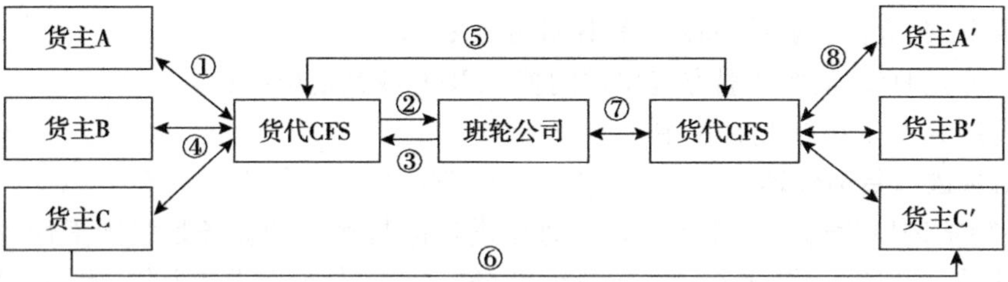

图4-31 拼箱货代理业务流程

(1)A、B、C等不同货主(发货人)将不足一个集装箱的货物(LCL)交拼箱经营人；

(2)拼箱经营人将拼箱货物拼装成整箱后，向班轮公司办理整箱货物运输；

(3)整箱货装船后，班轮公司签发B/L或其他单据(如海运单)给拼箱经营人；

(4)拼箱经营人在货物装船后也签发自己的提单(house B/L)给每一个货主(发货人)；

(5)拼箱经营人将货物装船机船舶预计抵达卸货港等信息告知其卸货港的机构(代理人)；同时，还将班轮公司B/L及house B/L的复印件等单据交卸货港代理人，以便向班轮公司提货和向收货人交付货物；

(6)货主之间办理包括house B/L在内的有关单证的交接；

(7)拼箱经营人在卸货港的代理人凭班轮公司的提单提取整箱货；

(8)A′、B′、C′等不同收货人凭house B/L在CFS提取拼箱货。

任务实施

1. 实训目的

以整个国际贸易流程为主线，以货代为主体，通过货运代理的业务活动，把整个贸易活动中的各方如买卖双方、保险公司、承运人、商检、海关等相连接以完成整个业务流程。从而让学生熟悉国际贸易环节以及货运代理业务。

2. 实训内容

(1)国际货运代理软件的操作；

(2)国际货运代理业务演示。

3. 实训步骤

(1)实训班级分成几个小组。每小组按照进出口业务及货物代理业务需要安排相关人员。要求各小组分别演示货运代理业务；

(2)各小组准备及熟悉业务内容；

(3)各小组模拟货运代理业务；

(4)指导老师对各组演示进行点评和总结。

4. 实训评价

国际货运代理实训练评价的方式有教师评价、小组内部成员评价和第三方评分组成员评价 3 种，建议教师评价占 60% 权重，小组内部成员评价占 20% 的权重，第三方评分组成员评价占 20% 的权重。将 3 者综合起来的得分为该生在该项目的评价分，如表 4-10 所示。

训 练 评 价 表 表 4-10

考评人		被考评人	
考评地点			
考评内容	国际货运代理实训		
考评标准	具体内容	分值(分)	实际得分
	工作态度	15	
	沟通水平和团队合作	15	
	调查表的设计情况	15	
	调查中的表现及结果	25	
	撰写调查报告情况	30	
合计		100	

注：考评满分 100 分，60 分以下为不及格，60 ~ 69 分为及格，70 ~ 79 分为中，80 ~ 89 分为良，90 分以上为优。

延伸阅读

第十一届中外货代物流企业洽谈会

2014 年 11 月 4 日，由中国国际货代协会（CIFA）和世界货运联盟（WCA）主办的“一对一洽谈”为特色的第十一届中外货代物流企业洽谈会在广州隆重举办。此次在广州举办的洽谈会将成为中国货代物流企业交流业务，寻找商机的好平台。

据联合国《2014 世界经济形势与展望报告》分析，2014 年全球经济贸易处于复苏阶段，总体仍显脆弱。对于全球货代物流企业来说是机遇与挑战并存。为满足我国货代物流企业业务拓展之需，解决企业高成本建立海外代理网络的难题，自 2004 年起至今，CIFA 与 WCA 招募全球货代来中国举办了十届以“一对一”业务洽谈模式为特色的中外货代物流企业洽谈会。

中国的经济和外贸增速今年有所放缓。中国政府采取了温和的经济促进措施，重点工作放在调整经济结构和促进经济社会可持续发展方面。对于中国货代物流行业来说，中长期发展规划已经公布，目标是在中国建立高效、环保、安全的物流体系。WCA 和 CIFA 共同举办这次洽谈会，就是为了促进行业和企业的可持续发展。

国际货代物流行业是连接货物贸易和运输服务的桥梁，不仅是服务贸易中的重要组成部分，也是与货物贸易有着最紧密联系的行业，出现了不少具有国际竞争力的领先企业。

过去中国举办了 10 次成功的货代企业洽谈会。有来自 150 个国家和地区的 12500 名代表参加了中外货代企业洽谈会并利用贸易洽谈机会开拓了自身的事业。今年的洽谈会参加人数有 1000 人，外方占 6 成，参会比例由多到少依次是欧洲，中东、印巴、东南亚、南北美洲、非洲、澳洲；中方占 4 成。

在国际货运市场竞争日益激烈，跨国物流公司利用自身的网络和金融优势加强挤压和吞噬区域型、中小型货代的市场份额的咄咄逼人的形势下，洽谈会召开的意义就显得特别突出。中国国际货运代理协会和 WCA 合作 11 年，主旨就是帮助中国本土的货代企业通过 WCA 这个平台结识世界各国的经过 WCA 认证的货代物流公司，编织真正属于自己的全球代理网络，把自身的服务通过国外代理的配合真正地实现国际化，做到全世界无盲点的服务能力，从而提高自己的服务水平和范围，增强竞争力，争取更大的市场份额。

模块练习

一、单项选择题

1. 海上货物运输中，如果单件货物既超长又超重，计收附加费时，按(　　)。

A. 超长附加费计收　B. 超重附加费计收　C. 两者中择大计收　D. 两者相加计收

2. 航次租船合同中，节省时间通常按哪一原则计算(　　)。

A. 节省全部时间　B. 节省全部工作时间C. 一旦滞期永远滞期D. 按同样日

3. 航次租船合同中由谁“宣港”(　　)。

A. 承租人　B. 出租人　C. 船长　D. 大副

4. 租船经纪人以中间人身份促成租船合同订立，他的佣金通常由谁支付(　　)。

A. 承租人　B. 货主　C. 船东　D. 大副

5. 统一杂货租船合同简称(　　)。

A. GENCON　B. SCANCON　C. NYPE Form　D. BALTIME

6. 在我国国际海运实践中，收货人凭以向现场提货的单证是(　　)。

A. 提单　B. 舱单　C. “大提单”　D. “小提单”

7. 一票货物于 2002 年 9 月 10 日开始装船，并于同月 12 日全部装上船，同日船舶开航。问：在同月 15 日应托运人要求，承运人签发的货物已于同 12 日装船的提单通常称之为(　　)。

A. 倒签提单　B. 顺签提单　C. 预借提单　D. 已装船提单

8. 一票货物于 2002 年 9 月 10 日开始装船，并于同月 12 日全部装上船，同日船舶开航。问：在同月 15 日应托运人要求，承运人签发的货物已于同 11 日装船的提单通常称之为(　　)。

A. 倒签提单　B. 顺签提单　C. 预借提单　D. 已装船提单

二、多项选择题

1. 以下哪些不是用以表示船舶的载重能力(　　)。

A. GRT　B. NRT　C. DW　D. Bale Capacity　E. Grain Capacity

2. 集装箱货物在装箱积载的一般方法有(　　)。

A. 包装牢固者装于底部　B. 箱内质量分布较均衡　C. 货物装载应严密整齐

D. 所有货件两两绑扎牢固　E. 使用清洁干燥的垫料

3. 海运情况下，凭保证书提货后，收货人应(　　)。

A. 在取得提单后及时交给承运人　B. 取回保证金　C. 取回保证书

D. 宣布提单无效　E. 可不作为

4. 装货单的内容主要有(　　)。

A. 船名,航次,目的港　B. 收货人　C. 货名,标志,件数,体积

D. 装船情况及时间　　E. 大副和理货员签名

5. 设备交接单使用时,应做到(　　)。

A. 一箱一单　　B. 单单相符　　C. 单证相符　　D. 箱单相符

E. 箱单同行

6. 下面的货物可以混运(　　)。

A. 塑料玩具　　B. 小狗　　C. 衣服　　D. 金表

模块五　多式联运货物运输作业管理

学习导语

多式联运是国际货物运输组织管理的一次飞跃，本模块通过对多式联运的定义与特点的阐述，明确了国际多式联运与传统运输方式相比较所具备的优越性，详细介绍了公铁联运、海铁联运、海铁海联运、陆空联运的业务流程进行了介绍，使同学们掌握相关操作步骤与环节要点。

故事分享

日本邮船公司的多式联运服务

来源：锦程国际物流集团　　发布时间：2012 年 06 月 14 日

日本邮船公司(NYK)作为世界上著名的班轮公司之一，是传统的海运服务公司，该公司自 1896 年起便开始经营欧洲和远东的“港至港”的服务。海运是 NYK 的主业，它拥有一支由 322 艘船舶组成的船队，每年承运 7000 多万 t 货物。

航运业的利润下降和动荡，使 NYK 开始重组和改变其经营战略，由单一的“港至港”服务转向更加细致周到的“多式联运”服务。

NYK 集团提出了一个面向 21 世纪的公司战略，内部称为“NYK21”。“NYK21”的目标是使公司发展成为一个超越海上运输的全方位综合物流公司，也就是成为一个可以提供更广泛的服务种类的超级承运人。NYK 战略之一是计划首先通过其下属子公司在空运、货代、仓储和公路运输的运作上的协调一致，来实现其战略联盟。

公司的目标是加强 NYK 的货运服务、物流活动、空运和陆上运输，使其占 NYK 年收入的 30%(目前占 10%)。NYK 努力建立一个围绕海、陆、空服务的多式联运体系，以实现其目标。该战略的核心部分在于 NYK 不断在世界主要地区发展其物流中心。1991 年 NYK 从联合承运集团(United Carriers Group)收购了 3 个欧洲运输和物流公司作为其在欧洲建立物流网络体系的一部分。

NYK 的物流中心遍布全球，并且不断有新的中心建立。这些中心经营的远远不止仓储服务，NYK 将它们看作是集中向客户提供一定程度的物流服务的中心，如存货管理和订单处理。NYK 物流中心的经营理念是积极向客户推销，提供客户集中存货控制的好处，以达到缓解存货紧缺和减少运输设备的目的。每个中心均有陆、海、空运输的专业人才和自己的货物集中与分送的网络。NYK 认为信息技术是现代物流的重要基础，并且使每个中心互相联网以提供全球货物跟踪。

一些 NYK 的物流中心甚至向客户提供更为广泛的物流服务。以新加坡中心为例，物流中心为日本电子产品制造商提供“物料需求计划服务”(MRP)，NYK 认为这是一个物流提供者尚未开发的巨大的领域。

MRP 服务涉及将零件清单、卖方、日期和定单次数与主要生产计划相匹配，以保证生产进程能有最低费用和即定的物料。这种即定即到的服务可以建立在以及时生产(JIT)为经营理念的零库存的基础上。很明显,当零件数和卖方增加时,MRP 系统的复杂程度也随之增加。

NYK 认为,制造商与有经验的物流专家订立 MRP 合同,就可以获得优势。主要生产计划可以转换到 NYK 的电脑系统,MRP 就能同时执行,而且购货订单可以以 NYK 享有或不享有货物所有权的方式发到卖方手中。这样的系统对于客户来说,具有下列好处:

(1)避免了采购安排和烦琐的文件。

(2)避免了与卖方进行货币结算。

(3)将人力释放到别的生产任务上。

过去,NYK 有广泛的地理覆盖范围,但仅经营有限的服务。要在竞争中成为超级承运人,就必须在一些领域里加入复杂的技术,如存货管理和产品配送。NYK 公司战略目标的确野心勃勃,然而,NYK 的全球能力以及与许多有实力的制造商的牢固关系表明:他们在走向明日超级承运人的道路上正迈着坚定的步伐。

思考题:

1. 针对这个案例,谈谈你的想法?

2. NYK 的实践表明哪些策略是值得借鉴的?

(1)改变原有单一的运输范围种类,向多式联运和服务多元化发展,同时不断根据客户的需求调整服务范围并提高服务质量。

(2)加强公司本部的协调,避免由于信息滞后或传达不及时而造成损失。

(3)根据本公司的发展战略,考虑采用兼并手段进入该国市场得到被兼并方的技术和网络体系。

(4)建立遍布全球各重要地区的物流中心,加强各物流中心的联络,以保证向客户提供及时准确的服务和信息,充分利用先进的信息技术发挥物流中心综合信息的功能。

学习目标

通过本模块的学习,期望达到下列目标。

1. 专业能力

(1)会分析国际多式联运与一般国际运输的区别。

(2)掌握公铁联运业务流程。

(3)掌握联运线路的优化,分析比较确定最终的联运方案。

(4)掌握海铁联运业务及程序。

(5)掌握海铁海联运业务及程序。

(6)掌握陆空联运业务及程序。

(7)会缮制多式联运提单。

2. 社会能力

(1)通过分小组活动,培养学生的团队协作精神。

(2)通过规范文明操作,培养良好的职业道德和安全环保意识。

(3)通过分小组讨论、选代表上台陈述,学生及老师评述,培养与客户的沟通能力。

3. 方法能力

(1)通过查阅资料、文献等,培养个人自学能力和获取信息的能力。

(2)通过情境化的任务单元活动,掌握分析问题解决实际问题的能力。

(3)结合任务实施,制订实施计划,培养工作方法能力。

(4)能独立使用各种媒体完成国际多式联运的学习任务。

学习模块描述

国际多式联运业务专员接到客户的货运需求,要求根据业务的具体情况合理确定联运方式,组织将货物运至最终交货地点,并在到达交付后经客户确认,将相关单证进行归档处理。具体任务设置如图 5-1 所示。

模块图解

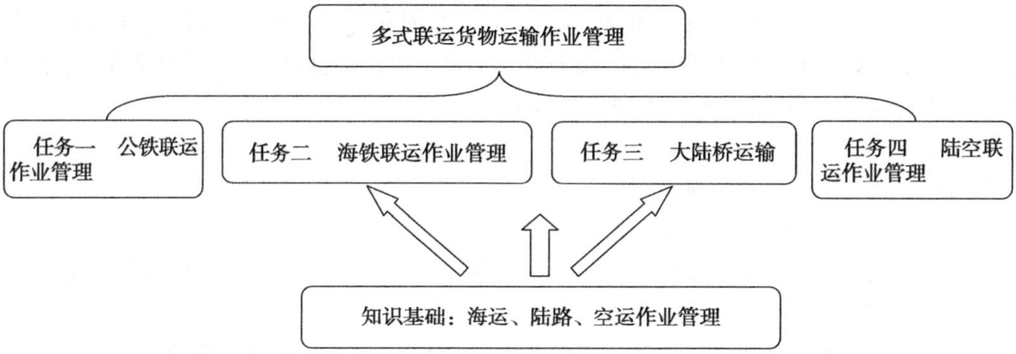

图 5-1　任务分解图

任务一　公铁联运作业管理

案例导入

大物流呼唤公铁联运

近年来,随着公路、铁路基础设施的快速发展,公路运输与铁路运输也各自发挥优势并展开日益激烈的竞争。然而,笔者认为,在大物流的发展形势下,货物运输要求速度快、损失少、费用低,公路、铁路运输应该规避各自不足,发挥最大的综合效率,从而实现最优的经济效益,因此,公路与铁路实现联运便注定成为发展趋势,而且我国地域辽阔,具有发展公铁联运的潜力。

一、公铁运输　各有优势

公路货运机动灵活、简捷方便、应急性强,能深入到其他运输工具到达不了的地方;适应点多、面广、季节性强的货物运输,是实现集装箱在一定距离内"门到门"运输的最好的运输方式。公路货运存在的问题是,比起铁路来,汽车运输的运输单位小,产生不了大批量输送的效果,成本较高,特别是长距离输送中缺点较为显著。

铁路运输准确安全,几乎不受气候影响,一年四季可以不分昼夜地进行定期的、准确的运转,运输速度比较快,运输量比较大,运输成本较低,安全可靠。铁路货物运输固然有其优势,但其特点也决定了其必然存在弊端:由于在专线上行驶,而且车站之间距离比较远,缺乏机动性,运输起点和终点常常需要汽车进行运转,增加了搬运次数。

二、公铁联运高效统一

公铁联运就是充分发挥铁路骨干运输的优势,公路灵活多变、快速的特点,为客户提供一票式"门到门"运输服务。其优点主要有:手续简便、责任统一。在公铁联运方式下,所有运输事项均由联运承运人负责办理。而货主只需要办理一次托运、订立一份运输合同、支付一次运费、办理一次保险,并取得一份联运提单,与各运输方式相关的单证和手续上的麻烦被减少到最低限度。发货人只需与联运经营人进行交涉,由于责任统一,一旦在运输过程中发生货物灭失或损坏时,由多式联运经营人对全程运输负责,减少运输过程中的时间损失,使货物运输更快捷。

以公铁联运为代表的多式联运,一直是物流领域的热点话题,在全社会物流成本居高不下的现实境况下,它被许多人寄望为"灵丹妙药"。公铁联运作为一个单独的运输过程而被安排和协调运作,能减少在运转地的时间损失和货物灭失、损坏、被盗的风险。公铁联运经营人通过联络和协调,在运转地各种运输方式的交接可连续进行,使货物更快速地运输,从而弥补了市场距离远和资金积压的缺陷,节省了运杂费用。公铁联运还可以提高运输的组织水平,实现货物的连续运输,做到"门到门"运输。

三、公铁联运的渴求

物流的大发展已对公铁联运提出了要求。要建立现代大物流,整合铁路与社会的可利用资源,建立起全国公铁联运大运转的物流体系。要规避铁路与公路双方的劣势,充分发挥各自的优势,建成以铁路干线运输为依托的公铁联运的大物流操作平台,实现全国物流的大运转,既可以发挥铁路线路和仓库的作用,又可以提高铁路车辆的利用率。在公铁联运物流系统中,公路运输承担着货物的提取、配送,是公铁联运的最初和最终环节。

公铁联运实现后,厂家主要发货,只需要将货物交给从事联运的物流公司直接办理,而不必去找多家公司寻求转运服务,而且货物的主要运输方式是铁路运输,货物的安全性便得以保障,比过去全部汽车运输更安全。随着公路运输成本的增加,客户将长途运输改为铁路运输模式,成本必将下降,又会给企业带来新的效益。大物流的发展需要充分发挥各种运输方式的优势,规避其不足,公路与铁路的联运便呼之欲出。

四、联运接口事关成败

"公铁联运不是货物由货车搬到卡车,卡车搬到火车这么简单。"原中铁快运副总经理说。一个看似简单的物理过程,却包含着复杂的运输技术,且直接关系到公铁联合运输方式的效率和经济性。

公路和铁路的连接通常是通过公铁联合运输中转平台来实现的,要实现高效接驳,对卡车和铁路货车之间转运的货物不进行再次处理,中转平台是整个公铁联合运输链的增值中心。由集装箱、叉车、堆场构成的中转平台,构成了铁路与公路两种运输方式的接口,高效的转换全赖于此。

公铁联合运输的效率与运输中转平台的生产力紧密相关,而集装箱的推广和统一成为保证公铁联运通畅的统一接口。一个完善的公铁联合运输平台应这样完成接口工作:提供必要的人员和集装箱处理设备,接受、存储、发送拖挂车或者集装箱;准备接收和发送拖挂车和集装箱所需要的各种文件,保证所有的港口、机场、海关,以及平台的其他各种费用被支付。

以公铁联运为基础的多模式内陆运输在欧美许多发达国家的社会和经济发展中扮演了重要的角色。简而言之,现代物流的公铁联运可以化繁就简,把货物转换的时间一再缩短。

案例思考:

以公铁联运为代表的多式联运,一直是物流领域的热点话题,在全社会物流成本居高不下的现实境况下,它被许多人寄望为"灵丹妙药"。公铁联运作为一个单独的运输过程而被安排和协调运作,能减少在运转地的时间损失和货物灭失、损坏、被盗的风险。公铁联运经营人通过联络和协调,在运转地各种运输方式的交接可连续进行,使货物更快速地运输,从而弥补了市场距离远和资金积压的缺陷,节省了运杂费用。公铁联运还可以提高运输的组织水平,实现货物的连续运输,做到"门到门"运输。

任务分析

任务准备

(1)一家物流企业材料,主要包括:企业的主要经营的运输线路、运输的货物类别等;

(2)多媒体教室(含可供学生上网查资料的电脑、多媒体教学设备、课件和动画等教学资料);

(3)网络资源,包括:电子地图系统等。

任务目标

(1)能根据背景资料进行企业运输线路的优化分析;

(2)掌握公铁联运的运作流程;

(3)理解公铁联运线路的选择方法。

基础知识

一、公铁联运的含义

公铁联运是指根据一个公铁联运合同,采用公路及铁路两种运输方式,由全程运输经营人把货物从接管货物的地点运至指定地点交付的国内货物的运输。它是公路及铁路两种运输方式的联合运输,通常是以集装箱为运输单元,通过一次托运、一次付费、一份单据、一次保险,由公路、铁路区段承运人共同完成货物的全程运输。

知识链接

国际多式联运

一、国际多式联运的基本条件

国际多式联运(multimodal transport)通常是以集装箱为运输单元,将不同的运输方式有机地组合在一起,构成连续的、综合性的一体化货物运输。通过一次托运,一次计费,一份单证,一次保险,由各运输区段的承运人共同完成货物的全程运输,即将货物的全程运输作为一个完整的单一运输过程来安排。1980 年《联合国国际货物多式联运公约》以及 1997 年原交通部和原铁道部共同颁布的《国际集装箱多式联运管理规则》对国际多式联运进行了定义,根据该定义,结合国际上的实际做法,可以得出,构成国际多式联运必须具备的特征或基本条件有:

(1)必须具有一份多式联运合同。该运输合同是多式联运经营人与托运人之间权利、义务、责任与豁免的合同关系和运输性质的确定，也是区别多式联运与一般货物运输方式的主要依据。多式联运经营人负责组织完成货物的全程运输，并一次性收取全程运费。

(2)必须使用一份全程多式联运单证。全程多式联运单据是证明多式联运合同及多式联运经营人已接收货物并按合同条款交付货物的单据，该单证应满足不同运输方式的需要，并按单一运费率计收全程运费。

(3)必须是至少两种不同运输方式的连续运输。国际多式联运全程运输中至少使用两种不同的运输方式，而且是不同运输方式、不同运输区段的连续运输。这里所指的至少两种运输方式可以是海一陆、陆—空、海—空等，这与一般海海、陆陆、空空的联运有着本质的区别。后者是联运，但仍是一种运输工具之间的运输方式，不属于完整方式，不属于完整的多式联运。

(4)必须由一个多式联运经营人对货物运输的全程负责。该多式联运经营人在多式联运业务中作为总承运人对货主负有履行合同的责任，并承担自接管货物起至交付货物时止的全程运输责任，以及对货物在运输途中灭失、损坏或延迟交货所造成的损失负赔偿责任。显然，在多式联运经营人履行多式联运合同所规定的运输责任的同时，可将全部或部分运输委托他人(分承运人)完成，并订立他运合同。但分运合同的承运人与托运人之间不存任何合同关系。

(5)必须是国际货物运输。这是区别于国内货物运输和是否适合国际法规的限制条件。也就是说，在国际多式联运中，必须是跨越国境的一种国际的货物运输。这不仅是区别于国内货物运输，主要是涉及国际运输法规的使用问题。

因此，国际多式联运是一种利用集装箱进行联运的新的运输组织方式，它通过采用海、陆、空等两种以上的运输手段，完成国际的连贯货物运输，从而打破了过去海、铁、空等单一运输方式互不连贯的传统做法。提供优质的国际多式联运服务已经成为集装箱运输经营中增强竞争力的很重要的手段。

二、国际多式联运与一般国际运输的区别

(1)海关验放的手续不同。一般国际货物运输交货地点大都在装货港，目的地大多在卸货港，因而办理包裹和通过手续都是在货物进出境的港口。而国际多式联运货物的起运地大都在内陆城市，进境港口的海关一般不进行查验，只办理转关监管手续，待货物到达最终日的地时由当地海关查验放行。

(2)信用证上的条款不同。根据多式联运的需要，信用证上的条款应以下三点变动：向银行议付时不能使用航运公司签发的已装船清洁提单，而应凭多式联运营人签发的多式联运提单，同时应注明该提单的抬头如何制作，应明确可否转让。

多式联运一般采用集装箱运输(特殊情况除外)，因此，应在信用证上增加指定采用集装箱运输条款。如不同银行转单，为方便收货人或代理人能尽早取得货运单证，加快在目的港(地)提货的速度，则应在信用证上加列“装船单据由发货人或由多式联运经营人进直接寄收货人或其代理人”条款。如由多式联运经营人寄单，发货人出于议付结汇的需要应由多式联运经营人出具一份“收到货运单据已寄出”的证明。

(3)多式联运提单的适用性与可转性与一般海运提单不同。一般海运提单只适用于海运,从这个意义上说,只有当海运与其他运出方式相结合时才适用多式联运提单。多式联运提单把海运提单的可转让性与其他运输方式下的运单不可转让性合并一起。因此,多式联运经营人根据发货人的要求既可签发可转让多式联运提单,也可签发不可转让的多式联运提单。

(4)货物单证的内容与制作方式不同。国际多式联运大都是"门到门"运输,故货物于装船(或装车、装机)后应同时实际承运人签发提单货运单,多式联运经营人签发多式联运提单,这就是多式联运提单与任何一种单一的国际货运方式的根本不同之处,在此情况下,海运提单或运单中的发货人,应为多式联运经营人,收货人及通知方一般应有尽有为多式联运经营人的国外分支机构或其代理人;多式联运提单上的发货人和收货人,则是真正的、实际的发货人和收货人。

(5)手续办理不同,采用一次付费、一次托运、一单到底、统一理赔的运输方法,多式联运形式可实现发货人和收货人一体化,为货主简化办理货运手续提供了极大的方便。

三、《联合国国际货物多式联运公约》简介

国际多式联运运输方式打破了传统的海、陆、空互不连贯的运输方式,于20世纪50年代后期在美国被使用,随后在美洲、欧洲和亚洲的一些地区推广使用。随着这种运输方式的发展,其优越性得到越来越充分的体现。为此,联合国贸易发展委员会会议为了适应并促进轨迹贸易和国际多式联合运输的发展,于1980年9月在日内瓦召开的国际多式联运公约会议上,经参加会议的84个贸发会议成员国讨论并一致通过产生了《联合国国际货物多式联运公约》,对多式联运经营人、发货人的责任,索赔和诉讼,多式联运单据以及公约的适用范围和有关国家的管理权限等均做了详细的规定。

1. 国际多式联运的基本原则

(1)在国际多式联运中,发达国家和发展中国家之间的利益应当保持均衡,发达国家和发展中国家的活动应当得到公平分配。

(2)在引进新的货物多式联运的技术之前和之后,多式联运经营人、托运人 、托运人组织和各国主管当局应就运输条件进行协商。

(3)托运人有权自由选择多式联运或分段运输。

(4)本公约规定的多式联运经营人的赔偿责任应根据推定过失或疏忽原则。决定为此目的缔结本公约。

2. 对国际多式联运和多式联运经营人的规定

按照《多式联运公约》规定:"国际多式联运"为"按照多式联运合同,以至少两种不同的运输方式,由多式联运经营人将货物从一国境内接管货物的地点运至另一国境内指定的交付货物的地点。为履行单一方式运输合同而进行的该合同所规定的货物接送业务,不应视为国际多式联运。"《多式联运公约》规定:"多式联运经营人"是指"其本人或通过其代表与发货人订立多式联运合同的任何人,他是事主,而不是发货人的代理人或代表或参加多式联运的承运人的代理人或代表,并且负有履行合同的责任。"

3. 对《多式联运公约》的适用范围的规定

《多式联运公约》规定:多式联运合同规定的多式联运经营人接管货物的地点是在一个缔约国境内,或者是交付货物的地点是在一个缔约国境内,则《多式联运公约》的各项规定适用于两国境内各地之间的所有多式联运合同。规定的原文如下:

本公约的各项规定适用于两国境内各地之间的所有多式联运合同,如果:

(1)多式联运合同规定的多式联运经营人接管货物的地点是在一个缔约国境内;或

(2)多式联运合同规定的多式联运经营人交付货物的地点是在一个缔约国境内。

4. 对多式联运经营人的赔偿责任做了规定

在赔偿责任方面,主要规定了多式联运经营人赔偿责任期间、赔偿责任基础、赔偿责任限制,并对非合同索赔和责任限制权利的丧失做了相应的规定。

(1)赔偿责任期间。根据《多式联运公约》第14条规定,多式联运经营人对货物的责任期间,是从其接管货物之时起到交付货物时为止。也就是货物在多式联运经营人掌管之下这一期间。

(2)赔偿责任基础。根据《多式联运公约》第16条规定,对经营人的赔偿责任采取推定过失或疏忽的原则,即除非多式联运经营人证明其本人或其受雇人或代理人为避免事故的发生及其后果已采取一切所能合理要求的措施,否则就推定联运经营人有疏忽或过失,就应对货物在其掌管期间发生的及其后果已采取一切所能合理要求的措施,否则就推定联运经营人有疏忽或过失,就应对货物在其掌管期间发生的灭失、损坏或延迟交付负赔偿责任。《多式联运公约》第17条还规定,如果货物灭失、损坏或延迟交付是由于多式联运经营人或其受雇人或代理人的过失或疏忽与另一原因联合而产生的,多式联支经营人仅在灭失、损失或迟延交货可以归因于此种过失或疏忽的限度内负赔偿责任,但多式联运经营人必须证明那部分损失不是他的过失或疏忽造成的。规定的原文如下:

①多式联运经营人对于货物的灭失、损坏和延迟交付所引起的损失,如果造成灭失、损坏或延迟交货的事故发生于第十四条所规定的货物由其掌管期间,应负赔偿责任,除非多式联运经营人证明其本人、受雇人或代理人或第15条所指的 任何其他人为避免事故的发生及其后果已采取一切所能合理要求的措施。

②如果货物未在明确议定的时间内交付,或者如无此种协议,未在按照具体情况对一个勤奋的多式联运经营人所能合理要求的时间内交付,即为延迟交货。

③如果货物未在按照本条第2款确定的交货日期届满后连续90日内交付 ,索赔人即可认为这批货物也已灭失。

(3)赔偿责任限制。关于多式联运经营人赔偿责任限制,《多式联运公约》在第18、19条做了如下规定:

包括海运在内的联运,其赔偿责任以灭失或损坏的货物每件或其他货运单位计不超过9.20计算单位的数额,或按毛重每千克计不超过2.75计算单位的数额,以较高者为准。

国际多式联运如不包括海运和内河运输在内,则多式联运经营人的赔偿责任按灭失或损坏货物毛重每千克不得超过8.33计算单位的数额为限。这是考虑到空运承运人、公路、铁路承运人对货损的赔偿责任应高于海运承运人责任限额。

如果能够确定损失发生的运输区段，而该区段所适用的某项国际公约或强制性的国内法律所规定的赔偿限额高于多式联运公约规定的赔偿限额时，则适用该项国际公约或该国内法律规定。

多式联运经营人对迟延交货损失所负的赔偿责任限额，以相当于迟延交付货物应付运费的2.5倍的数额为限，但不得超过多式联运合同规定的应付运费的总额。如果多式联运经营人与发货人同意，可在多式联运单据中规定超过本公约所规定的赔偿限额。

关于货物计算单位在《多式联运公约》第31条做了详细规定。

多式联运经营人与发货人发生了货物运输的纠纷，应依据《多式联运公约》的规定进行处理。

(4)责任限制权利的丧失。根据《多式联运公约》第21条规定，如果有证据证明，货物的灭失、损坏或迟延交付是由于多式联运经营人有意地以及多式联运经营人有意欺诈，在单据上列有不实资料，或明知会引起损失而毫不在意和不作为所造成的，则多式联运经营人无权享受本公约所规定的赔偿责任限制的利益。

5.公约对多式联运单据的规定

在《公约》中的第二部分，包括五、六、七、八、九、十、十一、十二、十三条对单据进行了明确的规定。根据《多式联运公约》规定，多式联运经营人在接管货物时，应向发货人签发多式联运单据。并且规定："多式联运单据是指证明多式联运合同以及证明经营人接管货物并负责按照合同条款交付货物的单据。"

四、国际多式联运的优越性

国际多式联是一种比区段运输高级的运输组织形式，20世纪60年代末美国首先试办多联运业务，受到货主的欢迎。随后，国际多式联运在北美，欧洲和远东地区开始采用；80年代，国际多式联运已逐步在发展中国家实行。目前，国际多式联运已成为一种新型的重要的国际集装箱运输方式，受到国际航运界的普遍重视。1980年5月，在日内瓦召开的联合国国际多式联运公约会议上产生了《联合国国际货物多式联运公约》。该公约将在30个国家批准加入了1年后生效，它的生效将对今后国际多式联运具有许多优越性，主要表现在以下几个方面：

(1)简化手续，节省费用。在国际多式联运方式下，无论货物运输距离有多远，由几种运输方式共同完成，且不论运输途中货物经过多少次转换，所有一切运输事项均由多式联运经营人负责办理。而托运人只需办理一次托运，订立一运输合同，一次支付费用，一次保险，从而省去托运人办理托运手续的许多不便。同时，由于多式联运采用一份货运单证，统一计费，因而也可简化制单和结算手续，节省人力和物力，此外，一旦运输过程中发生货损货差，由多式联运经营人对全程运输负责，从而也可简化理赔手续，减少理赔费用。

(2)缩短货物运输时间，降低货损差事故，提高货运质量。在国际多式联运方式下，各个运输环节和各种运输工具之间配合密切，衔接紧凑，货物所到之处中转迅速及时，大大减少货物的在途停留时间，从而从根本上保证了货物安全、迅速、准确、及时地运抵目的地，因而也相应地降低了货物的库存量和库存成本。同时，多式联运通过集装箱为运输单元进行直达运输，尽管货运途中须经多次转换，但由于使用专业机械装卸，且不涉及箱内货物，因而货损货差事故大为减少，从而在很大程度上提高了货物的运输质量。

(3)降低运输成本，节省各种支出。由于多式联运可实行“门到门”运输，因此对货主来说，在货物交由第一承运人以后即可取得货运单证，并据以结汇，从而提前了结汇时间。这不仅有利于加速货物占用资金的周转，而且可以减少利息的支出。此外，由于货物是在集装箱内进行运输的，因此从某种意义上来看，可相应地节省货物的包装，理货和保险等费用的支出。

(4)提高运输管理水平，实现运输合理化。对于区段运输而言，由于各种运输方式的经营人各自为政，自成体系，因而其经营业务范围受到限制，货运量相应也有限。而一旦不同的经营人共同参与多式联运，经营的范围可以大大扩展，同时可以最大限度地发挥其现有设备作用，选择最佳运输线路组织合理化运输。

(5)其他相关作用。从政府的角度来看，发展国际多式联运具有以下重要意义：有利于加强政府部门对整个货物运输链的监督与管理；保证本国在整个货物运输过程中获得较大的运费收入配比；有助于引进新的先进运输技术；减少外汇支出；改善本国基础设施的利用状况；通过国家的宏观调控与指导职能保证使用对环境破坏最小的运输方式达到保护本国生态环境的目的。

综上所述，国际多式联运的主要特点是，由多式联运经营者对托运者签订运输合同统一组织全程运输，实行运输全程一次托运，一单到底，一次收费，统一理赔和全程负责。

五、多式联运经营人

多式联运经营人使用两种以上的不同种类的运输工具将货物从一地运至另一指定交付货物的地点而与他人签订合同并负有履行合同责任的人。

1. 国际多式联运经营人的资质要求

针对到底应具备什么资质才能成为国际多式联运经营人，联合国多式联运公约并未做出具体的规定，只在公约的第四章“多式联运管理”中做了一个一般化的规定，即“多式联运经营人应遵守其营业所在国所适应的法律和本公约的规定。”从加强国际多式联运的有效管理和控制的角度来考虑，确定国际多式联运经营人应具备的资质要求是必要的，它是保证国际多式联运顺利开展的重要前提条件，因为多式联运经营人是多式联运的组织者或主要承担人。多式联运经营人要在法律上和服务上适应多式联运的需要，必须具备以下条件。

(1)在国际货物运输业务往来中具有一个较为完整分支机构和代理网络。多式联运经营人本人或其代表就多式联运的货物必须与发货人本人或其代表订立多式联运合同，而且合同至少使用两种运输方式完成全程货物运输，合同中的货物系国际货物。

(2)从发货人或其代表那里接管货物时起即签发多式联运单证，并对接管的货物开始负有责任。

(3)承担多式联运合同规定的与运输和其他服务有关的责任，并保证将货物交给多式联运单证的持有人或单证中指定的收货人。

(4)具有与经营业务相适应的资金能力，对运输全过程所发生的货物灭失或损害，多式联运经营人首先对货物受损人负责，并应具有足够的赔偿能力。

(5)多式联运经营人的技术能力应具有与多式联运的要求相适应，具有从事国际运输所需的专业知识、技能和经验。对自己签发的多式联运单证确保其流通性，并作为有价证券在经济上有令人信服的担保程度。

我国从加强国际集装箱多式联运管理，促进我国国际集装箱多式联运通畅、经济和高效发展以及更好地保护货主利益的目的出发，根据国外的实践经验，结合我国的实际情况，在“多式联运规则”中对多式联运经营人提出了以下资质要求。

①具有中华人民共和国企业法人资格。

②具有与从事多式联运业务相适应的组织机构、固定的营业场所、必要的经营设施和相应的专业管理人员。

③具有3年以上国际货物运输或代理经历，有相应的国内代理。

④注册资金不低于人民币1000万元，并有良好的资信。增设经营性分支机构时，每增设一个分支机构，增加注册资金人民币100万元。

⑤符合国家法律、法规规定的其他条件。

在办理多式联运业务时，要委托具有多式联运经营人资格的企业，以免引起不必要的纠纷和损失。

2. 国际多式联运经营人的责任

国际多式联运经营人承担的责任有4种基本类型：责任分担制、网状责任制、统一责任制和经修订的统一责任制。

(1)责任分担制。责任分担制(分段责任制)，是多式联运经营人仅对自己完成的区段货物运输负责而对货主并不承担全程运输责任。各区段的责任原则按该区段适用的法律予以确定。由于这种责任形式与多式联运的基本特征相矛盾，因此，只要多式联运经营人签发了全程多式联运单据，即使在多式联运单据中声称采取这种形式，也可能会被法院判定此种约定无效而要求其承担全程运输责任。

(2)网状责任制。网状责任制是指多式联运经营人虽然对货运事故的赔偿原则仍按不同运输区段所适用的法律规定，但是对全程运输负责，当无法确定货运事故发生区段时，则按海运法规或双方约定原则加以赔偿。目前，几乎所有的多式联运单据均采取这种赔偿责任形式。

(3)统一责任制。统一责任制是指多式联运经营人而是对全程运输按一个统一的原则并一律按一个约定的责任限额进行赔偿，对货主赔偿时不考虑各区段运输方式的种类及其所适用的法律。由于现阶段各种运输方式采用不同的责任基础和责任限额，因而目前多式联运经营人签发的提单均未能采取此种责任形式。

(4)经修订的统一责任制。经修订的统一责任制是介于统一责任制与网状责任制之间的责任制，也称混合责任制。它在责任基础方面与统一责任制相同，在赔偿限额方面则与网状责任制相同。即多式联运经营人对全程运输负责，各区段的实际承运人仅对自己完成区段的运输负责。无论货损发生在哪一区段，多式联运经营人和实际承运人都按公约规定的统一责任限额承担责任。但如果货物的灭失、损坏发生于多式联运的某一特定区域，而对这一区段适用的一项国际公约或强制性国家法律规定的赔偿责任限额高于多式联运公约规定的赔偿责任限额时，多式联运经营人对这种灭失、损坏的赔偿应按照适用的国际公约或强制性国际法律予以确定。目前,《联合国国际货物多式联运公约》基本上采取这种责任形式。

在这种特殊规定下,在多式联运中出现了两层赔偿关系。第一层首先是多式联运经营人与货主间的赔偿关系。第二层赔偿关系是多式联运经营人与各区段实际承运人之间的赔偿责任。对于这一责任,公约中并没作任何规定,只能按目前各区段适用的法律处理。再者,想要使各种方式的实际承运人接受统一的责任限额也是很困难的。因此,经修订的统一责任制在目前确实难以实行。公约中出现的这种责任制问题在近期内也很难解决。只有当其他单一方式的运输公约、法律做出调整或出台新的规定后才能逐渐解决。这也是国际多式联运公约至今仍未正式生效的主要原因之一。

六、国际多式联运的主要业务与程序

多式联运经营人从事多式联运业务时,大致需要经过受托申请→订立多式联运合同→空箱发放、提取及运送→出口报关→货物装箱及接受货物→向实际承运人订舱及安排货物运送→办理货物保险→签发多式联运单证→组织完成货物的全程运输→办理运输过程中的海关业务→货物交付→货损事故处理等环节。

1. 接受托运申请、订立多式联运合同

多式联运经营人根据货主提出的托运申请和自己的运输线路等情况,判断是否接受该托运申请。如果能够接受,则双方议定有关事项后,在交给发货人或其代理人的场站收据副本上签章,以证明接受委托申请,此时,多式联运合同已经订立并开始执行。

2. 空箱的发放、提取及运送

多式联运中使用的集装箱一般是由多式联运经营人提供的,在表示接受委托之后,多式联运经营人签发提单给发货人或其代理人以保证其在商定的时间、地点提空箱使用。发货人或其代理人按双方商定的内容及托运货物的实际情况填写场站收据,并在经营人编号、办理货物报关及货物装箱后,负责将集装箱托运至双方商定的地点将货物交给多式联运经营人或指定的代理的代理人(堆场或货运站),取得正本场站收据后到经营人处换取多处联运提单。如发货人委托也可由多式联运经营人办理从堆场到装箱地点的空箱托运(这种情况需加收空箱托运费)。

如果是拼箱货(或是整货但发货人无装箱条件不能自装)时,则有多式联运经营人将所用空箱调运至接收货物的集装箱货运站,做好装箱准备。

3. 出口报关

若多式联运从港口开始,则在港口报关;若从内陆地区开始,则在附近的内陆地海关办理报关。

出口报关事宜一般由发货人或其代理人办理,也可委托多式联运经营人代为办理(这种情况需加报关手续,并由发货人支付海关派员所产生的费用)。报关时,应提供场站收据、装箱单、出口许可证等有关单据和文件。

4. 货物装箱及接受货物

若是发货人自行装箱,发货人或其代理人提取空箱后在自己的工厂和仓库组织装箱。装箱工作一般在报关后进行,并请海关派员到装箱地点监装和办理加封事宜。如需理货,还就请理货员现场理货并与之共同制作装箱单;如是拼箱货物,发货人应负责将货物运至指定的集装箱货运站,由货运站按多式联运经营人的指示装箱。

无论装箱工作由谁负责,装箱人均需制作装箱单,并办理海关监装与加封事宜。对于由发货人自行装箱的装箱货物运至双方协议规定的地点,多式联运经营人或其代表(包括委托的场站业务员)在指定的地点接受货物。若是拼箱货,经营人在指定的货运站接受货物。验收货物后,代表联运经营人接受货物的人应在堆场收据正上签章并将其交给发货人或其代理人。

5. 订舱及安排货物运送

多式联运经营人在合同订立之后,即应制定该合同涉及的集装箱货物的运输计划。该计划应包括货物的运输线路、区段的划分、各区段实际承运人的选择及各区段衔接地点的到过达、起运时间等内容。这里所说的订舱泛指多式联运经营人要按照运输计划安排洽定各区段的运输工具,与选定的各实际承运人订立各区段的分运合同。这些合同的订立由多式联运经营人本人(派出机构或代表)或委托的代理人在各转接地办理,也可请前一区段的实际承运人作为代表向后一段的实际承运人订舱。货物运输计划的安排必须科学并留有余地,各方在工作中应相互联系,根据实际情况调整计划,避免脱节。

多式联运合同在签订时,一般应明确换装港(站)及货物交接办法或各区段承运人的责任。至于承运人之间的责任,一般先由多式联运承运人与各区段承运人来协议约定然后在分运合同中加以明确。但是,联运承运人与各区段承运人之间就其责任的约定,不得影响或者减少联运经营人对全程运输所承担的义务。如果约定联运承运人仅对某一区段运输负责,而不对全程运输负责的,该约定应为无效。

6. 办理保险

在发货人方面,应投保货物运输险。该保险由发货人自行办理,或由发货人承担费用由经营人代为办理。货物运输保险可以全程投保,也可分段投保。在多式联运经营人方面,应投保货物责任险和集装箱保险,由经营人或其代理人负责办理保险。

7. 签发多式联运提单,组织完成货物的全程运输

多式联运经营人的代表收取货物后,经营人应向发货人签发多式联运提单。在把提单交给发货人前,应注意按双方协定的付费方式内容、数量向发货人收取全部应付费用。

多式联运提单是证明多式联运合同的运输单据,具有法律效力,同时也是经营人与发货人之间达成的协议(即合同)和条款和实体内容的证明,是双方基本义务、责任和权利的说明,提单填写的条款和内容是双方达成的合同的内容(除事先另有协议外)。

多式联运经营人签发提单是履行合同的一个环节,证明他已按合同接受货物并开始对货物负责。对于发货人来讲,接受经营人签发的提单意味着已同意接受提单的内容与条款,即已同意以这些内容和条款说明的合同。因此,发货人(或其代理人)在订立多式联运合同时,应认真了解多式联运经营人的提单条款(应是事先印制而且公开的),如有不能接受之处,应与经营人达成书面协议解决,否则将被认为是接受所有条款,接受其关于双方责任、权利和义务的说明。

多式联运经营人有完成和组织完成全程运输的责任和义务。多式联运经营人在接收货物后,要组织各区段实际承运人,与各派出机构及代理人共同协调工作,完成全程中各区段的运输、各区段之间的衔接工作,以及运输过程中所涉及的各种服务性工作和运输单据、文件及有关信息等的组织和协调工作。

8. 运输过程中的海关业务

按照惯例,国际多式联运的全程运输(包括进出口国内陆段运输)均应视为国际货物运输,因此运输过程中的海关业务工作主要包括货物及集装箱进口国的通关手续、进口国内陆段保税(海关监管)运输手续及结关等内容。这些涉及海关的手段一般由多式联运经营人的派出机构或代理人办理,也可由各区段的实际承运人作为多式联运经营人的代表代为办理,由此产生的费用全部由发货人或收货人负担。

9. 货物交付

货物运至目的地后,由目的地代理人通知收货人提货。收货人凭多式联运提单提货,多式联运经营人或其代理人按合同规定,收取收货人应负的全部费用,收回提单,签发提货单(交货记录),提货人凭提货单到指定堆场和地点提取货物。如果是整箱提货,由收货人要负责至拆箱地点的运输,并在货物取出后将集装箱运至指定的堆场,运输合同终止。

10. 货运事故处理

如果全程运输中发生了货物灭失、损害和运输延误,无论是否能确定损害发生的区段,发(收)货人均可向多式联运经营人提出索赔。多段联运经营人根据提单条款及双方协议确定责任并做出赔偿。如果确知事故发生的区段和实际责任者时,可向其索赔,如不能确定事故发生的区段,一般按在海运段发生处理。如果已对货物及责任投保,则存在要求保险公司赔偿和向保险公司进一步追索的问题。如果受损人和责任人之间不能取得一致,则需通过在诉讼时效期内提起诉讼和仲裁来解决。

七、国际多式联运合同

1. 国际多式联运合同及其特点

国际货物多式联运合同是指"多式联运经营人凭以收取运费、负责完成或组织完成国际多式联运的合同"。该合同由多式联运经营人与发货人协议订立。多式联运合同具有如下特点:

(1)多式联运合同是双方合同。合同双方均负有义务和享有权利。

(2)多式联运合同是有偿合同。

(3)多式联运合同是非要式的合同。尽管可用多式联运提单证明,但提单不是运输合同,没有具体体现形式。

(4)有约束第三者性质,收货人不参加合同订立,但可直接获得合同规定的利益并自动受合同约束。

(5)有时包括接受委托、提供服务等内容,这些内容由双方议定。

2. 国际多式联运合同的订立

国际多式联运合同是处于平等法律地位的国际多式联运经营人与发货人双方的民事法律行为,只有在双方表示一致时才能成立。与其他合同一样是双方的协议,其订立过程是双方协商的过程。

国际多式联运经营人为了揽取货物运输，要对自己的企业（包括办理机构地点等）、经营范围（包括联运线路、交接货物地域范围、运价、双方责任、权利、义务）等做广告宣传，并用运价本、提单条款等形式公开说明。发货人或他的代理人向经营多式联运的公司或其营业所或代理机构申请货物运输时，通常要提出货物（一般是集装箱货物）运输申请（或填写订舱单），说明货物的品种、数量、起运地、目的地、运输期限要求等内容，多式联运经营人根据申请的内容，并结合自己的营运路线，所能使用的运输工具及其班期等情况，决定是否接受托运。如果认为可以接受，则在双方商定运费及支付形式，货物交接方式、形态、时间、集装箱提取地点、时间等情况后，由多式联运经营人在交给发货人（或代理人）的场站收据的副本联上签章，以证明接受委托。这时多式联运合同即告成立，发货人与经营人的合同关系已确定并开始执行。

八、国际多式联运单据

国际多式联运单据（combined transport document, CTD），是指证明国际多式联运合同以及证明多式联运经营人接管货物并负责按照合同条款交付货物的单据，是收货人收货的依据。有的多式联运单据可以转让。

1. 多式联运单据与一般联运单据的区别

国际多式联运单据与国际上一般的联运单据比较，两者的主要区别如下：

(1) 多式联运单据必须是两种或两种以上不同运输方式的联运。一般的联运提单限于由海运与其他运输方式所组成的联合运输时使用。

(2) 多式联运单据是由多式联运的经营人或经其授权的人签发的。一般的联运提单则由承运人、船长或承运人的代理人签发。

(3) 多式联运单据的签发人必须对货物的全程运输负责。一般的联运提单的签发人仅对第一程运输负责。

(4) 多式联运单据既可以是已装船的单据，也可以是联运经营人接管货物后准备待运时签发的单据。一般的联运提单必须是第一承运人签发的已装船的全程联运提单。

根据国际惯例，银行可以接受注明货物已发运、接受监管或已装载的单据。只要同一多式运输单据包括全程运输，即使信用证禁止转运，银行也将接受注明转运将发生或可能发生的多式运输单据。

2. 多式联运单据的内容

根据我国"多式联运规则"，多式联运单据，如表 5-1 所示。

水陆联运货物承运收据一般包括以下内容：

(1) 货物名称、种类、件数、质量、尺寸、外表状况、包装形式；

(2) 集装箱箱号、箱型、数量、封志号；

(3) 危险货物、冷冻货物等特种货物应载明其特性、注意事项；

(4) 多式联运经营人名称和主营业所；

(5) 托运人名称；

(6) 多式联运单据表明的收货人；

(7) 接收货物的日期、地点；

(8) 交付货物的地点和约定的日期；

(9)多式联运经营人或其授权人的签字及单据的签发日期、地点;

(10)交接方式、运费的交付、约定的运达期限、货物中转地点;

(11)在不违背我国有关法律、法规的前提下,双方同意的其他事项。

多式联运单据缺少一项或数项,并不影响该单据作为多式联运单据的法律效力,但是应当能证明具有"多式联运规则"的规定内容。

水陆联运货物承运收据 表 5-1

局　　　　起运港站→托运人　　　　　　　　运单(　　)字第　　　号

<table>
<tr><td colspan="2">发站或起运港</td><td colspan="2">托运人名称</td><td></td><td colspan="2">到站或到达港</td><td colspan="2">收货人名称</td><td></td></tr>
<tr><td rowspan="2">货物名称</td><td rowspan="2">种类</td><td rowspan="2">件数</td><td colspan="2">质量</td><td rowspan="2">费用项目</td><td>铁路</td><td>海运</td><td>江运</td><td>河运</td></tr>
<tr><td>实际质量</td><td>计费质量</td><td>(km)</td><td>(km)</td><td>(km)</td><td>(km)</td></tr>
<tr><td></td><td></td><td></td><td colspan="2"></td><td>运费</td><td></td><td></td><td></td><td></td></tr>
<tr><td></td><td></td><td></td><td colspan="2"></td><td>装卸费</td><td></td><td></td><td></td><td></td></tr>
<tr><td></td><td></td><td></td><td colspan="2"></td><td>换装费</td><td></td><td></td><td></td><td></td></tr>
<tr><td></td><td></td><td></td><td colspan="2"></td><td>港务费</td><td></td><td></td><td></td><td></td></tr>
<tr><td></td><td></td><td></td><td colspan="2"></td><td></td><td></td><td></td><td></td><td></td></tr>
<tr><td>合计</td><td></td><td></td><td colspan="2"></td><td></td><td></td><td></td><td></td><td></td></tr>
<tr><td colspan="5">承运时核收</td><td></td><td></td><td></td><td></td><td></td></tr>
<tr><td colspan="5">支票号　　收款人(盖章)</td><td>合计</td><td></td><td></td><td></td><td></td></tr>
</table>

多式联运经营人按收货物时,应由本人或其授权的人签发多式联运单据。另外,我国还规定;记名单据不得转让;指示单据,经过记名背书或者空白背书可以转让;不记名单据无须背书即可转让。

二、公铁联运的优点

(1)手续简单,责任统一。

(2)减少运输过程中的时间损失和货物灭失、损坏、被盗的风险,是货物运输高效快捷。

(3)节省了运杂费用,降低了运输成本。

(4)提高运输的组织水平,实现货物的连续运输。

(5)改善环境,减少能源消耗、城市道路拥挤和交通事故,支持可持续发展。

(6)发挥铁路线路和仓库的作用,提高铁路车辆的利用率。

三、公铁联运的构成要素

构成公铁联运必须具备以下特征或基本条件:

(1)必须具有一份公铁联运合同,该合同是全程运输经营人与托运人之间权利、义务、责任与豁免的合同关系和运输性质的确定,也是区别公铁联运与一般货物运输的主要依据。

(2)必须使用一份公铁联运单据,该单据应满足货物全程运输过程中公路及铁路不同运输方式的需要,并按单一运费率计收全程运费。

(3)必须是公路及铁路两种运输方式的联合运输。

(4)是国内货物运输,不涉及国际货物运输。

(5)必须由一个全程运输经营人对货物运输的全程负责,该全程运输经营人不仅是订立公铁联运合同的当事人,也是公铁联运单据的签发人;在全程运输经营人履行公铁联运合同所规定的运输责任的同时,可以将全部或部分运输委托他人(分承运人)完成,并订立分运合同,但分运合同的实际承运人与原货物托运人之间不存在任何合同关系。由此可见,公铁联运的主要特点是由全程运输经营人与托运人签订一个公铁联运合同,并由全程运输经营人统一组织全程运输,实行运输全程一次托运、一次付费、一单到底、统一理赔和全程负责。它是以方便货主为目的的货物运输组织形式。

四、公铁联运的运作

国内公铁联运的概念很早就提出,但是长时间以来并没有得到真正的贯彻实施。下面简要介绍北美驮背运输(TOFC)的运作过程,如图5-2所示。基于是否拥有和经营公路拖车的不同,可以将驮背运输业务分成以下几种情况。

(1)铁路承运人拥有或租用拖车。在这种情况下,铁路承运人签发全程运输单证,自行完成门到门运输。

(2)货主拥有或租用拖车。在这种情况下,铁路承运人仅负责铁路区段的运输,而公路运输则有货主自行完成。

(3)公路承运人拥有或租用拖车。可以分成两种情况:

①公路承运人签发全程运输单证,组织门到门运输和自行完成公路运输,而铁路运输则转委托铁路承运人;

②公路承运人接受铁路承运人或货主的委托完成公路运输。

(4)货运代理人作为独立经营人。可以分成以下两种情况:

①货运代理人不拥有或租用拖车,此时,货运代理人签发全程运输单证,组织门到门运输,其具体运输分别委托公路和铁路承运人;

②货运代理人拥有或者租用拖车,此时等同于公路承运人,其运作模式与上述公路承运人相同。

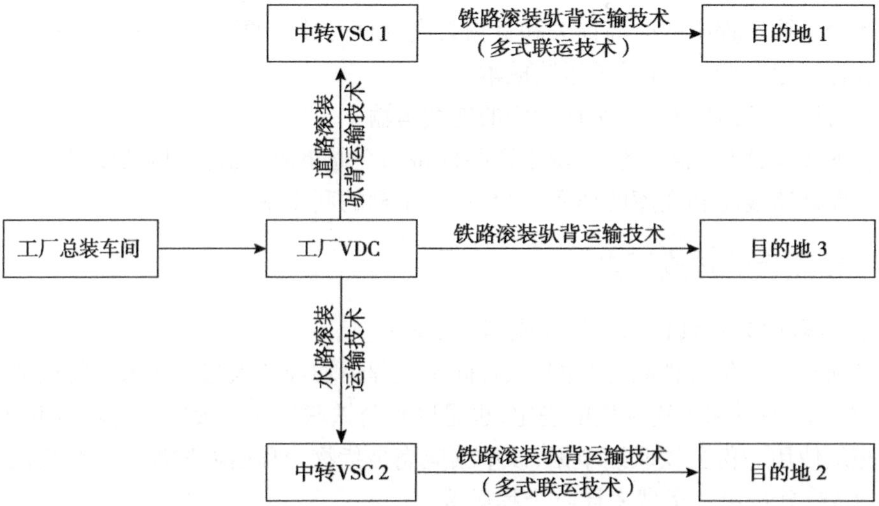

图5-2 驮背运输(TOFC)的运作过程

五、我国公铁联运面临的问题

(1)实际操作还需探索。

(2)铁路系统多年的沉疴痼疾是最大的制约。

(3)统一管理机构的缺失和一致性政策的缺失是较为突出的问题。

(4)我国现代物流业起步较晚,高级物流人才匮乏,公铁联运的相关运输技术一直薄弱,人才的培育和技术的成熟需要较长的周期。

(5)在我国,物流经济总体发展不平衡,区域发展水平存在很大差距。

知识链接

公铁联运有何益处

要想定性分析公铁联运的有益之处,就得先了解铁路运输和公路运输分别的特点。

(1)铁路运输准确安全,铁路运输几乎不受气候影响,一年四季可以不分昼夜地进行定期的、准确的运转;铁路运输速度比较快,运输量比较大。铁路一列货物列车一般能运送5000t货物,远远高于航空运输和汽车运输;铁路运输成本较低。铁路运输费用仅为汽车运输费用的几分之一到十几分之一;运输耗油约是汽车运输的二十分之一。

铁路运输安全可靠,风险远比公路运输小。铁路货物运输固然有其优势,但其特点也决定了其必然存在弊端:由于在专线上行驶,而且车站之间距离比较远,缺乏机动性;运输起点和终点常常需要汽车进行运转,增加了搬运次数。

(2)公路运输灵活便捷,公路货运机动灵活、简捷方便、应急性强,能深入到其他运输工具到达不了的地方;适应点多、面广、零星、季节性强的货物运输;汽车投资少、收效快;是空运班机、船舶、铁路衔接运输不可缺少的运输形式;随着公路现代化、车辆大型化,公路运输是实现集装箱在一定距离内"门到门"运输的最好的运输方式。公路货运存在的问题是,比起铁路来,汽车运输的运输单位小,运输量和汽车台数与操作人员数成正比,产生不了大批量输送的效果。动力费和劳务费较高,特别是长距离输送中缺点较为显著。尤其是在油价上涨后,公路运输的成本增加了10%~15%,运输业更是呼唤新兴运输模式的出现。

(3)公铁联运高效统一,公铁联运就是充分发挥铁路骨干运输的优势,公路灵活多变、快速的特点,为客户提供一票式门到门运输服务。其优点主要有:手续简便、责任统一。在公铁联运方式下,所有运输事项均由联运承运人负责办理。而货主只需办理一次托运、订立一份运输合同、支付一次运费、办理一次保险,并取得一份联运提单。与各运输方式相关的单证和手续上的麻烦被减少到最低限度。发货人只需与联运经营人进行交涉。由于责任统一,一旦在运输过程中发生货物灭失或损坏时,由多式联运经营人对全程运输负责。减少运输过程中的时间损失,使货物运输更快捷。公铁联运作为一个单独的运输过程而被安排和协调运作,能减少在运转地的时间损失和货物灭失、损坏、被盗的风险。公铁联运经营人通过联络和协调,在运转地各种运输方式的交接可连续进行,使货物更快速地运输,从而弥补了与市场距离远和资金积压的缺陷。节省了运杂费用，降低了运输成本。公铁联运还可以提高运输的组织水平，实现货物的连续运输，可以把货物从发货人的工厂或仓库运到收货人的仓库或工厂，做到了门到门的运输，使合理运输成为现实。在竞争激烈的形势下，货物运输要求速度快、损失少、费用低，而公铁联运适应了这些要求，而我国地域辽阔，具有发展公铁联运的潜力。

任务实施

1. 实训目的

通过实训调查，使学生了解公铁联运的组织过程、公铁联运适用的各种单证，培养学生调查、收集与整理相关信息的能力。

2. 实训技能

熟悉公铁联运业务的流转过程。

3. 实训内容

公铁联运线路优化。

4. 实训步骤

步骤一：仔细阅读下列参考资料。

(1)基本情况：

①国内某汽车制造企业(为方便计算，生产和发运地假设为哈尔滨市)的销售物流业务，2009 年总生产汽车为 24 万辆，出口 2 万辆，其他主要销售在东北和华北。

②淡旺季情况：每年 11 月 ~ 次年 2 月为旺季运输，是正常运输运力需求的 200%；每年 5 ~ 7 月为淡季运输，是正常运输运力需求的 50%；其他为正常运输。

③2009 年以前基本全部为公路汽车运输方式，点对点运输到二级以上城市(包括省会城市)，简化起见，可以在每个省份内挑选重要的二级城市 5 个左右。

④运费标准：每辆商品车的运费为 1200 元，即 1200 元/辆。

⑤订单周期：假设为 2 周一次。

(2)存在问题：

①运输方式单一，主要是点对点运输模式，运输成本高；

②旺季商品车严重积压、运力资源不足，甚至造成停产；

③淡季运力资源过剩，运输驾驶员业务不饱和，经济利益受损，驾驶员抱怨；

④运输提前期难以控制，不能均衡生产和运输。

(3)客户要求：

①商品车要求“零”千米交货(即交车时车辆行驶里程不高于 50km)；

②运输时间：从装车到交到客户 4S 店或指定地点在一周内；

③商品车交车时无破损，否则按照厂家规定赔偿；

④相关保险费用包含在运输价格内，并由物流企业负责。

(4)相关信息和数据：

①商品车车型和数据如表 5-2 所示。

商品车车型和数据表 表 5-2

车型分类	车型外形尺寸(长×宽×高,mm)	可选择运输方式
A	3745×1505×1925	公路、船舶
B	3588×1563×1574	公路、铁路、船舶
C	3885×1695×1635	公路、铁路、船舶
D	4434×1708×1471	公路、铁路、船舶

②运输方式和运输设备数据如表 5-3 所示。

运输设备数据表 表 5-3

运输设备	载运内尺寸(长×宽×高,m)	备 注
专用汽车	19.6×2.40	双层。A、B、C 可装 10 辆; D 可装 8 辆
专用火车厢	17.0×2.69×(1.60 上层,1.65 下层)	双层,一列 43 节车皮。 每车皮 B 可装 8 辆; C 可装 4 辆(上层留空); D 可装 6 辆。 A 不可装
RO-RO 船	300、600、800 个车位(A/B/C/D 一样)	高度满足车辆外尺寸

③2005 年国内销售信息如表 5-4 所示。

销 售 信 息 表 表 5-4

区域	省份	各车型年销售量(台)				年总销售量(台)	
		A	B	C	D	汽车运次	总运量
东北	黑龙江	13910	3576	1987	396	207	19872
	吉林	23922	6151	3416	682	356	34176
	辽宁	16867	4335	2409	480	251	24096
	内蒙古	11825	3038	1688	336	176	16896
华北	北京	19488	5010	2784	556	290	27840
	天津	11558	2972	1651	330	172	16512
	河北	16464	4233	2352	469	245	23520
	河南	21504	5528	3072	614	320	30720
	山东	12096	3110	1728	345	180	17280
	山西	6384	1641	912	181	95	9120
合计		154018	39594	21999	4389	2292	220032

④成本费用(单位:元/辆千米)如表 5-5 所示。

成 本 费 用 表 表 5-5

运输方式/车型	A 型车	B 型车	C 型车	D 型车
公路	0.65	0.70	0.70	0.75
铁路	不可装	0.65	0.65	0.70
水路	0.60	0.60	0.60	0.60

注:铁路、水路运输成本中不含卸车、卸船前后的短途公路运费。

步骤二:确定哈尔滨市到东北、华北各个省省会及二级城市(每个省份内挑选重要的二级城市5个左右)的运输距离。(如果由省会进行转运可计算哈尔滨市到省会距离+省会到各个二级城市距离。)

步骤三:计算哈尔滨市到东北、华北各个省的二级城市的单程运输时间(分别计算各种可能运输方式组合所需时间,如到达沿海城市的运输时间为公路或铁路运输+水路运输时间)。

步骤四:计算2009年各省各种车型每天平均需求量(1年按365天计算)。

步骤五:请根据上述相关信息进行此汽车制造企业的商品车销售物流的分析和优化方案设计,相关信息可以根据情况适当合理假设。方案至少应包括以下内容:

(1)分析原物流操作模式存在的问题及其原因(见案例内容)。

(2)提出新的运输设计方案。方案设计遵循满足服务要求前提下的成本最低原则。新的设计方案主要包含以下内容:

①确定使用的运输方式(公路、水运、铁路)组合。(例如省内可以用公路直运,沿海可组合公路/铁路/水路运输,省外内陆地区可组合铁路+公路运输等)

②根据你所设计的系统,描述需要哪些运输方式(公路、水运、铁路)?不同运输方式的运力资源如何配备(需要多少汽车、船舶和专用火车车厢)?

③绘制该项目运输网络节点布局图(可在地图上标出)。

④计算各省每次运输量。(每天平均需求量×订单周期)

⑤计算各省每年运输次数。

⑥计算合计运输批量与运输次数。

⑦计算该汽车制造企业总运输成本。(总运输成本=单位运输成本×运输里程×运输量)

(3)从以下方面对原运输模式和新方案进行比较分析,得出结论。

①运输方式比较;

②运力资源需求量分析;

③运营成本对比。

5.实训评价

公铁联运线路优化训练评价的方式有教师评价、小组内部成员评价和第三方评分组成员评价3种,建议教师评价占60%权重,小组内部成员评价占20%的权重,第三方评分组成员评价占20%的权重。将3者综合起来的得分为该生在该项目的评价分,训练评价表如表5-6所示。

训练评价表 表5-6

考评人		被考评人	
考评地点			
考评内容	公铁联运线路优化		
考评标准	具体内容	分值(分)	实际得分
	工作态度	15	
	沟通水平和团队合作	15	
	公铁联运线路优化情况	70	
合计		100	

注:考评满分100分,60分以下为不及格,60~69分为及格,70~79分为中,80~89分为良,90分以上为优。

6. 技能训练活动建议

建议组织学生分为多个小组进行实训。

任务二　海铁联运作业管理

案例导入

海铁联运热起来

目前世界上鹿特丹、汉堡等一些成熟港口的海铁联运比例都要占到吞吐总量的两成左右,2005 年,我国港口通过多式联运完成的集装箱吞吐量中,海铁联运仅占 1.6%,这一较低的比重以及年复一年压港现象的背后,折射出我国港口铁路集疏运的滞后。然而,近一两年来,这一状况正在悄悄发生着变化。

一、海铁联运热起来

2006 年 12 月 14 日,航运巨头中海集团旗下的中海集装箱运输股份有限公司(简称:中海集运)同中铁集装箱运输有限责任公司(中铁集运)签署了一项战略联盟框架协议,双方在集装箱铁路 - 海洋联运业务方面展开合作。中海、中铁集牵手海铁联运,合作开通运营了上海芦潮港集装箱中心站 ,此举标志着中国首个实现“海铁联运” 的现代化铁路集装箱中心站已全面建成,未来其年吞吐能力将可超过 180 万 TEU,成为洋山港货物快速集散的重要通道。据介绍,上海芦潮港集装箱中心站是将进出洋山港的货物通过铁路进行运输集散的中转站点,可同时容纳四列火车在站内装卸集装箱。目前中心站每天有一至两班快运专列抵达,集装箱在进入洋山港区后,通过集卡运送至中心站,再经由转运列车,便可进入中国铁路网发送到各地,整个转运过程可在 2h 内完成。

与此同时,2006 年 12 月 18 日,总投资 48 亿元的从大秦铁路引建的迁曹铁路正式通车,先期竣工的是通往曹妃甸矿石码头的支线,而另一条还在建设的通往煤码头的支线,建成后可接卸煤炭 1.3 亿 t。事实上,在越来越多的疏港铁路大规模建设的背后,我国海铁联运的发展也骤然提速。

二、齐头并进、海铁联运崭新亮相

海铁联运实施比较早的国内城市青岛市,高度重视推进海铁联运业务的发展,政府相关部门在做好内部协调的基础上,积极出面争取铁道、交通和海关等部门的支持,使青岛港的海铁联运能按“五定班列”方式运作。铁路部门还同意把铁路延伸进港口集装箱堆场,设立集装箱多式联运站并纳入全国路网。海关方面则结合海铁联运业务发展的需要,积极与内地主要城市的海关协商,简化手续,减少环节,并分别签订两地海关海铁联运监管协议,启动远程报关服务,货主可在海关签订协议的内陆城市直接办理经由青岛港的进出口通关、结汇、退税手续;办理集装箱进出口商检、卫检、动植物检手续;签发国际集装箱出口全程提单。这些举措,不仅为青岛港大规模拓展海铁联运创造了前提条件,也使内陆地区有了“出海码头”和船运泊位,更利于发展进出口贸易。这种互利双赢的运输方式,不仅受到两地地方政府的支持,更受到企业的欢迎,使此项业务在短时期内便得以迅速发展。

作为长期注重发展海铁联运的大连港,为了完善其自身集装箱内陆集疏运体系,加强港口对腹地的辐射功能,1997 年,大连港开通了到哈尔滨的集装箱海铁联运集装箱班列,2000 年,大连港突破原有铁路经营模式,率先提出了“公共班列经营人”的经营理念,改变了原有海铁联运“散化”运作的模式。2006 年 11 月 26 日开行的大连—哈尔滨、大连—长春集装箱班列就是升级其中的两条。截至目前,大连市开通的海铁联运集装箱班列已达 7 条。

2007 年 11 月 2 日,原铁道部和宁波市政府签署了关于加快宁波地区铁路建设与发展的会谈纪要。原铁道部将支持宁波大力发展海铁联运,合力推进宁波铁路后方通道建设,完善宁波铁路枢纽,把宁波打造成国家综合交通网中的重要枢纽,内陆货运的重要出海口,以及走向亚太、通往世界的重要门户。

有消息说,连云港已经位列国内集装箱海铁联运最大承运港。连云港新东方集装箱码头积极配合铁路、中外运、连云港港口集装箱办理站开展海铁联运业务,充分发挥连云港港口集装箱办理站具有承办海运业务的优势,并为海内外客户提供托运、一次收费的国际多式联运“一条龙”服务,利用港口铁路、海运等多方联合优势,调动揽货积极性,使西安、郑州等内陆城市发往连云港海铁联运集装箱运量有明显的增加。公司积极配合郑州铁路局、济南铁路局,发挥港航、铁路、企业联合优势,共同建设“绿色通道”,先后开通了连云港往返郑州、西安、成都、集装箱“五定班列”,实现了集装箱“五定班列”与口岸的美西、地中海、东南亚、日本、韩国等集装箱班轮航线的有效衔接,使占连云港港口中西部集装箱货物更多的与地中海、东南亚、日本、韩国、中东、台湾地区等集装箱班轮航线有机衔接,能在很短的时间内通关、进出港,使大陆桥运输和海铁联运实现新的跨越。

目前,已经正式开通海铁联运的还有:宁波至义乌进出口双向运输海铁联运正式开通;天津至西安海铁联运专列;厦门港直达江西赣州、南昌的海铁联运集装箱班列开通等。便捷通道海铁联运开启新程。

集装箱海铁联运班列因具有准时、便捷、安全、低成本等特点,越来越得到港口及客户的青睐。海铁联运是与进出口贸易发展密切相关的国际通行的一种货运方式。实行海铁联运后,内陆企业可在当地海关一次便可完成出口报关及海运定舱定位手续,通过火车运往港口直接中转出境。同时,境外发运货物通过港口入境,可直达目的地,抵达目的地后再由当地海关办理入关手续。省去了口岸和内陆两地海关联系函这个中间环节,节省了企业大量付运时间和运输成本。

根据行业的测算,一个标准箱可给港口地域带来直接经济效益 6000 元。数据显示,大连与长春之间海铁联运集装箱货物运输量已占东北区域总量的 40% 以上,主要货物结构为:从长春至大连 60% 为粮食深加工产品,从大连至长春 70% 以上则是汽车零部件。2006 年 11 月 26 日,经原铁道部批准开通的连云港至阿拉山口直达快运集装箱班列,班列每天从两端发出一班,可运 96 个标准箱。开通的连云港—郑州—西安以及连云港—阿拉山口—莫斯科集装箱运输“五定”班列,使得连云港与郑州、西安、乌鲁木齐集装箱海铁联运实现东西双向快捷运行,以此着力把陇海线打造成中西部地区的黄金通道,货物多为棕刚玉、果汁、塑料、铸件等。厦门到江西的集装箱海铁联运业务,是由厦门港务控股集团全力打造的物流产品,自从 2005 年开通试运行海铁联运以来,货物品种涵盖了汽车、建材、服装、鞋帽、食品、矿产品等,业务呈快速增长的态势。天津海关自 2006 年 5 月 17 日接受以海铁联运形式转关出口报关以来,虽然海运加铁路联合运输直接出口形式开通的时间不长,但其显现出来的优势却是十分突出,潜力较大。目前,海铁联运方式出口的转关货物占西安海关转关至天津海关出口货物量的 55%,且有稳步增长的趋势。西部多家出口企业正是由于看上海铁联运的本身具备的优势,已纷纷由原来公路集装箱卡车运输改为海铁联运方式出口货物。据海关介绍,这些货物主要有苹果汁、抽屉侧板、农产品、机电产品等。深圳至昆明海铁联运集装箱班列于2007年1月28日开行,不到3个月,于4月18日又开通深圳至广州大朗集装箱“五定”班列、5月29日开通深圳北经二连浩特至捷克的国际集装箱班列、8月9日开通深圳至广州黄埔集装箱“五定”班列。

三、海铁联运　谱写陆桥运输新篇章

作为海铁联运的一种重要形式,亚欧大陆桥运输正日益受到我国沿海更多港口的关注,比如日照港、天津港、大连港。除人们熟知的从连云港经阿拉山口到鹿特丹这条“欧亚大陆桥”路线外,目前中国境内还有两条运营得比较成熟的横贯欧亚的“大陆桥”,即从大连港经满洲里到荷兰鹿特丹,由天津港经二连浩特到鹿特丹。

2006年11月2日,呼和浩特铁路局对外经济技术合作集团公司宣布,经过1年多的试运行,中国第一个横跨“欧亚大陆桥”的“如意号”国际集装箱专列已正式开行。该专列装载100个国际标准集装箱,运行路线由呼和浩特至西欧的法兰克福,横跨“欧亚大陆桥”沿线的6个国家,运输周期约15天,运输全程近万千米。尽管其是目前国际铁路集装箱联运营运里程最长的线路之一,但相比之下,远东至西欧,经新亚欧大陆桥比经苏伊士运河的全程海运航线,缩短运距8000km,比通过巴拿马运河缩短运距11000km。

为了优化完善亚欧大陆桥运输,原铁道部采取分步实施、分段推进的方法,相继将集装箱运输“五定”班列,从1997年4月由江苏连云港开通至新疆的阿拉山口,2004年12月又延伸到哈萨克斯坦的阿拉木图,2007年又延伸到俄罗斯,这是我国采取的第三次铁路运输新举措。

在原铁道部隆重推出的铁海联运直达快运班列产品说明中,大陆桥集装箱班列运输的定位是:定点定时,相对快速,直通直达,安全环保,重载重行,优质服务。原铁道部运输局货运计划处负责人高德庆说,受我国铁路运输能力紧张的瓶颈制约,2005年铁路集装箱的发送量仅占全路总发送量的2.2%,大陆桥运力紧张状态更显突出。由于从阿拉山口回来的多是空箱,铁路紧张的运力对于大陆桥运输来说更是“雪上加霜”。而新推出的铁海联运直达快运班列,则使得大陆桥无障碍运输中的主要环节“车皮”紧张问题迎刃而解。

连云港到阿拉山口的通道是我国铁路主管部门高度重视、长期给予关注和支持的海铁联运的精品线路。原铁道部于2006年11月26日开通连云港—阿拉山口、青岛—郑州、大连—长春、大连—哈尔滨4对海铁联运直达快运集装箱班列。其中,首当其冲的就是连云港到阿拉山口。在大陆桥运输中,这趟精品班列线越开越好,越开越稳定。2004年4月开通连云港–阿拉山口五定班列,当年年底进出连云港的集装箱是8000TEU, 2007年从连云港到阿拉山口,再从阿拉山口返回来的集装箱超过7万TEU以上,是2004的6倍至7倍,是2005年的2倍之多。现在连云港到阿拉山口的集装箱班列可以保证每天一列,甚至每天多列,基本上保证重去重回。在这条通道上,过去通过阿拉山口过境到哈萨克斯坦等中亚国家,这次直接开通了到莫斯科班列。

连云港到莫斯科班列全程运行8340多km,是跨越亚欧大陆真正的国际集装箱品牌。此班列的开通对进一步做好海铁联运,促进我国与欧洲间经济贸易的交流,拉动欧亚大陆桥整体运输工作,对促进大陆桥区域经济发展将会产生积极的推动作用。

在“连云港到莫斯科班列海铁联运”新闻发布会上,中铁集装箱公司董事长兼总经理郑明理表示,促进新亚欧大陆桥运输更快发展必须实施海铁联运和国际联运战略。因为集装箱运输作为现代运输公认的先进运输方式,它最大的优势在于方便、快捷、安全、现代、节能。在目前,铁路集装箱运输和其他运输方式相比,优势是比较大的,再加上集装箱本身既有的适应水运、公路、铁路等多种运输方式的交换,所以在现代交通体系中,集装箱发挥着骨干作用。现在中铁集装箱公司和中海集团联手打造新亚欧大陆桥海铁联运经营方式,而且是五定班列,这将极大地促进新亚欧大陆桥运输业的发展,更重要的是,该班列的开通,标志着新亚欧大陆桥自 1992 年正式开通以来,实现了真正意义上的亚欧贯通运营,必将为我国及日、韩、东南亚、美洲国。

业内人士认为,此次“海铁”联运的成功实施,把海上运输网和新亚欧大陆桥运输网紧密连接在一起,真正发挥大交通在国际经济中的巨大作用,必将促进新亚欧大陆桥运输的大飞跃,促进沿桥地区经济的大发展,同时也促进了海铁联运这一目前世界上先进的运营方式在我国的快速发展。

案例思考:

海铁联运是国际集装箱多式联运系统的重要组成部分,海铁联运的发展,既可方便付货人,减少运输环节,缩短运输周期,又可降低运输费用。目前海铁联运已成为国内特别是中西部地区对外贸易和运输发展的桥梁和纽带,随着中国经济的高速发展和对外开放的不断深入,将更加有利于海铁联运的发展,其前景也会更加广阔。

任务分析

任务准备

(1)海铁联运单证;

(2)多媒体教室(含可供学生上网查资料的电脑、多媒体教学设备、课件和动画等教学资料);

任务目标

(1)掌握海铁联运的运作流程;

(2)掌握我国发展海铁联运的 SWOT 分析;

(3)会填写主要的海铁联运单证。

基础知识

海铁联运的含义

海铁联运是进出口货物由铁路运到沿海海港直接由船舶运出,或是货物由船舶运输到达沿海海港之后由铁路运出的只需“一次申报、一次查验、一次放行”就可完成整个运输过程的一种运输方式。

知识链接

发达国家的集装箱海铁联运现状

由于铁路运输具有运输量大、运价较低、速度快、运距大、安全性高等特点。国外海铁联运的发展势头一直很好,世界各大港口都把铁路运输作为提升港口集装箱集疏运能力的重要方式。下面对荷兰鹿特丹港、德国汉堡港、比利时安特卫普港、英国南安普顿港以及美国的集装箱海铁联运的现状做下简单介绍。从中可以对我国发展海铁联运带来一些启示。

一、荷兰鹿特丹港

荷兰鹿特丹(图5-3)铁路运输部门十分重视集装箱海铁联运。鹿特丹港务当局和荷兰政府交通部门共同投资121亿美元,专门用于铁路线的升级换代和铁路沿线的车站、停车场、通信网络等重要设施的建设。与欧洲其他地区的集装箱枢纽港不同的是,鹿特丹港过去在传统上只重视水运,一向不重视铁路运输,对铁路及其设备的投资不多。现在一反常态,荷兰人对铁路投资特别重视。早在2003年,荷兰新的铁路网络全部完工,集装箱铁路运输的作用得到充分的发挥。最大的变化是,荷兰的集装箱陆路运输和铁路运输完全分离,铁路运送集装箱货物的速度明显增加。这归功于铁路线长度翻倍,增添许多集装箱堆场,火车全部电气化,火车提速以及在鹿特丹新建的两座火车站,扩大了火车的集装箱装卸货速度和运送能力。鹿特丹政府认为,这项投资将使得荷兰的铁路运输的能力提高三倍以上,截至2010年,荷兰的铁路货运年总量,已经从2001年的1000万t现有水平提高到2400万t。如此多的铁路货运增长量几乎全部是通过集装箱运输来完成,其他方式的运输量不多,只占年总运量的1.5%。而鹿特丹到德国的新铁路线的建设也已经全部完工,荷兰鹿特丹港港区内有2个中转站,集装箱可从鹿特丹港通过完善的铁路运输网,运达欧洲的主要国家。鹿特丹港每天都有多列集装箱班列发往欧洲各地,而运输时间由于距离的差异有所不同,到达德国和比利时只需12h左右,荷兰的集装箱海铁联运给铁路货运量带来的发展有目共睹。我国应该学习荷兰,大力建设海铁联运硬件设施。

图5-3 荷兰鹿特丹港

二、德国汉堡港

作为传统铁路港口的汉堡港,一直是欧洲最大的铁路集装箱转运中心。汉堡港所有码头都有铁路,汉堡港每天大约有160列国际国内集装箱班列从港口进出,铁路在进出汉堡港的长距离运输方式中占据70%以上的份额。2009年,汉堡港铁路集装箱运量为123万TEU,同比增长17%,高于港口集装箱吞吐量14%的增长速度。由此可见,汉堡港铁路集疏运的重要地位和所占份额的持续增长趋势。

三、英国的集装箱海铁联运

英国是个岛屿国家,集装箱联运在过去大多通过驳船近海运输完成的。英国的铁路运输集装箱总量还不到全国货物总运量的20%,集装箱的铁路运输大有潜力可挖。因此英国政府在温特洛格市投资2180万美元建设了集装箱铁路装运火车站,并已经正式投入运行。这座占地面积达25万英亩的集装箱铁路转运火车站比老的彭伽马火车站规模大2倍,集装箱装运量也扩大2倍以上。由于英吉利海峡海底隧道近在眼前,这座车站建成开放式,设备齐全,配备有新近引进的负荷38t的龙门起重吊车2台,火车站建有8336m^2的货物仓库和960TEU的集装箱堆场,更加便利于集装箱货物的海铁联运。英国的英格兰威尔士一苏格兰铁路运输公司(UK English Welsh & Scottish Railway)投资110万英镑,在南安普顿建设了一座集装箱专用装卸火车站。南安普顿是英格兰威尔士一苏格兰铁路运输公司的主要铁路枢纽站,英国铁路运输年运量1亿t的集装箱中的大部分是通过这个站运送的。现在这个站新添置几台龙门吊车,加快装卸速度。该铁路运输公司铁路货运量平均每年递增8%,2010年完成了英国政府制定的铁路货运量增加80%的目标。据最新统计,英国政府每年在全国铁路运输行业投资总额达到2亿2270万美元,这个举措足以证明英国政府对集装箱海铁联运的重视,值得我国引起注意。

四、比利时安特卫普港

作为欧洲第二大铁路港口的比利时安特卫普港,是多条国际铁路线的枢纽站,铁路列车一天内可到达欧洲的各主要经济中心。安特卫普港每天的发列车数120多列、到列车数100多列。这些铁路列车来自或可到达西班牙、瑞士、法国南部、奥地利、意大利和德国南部等地区。近年来,欧洲铁路运输逐步开放,越来越多的私营铁路运营商提供安特卫普港至欧洲各内陆点的铁路运输服务。所有的码头与工业区都有铁路线连接起来,铁路直接接近港口,港区内有多个铁路集装箱中心站。比利时不仅硬件设施完善,其成熟的海铁联运运营模式也值得我国参考学习。开放的运营环境将大大提高集装箱海铁联运运营的经济效益。

五、美国的海铁联运现状

美国境内有53.91万km铁路,占世界铁路总长的1/3,居世界第一位,其中大部分集中在中部和东部。美国现有6家大型铁路货运公司:CSX公司、桑太菲南方太平洋公司、联合太平洋公司、诺福克南方公司、伊利诺斯中部海湾公司、密苏里堪萨斯得克萨斯铁路公司。它们在美国货物运输领域发挥着举足轻重的作用。目前美国的海铁联运主要是指MLB和IPI这两种运输方式。MLB(Miniland Bridge):迷你路桥,指远东进口集装箱到西海岸的基本港(洛杉矶、长滩、西雅图等)后,直接卸至火车,由铁路转运至美国东岸或海湾地区各主要港口,通常要在不同的铁路公司之间换3~4次车,但由于美国成熟的铁路运营管理机制,各大铁路运营商之间都有铁路之间换线和换车的协议,集装箱通过不同运营商的铁路手续上十分便利,并且由于设备的专业化和标准化,实际操作时间也相当短,所以全程的运输时间比起全水路方式来要短不少。IPI(Interior Point Inter model)IPI与MLB的区别在于:前者目的地非东岸或者海湾地区的海港,而是内陆点(Interior points)。IPI按集装箱的卸货港之不同分为IPI和R-IPI,R-IPI即美东卸货转运至靠近东海岸的内陆点。

为了适应美国的 MLB、IPI 等集装箱运输方式,美国东西海岸基本港港区内的主要集装箱码头都有铁路线。比如洛杉矶港作为美国三条横贯大陆的 BNSF 干线铁路起点,港区与多式联运站及国家铁路网是连接在一起的,集装箱从船舶卸下后可直接上铁路,效率非常高。临近洛杉矶的长滩港则有着著名的阿拉米达通道,这条长达 32km 的地下铁路线穿越市区,从而减少了 200 多个城市交叉路口,既缩短了铁路运输时间,也减少了公路的拥堵以及货车和列车停留造成的废气污染。

美国东海岸最大的集装箱港口纽约港拥有完善的码头铁路网络,在主要的码头有 12 个铁路车站用于装卸集装箱,提供到美国东部和加拿大重要市场的运输服务。然而目前纽约港的铁路集疏运比例仅为 10% 左右,其原因主要是东海岸的 R-IPI 主要转运目的地为靠近东海岸的内陆点,由于大多为中近距离运输,因此,大多数货主还是更倾向于采用公路运输,直接导致海铁联运在集疏运中的比例降低,这个现象也值得我国发展海铁联运参考。

美国铁路 20 世纪开始开行双层集装箱列车。与单层集装箱列车相比,双层集装箱列车具有可观的经济效益,每只集装箱可节约将近 200 美元的运输成本,相当于单层集装箱列车运输成本的 30% 左右。目前美国已经普及采用双层集装箱列车,提高了运输效率。并且大多使用 4 辆机车,每列可装载 300TEU,双层集装箱列车的使用大大提高了运量,降低了成本,如今美国铁路主要线路都开行了双层集装箱列车。目前,集装箱运输已成为美国铁路货运增长速度最快的产品,并且美国铁路运营商十分注重与船公司和第三方物流的合作,西海岸最大的 BNSF 铁路公司与多家国际知名船公司都有多式联运协议,实现了整个海铁联运过程的运价一体化,集装箱运输收入已达到美国铁路货运总收入的 18%。这客观的经济效益值得我国对海铁联运发展予以关注。

知识链接

海铁联运出口业务流程

一、委托并签订多式联运合同

由托运人向多式联运经营人(广州羊城国际货运代理有限公司)提出托运申请,由多式联运经营人结合自己的经营线路以及经营状况,决定是否接受申请,一旦接受申请,立刻签订多式联运合同。注意:

(1)申请前托运人的货物和相关文件是否符合要求。

(2)确定运输的货是普通货物、指定商品、等级货物。

(3)确定承运人(自己)的承运能力和临时特殊情况、如政府法令等。

(4)注意合同签订的条款是否合理。

二、编制用箱计划,向铁路部门,船公司订车,订舱

在合同订立后,由国际多式联运经营人应根据运输任务,编制计划,向铁路部门申报订车计划,同时及时向船公司订舱,并通知托运人安排货物运送适宜。注意:

(1)确定计划以后向铁路部门申报订车计划,向船公司订舱等。

(2)这时可能和最终货物入库有差别,配舱时才能做相应的调整。

(3)注意货物之间的搭配问题和货物能不能拆开进行相关的配载问题。

(4)注意以上信息不要搞混淆。

三、提取空箱

在实际操作中,除货主自备集装箱外,大多由多式联运经营人提供,因此,多式联运经营人根据自身集装箱来源以及实际装箱地点情况,确定提箱方式及地点并及时通知托运人,确定提取集装箱的方式有:

(1)如在集装箱转运点备有空箱并在装箱点进行货物的装箱,则通知仓库备箱;

(2)如在集装箱装运点装货,但装箱点无箱,则需要安排汽车或火车运空箱至装箱点;

(3)如在其他地方装货,则需要由多式联运经营人办理申请调箱,提箱并安排汽车或火车送至货主生产地等事宜,以便货主装箱。但货主必须承担由此产生的费用。

注意:可能会产生额外的费用必须向货主说明。

四、货主安排货物运至装货点

在货主接到多式联运经营人的装货通知后,由货主自行或委托代理安排将货物按时送至装箱地点,准备装货,并承担运送货物产生的费用。

五、申请火车车皮,办理货物装车

多式联运经营人根据铁路部门的火车皮的配给,在相应的时间办理集装箱铁路运输事宜。

六、报关报检

托运人向多式联运经营人交付委托书,货物买卖合同和发票等相关报关单证,由多式联运经营人在口岸海关办理转关运输手续,在取得海关批准后,将海关关封交付铁路部门。

注意:

(1)代理报检的,须向检验检疫机构提委托书供,委托书由委托人按检验检疫机构规定的格式填写。

(2)非贸易性质的报检行为,报检人凭有效证件可直接办理报检手续。

(3)注意申请签发普惠制原产地证或一般原产地证的,对有些国家有优惠还要注意时间问题。

七、签发多式联运提单

在铁路部门审核通过后,多式联运经营人通知托运人在固定时间将货物交付铁路部门并装上铁路集装专列后,由多式联运经营人签发多式联运提单并交付给托运人,同时收取按照协议或合同规定的所有应付费用。

八、传递货运信息和邮寄相关单证(多式联运经营人向中转地代理邮寄)

在货物转交铁路部门后,多式联运经营人应及时将与货物有关的相关单证,如铁路运单正本等单据转交中转港的多式联运经营人或其代理人,关注集装箱铁路运输的各种动态信息并及时通知中转地代理,以便其及时了解货物运输情况并做好接货准备。

注意:在这过程中一定要及时传递货运信息和邮寄相关单证(多式联运经营人向中转地代理邮寄),这关系到货物的及时准确到达转运地点的重要信息。

九、办理中转手续(通关以及上船等)

中转地的多式联运经营人或其代理在收到内地多式联运经营人提供的单证和信息后,及时办理通关手续,并根据收到的运单和信息制作一系列出口单证,如场站收据,提单等,并及时办理海关手续并取得海关放行单证并送交码头,准备接货和装船。

十、货交船公司,船公司签发提单,交给多式联运经营人

当货物运抵海港以后,由中转地多式联运经营人或其代理根据订舱情况组织货物装船,当货物装船后,由海运承运人签发海运提单并交付中转地多式联运经营人或其代理,以便多式联运经营人在目的港的分支机构或代理凭此提取货物。

十一、传递货运信息和邮寄相关单证(多式联运经营人向目的地代理邮寄,提货)

货物装船后,中转地多式联运经营人或其代理应及时向目的港的多式联运经营人或其代理人传送提单等相关单据,以便当地多式联运经营人凭此提取货物。同时,将货运情况通知给起运地多式联运经营人和目的港多式联运经营人,以便其能及时准确地掌握和了解货物的运输情况等信息。

十二、提取货物

多式联运经营人目的港分支机构或其代理人凭正本海运提单从海运区段承运人或其代理处提取货物,并通知收货人提取货物,根据收货人交付的正本多式联运提单签发提货单让收货人提货,同时根据合同规定收取收货人的全部应付费用。

十三、货运事故处理

如果货物在多式联运的全程运输中,发生了货差货损以及延误所造成的损失等事故时,无论造成损失的区段是何种区段,发货人或收货人均有权向国际多式联运经营人提出索赔,由多式联运承运人根据双方合同以及多式联运提单条款确定责任形式并进行处理和赔偿,如果货物也已经向保险公司投保,则需要由受损人和多式联运经营人共同协商并向保险公司进行索赔,要求保险公司进行赔偿。

十四、费用结算

费用结算主要涉及发货人、承运人和国外代理人3个方面的结算。

1.与发货人的结算费用

向发货人收取运费,同时收取报关、报检地面操作费,以及各种服务费和手续费。

2.与承运人的结算费用

向承运人支付运费,同时向其收取代理佣金。

3.与国外代理人的结算费用

货代公司应向目的地的货代公司支付一定的手续费及产生的其他相关费用。

注意:货币的进位,因为不同货币之间的进位不一样,还有货币之间汇率的动态情况进行随时的掌握、运费的结算等问题。

知识链接

我国发展海铁联运的SWOT分析

SWOT是一种战略分析方法,通过对分析对象的优势、劣势、机会和威胁等加以综合

评估与分析得出结论，通过内部因素、外部环境有机结合来清晰地确定被分析对象的资源优势和缺陷，发挥分析对象的优势，利用机会克服弱点，回避风险，获取或维护成本优势，在战略上建立对内外部因素分析及对竞争势态的判断等。充分认识分析对象的优势、机会、弱点及正在面临或即将面临的风险从而在战略与战术两个层面加以调整方法、资源以保障被分析对象的实行以达到所要实现的目标。

我国发展集装箱海铁联运的 SWOT 分析（表 5-7），即分析我国发展集装箱海铁联运的优势（Strength）、劣势（Weakness）、机遇（Opportunity）、威胁（Threat）。其中优势和劣势是我国集装箱海铁联运的内部条件分析，机遇和威胁是我国集装箱海铁联运的外部环境分析。

我国发展集装箱海铁联运的 SWOT 分析战略组合图表 表 5-7

内部因素 外部环境	优势（Strength）： 1. 大批量、远距离、低成本、全天候 2. 现有铁路货运网络资源优势 3. 货物通关放行便利	劣势（Weakness）： 1. 班列调度方面尚存不足 2. 港口和内陆地区的基础硬件设施不足 3. 运价调控不够灵活
机会（Opportunity）： 1. 政府政策支持 2. 中西部经济发展需要海铁联运 3. 港口腹地扩张需要海铁联运	SO 战略： 利用现有铁路网及相关资源，配合政府相关政策，以及海铁联运的通关放行便利性开发中远距离的中西部集装箱运输市场和港口新腹地	WO 战略： 利用政府政策改善铁路运输格局，优化集装箱列车班次调度。增加港口和内陆腹地的硬件设施建设，改变运营模式，灵活运价调控机制来提起内陆地区货主的兴趣
威胁（Threat）： 1. 目前较成熟的公路运输带来的竞争 2. 海铁联运的第三方物流服务市场尚未完善 3. 同样正在发展的内河集装箱水运的发展带来的威胁	ST 战略： 尽量减少或避免在公路运输市场较成熟的近距离运输以及内河沿岸地区与水路运输竞争，主打铁路运输优势明显的中远距离内陆市场。向第三方物流业宣传海铁联运的优势，完善服务业市场	WT 战略： 优化铁路班列调度，增强基础设施建设，改善运价调控机制。避免与公路、内河竞争，在第三方物流服务业较成熟的地区开展海铁联运

一、优势分析

1. 大批量、远距离、低成本、全天候

我国国土面积辽阔，然而，目前仍有许多远离沿海主要港口的内陆地区在使用公路运输运输集装箱，不仅费用高昂、时间较长、更容易受到公路路况以及天气因素影响而产生意外状况。铁路运输不仅在载箱量上远远大于公路等其他集装箱疏运方式，对于公路运输无法到达或者费用昂贵、耗时较长的内陆深处地区，若能发展集装箱铁路运输，不仅能省下许多费用，时间上也更为节约，且不会受公路路况或者恶劣天气等不确定因素影响，整个物流环节的准时性能得到比公路运输更明确的保证，并且也更为环保。如果效仿美国发展双侧集装箱列车，成本将远远低于现有的公路、内河驳船等运输方式。对于长期大量进出口的货主和货源稳定大量的第三方物流来说，这些优势是选择海铁联运最大诱惑力。

2. 现有铁路货运网络资源优势

据有关统计资料,2009 年我国铁路共完成新线铺轨 5461km、复线铺轨 4063km。投产新线 5557km,其中投产复线 4129km、电气化铁路 8448km。截至 2009 年年底,我国铁路营业里程达到 8.6 万 km,跃居世界第二位。2010 年全国铁路货物发送量预计达到 35 亿 t,同比增加 1.8 亿 t,增长 5.4%。这些现有的铁路网络是硬件设施的基础,对于发展集装箱海铁联运无疑是一大优势。

3. 货物通关放行便利

公路运输的出口集装箱往往在内地海关报关后,出口口岸海关还需要再次进行报关查验等工作,增加了货物运输时间和成本。而海铁联运在两地海关应用统一信息系统的合作下,具有内陆出口货物可以直接在内地海关一次报关、一次查验就放行,铁路运至港口后,港口海关无须再次查验的便利性。这个优点在于如果货物未通过海关查验,由于货物尚在内地,因此相对于公路运输,不会产生港口的堆存费、理货费等成本。更不会产生退运等费用,对于内陆地区的货主和第三方物流来说,海铁联运在这方面具有极大的优势。

二、劣势分析

1. 班列调度方面尚存不足

虽然我国的铁路运输能力逐渐提高,但由于班列调度上的一些问题,目前我国铁路集装箱运输主要集中在北京、上海、广州、郑州和沈阳 5 个铁路局,集装箱到发量占全国集装箱铁路运输总量的 70% 以上,致使京广、京沪、京九、浙赣、京哈、陇海等主要干线的运输能力利用率趋于饱和,而其他线路则运能利用率不足。另一方面,还存在着集装箱班列与客运班列、行包专列存在着相互争夺运行线路的情况。这些问题不仅制约着我国海铁联运的发展,并且继续发展海铁联运,势必会加重以上问题,原因在于目前相关调度部门对集装箱班列的不熟悉和重视不够以及从业人员的专业素质不足,这是一个急需解决的劣势。

2. 港口和内陆地区的基础硬件设施不足

在港口方面由于过去对铁路运输的不重视和过于的依赖公路运输,许多港口在建设前的规划阶段就没有考虑到未来增设铁路的可能,并主要以满足公路集疏运来规划港区,使我国发展海铁联运时,不少港口港区专用设备落后的问题就显得日益突出。集装箱从船上卸下后不能直接装上铁路,还要通过码头现场拖车等方式转运至港站装上列车,比如上海洋山港要先用拖车运过东海大桥才能将集装箱运到芦潮港港站装上铁路,使货主在支付铁路费用的同时还得支付码头的装卸费、东海大桥公路运输费等,降低了运输效率,增加了运输成本。而在内陆地区,集装箱场站(RAMP)不足也是个问题。我国由于集装箱内陆运输长期大量依靠公路进行直接的门到门配送,内陆点的集装箱场站相对美国等发达国家较少。铁路集装箱运输由于其一次运输箱量较大的特性,必须要有足够的集装箱场站才可以配合集疏运。而目前我国的内陆点普遍缺乏铁路集装箱运输的场站,并且集装箱保有量也不足,容易出现箱量不足等情况,在一定程度上抑制了海铁联运的发展。硬件条件的落后将不利于海铁联运的发展。

3.运价调控不够灵活

我国铁路运价归国务院管理,集装箱班列运价由原铁道部调控掌握,实际运作市场的中铁集装箱运输有限责任公司没有主动调控集装箱铁路运价的权利。调整铁路集装箱运价的方案需层层上报,等新运价批示完成,往往已经无法适合市场了。而海铁联运中的海运方面,班轮运输的市场是十分复杂的,各种费用不仅名目繁多,并且随着淡旺季的到来,运费的差异是非常大的,因此,铁路方面如果不能及时根据海运市场的行情,及时调整运费,控制好运量,将会导致运能不足等情况,导致货物在场站的堆存时间增加,最终增加了运输成本。而相比之下,公路运输等方式则有非常灵活的运价调控体系,可以跟随海运市场的行情以及油价等行情及时地调整运价,收费制度灵活成熟,不少货主因此更倾向于使用公路。因此,目前的铁路运价调控机制的不灵活是发展海铁联运的一项劣势。

三、机会分析

1.政府政策支持

我国"十二五"规划纲要中提出了加快铁路集装箱运输发展、加强多式联运体系建设的设想。中央提出,从港口集疏运系统的稳定性、运输成本、运行安全、节省能源、环境保护和西部大开发的需要等方面考虑,加快建设铁路运送国际标准集装箱的海铁联运是十分必要、也十分迫切。"十二五"期间,大力发展集装箱铁路运输是其重要发展方向之一。据有关资料,2006~2008年,在经济发达、集装箱集疏运量大的区域经济中心和铁路网重要枢纽,原铁道部建设了18个集装箱中心站,内陆地区12个,沿海6个。建设40个左右靠近省会城市、大型港口的集装箱办理站,布局100个左右集装箱办理点,以增加基础硬件设施来推动我国集装箱海铁联运的发展。并且原铁道部已把大力发展铁路集装箱运输列入议事日程,并采取8项推动措施,包括转变经营理念、加快国际多式联运业务发展、加强集装箱班列的组织调度、深化集装箱运输改革、完善集装箱运输管理信息系统、加快集装箱场站建设和设施改造、大力发展双层集装箱运输等措施来发展海铁联运。到2010年,铁路集装箱发送量已达到1000万TEU。预计到2020年,中国铁路将建成以上海为中心、连接18个集装箱中心站、运营里程达到1.6km覆盖全国的高等级、大能力的集装箱运输网络。在政府政策的支持下,伴随着大批集装箱专线和硬件设施的相继建成,我国集装箱海铁联运的潜力将被逐渐发掘,这是不可错失的好机会。

2.中西部经济发展需要海铁联运

随着我国西部大开发、振兴东北、中部崛起战略的实施,我国内陆且资源丰富地区的经济将获得快速发展。目前,我国主要采用拉动内需的战略举措,以实现这些区域基础设施建设。但一个地区经济的发展离不开对外贸易的发展,对外贸易的发展离不开对外的物流发展。目前许多国外著名企业看好西部地区的发展,加之重工业逐渐向沿海地区转移,内陆地区产生的商品主要集中在件杂货类,这些货物都是十分适合使用集装箱运输的产品。并且由于距离远,公路运输的成本较高,而且长途运输的安全性较低,集装箱铁路运输则突显了成本低廉、安全可靠、快捷便利的优势。随着中西部地区的经济发展带来的对外贸易的物流运输需求,海铁联运对货主和第三方物流的吸引力将会增加。这是发展海铁联运的好机遇。

3. 港口腹地扩张需要海铁联运

集装箱运输的发展水平是衡量沿海港口发展的主要尺度。我国沿海优质岸线资源众多,由于公路运输大多为短途运输,加之港口分布相对密集,导致沿海各港口腹地相对狭小,港口之间腹地争夺愈演愈烈,比如上海港和宁波港长年对江浙一带货源的争夺。然而,公路运输的范围毕竟有限,大都局限于临近港口的近海地区,运输通道也趋近饱和,对近海地区的争夺基本已形成定势。随着我国经济的发展,以及沿海城市"以港兴市、以市兴港"战略的推行,沿海各港口基础设施都得到大力改善,集装箱码头接卸能力大幅提升,港口需求更多的货源来满足装卸能力提高吞吐量。因此,就需要往更深的内陆地区发展腹地,寻求货源。我国的青岛、上海、深圳、天津等大型港口都已相继开通了通往内陆腹地的集装箱班列,像更深的内陆地区发展腹地,使沿海港口的辐射范围进一步扩大。利用集装箱铁路运输开拓内陆腹地,优化了集装箱运输结构,增加了港口吞吐量,并且减少目前各港口在紧密的近海地区激烈的腹地竞争。这无疑是发展海铁联运的一大机遇。

四、威胁分析

1. 目前较成熟的公路运输带来的竞争

由于长期依靠公路进行集装箱的运输,我国目前已经有相对十分成熟的公路集装箱运输市场与服务业。与公路运输相比,铁路目前缺乏对客户的吸引力。由于上文提到的一些问题,目前铁力集装箱运输手续略显烦琐,承运后在站停留时间长,中间环节多,周转时间长,尤其是20ft集装箱,通常要等满两个集装箱拼满一个车厢才能够起运,直接导致集装箱的堆存时间增加,与公路运输相比有时反而缺乏时间上的竞争力。并且某些地区铁路开行集装箱专列要另外加价,集装箱货运价格相对件杂货,杂费繁多,体现不出铁路运费便宜的优势。因此,目前相对较成熟的公路运输在各方面都给集装箱海铁联运带来不小的竞争威胁。

2. 海铁联运的第三方物流服务市场尚未完善

海铁联运的第三方物流服务市场未完全建立。现阶段,我国船代、货代市场虽然日趋发达,但相对比较成熟的第三方海运物流服务大都分布在沿海城市,并且主要提供的是公路拖车运输服务,对集装箱海铁联运业务熟练的第三方物流服务企业相当少,大多数第三方物流都倾向并习惯使用公路集卡运输,这直接导致货主选择铁路运输的可能性降低。而在需要且适合集装箱海铁联运的内陆城市,第三方物流服务市场不够健全,缺乏货代、物流等服务行业,没有形成发展集装箱海铁联运的良好市场环境和竞争机制,增加了开展集装箱海铁联运服务的难度,因此许多货主对铁路集装箱运输尚存疑虑,造成集装箱海铁联运失去了一些潜在客户。第三方物流服务业对海铁联运的陌生以及对公路运输的亲昵和依赖在一定程度上了威胁到了我国集装箱海铁联运的发展。

3. 同样正在发展的内河集装箱水运带来的威胁

我国政府已经认识到了内河集装箱运输,对于解决道路拥挤、环境污染、高能耗和土地资源浪费的重要作用,从2004年开始,相继出台了一些规划和方案。如原交通部编制出台的《长江三角洲高等级航道网布局规划》对内河航道网的规划和建设起到了巨大指导作用。该规划实施后,在很大程度上降低内河航运成本,大幅度提高运输效益,基本消除船舶堵挡碍航现象，航道综合通过能力可提高40%以上。但由于各地基本都是从本地区出发，加上资金、政策等方面的原因，目前内河航道网的建设进度相当缓慢。中央有关部委及长三角地区省市交通航运部高度关注和重视高等级航道网的建设与发展，保持一定的投资力度，加快内河航道网的建设步伐。因此，国家对集装箱内河运输重视和扶持对海铁联运有较强竞争作用，特别是在中长距离且靠近长江的沿江地区运输市场，内河运输会给海铁联运的发展带来较大的威胁。

任务实施

1. 实训目的

通过实训调查，使学生了解海铁联运的组织过程、公铁联运适用的各种单证，培养学生调查、收集与整理相关信息的能力。

2. 实训技能

熟悉海铁联运业务的流转过程。

3. 实训内容

2012 年 12 月，广州美丽人外贸有限公司经理李丽准备出口一批男士服装包装纸箱、整箱(40′GP)集装箱为铝箱、尺寸 80cm × 80cm × 80cm × 10 货价 CIF4320 美元，毛重 500.0kg，目的地美国纽约，收货人山姆。欲委托广州羊城国际货运代理有限公司办理国际海铁联运出口报关报检等一揽子手续。请提出海铁联运方案？

4. 实训步骤

(1)把全班学生平均分为几个小组，以小组为单位到企业进行调查，并做好调查记录。

(2)以小组为单位撰写海铁联运方案。

(3)在全班组织召开一次交流讨论会。

(4)根据联运方案和个人在交流中的表现进行成绩评估。

5. 实训评价

海铁联运线路优化训练评价的方式有教师评价、小组内部成员评价和第三方评分组成员评价 3 种，建议教师评价占 60% 权重，小组内部成员评价占 20% 的权重，第三方评分组成员评价占 20% 的权重。将 3 者综合起来的得分为该生在该项目的评价分，如表 5-8 所示。

实训评价表 表 5-8

考评人		被考评人	
考评地点			
考评内容	海铁联运线路优化		
考评标准	具体内容	分值(分)	实际得分
	工作态度	15	
	沟通水平和团队合作	15	
	撰写海铁联运方案情况	70	
合计		100	

注：考评满分 100 分，60 分以下为不及格，60 ~ 69 分为及格，70 ~ 79 分为中，80 ~ 89 分为良，90 分以上为优。

6. 技能训练活动建议

建议组织学生到海铁联运企业进行参观、调研。

任务三　大陆桥运输

案例导入

大陆桥运输的产生

大陆桥运输是集装箱运输开展以后的产物。出现于1967年，当时苏伊士运河封闭、航运中断，而巴拿马运河又堵塞，远东与欧洲之间的海上货运船舶，不得不改道绕航非洲好望角或南美致使航程距离和运输时间倍增，加上油价上涨航运成本猛增，而当时正值集装箱运输兴起。在这种历史背景下，大陆桥运输应运而生。从远东港口至欧洲的货运，于1967年底首次开辟了使用美国大陆桥运输路线，把原来全程海运，改为海、陆、海运输方式，试办结果取得了较好的经济效果，达到了缩短运输里程、降低运输成本、加速货物运输的目的。

案例思考：

案例表明大陆桥运输作为一种海、陆、海联运方式具有比较明显的比较优势，未来将成为各国经贸发展中的主要运输方式。

任务分析

任务准备

(1)一家物流企业材料，主要包括：企业的主要经营的运输线路、运输的货物类别等；

(2)多媒体教室(含可供学生上网查资料的电脑、多媒体教学设备、课件和动画等教学资料)；

(3)网络资源，包括：电子地图系统等。

任务目标

(1)能根据背景进行企业运输线路的优化分析；

(2)掌握主要的大陆桥运输线路；

基础知识

一、大陆桥运输的含义

所谓大陆桥运输是指使用横贯大陆的铁路、公路运输系统为中间桥梁，把大陆两端的海洋连接起来的运输方式。从形式上看，是海陆海的连贯运输。大陆桥运输是借助于不同的运输方式，跨越辽阔的大陆或狭窄的地峡，以沟通两个互不毗连的大洋或海域之间的运输形式。通常也是一种国际联合运输。目的在于缩短运输距离，减少运输时间和节约运输总费用支出。从太平洋东部的日本，通过海运到苏联远东沿海港口(纳霍德卡和东方港等)，后再经西伯利亚大铁路等陆上交通，横跨亚欧大陆直达欧洲各国或沿海港口，再利用海运到达大西洋沿岸各地，这类货物运输即为典型的大陆桥运输。

二、大陆桥运输的媒介

大陆桥运输一般都是以集装箱为媒介，因为采用大陆桥运输，中途要经过多次装卸，如果采用传统的海陆联运，不仅增加运输时间，而且大大增加装卸费用和货损货差，以集装箱为运输单位，则可大大简化理货、搬运、储存、保管和装卸等作环节，同时集装箱是经海关铝封，中途不用开箱检验，而且可以迅速直接转换运输工具，故采用集装箱是开展大陆桥运输的最佳方式。

知识链接

美国陆桥运输业务

一、内陆公共点运输

内陆公共点或称陆上公共点又称OCP，它的英文全称为Overland Common Points，它的含义是使用两种运输方式将卸至美国西海岸港口的货物通过铁路转运抵美国的内陆公共点地区，并享有优惠运价。美国的OCP地区只限于美国的中部和东部各州，它以落基山脉为界，在其之东的各州均为OCP地区，在其之西的各州均为非OCP地区。

从远东至美国西岸港口，而后再向东运往OCP地区的货物，不仅其海运运费可享受优惠的OCP Rate（每吨运费约低3～4美元），而且进口方在支付从西岸至最终目的地的铁路（或公路）运费也较其本地运输费率低3%～5%。因此，OCP一词，应视为美国运输业划分业务地区和收取优惠费率的专有运输名词而不是大陆桥运输，更不是小陆桥或微型陆桥运输的别称。

1. 使用OCP时应注意哪些问题

OCP意为“内陆地区”，是指货运目的地为美国或加拿大内陆的一个区域，在海运货物卸在沿海港口再陆运至内陆运输可达的地点。在CIF或CFR条件下，如果出口商按OCP运输条款达成交易，不仅可享受美国或加拿大内陆运输的优惠费率，而且不可享受OCP海运的优惠费率。但使用时必须注意以下问题：

（1）在成交时应在运输条款中明确“自×××（装运港）至×××（美国或加拿大西部港口）OCP×××（内陆地点）”×××（Shipment from ×××to ×××OCP×××）。

（2）在装货单和提单垢卸货港一栏中须注明OCP字样，并在货物内容和运输唛头一栏内标明内陆地点。如卸货港：温哥华（Vancouver），并在货物内容和运输唛头一西半球内标明内陆地点。如卸货港：温哥华（Vancouver），在货物一栏内打上“转至蒙特利尔（In transit to Montereal）”。

（3）在货物包装的运输唛头中也应在卸货港一项内刷注OCP字样，并将卸货港和最终目的地同时列明。例如“温哥华OCP蒙特利尔”（Vancouver OCP Montereal）。

2. OCP的运输过程

OCP运输就是出口到美国的货物海运到美国西部港口（旧金山、西雅图）卸货，再通过陆路交通（主要是铁路）向东运至指定的内陆地点。

3. OCP运输的特点

OCP运输是一种特殊的国际物流运输方式。它虽然由海运、陆运两种运输形式来完成，但并不是也不属于国际多式联运。国际多式联运是由一个承运人负责的自始至终的全程运输，而OCP运输，海运、陆运段分别由两个承运人签发单据，运输与责任风险也是分段负责。因此，它并不符合国际多式联运的含义，而是一种国际多式联营运输。

总之,OCP 运输是“为履行单一方式运输合同而进行的该合同所规定货物的接送业务,不应视为国际多式联运”。(《联合国国际多式联运公约》)OCP 是一个成熟的国际航运惯例。根据美国 OCP 运输的规定,任何在内部指定的商品后,美国西海岸港口的转移,运输,物流和运输的内陆地区的条件,可以享受优惠的运价,运价比当地运费率(地方税率)低 3% ~5%,同时可以直接享受各种规模的美国东海岸港口比周围每吨低 $ 3.5 的海运费,内陆货运,港口费用,装卸费包括其中,因此,使用 OCP 的运输对进口和出口双方都有利。

二、小陆桥运输

小陆桥运输又称 MLB 运输,也就是比大陆桥的海——陆——海形式缩短了一段海上运输,形成海——陆或陆——海形式。

三、内陆点多式联运运输

内陆点多式联运又称 IPI 运输,它是指使用联运提单,经美国西海岸和美国湾沿海港口,利用集装箱拖车或铁路运输将货物运至美国内陆城市。

知识链接

中远集团的集装箱运输与新亚欧大陆桥

随着中国北疆铁路与哈萨克斯坦土西铁路接轨,一条濒临东海连接我国主要港口,西出新疆阿拉山口、横穿亚欧大陆、终抵大西洋东岸西欧各港口的新亚欧大陆桥已全线贯通。这条新大陆桥的开通,对于形成亚、欧、非 3 大洲、太平洋、大西洋的物流新格局,促进我国中、西部地区的对外开放,加强我国远洋运输在国际集装箱运输中的地位,都具有重要的意义和作用。

一、中远集团的国际集装箱运输

作为中国最大的航运企业集团,中远集团在发展远洋航运事业方面紧跟世界科学技术前进的步伐,从船舶运输、国际物流、信息处理等方面,均应用了世界最先进的技术。目前,中远集团拥有各类大型运输船舶 579 艘 1662 万载重吨,航行于世界 150 多个国家和地区的 1100 多个港口 6 其中集装箱运输船队数量居世界各航运公司第二位,共拥有船舶 156 艘,总箱位 17.4TEU。1995 年完成集装箱运量约 307 万余 TEU。中远集团是以中国远洋运输(集团)总公司为核心,由中远集装箱运输总部、中远散货运输总公司、中远国际货运总公司,中国外轮代理总公司,中国船舶燃料供应总公司等大型企业组成,是以国际航运国中心,集多种业务为一体,跨国家、跨地区、跨行业经营的大型企业集团。

国际集装箱运输是中远集团的龙头产业之一。1994 年以来陆续投入了技术先进的 3500 ~3800TEU 全集装箱船 13 艘,服务航速达 23.5 节,比原有集装箱船提高近 30%,可缩短交货期,提高了服务质量,降低了运输成本,使中运集团在世界三大航线的集装箱船的单船载箱量有了很大的提高。

中远集团于 1994 年底又相继订造了世界最大的 5250TEU 超巴拿马型集装箱船 6 艘,这批船将于 1996 年下半年陆续投入营运,将大大提高中远集团运输国际集装箱的能力。

在大陆桥的利用方面，中远集团作为跨国运输公司，除已充分利用北美大陆桥实现国际集装箱运输的多式联运以外，以国内已通过全国8个最大的口岸站天津、大连、广州、上海、青岛。满洲里、二连、深圳等接运国际集装箱。为了促进新亚欧大陆桥集装箱运输的沟通，已试运过天津港经二连至蒙古以及从阿拉山口出境的陆桥集装箱运输，收到了一定的效果。

二、国外大陆桥运输

大陆桥一般系指利用贯穿大陆的多种运输方式作为连接海洋与大陆或大陆与海洋之间的桥梁，构成的国际联合运输。目前世界上主要的大陆桥运输线路有两条：

1. 贯穿北美东西海岸的北美大陆桥

在跨越4500多公里的、加东西部有数条铁路线从太平洋岸到大西洋岸。美国柏灵屯铁路公司，每日从西雅图港开出8列双层列车，能连接美国其他铁路，妥善的回转集装箱，年运量达30余万TEU。铁路公司可以帮助组织回头货源，整个大陆桥运输快捷，跨越美国西东两岸，从西雅图—纽约或孟菲斯运行时间仅100h，从西雅图至芝加哥为62h。北美另一家铁路公司，加拿大太平洋铁路公司(CP Rail System)也经营北美陆桥运输，经营铁路线里程达11850km，采用双层平板车运输进出口集装箱。服务的线路有温可华港—多伦多、蒙特利尔，温哥华—芝加哥等。列车运行时间分别为110h和70h。年运量达20余万TEU。

中远集团已开辟中国—长滩、奥克兰、中国—西雅图、温哥华以及中国美东航线，均为每周一班，采用大型集装箱干线班轮，3500TEU大型集装箱船已投入营运，世界最大的5250TEU集装箱船在年内也将投入该航线营运，年运量达数十万TEU。其运输货物大多为运往北美内陆的消费品，并利用北美大桥进行转运，开展门—门的国际集装箱多式联运。

2. 沟通俄罗斯远东地区与欧洲地区间，跨越西伯利亚的欧亚大陆桥

该大陆桥是由日本和原苏联两个国家发起开辟的。它发挥了地理的优势，加快了船舶和货车等运输工具的周转，大大提高了运输效率，得到稳步的发展，深受各国客户和转运公司欢迎。该大陆桥运输始于1967年，由于管理上的原因，1967~1970年只运输了511个TEU。1970年9月，日苏双方就组织日本与西欧间西伯利亚大陆桥运输，正式谈判达成协议。从1971年3月30日起，1972年得到了较快发展，当年又开辟了西欧与香港之间的西伯利亚大陆桥运输。1975年2月，从俄罗斯东部的纳霍德卡港至马尼拉的大陆桥运输也开始运营。

尽管西伯利亚大陆桥的运量在波动，但获利甚巨。根据有关资料：由日本各港至纳霍德卡港至西伯利亚大陆桥到布列斯特路径，年运7万TEU可收入1.3亿美元，是一项创汇相当可观的运输收入。所以，俄罗斯目前正在采用一系列措施，发展西伯利亚大陆桥运输。据有关人士分析，到2000年，预计年过境运量可达30万TEU。

西伯利亚大陆桥以日本至欧洲/中近东(伊朗、阿富汗)的集装箱运输为主。俄罗斯为了开办过境集装箱运输业务，成立了全俄过境运输总公司，全俄过境运输总公司作为总的组织者，安排日本各港到欧洲各收、交货点的运输。远东和欧洲的有关运输业者，则从事这一大陆桥的订舱业务。并在两端开展转运服务，使之成为一种联运。日本各港至俄罗斯东部港口之间的运输，由日俄双方共同派船承担。西面铁路运输由INTETCONTAINET公司承担。公路运输由俄罗斯和波兰共同派汽车承担。全程运输天数合计约35d。

三、新亚欧大陆桥

为进一步扩大我国与东亚、中亚、西亚和欧洲的经济技术合作与交流，加快我国东、中、西部的经济发展，进一步寻求和开辟亚洲与欧洲之间的新大陆桥，已成为当今世界各国交通运输业和客商所共同注目的重大问题之一。其中最具有现实意义的是东起日照港、连云港、上海港、南连广州港、深圳港、经陇海线和兰新线横穿我国大陆，由新疆阿拉山口进入中亚地区，最终与黑海、地中海以及大西洋东岸的各港相衔接的新亚欧大陆桥。该大陆桥运输线的贯通，将进一步缩短亚欧之间的运输距离，运费将更低，时间将更短，以快速、安全的运输方式，来满足各国对过境集装箱运输的需要。特别是在俄罗斯西伯利亚铁路能力不足和东部港口冰冻期间，将对世界各国集装箱运输起可靠的保证作用。因此，新亚欧大陆桥的沟通，将对国际贸易和我国外贸事业的发展具有重大的意义。

据分析，新亚欧大陆桥目前处于一个非常有利的发展时期。

1. 经济一体化促进了集装箱运输市场容量的增长

世界经济全球一体化加速发展，使得国际贸易的发展快于世界经济的增长；而世界贸易量的90%以上是通过港口和海运业来完成的。国际经济和贸易的发展使得件杂货的箱化率和箱货运输增长率也相应提高。箱货运量在整个海运贸易中的比重从20世纪60年代的12% ~14%上升到目前的23%左右，从价值上讲，其比重则高达80%。

2. 国际集装箱多式联运业进入综合物流时代

随着跨国公司大规模向世界各地渗透，进行跨国生产、经营和销售，世界消费者的需求正变得越来越接近，从而将形成一个全球统一的贸易市场。另一个方面，全球资源市场也趋向一体化。世界资源市场的集中性和产品市场的趋同性，朝着利于多式联运的方向发展，这就给世界运输业特别是远程多样联运产业带来了发展的机遇。国际多式联运的发展对其质量也提出了更高的要求。随着托运人对多式联运质量要求提高，多式联运经营人要想在全球市场上生存与发展，就必须打破限制，将服务范围扩展到各种运输服务领域。集装箱船公司除了经营传统的海运业务以外，还必须介入陆上运输、内陆货运站、代理、仓储和流通领域，根据多式联运有关的广泛市场的动向以及需求者和托运者的各种需求来控制货物的运输过程，从而使国际多式联运产业进人了综合物流的新时代。面向21世纪，综合物流管理将成为推动世界集装箱多式联运业的最重要的力量。

中远集团为了推进新亚欧大陆桥的进程，在连云港成立了中远连云港远洋公司，并积极组织新亚欧大陆桥过境国际集装箱货物的试运。据统计1994年新亚欧大陆桥过境国际集装箱近2000TEU，载箱货物约14000t。

四、中远集团的集装箱运输与新亚欧大陆桥关系展望

通过对新亚欧大陆桥与我国国际集装箱运输的关系分析，对其前景展望如下：

1. 新亚欧大陆桥的特点

(1) 大陆桥的两端桥头多。该大陆桥东端同时由大连、天津、连云港、上海、广州、深圳等港口和车站上桥。路线多，可综合发挥各港站的中转换装作业能力与线路输送能力，机动灵活。西端桥头也多，主要的有鹿特丹、汉堡、安特卫普、敖德萨、圣彼得堡等港。

(2)吸引范围广。由于新亚欧大陆桥的腹地宽广，吸引范围大，预计将来的集装箱源是充足的。日本、韩国、东南亚各国以及大洋洲国家和中国的香港、台湾等地区，均有可能利用它运输集装箱货物，可形成过境的固定箱源。返程西欧、东欧、近东、中东至远东的货流也是非常充裕的。

(3)沿陆桥两岸物资丰富。这座大陆桥在我国的骨干，由陇海线和兰新线架起，途经各省区，资源蕴藏丰富，且亟待开发。它的沟通，对促进途经省区，特别是中原和西北省区的经济发展十分有利，故得到了这些省区的重视与支持。

(4)地理位置适中，运距短。新亚欧大陆桥比西伯利亚大陆桥运距缩短了3000km，径路更便捷，运费更便宜。其竞争力更强。

(5)自然条件优越，气候适宜。新亚欧大陆桥的东、南端桥头堡，均为不冻港，可全年不间断地作业。而西伯利亚大陆桥，1年中有3个多月的冰冻期，需破冰船协助作业，不仅成本高，且能力受限制。

2. 通过运量预估

如果各方面条件具备，每年运送7万~8万TEU的运量是可能的，即每日对开列车。但据铁路部门估计，目前铁路全线虽已初通，但兰新线、陇海线的宝鸡—兰州段运能都已饱和，有待在线路上采用多种技术措施，如新修兰州—乌鲁木齐的石油管线和新修宝中线等分流措施。

3. 新亚欧大陆桥的贯通对我国经济发展也具有长远战略意义

它是我国中西部经济带形成的基础。根据国家总体战略部署，加速“大陆桥经济带”的开发，不断完善大陆桥的功能，是建设陆桥经济带的一项长期的共同的战略任务。从长远来说，将给国际集装箱海运带来深远影响，将进一步推进国际集装箱多式联运的发展和提高整个集装箱运输的经营效果。

4. 通过新亚欧大陆桥实现国际集装箱多式联运将给中运集团的集装箱运输带来挑战和机遇

(1)中远集团西欧航线的集装箱运输会受到一定的冲击。但在国际集装箱运输激烈竞争下，也会促使中远集团的国际集装箱运输改善经营、降低成本，提高服务质量。

(2)中远集团将抓住机遇，适应运输方式的变化更快成为实力雄厚提供优质服务的国际多式联运的经营人和承运人，而进入“下海、登陆、上天”的综合物流时代。

知识链接

大陆桥运输线路

一、北美大陆桥

北美大陆桥是指利用北美的大铁路从远东到欧洲的“海陆海”联运。该陆桥运输包括美国大陆桥运输和加拿大大陆桥运输。美国大陆桥有两条运输线路：一条是从西部太平洋沿岸至东部大西洋沿岸的铁路和公路运输线；另一条是从西部太平洋沿岸至东南部墨西哥湾沿岸的铁路和公路运输线。美国大陆桥于1971年底由经营远东/欧洲航线的船公司和铁路承运人联合开办“海陆海”多式联运线，后来美国几家班轮公司也投入营运。目前，主要有四个集团经营远东经美国大陆桥至欧洲的国际多式联运业务。这些集团均以经营人的身份，签发多式联运单证，对全程运输负责。加拿大大陆桥与美国大陆桥相似，由船公司把货物海运至温哥华，经铁路运到蒙特利尔或哈利法克斯，再与大西洋海运相接。

北美大陆桥是世界上历史最悠久、影响最大、服务范围最广的陆桥运输线。据统计，从远东到北美东海岸的货物有大约50%以上是采用双层列车进行运输的，因为采用这种陆桥运输方式比采用全程水运方式通常要快1～2周。例如，集装箱货从日本东京到欧洲鹿特丹港，采用全程水运（经巴拿马运河或苏伊士运河）通常约需5～6周时间，而采用北美陆桥运输仅需3周左右的时间。

随着美国和加拿大大陆桥运输的成功营运，北美其他地区也开展了大陆桥运输。墨西哥大陆桥（Mexican Land bridge）就是其中之一。该大陆桥横跨特万特佩克地峡（Isthmus Tehuantepec），连接太平洋沿岸的萨利纳克鲁斯港和墨西哥湾沿岸的夸察夸尔科斯港，陆上距离182km。墨西哥大陆桥于1982年开始营运，目前其服务范围还很有限，对其他港口和大陆桥运输的影响还很小。

在北美大陆桥强大的竞争力面前，巴拿马运河可以说是最大的输家之一。随着北美西海岸陆桥运输服务的开展，众多承运人开始建造不受巴拿马运河尺寸限制的超巴拿马型船（Post-Panama Ship），从而放弃使用巴拿马运河。可以预见，随着陆桥运输的效率与经济性的不断提高，巴拿马运河将处于更为不利的地位。

二、西伯利亚大陆桥

西伯利亚大陆桥（SLB）是指使用国际标准集装箱，将货物由远东海运到俄罗斯东部港口，再经跨越欧亚大陆的西伯利亚铁路运至波罗的海沿岸如爱沙尼亚的塔林或拉脱维亚的里加等港口，然后再采用铁路、公路或海运运到欧洲各地的国际多式联运的运输线路。

西伯利亚大陆桥于1971年由原全苏对外贸易运输公司正式确立。现在全年货运量高达10万TEU，最多时达15万TEU。使用这条陆桥运输线的经营者主要是日本、中国和欧洲各国的货运代理公司。其中，日本出口欧洲杂货的1/3，欧洲出口亚洲杂货的1/5是经这条陆桥运输的。由此可见，它在沟通亚欧大陆，促进国际贸易中所处的重要地位。

西伯利亚大陆桥运输包括“海铁铁”、“海铁海”、“海铁公”和“海公空”等四种运输方式。由俄罗斯的过境运输总公司（SOJUZTRANSIT）担当总经营人，它拥有签发货物过境许可证的权利，并签发统一的全程联运提单，承担全程运输责任。至于参加联运的各运输区段，则采用“互为托、承运”的接力方式完成全程联运任务。可以说，西伯利亚大陆桥是较为典型的一条过境多式联运线路。

西伯利亚大陆桥是目前世界上最长的一条陆桥运输线。它大大缩短了从日本、远东、东南亚及大洋洲到欧洲的运输距离，并因此而节省了运输时间。从远东经俄罗斯太平洋沿岸港口去欧洲的陆桥运输线全长13000km。而相应的全程水路运输距离（经苏伊士运河）约为20000km。从日本横滨到欧洲鹿特丹，采用陆桥运输不仅可使运距缩短1/3，运输时间也可节省1/2。此外，在一般情况下，运输费用还可节省20%～30%左右，因而对货主有很大的吸引力。

由于西伯利亚大陆桥所具有的优势，因而随着它的声望与日俱增，也吸引了不少远东、东南亚以及大洋洲地区到欧洲的运输，使西伯利亚大陆桥在短短的几年时间中就有了迅速发展。但是，西伯利亚大陆桥运输在经营上管理上存在的问题如港口装卸能力不足、铁路集装箱车辆的不足、箱流的严重不平衡以及严寒气候的影响等在一定程度上阻碍了它的发展。尤其是随着我国兰新铁路与中哈边境的土西铁路的接轨，一条新的“欧亚大陆桥”形成，为远东至欧洲的国际集装箱多式联运提供了又一条便捷路线，使西伯利亚大陆桥面临严峻的竞争形势。

三、新亚欧大陆桥

亚欧第二大陆桥，也称新亚欧大陆桥。该大陆桥东起中国的连云港，西至荷兰鹿特丹港，全长10837km，其中在中国境内4143km，途径中国、哈萨克斯坦、俄罗斯、白俄罗斯、波兰、德国和荷兰7个国家，可辐射到30多个国家和地区。1990年9月，中国铁路与哈萨克铁路在德鲁日巴站正式接轨，标志着该大陆桥的贯通。1991年7月20日开办了新疆—哈萨克斯坦的临时边贸货物运输。1992年12月1日由连云港发出首列国际集装箱联运“东方特别快车”，经陇海、兰新铁路，西出边境站阿拉山口，分别运送至阿拉木图、莫斯科、圣彼得堡等地，标志着该大陆桥运输的正式开办。该大陆桥运量逐年增长，并具有巨大的发展潜力。

新亚欧大陆桥东西两端连接着太平洋与大西洋两大经济中心，基本上属于发达地区，但空间容量小，资源缺；而其辽阔狭长的中间地带即亚欧腹地，除少数国家外，基本属于欠发达地区，特别是中国中西部、中亚、西亚、中东、南亚地区，地域辽阔，交通不够便利，自然环境较差，但空间容量大，资源富集，开发前景好，开发潜力大。这里是世界上重要的农牧业生产基地，是重要的矿产资源分布区。新亚欧大陆桥通过区域，在经济上具有较强的相互依存性与优势互补性，蕴藏了非常好的互利合作前景。

新亚欧大陆桥具有明显的优势：第一，地理位置和气候条件优越，整个陆桥避开了高寒地区，港口无封冻期，自然条件好，吞吐能力大，可以常年作业；第二，运输距离短，新亚欧大陆桥比西伯利亚大陆桥缩短陆上运距2000～2500公里；第三，新亚欧大陆桥辐射亚欧大陆30多个国家和地区；第四，对亚太地区吸引力大。另外，随着现代科学技术的迅速发展，包括火车、轮船等在内的交通工具的现代化、高速化，特别是时速超过500公里的磁悬浮列车的试运成功，对以铁路运输为主的大陆桥运输，必将产生极大的推动作用。集装箱运输迅速普及，为大陆桥运输提供了稳定的箱源，促进陆桥运输发展，也展示了大陆桥运输的巨大潜力。

新亚欧大陆桥运输比西伯利亚大陆桥运输有着较大的优势。

(1)它使亚欧之间的货运距离比西伯利亚大陆桥缩短得更为显著，从日本、韩国至欧洲，通过新亚欧大陆桥，水陆全程仅为12000km，比经苏伊士河少8000km，比经巴拿马运河少11000km，比绕道好望角少15000km。

(2)它使东亚与中亚、西亚的货运距离大幅度减少。日本神户、韩国釜山等港至中亚的哈萨克、乌兹别克、吉尔吉斯、塔吉克、土库曼5个国家和西亚的伊朗、阿富汗，通过西伯利亚大陆桥和新亚欧大陆桥,海上距离相近,陆上距离相差很大。如到达伊朗德黑兰,走西伯利亚大陆桥,陆上距离达到13322km;走新亚欧大陆桥,陆上只有9977km,两者相差3345km,到达中亚的阿雷西;走西伯利亚大陆桥,陆上是8600km;走新亚欧大陆桥,陆上距离只有5862km,相差2774km。

(3)由于运距的缩短,它在运输时间和运费上将比西伯利亚大陆桥又有所减少,更有利于同海运的竞争。

(4)它的东端桥头堡自然条件好,位置适中,气候温和,一年四季可不间断地作业。

任务实施

1. 实训目的

通过实训调查,使学生了解大陆桥运输的组织过程、大陆桥运输适用的各种单证,培养学生调查、收集与整理相关信息的能力,了解大陆桥运输过程中货损案例的处理方法。

2. 实训内容

大陆桥运输企业调研。

3. 实训准备

了解该企业选择运输方式考虑的主要因素是什么、货损案件的处理方法及法律依据、多式联运组织方法和使用的各种单证。

4. 实训步骤

(1)把全班学生平均分为几个小组,以小组为单位到企业进行调查,并做好调查记录。

(2)以小组为单位写出调查分析报告。

(3)在全班组织召开一次交流讨论会。

(4)根据分析报告和个人在交流中的表现进行成绩评估。

5. 实训评价

大陆桥运输企业调研分析训练评价的方式有教师评价、小组内部成员评价和第三方评分组成员评价3种,建议教师评价占60%权重,小组内部成员评价占20%的权重,第三方评分组成员评价占20%的权重。将3者综合起来的得分为该生在该项目的评价分,如表5-9所示。

训练评价表 表5-9

考评人		被考评人	
考评地点			
考评内容	大陆桥运输企业调研		
考评标准	具体内容	分值(分)	实际得分
	工作态度	15	
	沟通水平和团队合作	15	
	调查表的设计情况	15	
	调查中的表现及结果	25	
	撰写调查报告情况	30	
合计		100	

注:考评满分100分,60分以下为不及格,60~69分为及格,70~79分为中,80~89分为良,90分以上为优。

6. 技能训练活动建议

建议组织学生到大陆桥运输企业进行参观、调研。

任务四　陆空联运作业管理

案例导入

陆空联运帮助企业走出货物转关新路

截至2014年11月20日，青岛海关下属烟台海关开展陆空联运已足1年。1年来，共办理陆空联运货物311票，货运量2.8万t，货值2.5亿美元。这一措施解决了辖区大型企业小件保税货物转关运输时间长、成本高等物流方面存在的难题，开创了一条具有烟台特色的货物转关新路子，取得显著效果。

一、转变思路，找准切入点

烟台海关辖区内的鸿富锦和鸿富泰2家企业是山东省精密电子制造的龙头企业，每天都有大量的保税货物特别是小件货物进出口，而在货物各地海关监管区域内的转关让这2家企业犯了难。为了解决这一难题，烟台海关先后6次到这2家大型企业进行调研，找准货物转关方面存在的突出问题。组织相关业务骨干成立项目组，开展项目论证，提出改变传统转关模式，采取陆空联运的方式解决企业难题。先后多次派员赴青岛、上海、成都三地海关商讨，分别于2011年10月、11月推出上海至烟台、烟台与成都海关特殊监管区域间保税货物陆空联运转关新模式，该模式以企业分类管理为依托，进一步优化物流作业流程，充分整合企业陆、空运输资源，最大限度地满足企业实际需求。经试运行，陆空联运转关模式得到企业的充分认可。2012年试点范围进一步扩大，全线推开。目前，烟台出口加工区B区与上海3个海关业务现场、与成都1个海关业务现场的保税货物均可采取陆空联运模式进行转关。

二、开拓创新，找准服务点

陆空联运将传统的全程陆路运输转变为陆路运输与航空运输相结合，货物两头"坐"汽车，中间"坐"飞机。具体说来就是货物从转出地海关放行后采取陆路运输至转出地机场，通过空运的方式运到目的地机场，目的地机场货物分拨完成后，企业可采取陆路运输的方式直接提运至目的地海关，实现货物全程无缝隙运输。为保证这一新模式的顺利开通，烟台海关还量身打造符合陆空联运业务特点的场站物流管理系统，陆空联运报关单放行后，系统可自动调取海关放行信息，企业无须等待，放行第一时间即可入厂送货。制定陆空联运业务绿色通道制度，指定专人专岗负责该项业务的申报、放行及后续相关工作，做到"优先申报、优先审单、优先放行、优先查验"，企业全程享受便捷服务。

三、落实效益，找准利益点

采用陆空联运转关模式后，企业的通关成本大大降低了。鸿富锦的李强给笔者算了一笔账："采取陆空联运后，光运费就节省了70%，1年来节省运营成本170多万元。"通关效率也大大提高。全程陆路运输，企业一票货物从转出地海关到目的地海关需要1周左右的时间。而采取陆空联运转关方式，货物从转出地海关到目的地海关仅需1天时间，大大提高了通关效率,充分满足企业生产需求。同时货物运输业更加的安全。

案例思考:

陆空联运具有到货迅速,运费适中、安全保质、手续简便和可以提前结汇等特点。国际陆空联运主要有空陆空联运,陆空路联运和陆空联运等形式。目前,接受这种联运方式的国家遍及欧洲,美洲和澳大利亚。

任务分析

任务准备

(1)一家物流企业材料主要包括:企业的主要经营的运输线路、运输的货物类别等;

(2)多媒体教室(含可供学生上网查资料的电脑、多媒体教学设备、课件和动画等教学资料);

(3)网络资源包括:电子地图系统等。

任务目标

(1)能根据背景资料进行企业运输线路的优化分析;

(2)掌握陆空联运的运作流程;

(3)理解陆空联运线路的选择方法。

基础知识

一、陆空联运的含义

陆空联运是火车、飞机和卡车的联合运输方式。简称 TAT(Train-Air-Truck),或火车、飞机的联合运输方式,简称 TA(Train-Air)。通过运用这几种复合一贯制运输的方式,可以真正地实现“门到门”的运输服务模式,从而能够更好地适应现代物流对及时性和准确性的要求。我国空运出口货物通常采用陆空联运方式。是因为,我国幅员辽阔,而国际航空港口岸主要有北京、上海、广州等。虽然省会城市和一些主要城市每天都有班机飞往上海、北京、广州,但班机所带货量有限,费用比较高。如果采用国内包机,费用更贵。因此在货量较大的情况下,往往采用陆运至航空口岸,再与国际航班衔接。由于汽车具有机动灵活的特点,在运送时间上更可掌握主动,因此一般都采用“TAT”方式组织出运。

二、陆空联运的分类

陆空联运分为 3 种:

(1)TAT,即 Train—Air—Truck 的联运;

(2)TA,即 Truck—Air 的联运;

(3)TA,即 Train—Air 的联运。

知识链接

一、陆空联运运作流程

(1)货主在签署贸易合同、制作发票、货物明细单时应注意联运方式。

(2)货主向陆空联运经营人办理委托,并提供有关单证资料,包括为安排货物在空港转运业务的运输委托书或出口货物报关单。

(3)货物在内地装上火车后,陆空联运经营人签署航空货运分运单或承运货物收据交付货主,以便货主结汇。

(4)陆空联运经营人想在空港收转人提供货物装上火车离站信息,以便转运人办理货物在空港的中转事宜。

(5)陆空联运经营人委托在中转地的代理人,负责从航空公司接收货物,并安排汽车转运至目的地,交付收货人。

二、陆空联运应注意的事项

(1)妥善选择运输方式。

(2)应处理好货物在两种运输方式之间的衔接,既要根据货物运输的续程航班时间来确定使用飞机航班或者卡车航班。

(3)卡车航班的运营环境在某种意义上比空中航线更为复杂,因为运输时间和路程都要比飞机航班长。

(4)卡车航班是对飞机航线的延伸。卡车航班在形式上是卡车,但在概念上却是航班,卡车实际上是航空器的代替品,完全由航空公司按照固定时间以及航线进行操作。

任务实施

1. 实训目的

通过实训调查,使学生了解陆空联运的组织过程、陆空联运适用的各种单证,培养学生调查、收集与整理相关信息的能力,掌握陆空联运线路优化选择的方法。

2. 实训技能

熟悉陆空联运业务的流转过程。

3. 实训内容

确定一批水果从南昌运至伊朗德黑兰市的最优线路。

4. 实训准备

把学生分成5~6人一组,打开网络,准备世界地图一张。

5. 实训步骤

(1)在世界地图上找到德黑兰市和南昌。

(2)设计从南昌到伊朗德黑兰市的线路。

(3)选几组学生来分别就各自设计的路线进行分析;其他组学生对其进行评议,并提出理由。

6. 实训评价

陆空联运线路优化分析训练评价的方式有教师评价、小组内部成员评价和第三方评分组成员评价3种,建议教师评价占60%权重,小组内部成员评价占20%的权重,第三方评分组成员评价占20%的权重。将3者综合起来的得分为该生在该项目的评价分,如表5-10所示。

训练评价表 表5-10

考评人		被考评人	
考评地点			
考评内容	陆空联运线路优化		
考评标准	具体内容	分值(分)	实际得分
	工作态度	20	
	沟通水平和团队合作	20	
	陆空联运线路优化情况	60	
合计		100	

注:考评满分100分,60分以下为不及格,60~69分为及格,70~79分为中,80~89分为良,90分以上为优。

延伸阅读

南航打造“陆空联运”品牌

中国《内地与香港关于建立更紧密经贸关系的安排》(CEPA)的实施,将为粤港两地物流业带来巨大商机。中国南方航空公司(图5-4)借此良机,大力发展连接粤港两地的陆空联运“卡车航班”业务。南航“陆空联运”品牌“卡车航班”,就是利用广州邻近香港的优势以及南航广州基地密集的航线网络优势,定期开通香港—广州的海关监管卡车联运业务,并在国内首次为卡车运输设定航班号CZ791和CZ793,前者承运入境货物,后者承运过境货物,每天发运一班。

图5-4 中国南方航空公司

由于卡车联运过程使用了海关监管车,货主只需在始发地进行一次报关,在各转运地交由南航委托的地面运输公司进行简单的转关操作即可,大大节省了通关时间。这样,货物从香港始发,只需4h,就可运到广州白云机场、南航马上就可根据货物订舱情况,将货物迅速配载上航班,快速转运到各地。

南航的此项新业务将通过地面“卡车航班”与空中航线网络的有效对接,在香港与中国内地各大中城市之间搭建一个快速便捷的陆空联运网。“卡车航班”联运业务开通以来,每月从香港经广州陆空转运到内地的货物逾100t。

打破“空空联运”的局限。根据CEPA规定,自明年起,允许香港公司在内地提供相关的货运分拨和物流服务。这将促使香港与内地外贸、物流大幅度增长,强劲拉动两地对航空货运的市场需求。与此同时,为促进内地与香港贸易投资的便利化,深圳海关积极推进通关业务改革,对经皇岗口岸进出的报关、报验车辆全面实施通道自动核放,简化了通关手续。

南航有关负责人表示,CEPA 的实施将为航空货物运输带来良好的商机,“通关便利”又为陆空联运业务的开展提供了顺畅的条件。南航货运将打破“空空联运”的局限,积极打造“陆空联运”品牌,利用完善的空中、地面运输网络,促进粤港两地物流业的大力发展。

在理顺香港至广州的陆运通道后,下一阶段,南航将筹划卡车运输回程航班 CZ792 和 CZ794 的具体运作事宜,准备开通广州—香港的定期卡车航班。届时,南航将通过广州密集的航线网络优势,将内地各大中城市出境过境货物用飞机航班运至广州白云机场,再由“卡车航班”快速转运至香港。

模块练习

一、单项选择题

1. 国际多式联运所应具有的特点不包括(　　)。

A. 签订一个运输合同　B. 采用一种运输方式
C. 采用一次托运　D. 一次付费

2. 公路运输中的零担货物运输是指同一货物托运人托运的货物不足(　　)t。

A. 3　B. 4　C. 5　D. 10

3. 公路运输零担货物运达目的地后应在(　　)h 内向收货人发出到货通知或按发货人的指示及时将货物交给收货人。

A. 10　B. 24　C. 36　D. 48

4. 内陆点多式联运又称为(　　)。

A. OCP 运输　B. MLB 运输
C. IPI 运输　D. SLB 运输

5. 在货运代理支付了有关全程运输费用后,海铁联运经营人签发(　　)给货运代理。

A. 海铁联运委托单　B. 海铁联运提单
C. 运输委托书　D. 铁路运单

6. 多式联运经营人只要在交给发货人或其代理人的(　　)上签章(必须是海关能接受的),证明接受委托申请,多式联运合同就已经订立并开始执行。

A. 场站收据(空白)副本　B. 场站收据(空白)正本
C. 多式联运提单　D. 运输委托书

7. 在国际多式联运中,如果货物在全程运输中发生了灭失、损害和运输延误,如不能确定事故发生的区段时,一般按在(　　)发生处理。

A. 公路段　B. 海运段
C. 铁路段　D. 空运段

8. 国际多式联运经营人将集装箱交付船公司或其代理,船公司应向其签发(　　)。

A. 公路运单　B. 联运提单
C. 海运提单　D. 运输委托书

9. 由多式联运经营人(MTO)完成全程运输组织业务的联运组织方法称为(　　)。

A. 衔接式多式联运　　B. 法定联运

C. 协作式多式联运　　D. 协作联运

10. 在多式联运中处理货损事故时多采用(　　)。

A. 统一责任制　　B. 网状责任制

C. 责任限额制　　D. 单一责任制

二、多项选择题

1. 国际铁路联运货物标记的内容包括(　　)。

A. 发送路、发站及到达路、到站　　B. 发货人、收货人的姓名和地址

C. 每件的记号、号码及零担货物的件数　　D. 运单号

2. 国际汽车联运货物运单为一式三份,均应有(　　)的签字或盖章。

A. 收货人　　B. 发货人　　C. 保险公司　　D. 承运人

3. 国际铁路联运概念的要点有(　　)。

A. 票据统一

B. 由铁路部门负责从接货到交货的全过程运输

C. 需发货人和收货人参加

D. 两个或两个以上国家的铁路运输

4. 适用国际铁路联运的交货条款主要有(　　)。

A. CPT　　B. CIP　　C. FCA　　D. FOB

5. 国际多式联运的特点是(　　)。

A. 由不同运输企业按照统一的公约共同完成全程运输工作

B. 签订一个运输合同,对货物运输的全程负责

C. 采用两种或两种以上不同运输方式来完成运输工作

D. 采用一次托运、一次付费、一票到底、统一理赔、全程负责的运输业务

6. 目前世界主要的大陆桥运输线有(　　)。

A. OCP 运输线　　B. 美国大陆桥运输线和加拿大大陆桥运输线

C. 西伯利亚大陆桥运输路线　　D. 新欧亚欧大陆桥运输线

7. 属于多式联运方式的运输组织方式有(　　)。

A. OCP 运输　　B. MLB 运输　　C. IPI 运输　　D. SLB 运输

8. 按全程收取运费的运输组织方式有(　　)。

A. OCP 运输　　B. MLB 运输　　C. IPI 运输　　D. SLB 运输

9. 提单签发适用于全程运输区段的运输组织方式有(　　)。

A. OCP 运输　　B. MLB 运输　　C. IPI 运输　　D. SLB 运输

10. 多式联运单一费率由(　　)共同组成。

A. 货物成本　　B. 运输成本　　C. 经营管理费用　D. 利润

三、判断题

1. 国际铁路联运中承运人是以本国铁路的名义与发、收货人订立合同的。　　(　　)

2. 国际多式联运就是指海、陆、空 3 种形式的联合运输。　　(　　)

3. 国际航空联运属于衔接式联运。（　　）

4. 国际铁路联运中发、收货人对已发生法律效力的运输合同不可以提出变更。（　　）

5. OCP 运输中如卸货港为西雅图，目的地为芝加哥，则应在卸货港栏内填写“SEATTLE”，目的地栏或备注栏内填写“CHICAGO”。（　　）

6. 铁路运输的出口货物的报关一般由发货人委托铁路在国境站办理。（　　）

7. 内地对香港的铁路运输既不同于国内运输，也不同于国际联运，它是采取“租车方式、两票运输、三段计费、货物承运收据结汇”的一种特殊的运输方式。（　　）

8. 国际铁路零担货物运输是指按一份托运的一批货物，重量不超过 5000KG，按其体积或种类不需要单独车辆运送的货物。（　　）

9. OCP 运输条件对于发货人而言，其风险与责任终止于西海岸港口，而不承担西海岸港口到内陆公共点间的运输责任或风险。对于收货人而言，则可享受内陆转运的优惠费率。（　　）

10. 国际铁路联运中收货人的变量申请只限于在到达国进口国境站，且在货物尚未从该国境站发出时办理。（　　）

四、思考题

1. 我国公铁联运面临的问题？
2. 多式联运的优点是什么？
3. 现在国际多式联运有哪些方式？
4. 我国多式联运存在哪些问题？
5. 为什么发展中国家发展多式联运比较困难？
6. 发展国际多式联运应具备哪些条件？
7. 国际多式联运的主要业务与程序是怎样的？

参考文献

[1] 仪玉莉.运输管理[M].北京:高等教育出版社,2012.
[2] 赵婷婷.运输作业与管理 [M].北京:中国传媒出版社,2011.
[3] 彭秀兰.道路运输管理实务[M].北京:机械工业出版社,2010.
[4] 吴毅洲.运输管理实务[M].北京:人民交通出版社,2007.
[5] 吴吉明.货物运输实务[M].北京:人民交通出版社,2007.
[6] 姬中英.物流运输业务管理[M].北京:科学出版社,2006.
[7] 陈克勤.物流运输管理实务[M].北京:中国物资出版社,2006.
[8] 劳动和社会保障部教材办公室.物流运输管理实务[M].北京:中国劳动和社会保障出版社,2006.
[9] 钮立新.运输管理项目式教程[M].北京:北京大学出版社,2011.
[10] 宋文官.运输管理实务[M].北京:高等教育出版社,2010.
[11] 陈心德.集装箱运输与国际多式联运管理[M].北京:清华大学出版社,2008.
[12] 武德春 武骁.国际多式联运实务[M].北京:机械工业出版社,2009.
[13] 中国国际货运代理协会.国际陆路货运代理与多式联运理论与实务[M].北京:中国商务出版社,2010.
[14] 武德春.集装箱运输实务[M].北京:中国经济出版社,2010.
[15] 朱晓宁.集装箱运输与多式联运 [M].北京:中国铁道出版社,2010.
[16] 孙家庆.集装箱多式联运 [M].北京:中国人民大学出版社,2010.
[17] 段满珍.国际集装箱运输与多式联运 [M].北京:清华大学出版社,2011.
[18] 陈琳.集装箱多式联运 [M].上海:上海财经大学出版社,2006.
[19] 陈琳.国际集装箱多式联运实务与法规 [M].北京:人民交通出版社,2005.
[20] 陈彩凤.国际货运代理[M].北京:北京交通大学出版社,2010.
[21] 中国国际货代协会国际海上货运代理理论与实务[M].北京:中国商务出版社,2009.
[22] 孙敬宜.国际货运代理实务[M].北京:对外经济贸易大学出版社,2010.
[23] 陈灯南.国际航空货物运输实务[M].北京:国防工业出版社,2012.
[24] 洪晔.航空货物运输:知识与技能[M].北京: 中国人民大学出版社,2011.
[25] 肖丽萍.国际航空货物运输[M].北京:科学出版社,2011.
[26] 高明波物流运输管理实务[M].北京:中国劳动社会保障出版社,2006.
[27] 孙家庆.国际物流操作风险防范[M].北京:中国海关出版社,2009.
[28] 金延芳.物流运输管理实务[M].广州:华南理工大学出版社,2008.
[29] 季永清.运输管理实务[M].北京:高等教育出版社,2003.
[30] 杨占林.国际货物运输操作规程[M].北京:中国对外经济贸易出版社,1993.
[31] 郑肇芳.海上货物运输代理案例.[M].上海:上海人民出版社,2006.
[32] 李育良,池娟.国际货物运输与保险.[M].北京:北京交通大学出版社,2005.

[33] 阙祖平. 物流案例分析. [M]. 北京:北京交通大学出版社,2005.
[34] 张敏. 物流运输管理[M]. 上海:上海财经大学出版社,2004.
[35] 姜宏. 物流运输技术与实务[M]. 北京:人民交通出版社,2002.
[36] 叶怀珍. 旅客运输组织[M]. 西南交通大学出版社, 1995.
[37] 贾俊芳. 旅游列车开行方案经济效益评价方法研究[J]. 北方交通大学学报,2002,26(2):87-90.
[38] 何宇强,等. 高速客运专线客流分担率模型及其应用[J]. 铁道学报,2006(6):18-21.
[39] 王甦男. 旅客运输[M]. 北京:中国铁道出版社,2003.
[40] 裴玉龙,王炜. 道路交通事故成因及预防对策[M]. 北京:科学出版社,2004.